润心、启智、树人

——课程思政教学设计案例集

贺天柱　主编

北京理工大学出版社
BEIJING INSTITUTE OF TECHNOLOGY PRESS

内 容 简 介

本书共包含30篇具有职业教育特色的课程思政教学设计案例，书中所收每个教学设计案例都基于一门课程，根据课程特点，选择一个章节或知识点，按照一节课50分钟进行教学设计。本书以恰当的素材、生动的描述、鲜明的见解，多层次、多角度深入浅出地阐述了思政内涵和实施路径，是教师对教书育人理念在认识上的深度理解和高度升华，同时也为课程思政的具体实施提供了充足的理论依据与操作建议，具有很强的实效，对高职院校课程思政建设具有参考意义。

图书在版编目（CIP）数据

润心、启智、树人：课程思政教学设计案例集 / 贺天柱主编. -- 北京 ：北京理工大学出版社，2024.4
ISBN 978-7-5763-3938-3

Ⅰ. ①润… Ⅱ. ①贺… Ⅲ. ①高等职业教育–思想政治教育–教案（教育）–研究–中国 Ⅳ. ①G711

中国国家版本馆CIP数据核字(2024)第092357号

责任编辑： 王梦春　　**文案编辑：** 邓　洁
责任校对： 周瑞红　　**责任印制：** 施胜娟

出版发行 / 北京理工大学出版社有限责任公司
社　　址 / 北京市丰台区四合庄路6号
邮　　编 / 100070
电　　话 /（010）68914026（教材售后服务热线）
（010）68944437（课件资源服务热线）
网　　址 / http://www.bitpress.com.cn

版 印 次 / 2024年4月第1版第1次印刷
印　　刷 / 三河市华骏印务包装有限公司
开　　本 / 787 mm × 1092 mm 1/16
印　　张 / 19
字　　数 / 428千字
定　　价 / 68.00元

课程思政教学设计案例集

编　委　会

序

在2016年12月召开的全国高校思想政治工作会议上，习近平总书记强调“高校思想政治工作关系高校培养什么样的人、如何培养人以及为谁培养人这个根本问题。要坚持把立德树人作为中心环节，把思想政治工作贯穿教育教学全过程，实现全程育人、全方位育人，努力开创我国高等教育事业发展新局面”。就如何做好高校思想政治工作，习近平总书记指出“做好高校思想政治工作，要因事而化、因时而进、因势而新。要遵循思想政治工作规律，遵循教书育人规律，遵循学生成长规律，不断提高工作能力和水平。要用好课堂教学这个主渠道，思想政治理论课要坚持在改进中加强，提升思想政治教育亲和力和针对性，满足学生成长发展需求和期待，其他各门课都要守好一段渠、种好责任田，使各类课程与思想政治理论课同向同行，形成协同效应”。

2017年12月，教育部党组印发《高校思想政治工作质量提升工程实施纲要》(教党〔2017〕62号）的通知，其中“课程育人”位列“十大育人”体系之首，文件要求“高校大力推动以课程思政为目标的课堂教学改革”，并对统筹推进课程育人提出路径、方法与举措。这是教育部首次明确提出课程思政概念，文件出台有力推进各高校进行课程思政的探索。

教育是培养人的活动，其本质可以概括为提高生命的质量和提高生命的价值，是为了实现立德树人。“育人”先“育德”，注重传道授业解惑、育人育才的有机统一，一直是我国教育的优良传统。落实立德树人根本任务，必须将价值塑造、知识传授和能力培养三者融为一体，不可割裂。教育必须坚持以德立身、以德立学、以德施教，注重加强对学生的世界观、人生观和价值观的教育，传承和创新中华优秀传统文化，积极引导当代学生树立正确的国家观、民族观、历史观、文化观，从而为社会培养更多德智体美劳全面发展的人才，为中国特色社会主义事业培养合格的建设者和可靠的接班人。

全面推进课程思政建设，就是要寓价值观引导于知识传授和能力培养之中，帮助学生塑造正确的世界观、人生观、价值观，这是人才培养的应有之义，更是必备内容。课程思政突出体现以人的全面发展为根本目的，以思想道德素质为核心和灵魂。在专业课程教学过程中要有目的、有计划、有实效地对学生进行思想政治教育，在不改变专业课程的本来属性的情况下，充分发挥课程的德育功能，运用德育的学科思维，提炼专业课程中德育基因和文化元素，在日常的知识学习中融入思想政治教育的理论知识、价值理念以及精神追求，将“立德树人”渗透到知识、经验或活动过程，潜移默化地对学生的思想意识、行为举止产生影响。

怎样才能更好地进行课程思政建设，2020 年《高等学校课程思政建设指导纲要》（教高〔2020〕3 号）指出："要紧紧抓住教师队伍"主力军"、课程建设"主战场"、课堂教学"主渠道"，让所有高校、所有教师、所有课程都承担好育人责任，守好一段渠、种好责任田，使各类课程与思政课程同向同行，将显性教育和隐性教育相统一，形成协同效应，构建全员、全程、全方位育人大格局。"可以说，"纲要" 抓住了课程思政建设的关键因素，明确了关键因素的地位、作用，为课程思政建设指明了路径与方向。

课程思政开放性的特点，以及教师个体知识、认识、阅历的差异，这些案例中提炼的思政元素、采用的融入方法不一定完全被读者所认同，我们愿意接受各方面的批评意见，进一步完善各课程教学设计，努力提升课程思政建设水平。

作者

目 录

斜拉桥的构造

——桥梁施工技术

团队成员

柳雪丽、张敏、苏佩

（2022 年获陕西高校“课程思政教学标兵”称号；2021 年校级课程思政教学竞赛一等奖）

课程基本情况

“桥梁施工技术”是道路与桥梁工程技术专业必修的专业核心课程，开设于第六个学期，共 52 学时。本课程以桥梁施工员岗位群的职业能力为主线，基于桥梁施工过程设计学习情境和开展教学活动，是一门实践性强、理论和实践相结合的课程。本课程的主要内容包括桥梁施工基础知识、桥梁下部结构施工、桥梁上部结构施工、其他体系桥梁施工、涵洞及附属工程施工等。本课程旨在使学生熟悉和掌握桥梁施工工艺，具备从事桥梁施工等土建相关工作的能力，以期在实现教学目标的同时，渗透社会主义核心价值，培养学生的职业素养，使学生成为一名具备知识、能力、素养的全方位人才。

教学设计

一、课程概况			
部门名称	土木工程学院	课程性质	●必修　○选修
课程类型	○公共基础课程　●专业教育课程　○实践类课程		
面向专业	道路与桥梁工程技术		
授课对象	道路与桥梁工程技术专业 2001 班学生	授课时数	1 学时
参赛章节	项目 7　其他体系桥梁施工	使用教材	《桥梁施工技术》
授课题目	斜拉桥的构造		

续表

<table>
<tr><th colspan="4">二、教学分析</th></tr>
<tr><td rowspan="2">教学内容</td><td colspan="3">内容分析：依据课程标准和“1+X”建筑信息模型（BIM 建模）初级证书考核要点，结合本届学生学情以及往届学生掌握情况，合理选取本次授课内容，即斜拉桥的构造，主要包括斜拉桥的组成、结构和分类。利用信息化资源，通过“知脉络—探组成—晰结构—辨体系—练技能—评结果”的教学环节，使学生掌握斜拉桥的组成及结构体系。 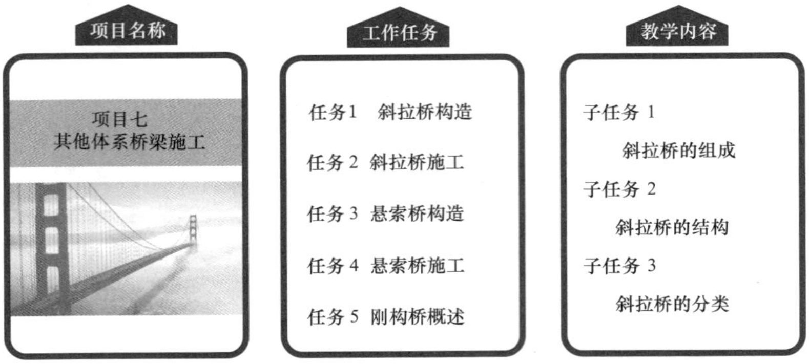
项目名称：项目七 其他体系桥梁施工
工作任务：任务1 斜拉桥构造；任务2 斜拉桥施工；任务3 悬索桥构造；任务4 悬索桥施工；任务5 刚构桥概述
教学内容：子任务1 斜拉桥的组成；子任务2 斜拉桥的结构；子任务3 斜拉桥的分类</td></tr>
<tr><td colspan="3">教材分析：主要教材：《桥梁施工技术》，蒋平江主编，西南交通大学出版社，2016 年；
参考教材：《桥梁施工技术》，李彩霞主编，人民交通出版社，2019 年；
参考规范：《公路桥涵地基与基础设计规范》（JTG 3363—2019）；
《公路桥涵施工技术规范》（JTG/T 3650—2020）</td></tr>
<tr><td rowspan="2">学情分析</td><td>知识基础</td><td>（1）通过课程前期模块的学习，掌握了各种类型桥梁的基本结构和基本概念；
（2）明确了常用的桥梁基础墩台施工方法及工艺流程，桥梁临时结构专项设计基本原理和基本方法；但是对复杂结构的桥梁施工流程得分较低</td><td>桥梁的基本结构　墩台施工方法　工艺流程　复杂结构施工
<60　60～75　75～90　>90
结论：学生课前测验分值集中于75～90分</td></tr>
<tr><td>技能基础</td><td>（1）能根据设计图纸进行相应的桥梁施工，会选择桥梁施工及常用辅助设备。
（2）桥梁模型仿真软件应用能力较差，很难完成复杂结构的桥梁建模和分析</td><td> 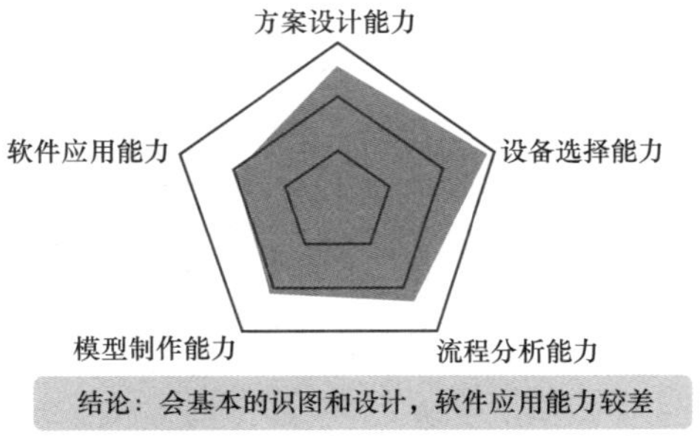方案设计能力　设备选择能力　流程分析能力　模型制作能力　软件应用能力
结论：会基本的识图和设计，软件应用能力较差</td></tr>
</table>

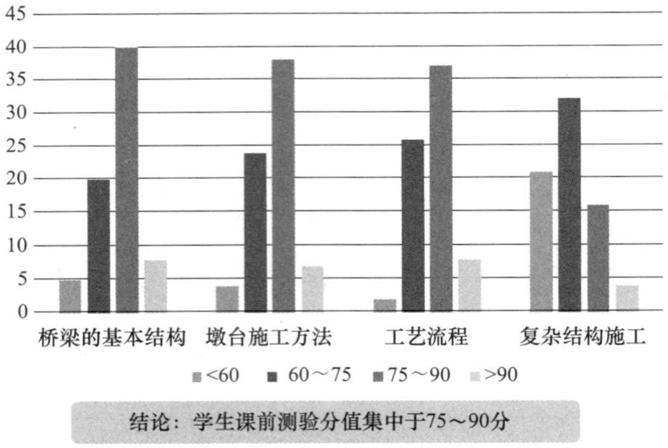

续表

<table>
<tr><td>学情分析</td><td>学习特点</td><td>（1）学生思维活跃，善于交流，动手实操能力强，但抽象思维弱。
（2）通过问卷星调查可知，学生喜欢动手操作、合作学习和仿真模拟教学。
（3）学生喜欢具体的工作任务，不喜欢讲授式教学及纸质化考试，因此宜采用参与度较高的项目化教学方法</td><td>以问卷星调查学生的喜厌为依据
纸质试卷考试 25
动手操作 83.3
合作学习 91.6
线上学习 91.6
角色扮演教学 87.5
仿真模拟教学 95.8
任务驱动教学 79.2
讲授式教学 20.8
结论：喜欢动手、具体任务、虚拟仿真及角色扮演</td></tr>
<tr><td colspan="4">三、教学目标</td></tr>
<tr><td rowspan="3">教学目标</td><td>知识目标</td><td colspan="2">（1）了解斜拉桥的组成。
（2）掌握斜拉桥各组成部分的类型、作用及传力途径（“1+X”考点）。
（3）掌握斜拉桥的分类</td></tr>
<tr><td>能力目标</td><td colspan="2">（1）能够识别斜拉桥的组成及传力途径。
（2）掌握斜拉桥各组成类型及适用条件。
（3）掌握各组成连接及结构体系类型</td></tr>
<tr><td>思政目标</td><td colspan="2">（1）引导学生养成求实、严谨、创新的工作作风和科学的思维方式。
（2）引导学生树立安全责任意识和职业责任感。
（3）培养学生自主探究学习的能力和团队合作的意识。
（4）增强民族自豪感和政治认同感。
（5）培养学生的美学意识，和对传统文化的自豪感。
（6）培养学生严谨细致、规范操作的职业素养</td></tr>
<tr><td rowspan="3">教学重点及解决办法</td><td>教学重点</td><td colspan="2">斜拉桥的组成及各组成部分的类型</td></tr>
<tr><td>确定依据</td><td colspan="2">根据课程标准，对标“1+X”证书、行业赛考点，对应教学内容确定了三维目标，依据目标确定了教学重点</td></tr>
<tr><td>解决办法</td><td colspan="2">利用 VR 实景地图信息化手段展示咸阳渭城桥航拍实景图，创设斜拉桥认知教学情境。提出问题引导学生进行自我探究，通过观看斜拉桥模型，针对问题开展探究，明确知识点</td></tr>
<tr><td rowspan="3">教学难点及解决办法</td><td>教学难点</td><td colspan="2">斜拉桥的主要受力特点</td></tr>
<tr><td>确定依据</td><td colspan="2">根据学情数据，参考上一届学生知识点掌握情况后再确定教学难点</td></tr>
<tr><td>解决办法</td><td colspan="2">通过多媒体平滑的功能，实现梁桥结构形式向斜拉桥转变，直观展示斜拉桥的跨越能力。结合斜拉桥跨越能力补充讲解其受力，从内外两个维度进行详细讲解</td></tr>
<tr><td colspan="4">四、教学策略</td></tr>
<tr><td rowspan="2">教学方法</td><td>教法</td><td colspan="2">任务驱动法、讲授法、引导教学法、情景教学法等</td></tr>
<tr><td>学法</td><td colspan="2">合作学习法、探究学习法、体验学习法等</td></tr>
</table>

续表

信息化手段与资源	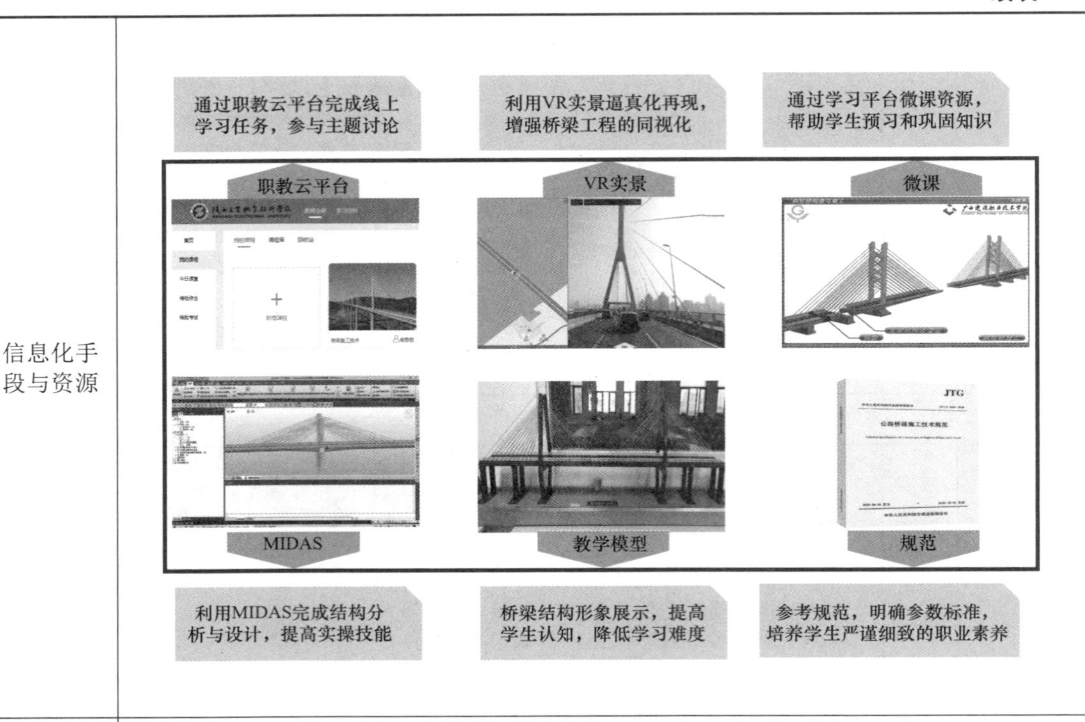
设计思路	**1. 总体设计思路** 落实《教育部关于印发〈高等学校课程思政建设指导纲要〉和《陕西工业职业技术学院推进课程思政工作实施方案》(陕工院党字〔2020〕71 号)文件要求，以“十四五”规划提出的全面贯彻落实《交通强国建设纲要》为指导，落实党的二十大报告提出的要加快建设交通强国的战略发展要求和推进文化自信自强重要战略部署，依据《高等职业学校专业教学标准》、人才培养方案及课程标准，结合“1+X”职业技能等级证书，基于岗位需求和职业素养，挖掘思政元素，改革教学模式，重塑“岗、课、赛、证”融通的教学体系。通过混合式教学的具体实施方法，实现线上线下的“深度融合”，将课程教学活动与教学内容两个维度与课前、课中、课后三个环节有机结合，有效掌控微观、中观、宏观的教学层面，提高教、学、测、评、管的效用。在具体教学中，探索“思政引领，三导五步四课堂”的新教学模式 **2. 课程思政具体实施** 教学过程中根据课程内容和素质目标，对标知识内容深度挖掘思政元素，通过知识讲解、小组任务、作业点评、案例引入、示范操作等课堂活动为载体融入教学过程，围绕人文素养、科学素养、职业素养三个维度梳理思政教育线。 依据教学内容进行教学设计，根据教学活动中思政元素融入方式，将思政元素分为知识点型和教学活动型两类。对于知识点型思政元素，思政教学的方式主要表现为讲出来。所以在设计教学内容时，首先分析课程内容与思政元素之间的契合度，确定思政切入点；其次，使用合适的教学资源或教学手段实现从课程内容教学到思政教学的有机过渡；最后，在思政教学完成后及时收集学生反馈信息，用于改进教学设计。 对于教学活动型思政元素，思政教学的方式主要表现在教学过程中，通过课堂讨论、小组协作和组间竞争等方式进行思政融入。所以在设计教学内容时，重点是将思政元素融入教学活动的某个环节，再通过教师的引导或者教学载体的引导，从而达到思政教学的主动实现

续表

设计思路	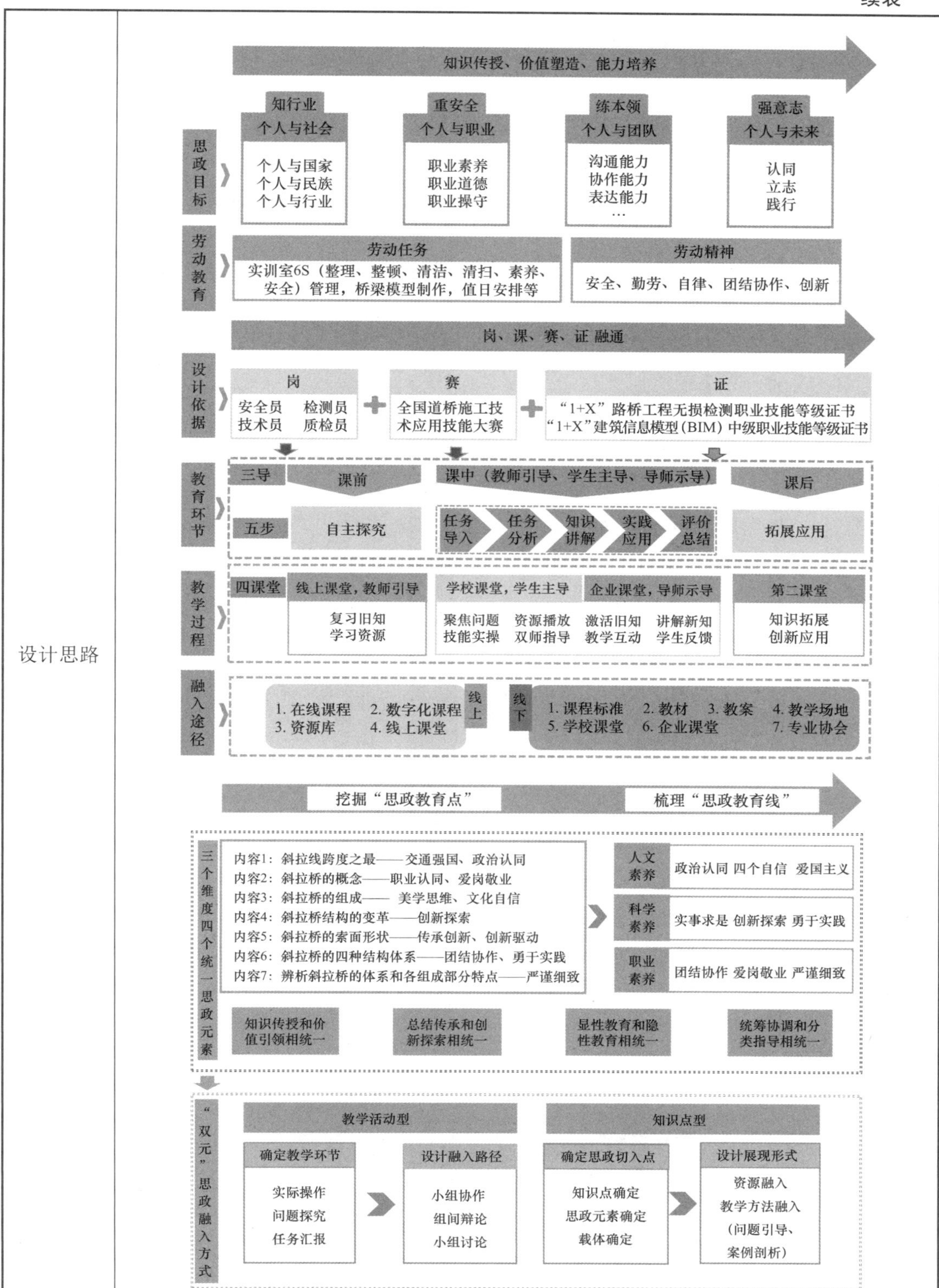

知识传授、价值塑造、能力培养
思政目标
知行业
个人与社会
个人与国家
个人与民族
个人与行业
重安全
个人与职业
职业素养
职业道德
职业操守
练本领
个人与团队
沟通能力
协作能力
表达能力
…
强意志
个人与未来
认同
立志
践行
劳动教育
劳动任务
实训室6S（整理、整顿、清洁、清扫、素养、安全）管理，桥梁模型制作，值日安排等
劳动精神
安全、勤劳、自律、团结协作、创新
岗、课、赛、证 融通
设计依据
岗
安全员 检测员
技术员 质检员
赛
全国道桥施工技术应用技能大赛
证
“1+X”路桥工程无损检测职业技能等级证书
“1+X”建筑信息模型（BIM）中级职业技能等级证书
教育环节
三导
课前
课中（教师引导、学生主导、导师示导）
课后
五步
自主探究
任务导入
任务分析
知识讲解
实践应用
评价总结
拓展应用
教学过程
四课堂
线上课堂，教师引导
复习旧知
学习资源
学校课堂，学生主导
聚焦问题 资源播放
技能实操 双师指导
企业课堂，导师示导
激活旧知 讲解新知
教学互动 学生反馈
第二课堂
知识拓展
创新应用
融入途径
1. 在线课程 2. 数字化课程
3. 资源库 4. 线上课堂
线上
线下
1. 课程标准 2. 教材 3. 教案 4. 教学场地
5. 学校课堂 6. 企业课堂 7. 专业协会
挖掘“思政教育点”
梳理“思政教育线”
三个维度四个统一思政元素
内容1：斜拉线跨度之最——交通强国、政治认同
内容2：斜拉桥的概念——职业认同、爱岗敬业
内容3：斜拉桥的组成—— 美学思维、文化自信
内容4：斜拉桥结构的变革——创新探索
内容5：斜拉桥的索面形状——传承创新、创新驱动
内容6：斜拉桥的四种结构体系——团结协作、勇于实践
内容7：辨析斜拉桥的体系和各组成部分特点——严谨细致
人文素养
政治认同 四个自信 爱国主义
科学素养
实事求是 创新探索 勇于实践
职业素养
团结协作 爱岗敬业 严谨细致
知识传授和价值引领相统一
总结传承和创新探索相统一
显性教育和隐性教育相统一
统筹协调和分类指导相统一
“双元”思政融入方式
教学活动型
确定教学环节
实际操作
问题探究
任务汇报
设计融入路径
小组协作
组间辩论
小组讨论
知识点型
确定思政切入点
知识点确定
思政元素确定
载体确定
设计展现形式
资源融入
教学方法融入
（问题引导、
案例剖析）

续表

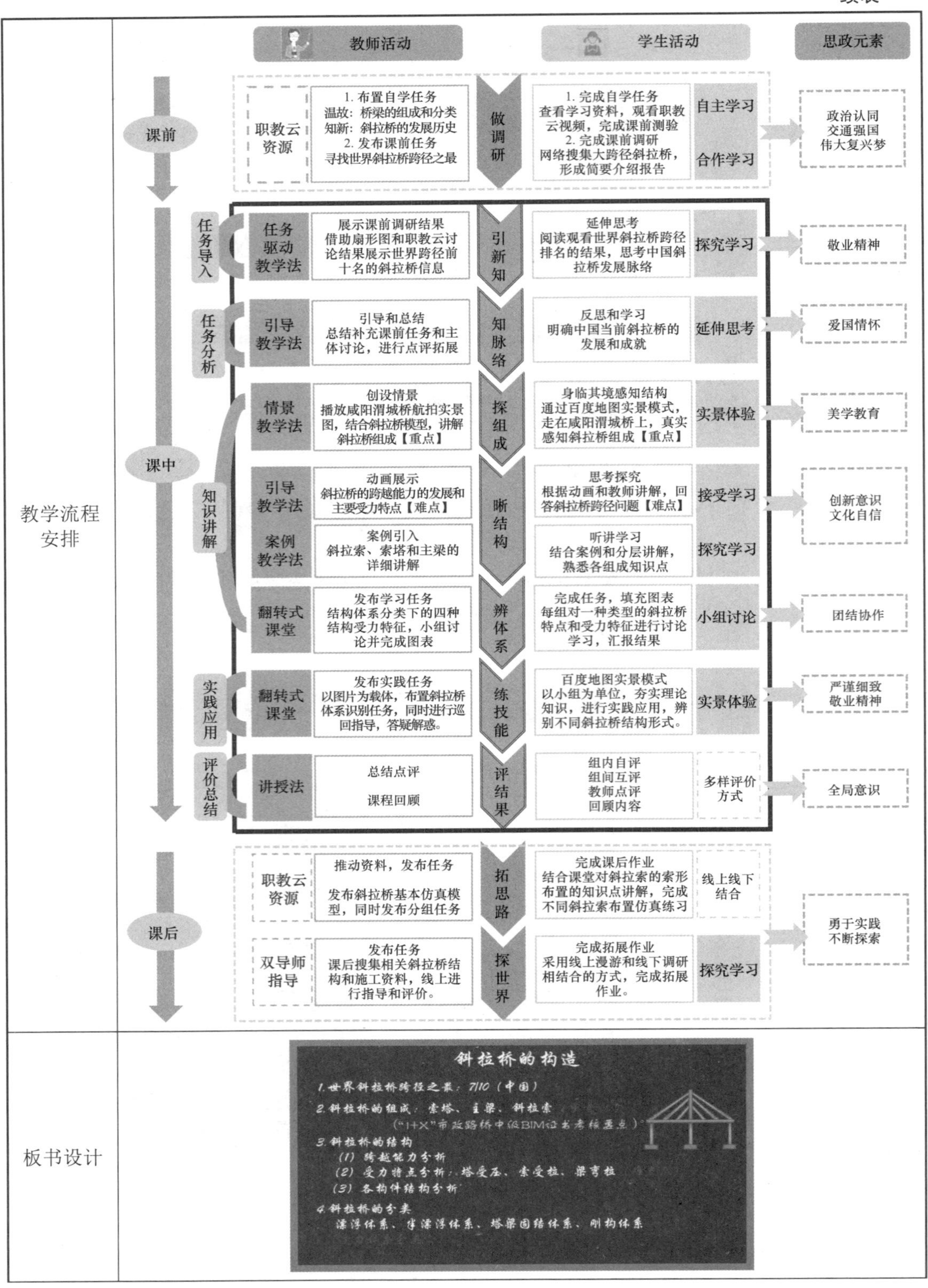
教学流程安排
教师活动
学生活动
思政元素
课前
职教云资源
1. 布置自学任务
温故：桥梁的组成和分类
知新：斜拉桥的发展历史
2. 发布课前任务
寻找世界斜拉桥跨径之最
做调研
1. 完成自学任务
查看学习资料，观看职教云视频，完成课前测验
2. 完成课前调研
网络搜集大跨径斜拉桥，形成简要介绍报告
自主学习
合作学习
政治认同
交通强国
伟大复兴梦
课中
任务导入
任务驱动教学法
展示课前调研结果
借助扇形图和职教云讨论结果展示世界跨径前十名的斜拉桥信息
引新知
延伸思考
阅读观看世界斜拉桥跨径排名的结果，思考中国斜拉桥发展脉络
探究学习
敬业精神
任务分析
引导教学法
引导和总结
总结补充课前任务和主体讨论，进行点评拓展
知脉络
反思和学习
明确中国当前斜拉桥的发展和成就
延伸思考
爱国情怀
知识讲解
情景教学法
创设情景
播放咸阳渭城桥航拍实景图，结合斜拉桥模型，讲解斜拉桥组成【重点】
探组成
身临其境感知结构
通过百度地图实景模式，走在咸阳渭城桥上，真实感知斜拉桥组成【重点】
实景体验
美学教育
引导教学法
动画展示
斜拉桥的跨越能力的发展和主要受力特点【难点】
案例教学法
案例引入
斜拉索、索塔和主梁的详细讲解
晰结构
思考探究
根据动画和教师讲解，回答斜拉桥跨径问题【难点】
听讲学习
结合案例和分层讲解，熟悉各组成知识点
接受学习
探究学习
创新意识
文化自信
翻转式课堂
发布学习任务
结构体系分类下的四种结构受力特征，小组讨论并完成图表
辨体系
完成任务，填充图表
每组对一种类型的斜拉桥特点和受力特征进行讨论学习，汇报结果
小组讨论
团结协作
实践应用
翻转式课堂
发布实践任务
以图片为载体，布置斜拉桥体系识别任务，同时进行巡回指导，答疑解惑。
练技能
百度地图实景模式
以小组为单位，夯实理论知识，进行实践应用，辨别不同斜拉桥结构形式。
实景体验
严谨细致
敬业精神
评价总结
讲授法
总结点评
课程回顾
评结果
组内自评
组间互评
教师点评
回顾内容
多样评价方式
全局意识
课后
职教云资源
推动资料，发布任务
发布斜拉桥基本仿真模型，同时发布分组任务
拓思路
完成课后作业
结合课堂对斜拉索的索形布置的知识点讲解，完成不同斜拉索布置仿真练习
线上线下结合
双导师指导
发布任务
课后搜集相关斜拉桥结构和施工资料，线上进行指导和评价。
探世界
完成拓展作业
采用线上漫游和线下调研相结合的方式，完成拓展作业。
探究学习
勇于实践
不断探索
板书设计
斜拉桥的构造
1.世界斜拉桥跨径之最：7110（中国）
2.斜拉桥的组成：索塔、主梁、斜拉索
（“1+X”市政路桥中级BIM证书考核要点）
3.斜拉桥的结构
(1) 跨越能力分析
(2) 受力特点分析：塔受压、索受拉、梁弯拉
(3) 各构件结构分析
4.斜拉桥的分类
漂浮体系、半漂浮体系、塔梁固结体系、刚构体系

续表

五、教学过程				
课前				
教学环节	教学内容	教师活动	学生活动	课程思政
自学 （课前 2 天）	**1. 温故** （1）桥梁的组成：五大部件、五小部件； （2）桥梁的分类：梁桥、拱桥、斜拉桥、悬索桥、刚构桥。 （3）拱桥的施工。 **2. 知新** 斜拉桥的发展历史 根据课程资源，学习斜拉桥的发展历史，结合内容完成预习测验。	**1. 推送资料** 利用职教云平台发布课前测验题，推送视频学习资料。 **2. 评价反馈，调整教学策略** 批改课前测验，掌握学生课前学习情况，调整教学重难点	**1. 温故** 登录职教云平台完成测试题。 **2. 预习** 观看学习平台上的视频资料，完成课前测验。 **3. 自评巩固** 查看测验结果，对照知识盲区查阅教学资料	（1）借助职教云自学任务的设置，培养学生马克思主义系统观。 （2）通过职教云安排简单易学知识点的自学任务，培养学生的自主学习能力
课前任务 （课前 2 天）	分组任务 根据课程设计，上传搜集到的大跨度斜拉桥图片及简要介绍，参与话题讨论	**1. 发布任务** 发布“寻找世界斜拉桥跨径之最”的任务。 **2. 查看反馈** 查看课前学生上传的大跨度斜拉桥图片及介绍，同时关注组间互评情况	**1. 领取任务** 实施网络搜集任务。 **2. 组间互评** 上传图片和简要文字说明，组间互评，参与主题讨论	通过课前探究任务的深入进行，贯彻交通强国理念，培养学生的民族自豪感和政治认同感
课中				
教学环节	教学内容	教师活动	学生活动	课程思政
任务引入 （2 min）	引新知： 课前调研任务成果汇总，引出斜拉桥的概念	**1. 组织发言** 经过梁桥、拱桥的发展阶段后，斜拉桥以其跨越能力较大出现在世界历史舞台。 **2. 展示调研结果** 通过图表展示学生提交的任务结果——斜拉桥跨径之最 （任务驱动教学法）	延伸思考 阅读世界斜拉桥排名的图表结果，思考中国斜拉桥的发展脉络 （探究学习法）	结合斜拉桥的发展历程，通过图表展示数据的方式，激发学生积极投身建设事业的热情，培养学生的敬业精神

续表

<table>
<tr>
<td>任务
分析
（3 min）</td>
<td>知脉络：
（1）在世界跨径前十名的斜拉桥中，知悉中国修建的数量；
（2）明确中国斜拉桥的修建时间</td>
<td>引导和总结
教师总结和补充课前任务与主题讨论完成情况，并进行点评和拓展</td>
<td>1. 反思不足
反思课前任务完成过程中的不足与短板。
2. 夯实知识点
根据课前任务汇总结果，明确中国斜拉桥的发展与成就。</td>
<td>★通过分析世界跨径前十斜拉桥的分布和建成时间，让学生感受祖国的飞速发展和国力的日益强盛，培养学生的爱国情怀</td>
</tr>
<tr>
<td rowspan="2">知识
传授
（30 min）</td>
<td>探组成：
1. 重要组成：桥塔、主梁、斜拉索；
2. 一般组成：桥墩、支座、基础等</td>
<td>1. 创设情景
播放展示咸阳渭城桥航拍实景图，创设斜拉桥认知教学情境。
2. 提出问题。
斜拉桥不同于梁桥和拱桥等简单体系桥梁，有哪些特殊结构？
3. 补充讲解。
利用斜拉桥模型，讲解斜拉桥的重要构造。
4. VR 体验。
借助百度地图实景模式，引导学生直观体验走在咸阳渭城桥上，各组成给人的真实感受
（情景教学法）</td>
<td>1. 观看航拍实景图，思考问题。
带着问题观看航拍实景图，结合日常认知，思考和探究斜拉桥的组成。
2. 明确知识点
通过观看斜拉桥模型，针对问题开展探究，明确知识点。
3. 身临其境感知斜拉桥结构
通过 VR 活动设置，走在咸阳渭城桥上，真实感知斜拉桥结构组成
（体验学习法）</td>
<td>随着城市的发展，桥梁的设计不止满足使用功能，同时追求造型美观，成为地标性建筑物，更成为文化象征。通过航拍视频展示咸阳渭城桥的构造，培养学生的美学思维</td>
</tr>
<tr>
<td>【晰结构】
（1）斜拉桥结构的变革和发展；
（2）斜拉桥结构的受力特点；
（3）各结构的类型和布置。
① 斜拉索的索面形状和索面位置；
② 索塔的布置和结构形式；
③ 主梁的作用和分类</td>
<td>1. 提出问题
斜拉桥的跨越能力为什么比梁桥大？
2. 动画展示
通过多媒体平滑的功能，实现梁桥结构形式向斜拉桥的转变，直观展示斜拉桥跨越能力。</td>
<td>1. 结合动画演示，思考探究斜拉桥的跨越能力
认真观看动画展示，聆听理论分析，积极互动，对照问题，对知识点进行查漏补缺。</td>
<td>1. 通过动画演示斜拉桥跨越能力大的原因，融入创新元素，贯彻创新驱动力。</td>
</tr>
</table>

续表

	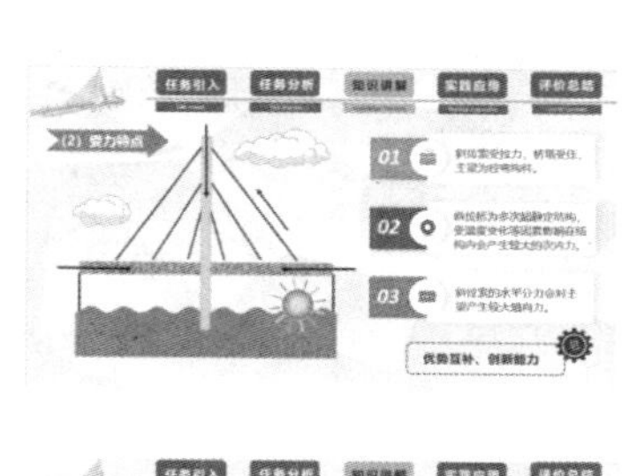 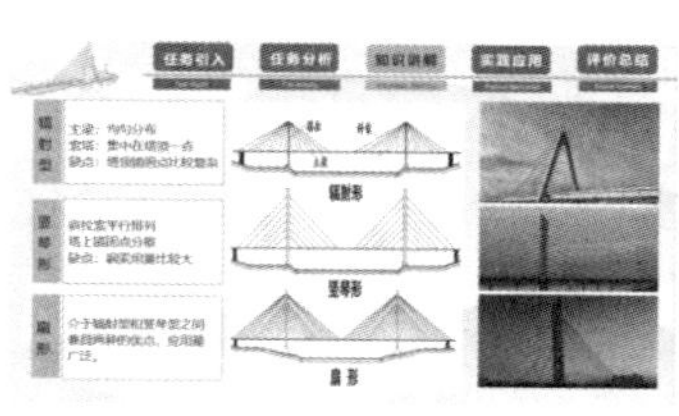	**3. 理论讲解** 结合斜拉桥跨越能力补充讲解其受力，从内外两个维度进行详细讲解。 **4. 实例应用** 以图片作为媒介，引入案例，通过案例分析，进行斜拉索、索塔和主梁的详细讲解 （引导教学法、案例教学法）	**2. 认真听讲，学习各结构类型和布置** 参照案例，依据教师的分层讲解，认真学习斜拉索、索塔和主梁的结构、布置和形式等知识点 （接受学习法、探究学习法）	2. 通过在斜拉索的索面形状部分类比中国传统非遗文化油纸伞、箜篌和折扇等元素，培养学生的文化自信
知识传授（30 min）	辨体系： 斜拉桥的四种结构体系及其受力特征。 1. 漂浮体系； 2. 半漂浮体系； 3. 塔梁固结体系； 4. 刚构体系 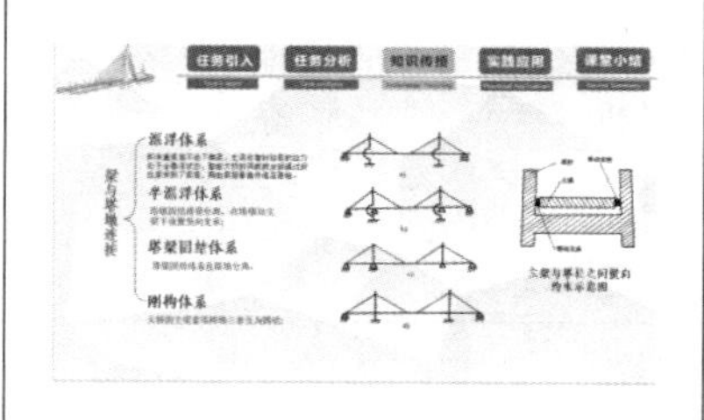	**1. 教师总述** 斜拉桥有多种分类方式，其中最重要的是按照结构体系进行分类。 **2. 发布任务** 组织学生结合课本内容和职教云平台资源对四种结构体系主要特点和受力进行讨论学习，同时完成任务图表。 **3. 教师指导** 在学生讨论学习的过程中，教师进行巡回指导，答疑解惑。 **4. 组织汇报** 组织各小组对各结构体系的特点和受力进行汇报。 **5. 知识补充** 针对各组汇报结果，对关键内容进行补充点评	**1. 完成任务** 根据任务要求，小组学习和讨论一种结构体系。 **2. 汇报成果** 在教师的引导下，对斜拉桥结构体系的特点和受力特征进行重点汇报展示。 **3. 完成评价** 各小组汇报完后互相点评，总结经验，明确关键问题及注意事项。 **4. 完善成果** 在小组互评和教师评价后，对任务成果进行补充和完善，同时将最终成果上传职教云平台	通过增强学生在课堂上的主体性，启发引导学生主动思考，培养学生分析问题和解决问题的能力

续表

实践应用（5 min）	练技能： 通过图片和 VR 实景的应用，辨析斜拉桥的体系和各组成部分特点 	**1. 发布任务** 以图片为载体，进行斜拉桥体系任务的布置，引导学生识别不同案例下的结构体系。 **2. 巡回指导** 在巡回过程中，对学生进行纠错和指导	**1. 完成任务** 以小组为单位，进行体系的识别，借助百度地图的 VR 实景功能，明确辨别各斜拉桥的结构形式。 **2. 成果汇报** 有条理地整理成果，并进行汇报展示	通过小组讨论，培养学生自主探究学习的能力和团队合作意识；通过汇报展示，培养学生严谨细致的职业素养
课堂小结（5 min）	评结果： 总结斜拉桥构造的基本内容； 各小组互评和自评，教师评价 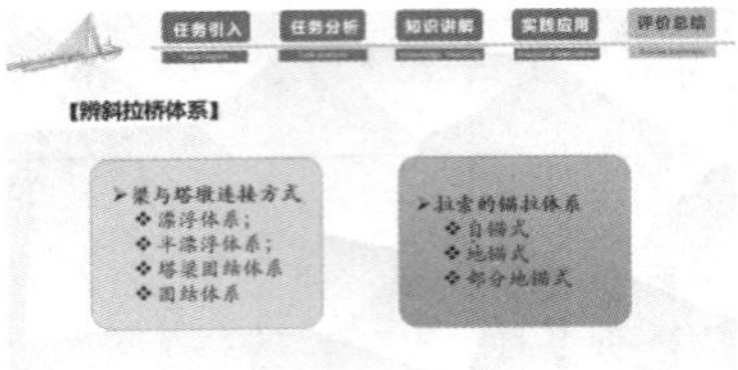	**1. 总结点评** 请各组进行自评和互评，教师补充说明共性问题。 **2. 课程回顾** 引导学生回顾本节课内容	自评回顾 各组学生代表自评，小组之间互评，对表现优秀的小组进行表扬，并在评价系统中加分。 回顾本节内容，总结斜拉桥构造基本知识	通过多元评价主体，塑造学生的系统思维，培养学生的全局意识
课后				
教学环节	教学内容	教师活动	学生活动	课程思政
课后作业（课后 2 天）	拓思路： 通过 Revit、Midas/civil 虚拟仿真软件，分组完成不同斜拉索布置的仿真练习	**1. 发布课后作业** 通过职教云平台发布斜拉桥基本仿真模型，同时发布分组任务。 **2. 在线答疑** 针对学生不惑，在线答疑。 **3. 推送进阶学习资料** 上传虚拟仿真建模学习视频，了解更多建模场景	**1. 完成课后作业** 结合课堂对斜拉索的索形布置的知识点，积极思考，完成任务。 **2. 学习评价反思** 通过小组合作，了解反思自己的学习程度，及时补充知识	通过设置斜拉桥仿真建模任务，培养学生的动手能力
课后任务（课后 2 天）	探世界： 采用线上漫游和线下调研的形式，在市区内寻找斜拉桥，分析其组成、结构和受力体系，并进行施工方法的资料收集，形成调研报告	组织拓展 搜集各地区典型斜拉桥航拍视频，进一步指导学生完善报告，同时将学生的成果反馈给企业导师评价	优化完善 根据教师提供的参考资料和企业导师的反馈意见，进一步修正完善调研报告，参与第二课堂学习	通过课后探索和对施工方法的调研，培养学生创新探索的求知精神

续表

六、教学评价				
评价层面	评价指标		评价内容	评价主体
过程性评价（50%）	课前（20%）	课件资源（50%）	课件、视频学习进度	教学平台
		课前任务（50%）	课前测验、主题讨论、任务调查	教学平台、教师
	课中（50%）	考勤（20%）	签到、点名	教学平台、教师
		课堂表现（50%）	回答问题、小组任务、参与程度	教师点评
		课堂任务（30%）	测验、任务汇报、成果展示	组间互评、教师点评
	课后（30%）	课后任务（50%）	桥梁模型制作、软件应用	企业导师、教师点评
		课后测试（50%）	学习效果测试	教学平台
结果性评价（30%）	知识（30%）	在线测试（客观题）	斜拉桥的类型、分类及传力途径	教学平台
	能力（40%）	实操任务（50%）	简易桥梁模型的制作合理美观	组间互评、教师点评
		软件应用（50%）	MIDAS 桥梁建模	企业导师、教师点评
	素质（30%）	小组任务（30%）	分工合理、团结协作	组间互评、教师点评
		个人操作（50%）	严谨细致、操作规范	企业导师、教师点评
		实训室 6S 标准（20%）	整理、整顿、清洁、清扫、素养、安全	企业导师点评
增值性评价（20%）	学生技能大赛（50%）		道桥相关比赛获奖情况	教师点评
	“1+X”职业技能等级证书（50%）		道桥相关的“1+X”职业技能等级证书获取率	教师点评

<table>
<tr><th colspan="3">七、教学反思</th></tr>
<tr><td>教学成效</td><td>知识方面</td><td>
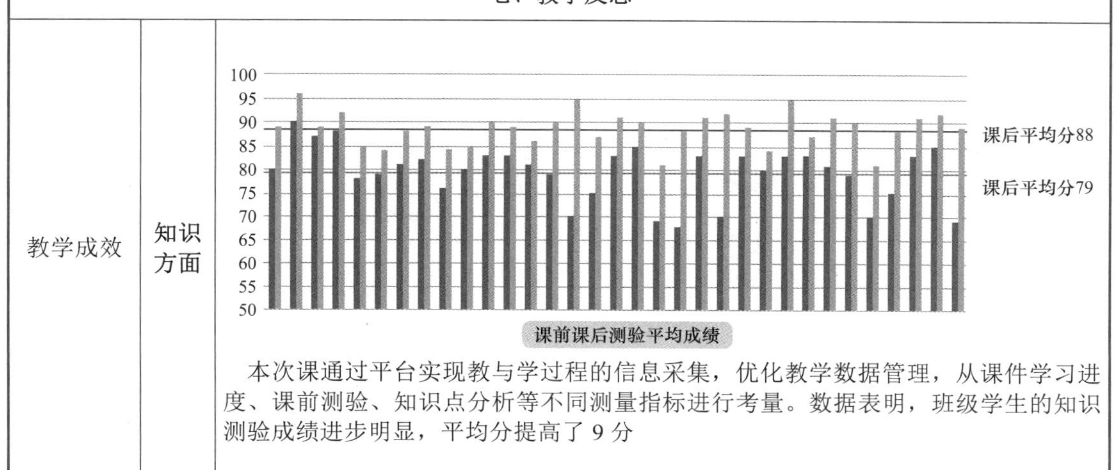

本次课通过平台实现教与学过程的信息采集，优化教学数据管理，从课件学习进度、课前测验、知识点分析等不同测量指标进行考量。数据表明，班级学生的知识测验成绩进步明显，平均分提高了 9 分</td></tr>
</table>

续表

教学成效	能力方面	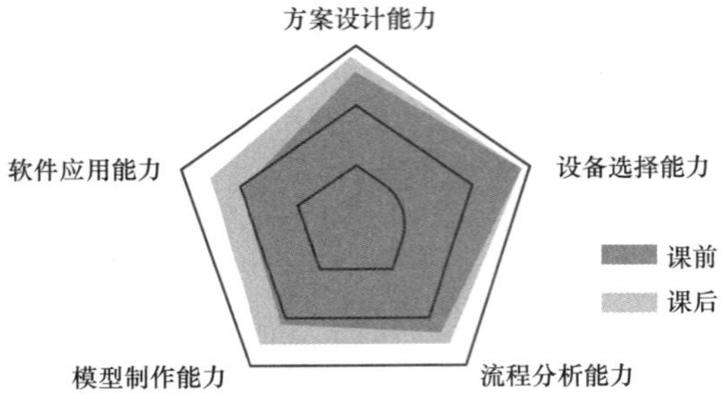 方案设计能力 设备选择能力 流程分析能力 模型制作能力 软件应用能力 课前 课后 能力提升对比雷达图 本次课的专业能力评价是课程总体评价体系的重要组成部分，从方案设计能力、设备选择能力、流程分析能力、模型制作能力和软件应用能力进行考量评价，其中方案设计能力和软件应用能力侧重对“1+X”证书的技能要点进行测评。数据表明，学生的能力各项指标均达到80%以上，有效促进了能力目标的达成。
	课程思政方面	（1）思政元素的有机融入极大提高了学生的学习兴趣和主动性，出勤率显著提高。 （2）增强了学生爱国主义信念和制度自信、文化自信，培养了学生勇于探索科学真理、追求创新的精神，强化了土木工程师的责任和工匠精神，拓宽了学生思维的深度和广度，提升了创新意识。 （3）引导学生树立了正确的价值观和职业自豪感，推动了学生的全面发展
反思改进	课堂教学方面	问题一：“1+X”考核技能点掌握有待提高 反思原因：课堂的实践演练时间有限，软件仿真不能全过程展示，同时由于桥梁种类多，结构复杂，课堂时间有限，学生未能全面掌握不同结构类型的桥梁结构和施工。 改进措施：完善课堂演练的流程设计，推广学训交替的教学模式，让每一个学生都能参与实践演练，以学促练，丰富桥梁模型，使学生全面掌握桥梁结构分析方法和施工工艺，为后面取得“1+X”证书奠定基础。 问题二：理论方法与实际桥梁难以结合应用 反思原因：本次课在讲授桥梁结构的受力特点时以讲解为主，由于受力分析比较抽象，各个桥梁构造有一定的差异性，学生很难将理论知识与具体实践结合起来。 改进措施：授课过程中，可以通过搭建简易的桥梁模型，通过VR等将真实桥梁环境引入课堂教学，利用仿真平台，让学生直接将所学的理论知识应用到实际项目中，理论与实践实时结合，提高其学习效率
	课程思政方面	问题一：思政元素不全面 反思原因：思政元素挖掘不够深入，知识内容分解不够细致，学生对中国优秀传统文化的理解不全面。 改进措施：钻研教材与大纲，吃透教学内容，进一步加强思政学习，提高思政育人能力，深入挖掘思政元素，如地域文化、优秀传统文化、桥梁文化等。加强资源整合，紧扣教学内容设计思政教学点，实现思政教学无嵌入痕迹，实现思政元素与教学内容无缝衔接。 问题二：思政量化的考核标准不健全 反思原因：目前尚未有思政量化的考核标准，对于学生的思想状态变化缺少检测指标。 改进措施：优化思政教育考核，将思政考核融入课程考核，实现专业知识和思政教育双轴驱动的课程考核方式

认识隧道

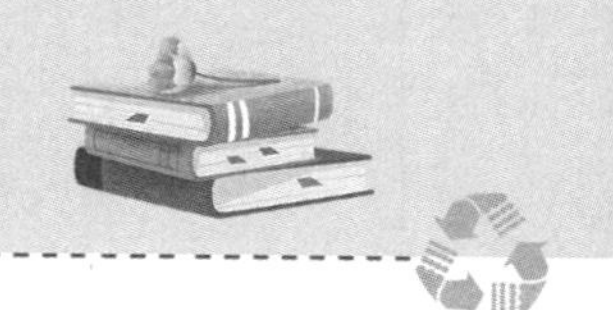

——隧道施工技术

团队成员

王蕾、张海、王伟

（主持陕西职教学会课程思政研究与实践课题——“隧道施工技术”课程思政的探索与实践，发表论文《三全育人视域下“隧道施工技术”课程思政的探索与实践》）

课程基本情况

随着我国交通强国战略的持续推进，公路隧道、铁路隧道和地下铁道的建设数量和里程均呈现出蓬勃发展的趋势，隧道已经成为现代交通网络中至关重要的组成部分。对于交通土建专业的学生和相关从业者而言，学习隧道施工技术课程是不可或缺的。隧道施工技术系统介绍了隧道施工过程中的新技术、新方法和新工艺，是一门实践性和实用性非常突出的课程，其目的是让学生在掌握技术技能的同时，明确工作岗位所蕴含的思想价值和精神内涵。

本课程在进行思政体系构建时，主要是在课程教学中把马克思主义立场观点方法的教育与科学精神的培养结合起来，提高学生正确认识问题、分析问题和解决问题的能力。工学类专业课程，注重强化学生的工程伦理教育，培养学生精益求精的大国工匠精神，激发学生科技报国的家国情怀和使命担当。

教学设计

一、课程概况			
课程名称	隧道施工技术	课程性质	●必修　○选修
课程类型	○公共基础课程　●专业教育课程　○实践类课程		
面向专业	道路桥梁工程技术		
授课对象	道桥 2101 班学生	授课时数	1 学时
参赛章节	第一章　隧道工程概述	使用教材	《隧道工程施工》
授课题目	认识隧道		

续表

<table>
<tr><td colspan="3">二、教学分析</td></tr>
<tr><td colspan="2">教学内容</td><td>内容分析：本课程是在全面贯彻党的教育方针，落实立德树人根本任务的基础上，培养面向企业、面向施工一线的技术技能型人才，为学生将来从事与隧道相关的技术工作奠定基础。根据道路桥梁工程技术专业的就业岗位核心能力要求，将课程教学内容整合设计为五个学习情境：① 认识隧道；② 隧道勘察设计；③ 隧道施工方法；④ 灾害处理；⑤ 组织管理。
教材分析：《隧道工程施工》由北京邮电大学出版社出版，充分体现任务引领、项目导向、工学结合的设计思想。本教材图文并茂，提高了学生的学习兴趣，加深了其对隧道工程基本知识的认识和理解，培养了学生的实践能力。本教材按照勘察、规划、结构设计、施工、运营养护的实施顺序，全面、系统地介绍了隧道工程生命周期各阶段中的相关基本概念、基础理论、设计方法、施工技术、运营与养护技术的要点。本教材表达精练、准确、科学，被评为国家示范性高等职业院校建设成果精品教材</td></tr>
<tr><td colspan="2">学情分析</td><td>本课程教学对象为道路桥梁工程技术专业大二学生，根据生源特点和上一学年考试成绩观察学生层次区分度并进行三维分析，平台测试数据统计显示学生普遍思维活跃，善于交流，求知欲强，动手实操能力强但自律能力较差。从知识掌握情况来看，学生通过大一的学习已对隧道工程有了简单的了解，但对理论知识学习缺乏兴趣；从能力水平来看，学生具备一定的专业知识，动手能力强，但隧道施工基本知识有所欠缺；从素质目标来看，经过一年的学习，学生已经熟悉了学校的学习生活环境，整体素质水平达标，但部分学生开始表现出自由散漫的情况 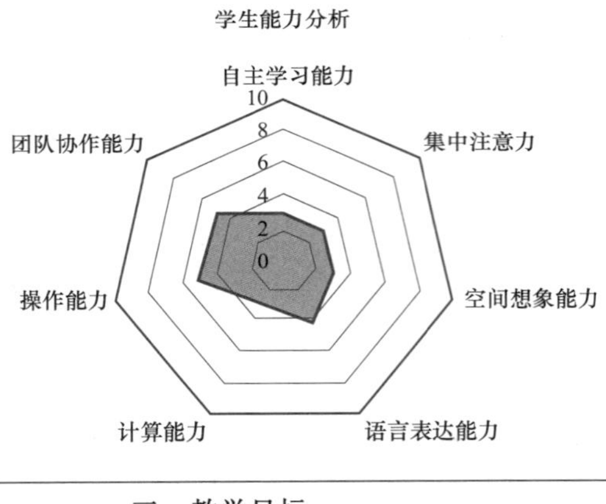
学生能力分析
自主学习能力
10
8
6
4
2
0
集中注意力
空间想象能力
语言表达能力
计算能力
操作能力
团队协作能力</td></tr>
<tr><td colspan="3">三、教学目标</td></tr>
<tr><td rowspan="2">教学目标</td><td>知识目标</td><td>（1）掌握隧道工程的基本概念，熟悉隧道的分类和用途；
（2）熟悉隧道工程的历史发展阶段及特点；
（3）了解隧道工程的前景和发展趋势</td></tr>
<tr><td>能力目标</td><td>（1）能说明隧道的不同类型和结构组成；
（2）能描述隧道工程的几个发展阶段和典型代表</td></tr>
</table>

续表

<table>
<tr><td rowspan="1">教学目标</td><td>思政目标</td><td>（1）激发学生的爱党爱国之情，使其理解爱国主义内涵与时代价值；
（2）激发学生的民族归属感和荣誉感，增强其民族自信；
（3）加强学生的学生的中华民族共同体意识；
（4）培养学生的责任意识与担当意识，引导其树立正确的世界观、人生观；
（5）加强学生对党的二十大精神的学习与理解，坚定学生的理想信念</td></tr>
<tr><td colspan="2">教学重点及解决办法</td><td>教学重点：隧道的概念与分类。
解决办法：引导学生结合生活实际思考隧道概念，通过探究隧道起源加深学生对隧道工程的认识与了解；对照课本中的理论，充分利用信息化教学手段，发挥视频、软件、图片等信息化技术的直观性和高效性，以此来增强学生对隧道概念和分类的理解</td></tr>
<tr><td colspan="2">教学难点及解决办法</td><td>教学难点：隧道工程建设特点及发展趋势。
解决办法：通过案例教学强化内容理解，促进学生由理论型抽象思维向实践型具体思维过渡；介绍学科发展现状和前沿动态，拓宽学生的知识面，开阔学生的视野。通过理论联系实际使原本枯燥且平面的教学变得立体和生动，使学生对知识的理解和运用更加深刻与全面</td></tr>
<tr><td colspan="3">四、教学策略</td></tr>
<tr><td colspan="2">设计思路</td><td>采用线上线下混合式教学模式进行教学设计，充分体现以教师为主导，以学生为中心，以交流为手段，以提高学生的综合素质为核心的新型教学模式，具体设计思路见下图：
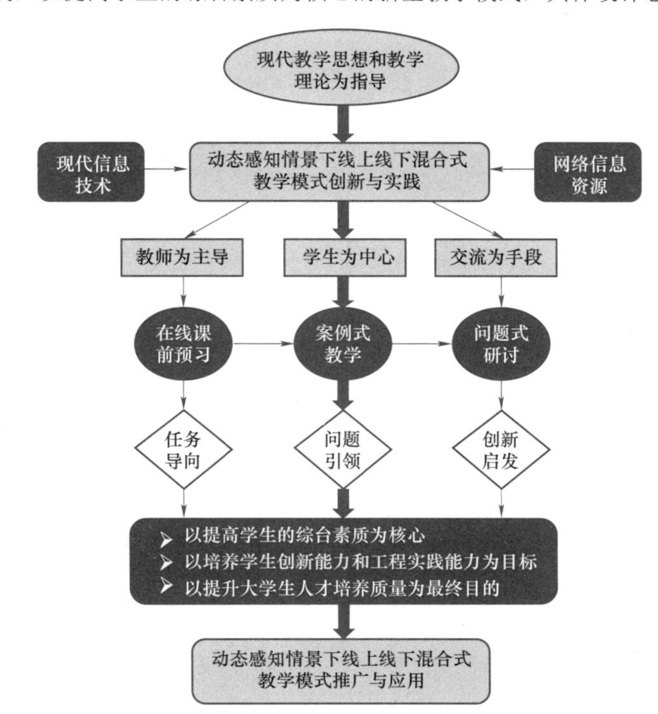
</td></tr>
</table>

续表

教学流程安排	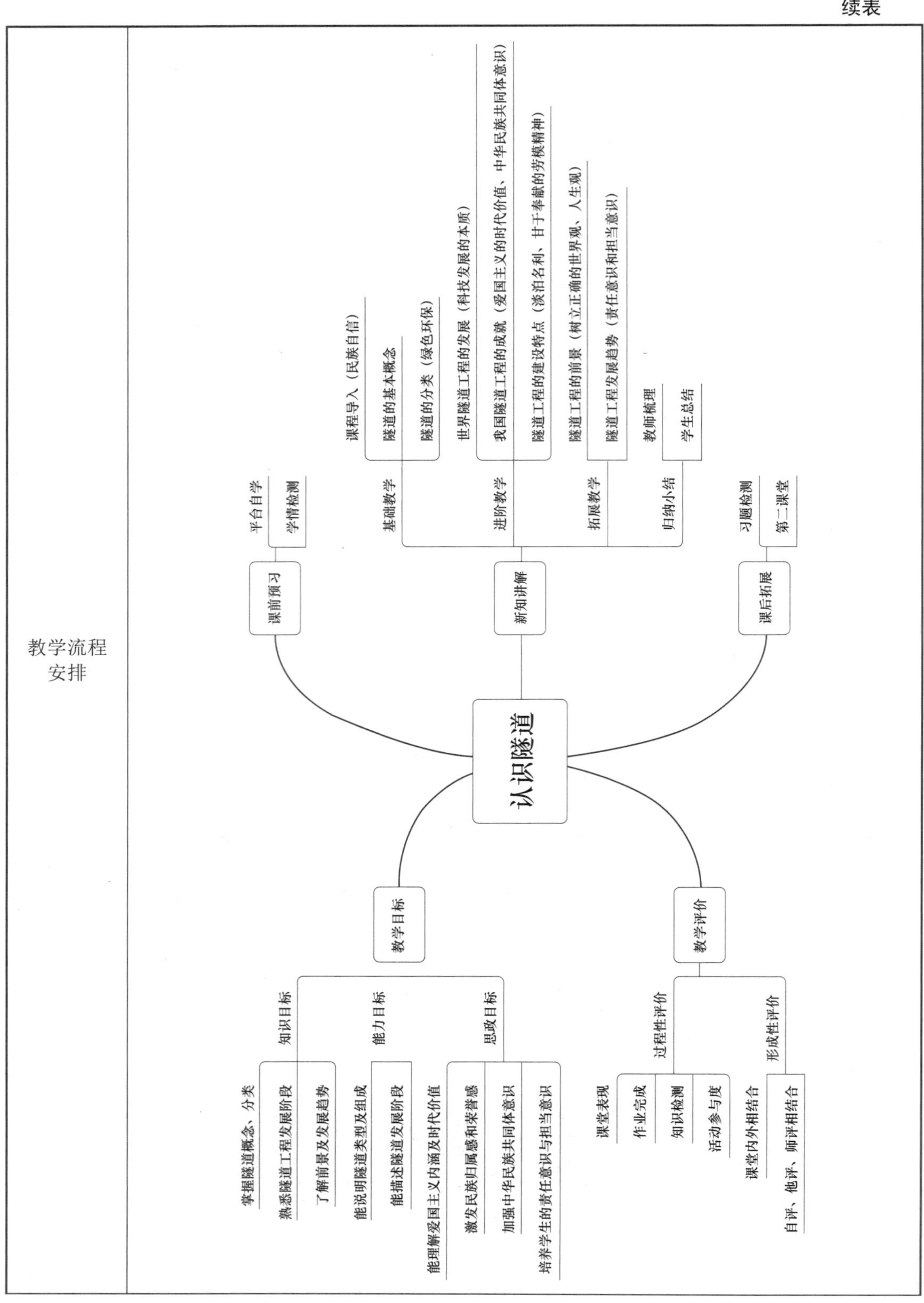

认识隧道
课前预习
平台自学
学情检测
新知讲解
基础教学
课程导入（民族自信）
隧道的基本概念
隧道的分类（绿色环保）
进阶教学
世界隧道工程的发展（科技发展的本质）
我国隧道工程的成就（爱国主义的时代价值、中华民族共同体意识）
隧道工程的建设特点（淡泊名利、甘于奉献的劳模精神）
拓展教学
隧道工程的前景（树立正确的世界观、人生观）
隧道工程发展趋势（责任意识和担当意识）
归纳小结
教师梳理
学生总结
课后拓展
习题检测
第二课堂
教学目标
知识目标
掌握隧道概念、分类
熟悉隧道工程发展阶段
了解前景及发展趋势
能力目标
能说明隧道类型及组成
能描述隧道发展阶段
思政目标
能理解爱国主义内涵及时代价值
激发民族归属感和荣誉感
加强中华民族共同体意识
培养学生的责任意识与担当意识
教学评价
过程性评价
课堂表现
作业完成
知识检测
活动参与度
形成性评价
课堂内外相结合
自评、他评、师评相结合

续表

<table>
<tr><td>板书设计</td><td colspan="2">隧道工程概述
认识隧道：基本概念、分类方法
了解隧道：历史成就、建设特点
探索隧道：发展前景、未来趋势</td></tr>
<tr><td colspan="3">五、教学过程</td></tr>
<tr><td>教学环节</td><td>教学过程</td><td>课程思政</td></tr>
<tr><td>课前预习</td><td>（一）平台自学
（1）隧道工程概论 PPT；
（2）通过视频了解典型隧道概况；
（3）隧道工程概论微课视频。
利用智慧职教平台发布学习资源，安排学生学习活动，实现了传统学习的翻转。 
（二）学情检测
通过课前预习、小组讨论，锻炼学生的归纳能力，提高课堂教学效果。 
根据学生提交的讨论结果，及时对教学设计进行调整 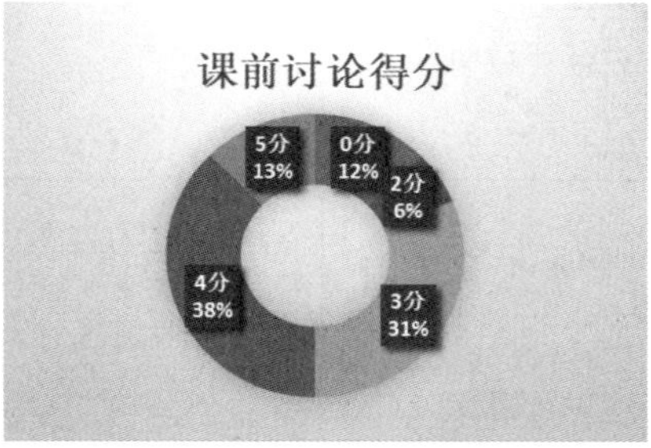</td><td></td></tr>
</table>

续表

新知讲解 新知讲解 新知讲解	（一）课程引入（10 min） （1）组织线上打卡，随机点名汇报课前讨论结果； （2）本门课程介绍。 隧道工程 课程介绍 课程主要内容 勘测：● 绪论 ● 隧道工程地质勘察 设计：● 隧道选线设计 ● 隧道结构构造 ● 隧道结构设计理论与方法 施工：● 隧道施工方法 ● 钻爆法隧道施工技术 ● 隧道机械开挖法施工技术 ● 明挖法隧道施工技术 ● 隧道辅助施工方法 运维：● 隧道施工辅助作业 ● 隧道运营养护维修 （3）课前任务讲解，针对学生回答情况做点评； （4）通过春秋时期的典故引出本节课主题：认识隧道	二十大精神——增强中华文明传播力影响力；推进文化自信自强。 介绍隧道的起源与发展历程，通过向学生介绍春秋时期的“隧而相见”和战国时期的“火烧水激”修凿而成的石门隧道，激发学生的民族归属感和荣誉感，增强其民族自信。 我国最早采用“火烧水激”开凿的穿山通车隧道为“石门”隧道，位于今陕西省汉中县褒谷口内，内壁宽度、高度皆在4米以上，建于东汉明帝永平九年（公元66年）。 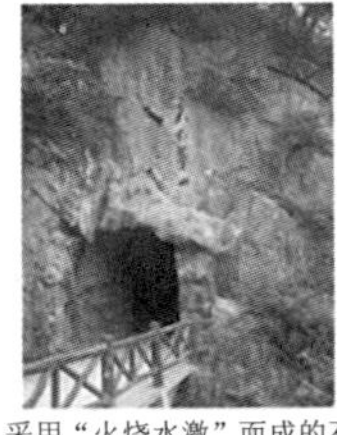 采用“火烧水激”而成的石门隧道，是世界上最早的人工通车隧道
	（二）隧道的概念与分类（10 min） 1. 组织学生查阅相关资料，结合隧道特点，明确隧道定义； 2. 教师讲解：隧道的概念； 一 隧道的概念、分类 隧道是人类利用地下空间的一种形式，埋置于地层中的构筑物。 1970年世界经济合作与发展组织召开的隧道会议综合了各种因素对隧道定义为： 以某种用途、在地面下用任何方式按规定形状和尺寸修筑的断面积大于 $2m^2$ 的洞室。   3. 结合隧道概念，讲解隧道的分类方法、地质条件、埋置深度、隧道用途、隧道长度、横断面积、所处位置……	二十大精神——尊重自然、顺应自然、保护自然；人与自然和谐共生；加快发展方式绿色转型。 在讲解隧道按长度分类时，通过长隧道好还是短隧道好的讨论，引导学生在进行选线设计时应考虑对周围环境和自然生态影响大小，选择合适的进洞位置及开挖方法，尽量减少对原有地形地貌的破坏
	（三）隧道工程的历史与成就（10 min） **1. 世界隧道工程的历史与发展** 从原始时代、远古时代、中世纪时代、近代、现代五个阶段对隧道工程的发展历程进行讲解	从隧道的发展历程体会工程技术乃至科学技术发展的本质，人类通过自己的理性思维，去认识世界、研究世界、适应世界、进而创造工具改造世界

续表

<table>
<tr>
<td>新知讲解
新知讲解
新知讲解</td>
<td>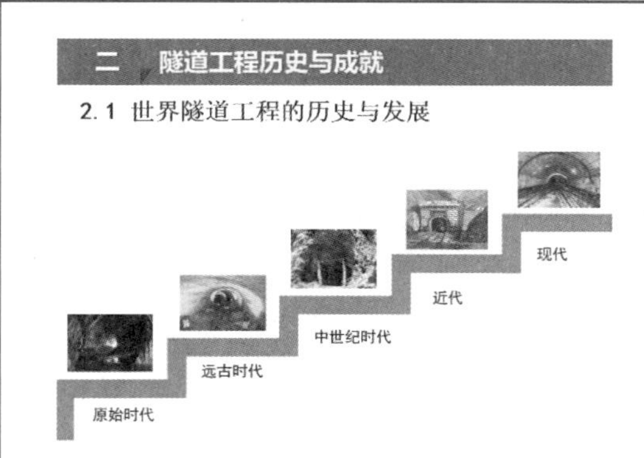

2. 我国隧道工程的历史与成就
通过图片、视频展示我国隧道工程的典型案例。
（1）八达岭隧道——我国自主设计施工的第一座越岭铁路隧道；
（2）大瑶山隧道——我国隧道施工技术步入世界一流水平；
（3）秦岭终南山隧道——世界最长的双洞单向高速公路隧道，开启长隧短打新时代；
（4）港珠澳大桥海底隧道——世界最长的公路沉管隧道和唯一的深埋沉管隧道，我国第一条外海沉管隧道；
（5）大柱山隧道——我国最难掘进的隧道；
讨论：为什么我们花费这么大的代价，也要修通大柱山隧道？
（6）金家庄螺旋隧道——世界最长的公路螺旋隧道。

</td>
<td>党的二十大精神——深入开展社会主义核心价值观宣传教育，深化爱国主义教育。
介绍八达岭隧道的主持修建者——詹天佑，通过中国铁路之父在竖井开凿法和人字形线路上的伟大创举，激发学生热爱祖国、立志为祖国做贡献的思想感情。
党的二十大精神——促进区域协调发展；铸牢中华民族共同体意识。
通过讨论修通大柱山隧道的原因，培养学生的大局意识和民族融合意识，加强中华民族共同体意识教育。培养学生把个人价值的实现与服务社会发展紧密结合起来。
通过我国所取得的巨大成就和在隧道施工技术上的领先地位，激发学生爱党爱国的巨大热情，理解爱国主义的内涵与时代价值</td>
</tr>
<tr>
<td></td>
<td>（四）隧道工程的建设特点（7 min）
（1）结合上述典型隧道案例，小组讨论隧道工程的建设特点；
（2）小组汇报讨论结果，学生互评，教师点评；
（3）归纳总结隧道工程的建设特点</td>
<td>党的二十大精神——弘扬劳动精神、奋斗精神、奉献精神。
隧道工程建设环境艰苦复杂，引导学生塑造淡泊名利、甘于奉献的劳模精神</td>
</tr>
</table>

续表

新知讲解 新知讲解 新知讲解 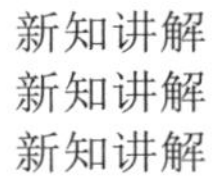	（五）隧道工程的前景与发展趋势（10 min） （1）通过展示我国铁路隧道、公路隧道、水底隧道和地下铁道等方面的既有成就和发展空间，使学生明确目前隧道建设所面临的新机遇与新挑战； （2）从目前存在的问题入手进行分析，引导学生找出改进方向，进而举一反三，分析隧道工程未来的发展趋势。 隧道施工机械化；隧道结构预制化；隧道建设信息化、智能化。 四　隧道工程的前景与发展趋势 4.1　隧道工程的前景 20世纪80年代后期，国际隧协提出“大力开发地下空间，开始人类新的穴居时代”的倡仪 1991年地下空间国际学术会议通过的《东京宣言》，提出“21世纪是地下工程的世纪” 2011年世界隧道大会主题：“地下空间服务于可持续社会”  	了解国情，需要学生肩负历史责任，树立正确的世界观、人生观。 党的二十大精神——广大青年要立志做有理想、敢担当、能吃苦、肯奋斗的新时代好青年。 提醒学生隧道工程建设任重而道远，寻找新技术和新工艺势在必行，进一步培养学生的责任意识和担当意识
	（六）归纳小结（3 min） 1. 教师梳理本节课的知识点，强调重难点； 2. 学生听取教师对本节课的总结，反思自己的不足。 五　小结 1　隧道的概念、分类 隧道：是一种修筑在岩体、土体内或水底，两端有出入口的通道，供车辆、行人、管线、电缆、水流、物流等通过的工程建筑物 隧道的分类 ➢ 按用途、位置划分 ➢ 按长度、断面积、跨度划分 ➢ 其他分类标准	
课后巩固	课后巩固与拓展 教师在智慧职教平台布置知识点检测习题并开放第二课堂，设置测验时间节点，学生完成并提交作业，按时参与第二课堂学习。 五　小结 思考题与习题： 1. 简述隧道的定义。 2. 隧道按用途划分可以分为哪几种类型？ 3. 隧道工程的发展分为哪几个历史阶段？ 4. 隧道工程的发展趋势有哪些方面？	

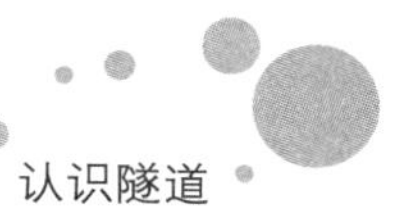
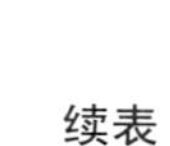

续表

六、教学评价
课程教学基本达到预期目标，较以往传统教学，在以下几方面取得了一定程度的突破： （1）突破传统教学组织模式局限性，实现了课前完成知识学习和课上通过讨论完成知识内在转化的课堂翻转，同时在课堂教学中，引入了学科发展现状和前沿动态，拓宽了学生的知识面，开阔了学生的视野。 （2）理论联系实际，将实际工程案例引入课堂教学，研讨常见的隧道工程问题，让学生能够迅速地将理论转化为实践应用，使原本枯燥且平面的教学变得立体和生动，学生对知识的理解和运用更加深刻与全面。 （3）采用多元化评价方法，注重教学互动过程中的表现，学习成绩及学习效果检测不再单纯依赖作业和考试，促使学生积极参与课堂学习讨论，锻炼学生自主学习能力，有助于提高教学质量和教学效果。 （4）将新时代的工匠精神和坚定不移贯彻新发展理念融入课堂教学中，引导学生理解隧道工程结构设计过程中的安全、法律、环境等因素，使其在学生心中生根发芽，在潜移默化中引导学生理解、领悟、认同并践行一个土木工程师的责任与使命
七、教学反思
（1）隧道施工技术是一门实践性很强的学科，要求学生既具备灵活运用所学知识自主解决复杂工程问题的能力，还要求学生具有独立思考能力和不怕苦、不怕累、迎难而上的精神。这就要实施考核标准多元化，按能力目标要求，制定课程理论知识、基本技能和综合能力等评价标准。 （2）部分学生存在注意力难以集中、思想迟钝、课堂活动参与积极性不高、稳定性较差的情况，针对这部分学生，需要从两方面入手，其一，加强思政教育，引导学生养成正确的学习习惯，明确学习目的，保持自律；其二，需对教学内容、教学方法进行调整改进，通过任务导向、问题引领、创新启发的方式引导学生自主学习，提高教学的趣味性和实践性，保证学生在课堂上集中注意力。 （3）要将思政教育贯穿于课程全过程，在潜移默化中穿插思政元素，避免说教。通过润物细无声、滴水穿石的方式，让学生在潜移默化中接受教育。同时线上、线下相结合，通过多种方式进行思政教育，定期补充线上资源，如“超级工程”“大国工匠”“中国建设者”等视频，要求学生观看，使学生不仅学习到课程专业知识，也从中受到思想教育

地漏安装施工

——装饰工程施工技术

团队成员

徐洁、张艳、郭岩

课程基本情况

“装饰工程施工技术”是建筑工程技术专业的专业必修课程，共36学时，2学分，采用“十三五”规划教材，已建成3个相关实训室。本课程在职教云平台开展线上教学，包含微课视频、施工动画等资源。依据岗位人才能力需求，专业教学标准，融合“1+X”装饰职业技能等级及装饰大赛评分标准等内容，将课程内容进行重构，以家装工艺流程为教学主线，整合为水路工程、电路工程、泥水工程、木工工程及涂饰工程。依据教学内容，挖掘了五大思政元素，通过“三阶段·四途径”组织思政教学，通过工程人物、工程建筑、工程材料及工程事件传递社会主义核心价值观、职业素养、工匠精神、创新精神及鲁班精神。

教学设计

一、课程概况			
部门名称	土木工程学院	课程性质	●必修　○选修
课程类型	○公共基础课程　●专业教育课程　○实践类课程		
面向专业	建筑工程技术、室内设计专业		
授课对象	建筑工程技术 2001、2002 班学生	授课时数	1 学时
参赛章节	3.3.2　卫生间地砖铺贴	使用教材	《建筑装饰施工技术》
授课题目	地漏安装施工		

续表

<table>
<tr><td colspan="2">二、教学分析</td></tr>
<tr><td rowspan="2">教学内容</td><td>内容分析：在地砖铺贴中，地漏处地砖铺贴及地漏选型安装是非常特殊的环节部位，是保证卫生间正常排水、不透水、防异味的关键所在，因此本节课以地漏选型及地漏施工工艺为主要内容，开展地漏种类调研、铺贴仿真训练及质量检测三类教学活动，以气溶胶传播途径为例，引导学生选择合适的地漏，分析其优缺点，从而将所学知识运用于生活。培养学生团队合作、精益求精、爱岗敬业的职业精神及守正创新，绿色发展理念。本节课内容对接“1＋X”室内设计职业技能等级标准及全国职业院校建筑装饰技术大赛赛点。

教材内容：第一章 水路改造工程；第二章 电路改造工程；第三章 泥水工程施工；第四章 木工工程施工；第五章 涂饰工程施工
章内容：1. 墙体改造包立管；2. 陶瓷墙面砖铺贴；3. 陶瓷地砖铺贴；4. 墙面石材铺贴
节内容：1. 常用材料及工具；2. 卫生间地砖铺贴；3. 以外空间地砖铺贴；4. 铺贴工艺检测
本节内容：1. 地漏种类；2. 块材铺贴；3. 地漏选择；4. 质量检测</td></tr>
<tr><td>教材分析：本课程选用“十三五”职业教育国家规划教材。
主要教材：《建筑装饰施工技术》，郝永池主编，清华大学出版社，2019 年；
参考教材：《室内装饰装修工程技术》，王雅婷主编，高等教育出版社，2018 年；
参考规范：
《建筑装饰装修工程质量验收标准》（GB 50210— 2018）；
《建筑给水排水设计标准》（GB 50015—2019）；
《地漏》CJ/T 186—2018

</td></tr>
<tr><td rowspan="2">学情分析</td><td>知识和技能基础</td></tr>
<tr><td>通过前两项的测验成绩可以看到，学生已经初步掌握了泥水工程材料及工具使用方法，并且基本掌握了卫生间以外空间地砖铺贴的施工工艺，但对卫生间地漏处块材铺贴要点还存在疑惑，且质量验收标准不明。
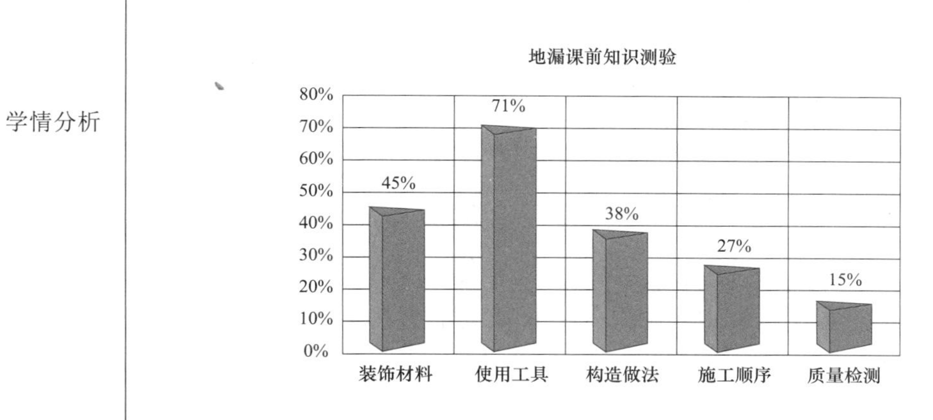
</td></tr>
</table>

续表

学情分析	认知和实践能力	
	通过往届学生学习情况雷达图对比可以看到，学生对理论知识掌握较弱，更倾向于仿真演练，但在仿真施工工艺流程演练的过程中，不能将理论知识与实践应用相结合，对具体构造措施处理还存在问题，如对卫生间排水放坡施工要点还不清楚，质量验收存在问题 往届学生的实践能力 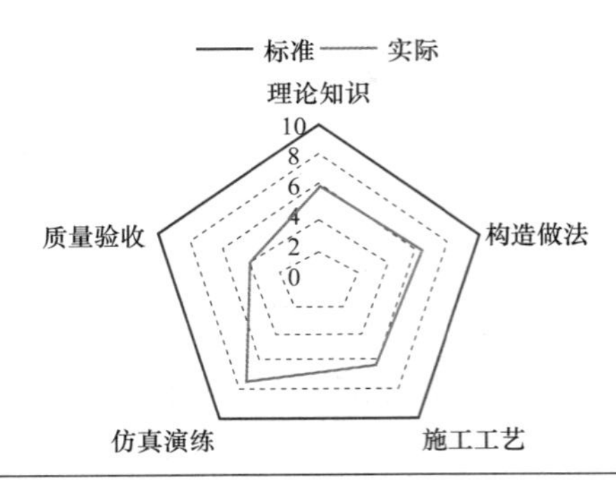 	
	学生学习特点	
	通过上课情况发现学生好奇心强，能快速接受新知识、新事物，喜欢动手操作，更愿意借助于仿真训练来了解施工工艺流程，只知道表面现象，探究意识不强，不能深入了解施工工艺的技术要点，不喜欢识读规章流程，缺乏归纳总结的能力。但他们大多喜欢以互相讨论与小组协作的方式完成任务。问卷星学习习惯调研见下图： 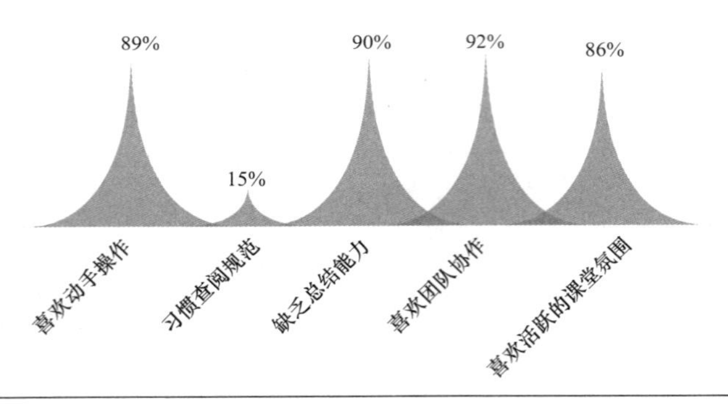 	
三、教学目标		
教学目标	知识目标	（1）了解地漏构造原理； （2）掌握地漏在施工中的施工工艺（“1+X”考点）； （3）掌握地漏周边块材铺装方法（“1+X”考点）
	能力目标	（1）能够正确分析地漏种类及优缺点； （2）能够通过仿真软件正确模拟地漏施工工艺； （3）能够对地漏铺装工艺进行质量验收（“1+X”考点、大赛赛点）
	思政目标	（1）通过地漏的种类及适用性能，提出人类才智的进步，强化党的二十大会议精神：创新是第一动力，着力造就拔尖创新人才，培养学生专业自豪感，引导学生树立远大理想； （2）通过地漏块材铺装工艺，提出“砌”出来的“大国工匠”邹彬案例，培养学生勤钻研、勇探索、精益求精的工匠精神； （3）通过地漏施工工艺质量验收规范标准，培养学生严守规程、保证质量安全的职业素养，尽岗位职责，提高人民生活品质（党的二十大会议精神）

续表

<table>
<tr><td>教学重点及解决办法</td><td>教学重点</td><td>1. 地漏的选择；
2. 地漏的施工要点</td><td>解决办法</td><td>  利用地漏工作原理动画及施工视频，让学生区别各种类型地漏的优缺点及施工要点</td></tr>
<tr><td>教学难点及解决办法</td><td>教学难点</td><td>地漏的施工工艺（“1+X”考点）</td><td>解决办法</td><td>  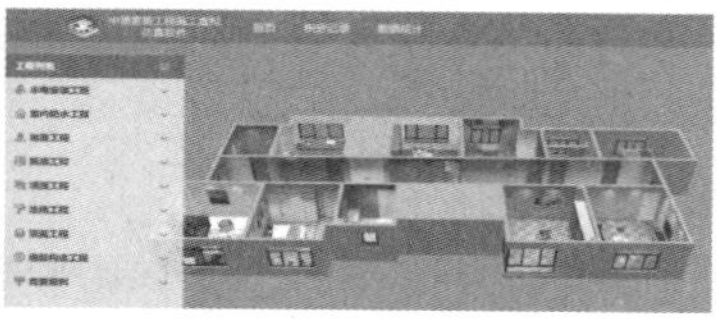通过仿真软件展示地漏施工工艺，并让学生自主演练，分清楚地漏构造层次，从而掌握施工工艺</td></tr>
<tr><td colspan="5">四、教学策略</td></tr>
<tr><td>教学手段</td><td colspan="4">（1）教师引导，学生探究，分析地漏种类的选择及其工作原理；
（2）通过三维仿真游戏，调动学生学习的积极性，并观察学生的掌握情况，及时纠正问题；
（3）对于地漏工程质量验收，基于工作岗位分工，完成相应任务；
（4）智慧职教平台统计学生过程性得分，问卷星统计组间、组内评价</td></tr>
<tr><td>教学方法</td><td colspan="4">1. 任务驱动法
课前布置任务，学生调研生活中常见的地漏种类，通过小组汇报展示，进行组间互评及教师点评，提高对地漏的认识。
2. 多媒体学习法
通过地漏施工教学视频、地漏使用原理动画、PPT 展示其内容及施工工艺要点，增加课堂学的丰富性。
3. 仿真学习法
利用中望家装工程施工虚拟仿真软件，引导学生进行施工工艺操作练习</td></tr>
<tr><td>教学资源</td><td colspan="4"> 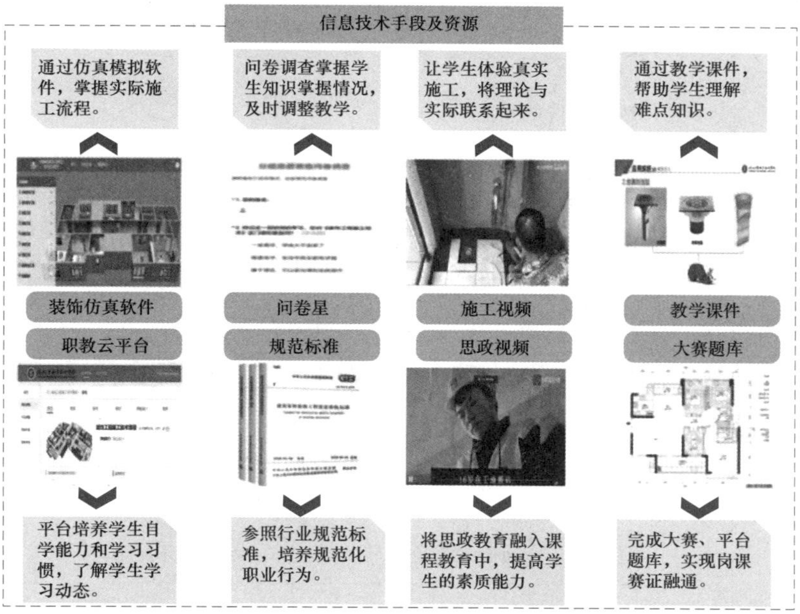信息技术手段及资源
通过仿真模拟软件，掌握实际施工流程。
问卷调查掌握学生知识掌握情况，及时调整教学。
让学生体验真实施工，将理论与实际联系起来。
通过教学课件，帮助学生理解难点知识。
装饰仿真软件
问卷星
施工视频
教学课件
职教云平台
规范标准
思政视频
大赛题库
平台培养学生自学能力和学习习惯，了解学生学习动态。
参照行业规范标准，培养规范化职业行为。
将思政教育融入课程教育中，提高学生的素质能力。
完成大赛、平台题库，实现岗课赛证融通。</td></tr>
</table>

续表

设计思路

（一）教学内容的融入

（1）学生通过课前调研了解地漏分类，教师总结地漏的发展，提出人类才智进步，激励学生形成积极向上的学习态度，强化党的二十大会议精神：创新是第一动力，着力造就拔尖创新人才，从而满足人民日益增长的精神文化需求；

（2）依据施工动画，说明地漏构造要求，提出严守规程标准的职业素养；

（3）依据地漏施工仿真训练、地漏块材拼装工艺，教导学生建立精益求精的工匠精神；

（4）依据地漏使用选择，提出新材料的使用，激发学生的创新创造力，提升学生的专业自豪感，激励学生努力实现新的突破，从而提高人民生活品质。

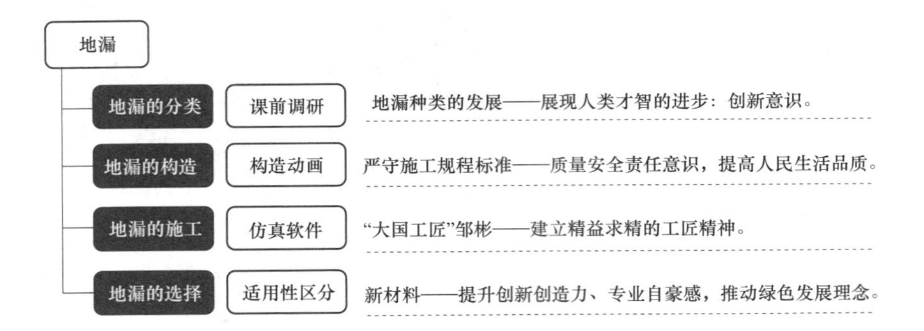

（二）教学方法的融入

问题引导法

根据身边的地漏反味、漏水热点问题，组织教学，引导学生从发现问题、分析问题、讨论问题到解决问题，从而提升学生自主分析问题及解决问题的能力。

故事融入法

对应知识点，将学科发展、科学技术的提升，与现代工艺做法联系起来，结合大国工匠故事，提升学生专业自豪感，培养学生的爱国情怀。

团队协作教学法

通过仿真、调研小组活动，培养学生相互交流、共同合作、相互促进的团队协作精神，从而提升学生爱岗敬业的职业精神。

（三）教学评价的融入

课程思政评价方法

评价环节	评价项目	评价方法	评价要点
过程性评价	课前准备	资料收集、调研、预习情况	参与度
	课中活动	讨论、发言、互动频率及质量	参与过程的态度及情感
	课后活动	完成作业、参与活动	参与积极性
结果性评价	作业、考试、问卷调查	作业、考试成绩、问卷调查结果	参与度及思想情况

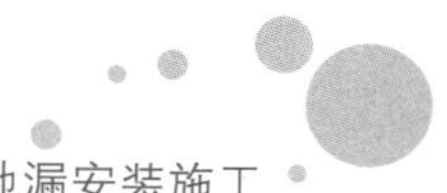

续表

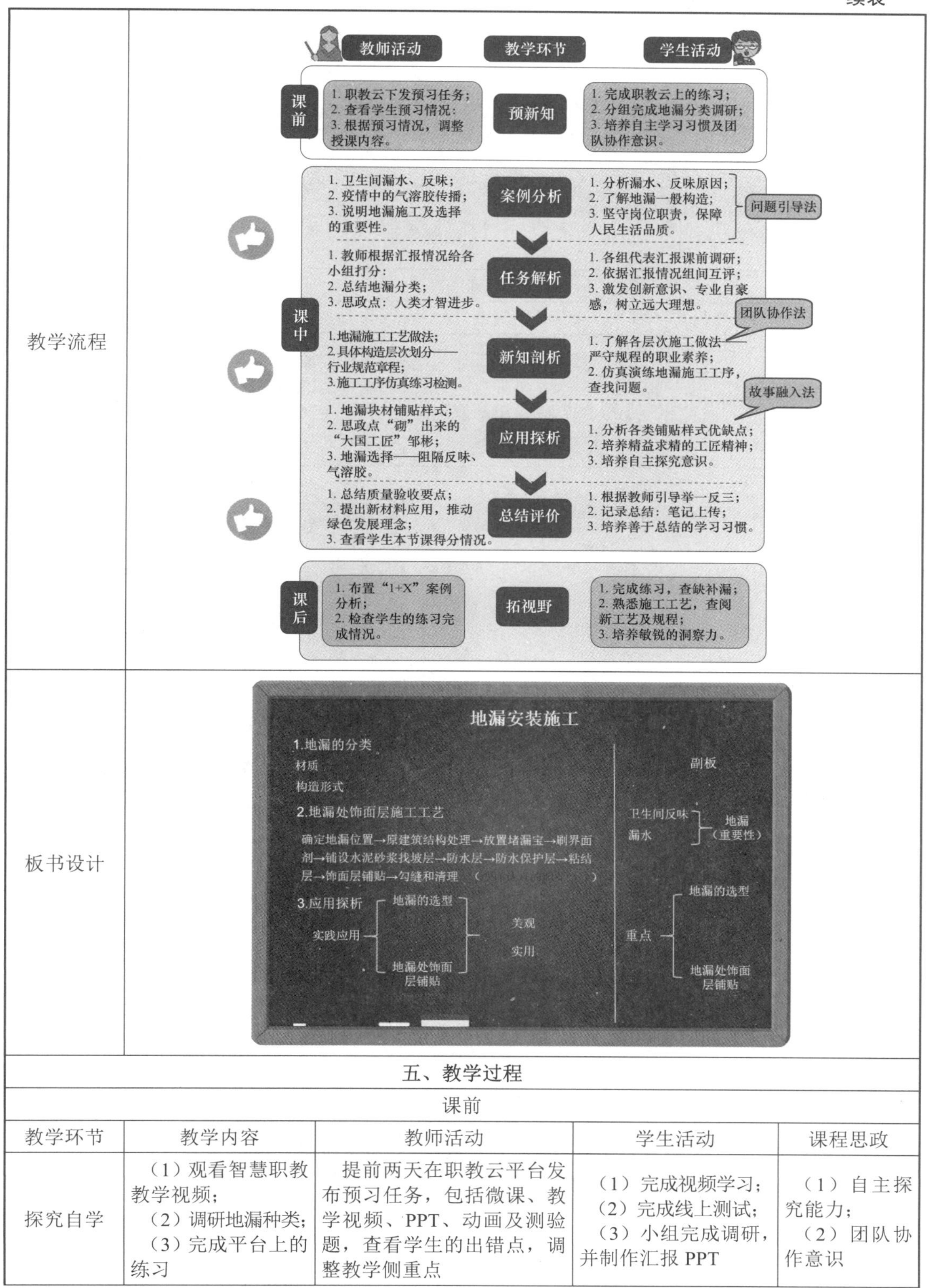

五、教学过程				
课前				
教学环节	教学内容	教师活动	学生活动	课程思政
探究自学	（1）观看智慧职教教学视频； （2）调研地漏种类； （3）完成平台上的练习	提前两天在职教云平台发布预习任务，包括微课、教学视频、PPT、动画及测验题，查看学生的出错点，调整教学侧重点	（1）完成视频学习； （2）完成线上测试； （3）小组完成调研，并制作汇报 PPT	（1）自主探究能力； （2）团队协作意识

续表

地漏使用特点　地漏施工　智慧职教

课中				
教学环节	教学内容	教师活动	学生活动	课程思政
环节 1：案例分析（5 min）	分析卫生间漏水、反味及疫情中的气溶胶传播原因。提出保障人民生活品质的重要性	播放卫生间漏水、反味视频，引导学生分析其原因，导出地漏施工及选择的重要性	根据课前预习内容，依据地漏的构造原理，分析卫生间漏水、反味的原因	培养学生的探究意识及独立思考能力
环节 2：任务解析（10 min）	地漏的种类	（1）根据小组汇报情况进行打分（问卷星）； （2）总结梳理地漏类型并讲述近年来地漏材料类型的发展	（1）各小组对地漏种类的调研情况进行汇报； （2）组间互评并打分（问卷星）	通过地漏材料类型发展，提出人类才智进步观点，激发学生的专业自豪感及守正创新意识，引导学生树立远大理想

水封地漏　下翻板地漏　硅胶式地漏

续表

环节 2：任务解析（10 min）	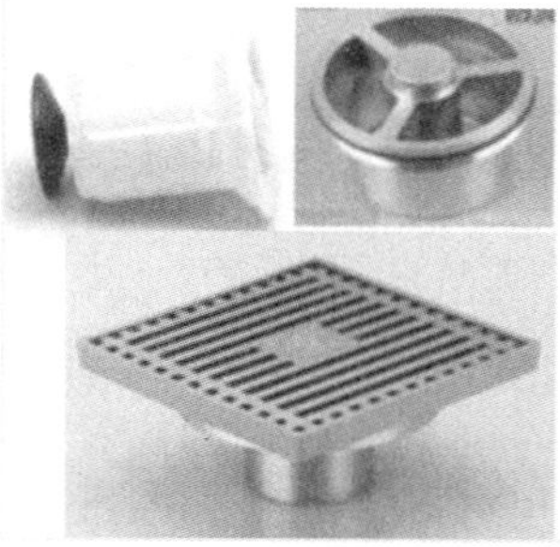 弹簧式地漏 　磁铁地漏			
环节 3：新知剖析（15 min）	（1）地漏的构造层次划分；（2）地漏的施工工艺；（3）仿真训练	（1）依据三维模型讲解地漏的构造层次；（2）依据仿真训练讲解地漏施工工艺；（3）依据学生仿真训练检查学生易出错点	（1）了解地漏构造层次；（2）进行仿真演练，熟悉施工工艺流程	依据构造层次的设置原理，引出学生在日后工作中要严守工艺章程，养成严谨认真的职业素养
	新知剖析——详细内容 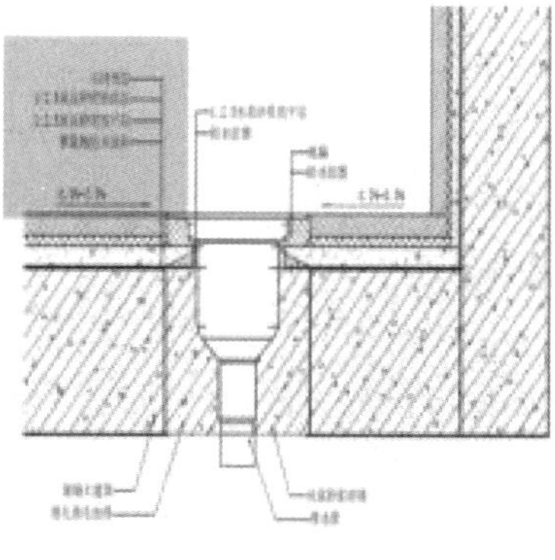 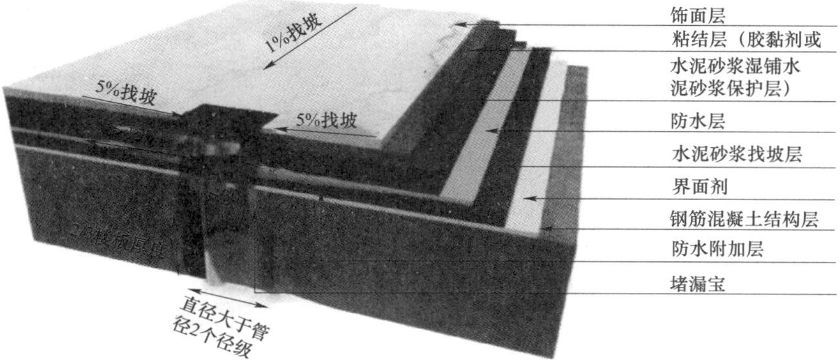 地漏构造			

续表

<table>
<tr>
<td>环节 3：
新知剖析
（15 min）</td>
<td colspan="4">

一、地漏构造层次划分
1. 原建筑结构处理
地漏处原预留的排水管道口应切割平整，切割后管道不得高于钢筋混凝土结构层。
地漏应设置在易溅水的器具附近地面的最低处，地漏顶面标高应低于地面 5～10 mm。
2. 填充堵漏宝
管道周边开槽，填充堵漏宝。排水栓和地漏的安装应平正、牢固，低于排水表面，周边无渗漏。地漏水封高度不得小于 50 mm。
3. 刷界面剂
若基层出现起砂现象，用辊刷直接将界面剂涂布至基层上，涂布 1～2 遍，常温下的养护时间为 3～6 h，1 kg 理论上可以涂布 10 m^2（1 遍）。
4. 水泥砂浆找坡层处理
找坡层向地漏找坡，坡度应为 1%（同一干湿区可直接按 10 mm 找坡），地漏周边半径 50 mm 范围内，坡度应提高为 5%（碗口状）。
5. 防水层施工
防水层应连续并伸入排水管道内壁不小于 30 mm。
6. 防水保护层
防水材料按规定配比混合、搅拌均匀，并严格控制基层含水率。
7. 粘结层施工
根据放线位置和水平位置进行铺贴，用锯齿镘刀将浆料均匀地刮涂于基层的黏结面上。若黏结面有油污，可用干布蘸清洁剂将其擦净。胶黏剂应涂抹均匀，并适量。
8. 饰面层铺贴
将饰面层按压到基层上，用橡皮锤轻轻敲击、调整水平、摆正压实，使其与胶粘剂牢固结合。
二、中望家装工程施工虚拟仿真演练
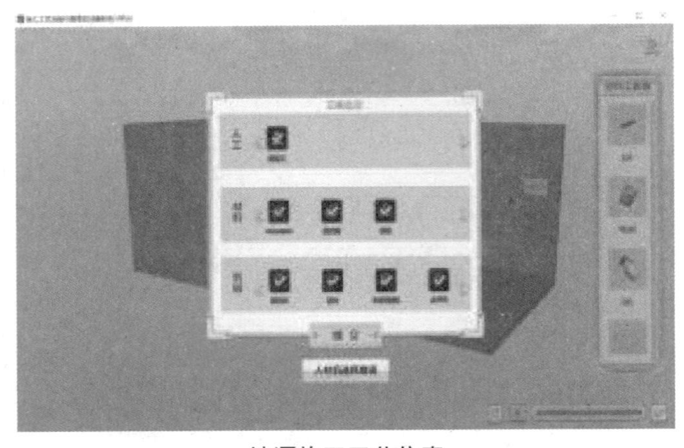
地漏施工工艺仿真
</td>
</tr>
<tr>
<td>环节 4：
应用探析
（15 min）</td>
<td>（1）地漏块材铺贴样式；
（2）故事：“砌”出来的“大国工匠”邹彬；
（3）地漏的选择</td>
<td>（1）对四种铺贴样式进行举例讲解；
（2）叙述“大国工匠”邹彬的故事；
（3）依据地漏施工及种类，引导学生选择合适的地漏</td>
<td>（1）总结各类铺贴样式优缺点；
（2）听故事、受启发；
（3）学生依据案例（气溶胶传播）选择合适的地漏，并分析其原因</td>
<td>培养学生自主探究意识，根据“大国工匠”邹彬的故事，培养学生精益求精的工匠精神——工作无小事</td>
</tr>
</table>

续表

环节 4： 应用探析 （15 min）	应用探析——详细内容 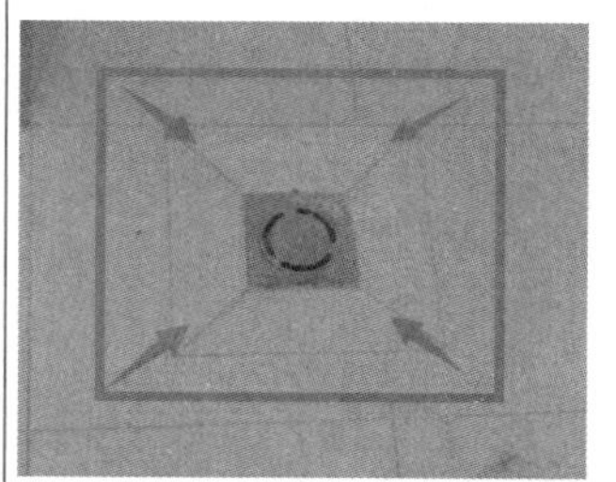 回字形：以地漏为中心，在地漏外缘外扩 80mm 左右的地方打出一个方框，将这个方框对角线切割后镶嵌在地漏中心，地漏四边铺成倾向中心的坡度。施工工艺复杂，制作过程烦琐，制作成本较高，耗费工时较长，缝隙较多，容易藏污纳垢。 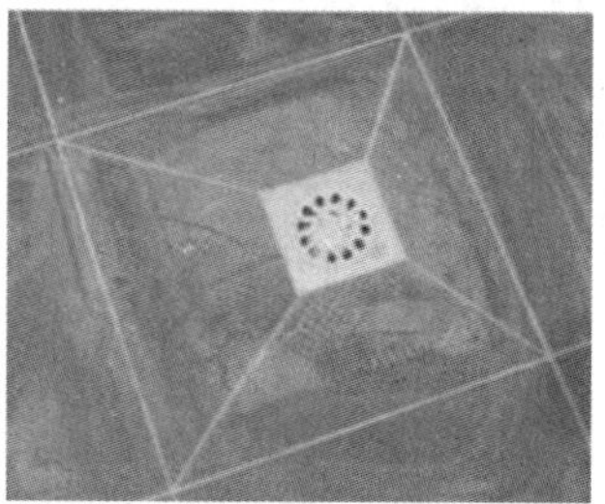 对角线切割法：先整体地面向地漏倾斜，然后以地漏方形外边的四角为放射线形式切割到瓷砖的四角，形成四块带坡度的砖，将水引到地漏。工程施工简单不繁杂，地漏四周的 4 块小瓷砖做倾斜度非常容易，排水速度更快，不易存水。  十字铺贴法：让地漏的四个角分别位于四条边线上，再将周围的四块瓷砖都做出坡度。地漏周边的四块瓷砖都是整块大瓷砖，整体性好，美观大气，坡度取决于周边四块大面积瓷砖的铺贴，面积越大，坡度设置越考验师傅的手艺  错位铺贴法：是将地漏安装在四块瓷砖的交汇中心，瓷砖需要以“错位”的方式进行铺贴，而地漏就在错位的区域里。这种做法没有碎砖，颜值高，而且保证了四周地砖的完整度，整体性好，流水速度快。但对瓷砖的铺贴工艺和精度要求都较高。  “砌”出来的“大国工匠”——“95 后”邹彬代表的成长故事，描述了农村小伙邹彬如何在砌墙技术上发挥自己的技能。在 2015 年，靠着练就的砌墙绝活，邹彬在第 43 届世界技能大赛中，一路过关斩将拿到砌筑项目优胜奖，实现了中国在这一奖项零的突破。 “大国工匠”邹彬的故事			
环节 5： 总结评价 （5 min）	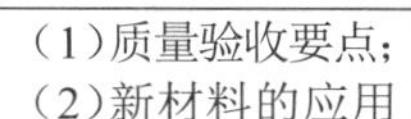 （1）质量验收要点； （2）新材料的应用 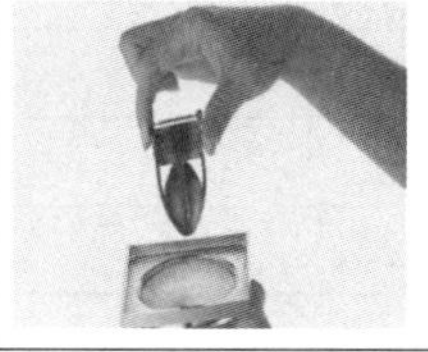	（1）根据地漏施工工艺流程，对标质检规范，总结质量验收要点； （2）环保材料在家装中的重要性； （3）对本节课中学生的学习情况进行总结评价	（1）梳理质量检测内容，记录总结； （2）查看自己本节课的得分情况	提出绿色发展理念，培养学生人与自然和谐共生的意识，同时培养学生总结归纳的学习习惯

续表

课后				
教学环节	教学内容	教师活动	学生活动	课程思政
加强巩固	（1）“1+X”施工案例分析练习； （2）学习施工工艺视频	布置课后任务，检查学生的练习完成情况	熟悉施工工艺，查阅新工艺及规程。完成练习，查缺补漏	培养学生对知识举一反三的应用能力及分析问题的能力

六、教学评价

评价层面	评价内容及指标		评价主体	评价依据
过程评价（50%）	课前（30%）	线上自学情况	智慧职教平台评价和教师评价	智慧职教学习平台任务完成统计
		课前测试成绩	智慧职教平台评价	平台测试成绩统计
		课前调研情况（上传平台）	教师评价	教师对调研情况打分
	课中（40%）	课堂参与度	教师评价和组间评价	回答问题、汇报、抢答
		课堂仿真练习测评	仿真平台评价和教师评价	仿真平台正确率反馈
		知识应用能力	教师评价	地漏的选择表述
	课后（30%）	课后测试成绩	智慧职教平台评价和教师评价	平台测试成绩统计及教师对主观题进行打分
结果性评价（30%）	知识与能力评价（60%）	施工工艺操作的规范性（40%）	教师评价和仿真平台评价	仿真平台统计错误施工流程次数
		地漏选择的合理性（30%）	教师评价和组间评价	学生针对案例分析每种地漏的优缺点
		地漏块材铺贴合理性分析（30%）	教师评价和组间评价	学生对四种铺贴方式的适用性进行归纳，并举例
	职业素养评价（40%）	团队协作能力、质量安全意识、探究动手能力（60%）	自评和互评和教师评价	问卷星评价表
		实训室卫生清洁（40%）	教师评价	依据卫生清洁情况评分
增值性评价（20%）	学生能力提升情况（100%）	知识点测验成绩提升率（60%）	平台评价和教师评价	课前、课后成绩提升率
		课堂活动的参与度、组间配合提升率（40%）	教师评价、组间评价	教学活动参与度

组间考核评价表

评价项目	评价标准
汇报展示	准确表述调研任务，汇报形式多样，表达沟通能力较好
互助互学	在仿真演练过程中，发挥积极作用，主动帮助其他组解决问题
自主探究氛围	小组探讨问题积极，有较强的解决问题能力
课堂纪律	小组在探讨时有纪律，不做与课堂无关的事
环境卫生	课程结束后，主动收拾小组周边卫生，不遗留垃圾

续表

<table>
<tr><td colspan="2">组内考核评价明细</td></tr>
<tr><td>评价项目</td><td>评价标准</td></tr>
<tr><td>难易程度</td><td>在任务分派中担任的角色，工作的难易程度</td></tr>
<tr><td>参与程度</td><td>在调研任务中的参与程度</td></tr>
<tr><td>学习态度</td><td>学生在仿真训练中的学习态度、严谨细致的职业素养</td></tr>
<tr><td>组内互助</td><td>积极主动参与活动，并多帮助其他同学</td></tr>
<tr><td>团队合作协作能力</td><td>在识图任务中积极协调、主动沟通</td></tr>
<tr><td colspan="2">七、教学反思</td></tr>
<tr><td>教学效果</td><td>（1）围绕“三阶段·四途径”方式全过程有机融入课堂思政，培养学生的爱国情怀、职业素养及精益求精的工匠精神。由学生本节课成绩可见，学生的课堂参与度、参加组间活动的积极性有了明显的提升。
（2）团队教师主持陕西省职业技术教育学会思政课题——（SKKCSZ2020—371）“建筑装饰施工技术”课程思政建设探索与实践研究，将课题研究应用于日常教学，已结题并取得良好教学效果，课程思政案例分析较成熟</td></tr>
<tr><td>不足与改进</td><td>（1）课内仅通过仿真让学生模拟地漏块材铺贴流程，缺乏实践经验，可在课程实训中聘请专业瓦工在实训中心进行现场教学展示，提升学生对真实施工工艺的认知度。
（2）利用故事教学法引入思政，使学生对工匠精神、传统文化有了进一步的理解，但其精神的延续性还需要时间来检验，在后续课程中应该再多融入相应故事案例，将思政教育深入到思想上和行动上，做到知行合一。</td></tr>
</table>

砖基础工程量的计算

——建筑概预算与工程量清单

团队成员

郑宣宣、李竹青、陈晨

课程基本情况

本课程为工程造价专业学生专业核心课程，主要讲授工程造价的基本原理、建筑工程工程量计算规则和建设工程项目费用的组成及计算。通过该课程的学习，学生能够熟练计算建设工程量，编制工程量清单和施工图预算文件，具备建筑工程计量和计价的能力，同时培养学生良好的职业道德、创新意识和精益求精的工匠精神，并将理想、道德、素养及专业知识和技能相融合，增进学生的民族自豪感和认同感，使学生树立正确的人生观和价值观，激发学生投身造价行业相关工作的家国情怀和使命担当。

教学设计

<table>
<tr><th colspan="4">一、课程概况</th></tr>
<tr><td>部门名称</td><td>土木工程学院</td><td>课程性质</td><td>●必修　○选修</td></tr>
<tr><td>课程类型</td><td colspan="3">○公共基础课程　●专业教育课程　○实践类课程</td></tr>
<tr><td>面向专业</td><td colspan="3">工程造价</td></tr>
<tr><td>授课对象</td><td>大二学生</td><td>授课时数</td><td>84 学时</td></tr>
<tr><td>参赛章节</td><td>2.3 砖砌体工程列项与计量</td><td>使用教材</td><td>《工程量清单计价》</td></tr>
<tr><td>授课题目</td><td colspan="3">砖基础工程量的计算</td></tr>
<tr><th colspan="4">二、教学分析</th></tr>
<tr><td>教学内容</td><td colspan="3">内容分析：参赛内容选自工程造价专业的核心课程“建筑概预算与工程量清单”，本课程开设于第 3 学期，共 84 课时，旨在提升学生专业知识和技能的基础上，注重学生的育训结合，将学校教育与企业的认知实习、跟岗实习、顶岗实习紧密结合；融入劳动教育、工匠精神，职业道德和职业素养，将理想、道德、素养与基础知识的技能融合，培养德才兼备、品学兼优的专业人才。</td></tr>
</table>

续表

教学内容

通过调研分析工程造价相关工作专业岗位，与企业共同合作开发经典案例任务，分析职业能力，基于专业教学课程标准、《房屋建筑与装饰工程工程量计算规范》、“1+X”工程造价数字化应用职业技能等级标准，并对接全国建筑行业职业技能大赛技能要求，对课程内容进行转化重构，共建 3 大教学任务，选用《工程量清单计价》“十三五”高等职业教育土建系列教材。本作品为该课程教学任务二中的项目三砌砌体工程列项与计量中的砖基础工程量计算，具体如下图所示。

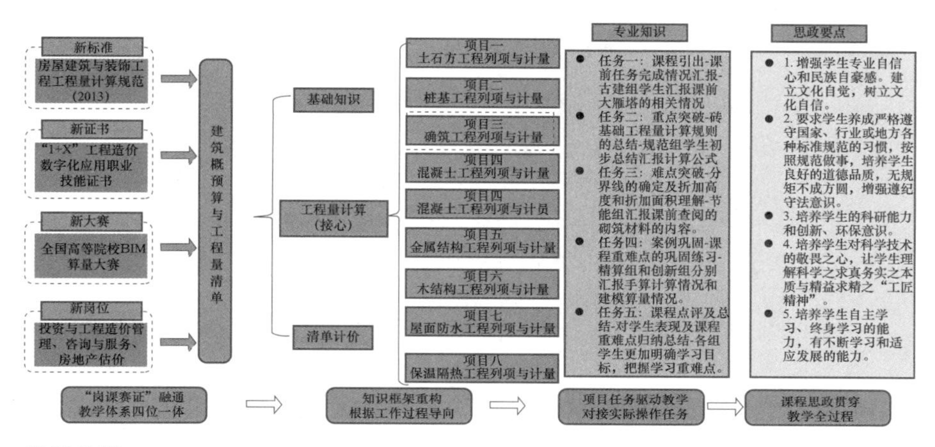

教材分析：

1. 主要教材

使用符合《职业院校教材管理办法》的“十三五”高等职业教育土建系列规划教材：《工程量清单计价》。首先，本教材根据高职高专院校土建类专业的人才培养目标、教学计划，以及工程量清单计价课程标准、教学特点及要求，并以工程造价行业最新颁布的规范、标准如《建筑工程建筑面积计算规范》（GB/T 50353—2013）、《房屋建筑与装饰工程工程量计价规范》（GB 50854—2013）为依据编写而成，紧跟时代步伐，充分体现新颖性；其次，本教材以工程造价工作过程为导向，按照计价基础、列项与计量、计价的顺序编排，重点突出清单与定额的有机结合，每个任务由学习目标、任务引入、思维导图等模块构成，有利于课程中的教与学，学习过程中可体验工作过程，具有较强的实用性。同时，教材按照“课证融通”体例、项目任务式编写，编排大量的实际案例及技能训练题，附有配套活页工单及课内实训施工图。

高等职业教育土建系列创新教材

续表

<table>
<tr>
<td>教学内容</td>
<td>

2. 参考教材

（1）《房屋建筑与装饰工程工程量计算规范》由住房和城乡建设部以第 1568 号公告发布，编号为 GB 50854—2013，自 2013 年 7 月 1 日实施。其中 8 条（款）为强制性条文，必须严格执行。本规范适用于工业与民用的房屋建筑与装饰工程发包承包及实施阶段计价活动中的工程计量和工程量清单编制。

（2）《陕西省建筑、装饰工程消耗量定额》是在建设部《全国统一建筑工程基础定额》和《全国统一建筑装饰装修工程消耗量定额》等定额规范基础上，结合陕西省使用新技术、新工艺、新材料、新设备等实际情况，按照《陕西省建设工程工程量清单计价规则》的要求编写而成。

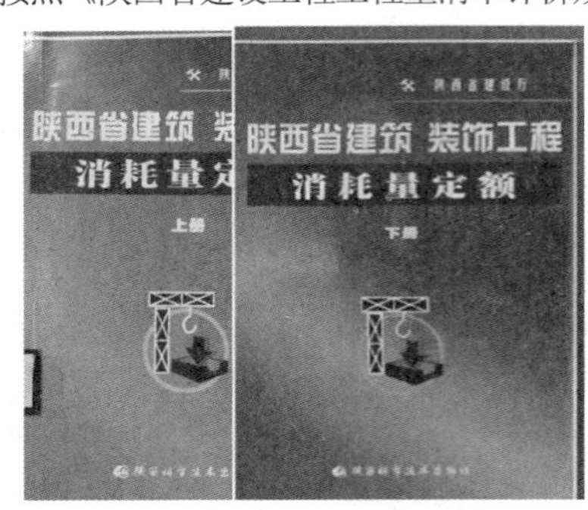

（3）《毛泽东思想和中国特色社会主义理论体系概论》（2021 年版）是马克思主义理论研究和建设工程重点教材，是我国普通高等学校全日制本专科各专业大学生必修课程公共思想政治理论的必备教材。对应课程是思想政治理论课的核心主干课程，是对大学生系统地进行思想政治教育的主渠道和主阵地，是帮助大学生坚定理想信念，树立正确世界观、人生观和价值观的重要途径，是一门以马克思主义理论学科为依托的课程

</td>
</tr>
</table>

续表

学情分析	本课程授课对象为工程造价专业大二学生，授课类型为理实一体化，运用职教云等软件发布《课前基础理论知识测试》、相关实践知识内容任务等，对学生前导课程进行整体与个体学情分析，具体情况如下： **1. 知识基础** 本课程须在学生具备建筑工程识图与建筑构造知识的基础上开设，当前学生已经完成“建筑工程制图与识图”“房屋建筑构造”“工程造价概论”等课程，初步掌握工程造价原理、工程技术等基础理论知识。为后续的建筑概预算综合实训、毕业设计及工作岗位奠定基础。根据《课前基础理论知识测试》分析可知，部分学生对于工程造价基本原理、相关方法等内容仍需加强学习。 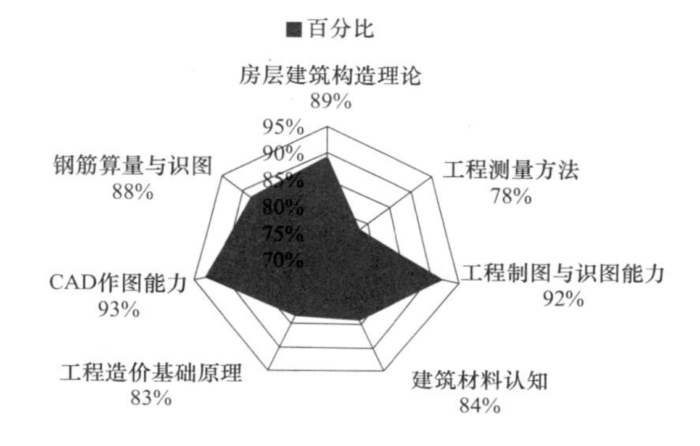 **2. 能力基础** 大部分学生拥有一定的空间想象、空间构思及分析表达能力（95%），并已基本掌握建筑构造详图的识读方法（88%）。83%的学生具备独立查阅国家建筑标准规范能力。但仍存在部分学生基础能力薄弱的情况，无法进行识图及查表计算。 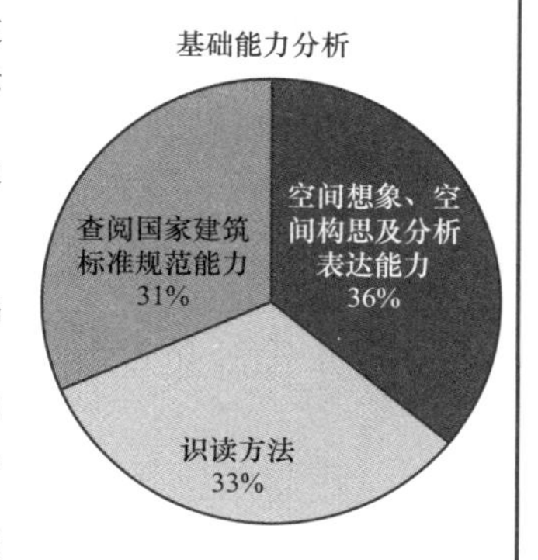 **3. 认知与实践** （1）相较于抽象的文字理论，更易于接受形象思维，偏好通过实物图片、立体模型以及信息化方式进行学习。 （2）已在生活中建立起观察建筑的习惯，积累了一定的感性认识，但存在较大个体差异，自主预习程度深浅不一。 **4. 行为倾向** 授课对象为2021级工程造价班大二学生，通过问卷调查可知： （1）倾向于实际操作，偏爱可视化学习模式。学生喜欢新知识（80%）、喜欢动手操作（90%）、喜欢可视化教学（如建筑实物图形、立体建筑模型等形式）（87%）、喜欢虚拟仿真的教学资源（94%），喜欢小组探究学习（86.7%）。 （2）对传统建筑文化及思政教育重视程度不够。近年来国潮兴起，对与传统建筑文化相关的内容具有较浓厚兴趣的学生占比33%，因此在理论、实践教学中需进一步加强中国传统建筑文化及思想政治教育元素的融入。通过引入相关传统工程案例等提升学生学习兴趣，将思政元素融入专业课程中，帮助学生理论联系实际，激发其爱国热情，提升学生对于中国文化的自信心，激励其积极投身于土木相关专业领域的工作当中，增强其使命感和民族自豪感。

续表

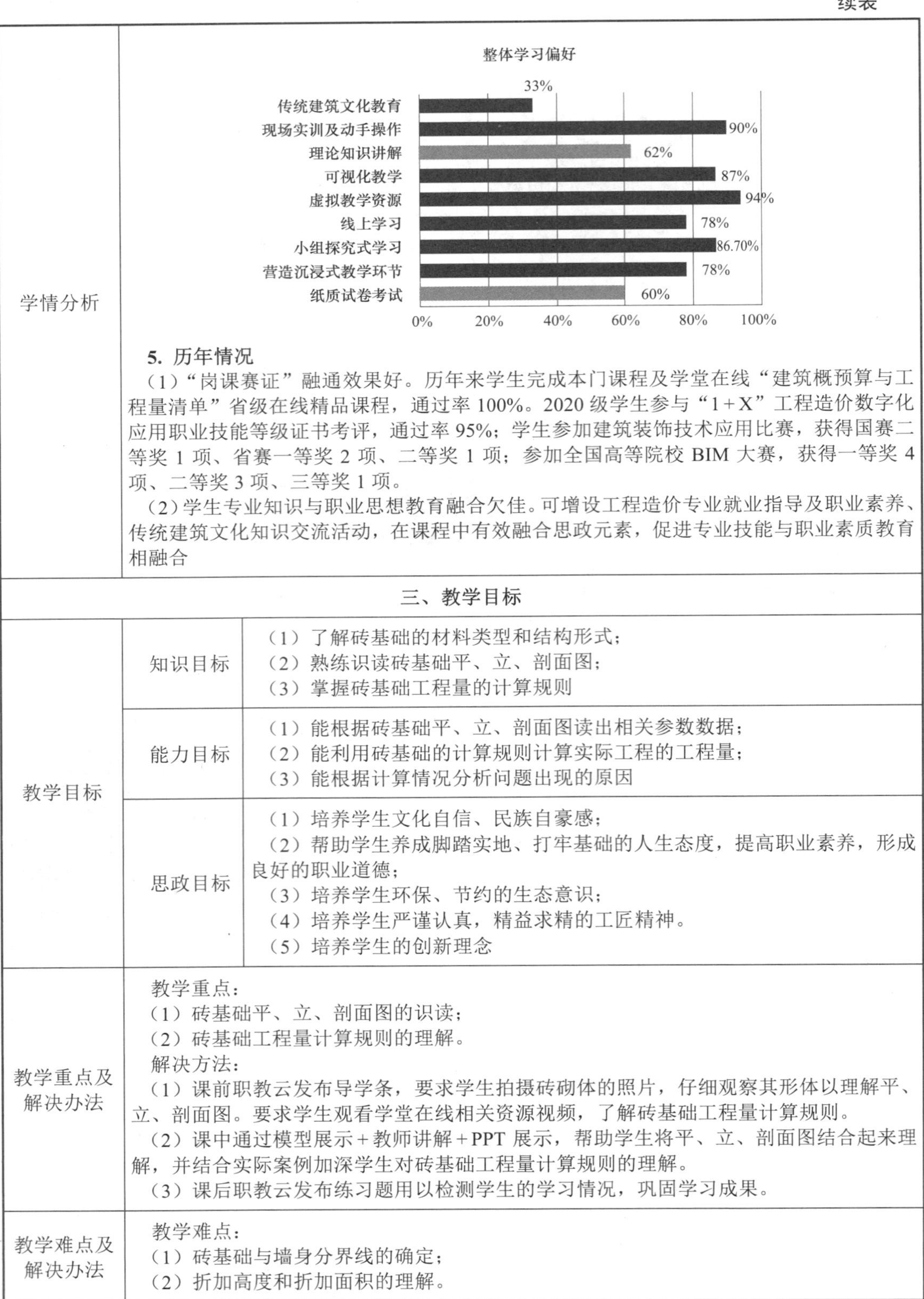

学情分析	**5. 历年情况** （1）“岗课赛证”融通效果好。历年来学生完成本门课程及学堂在线“建筑概预算与工程量清单”省级在线精品课程，通过率 100%。2020 级学生参与“1+X”工程造价数字化应用职业技能等级证书考评，通过率 95%；学生参加建筑装饰技术应用比赛，获得国赛二等奖 1 项、省赛一等奖 2 项、二等奖 1 项；参加全国高等院校 BIM 大赛，获得一等奖 4 项、二等奖 3 项、三等奖 1 项。 （2）学生专业知识与职业思想教育融合欠佳。可增设工程造价专业就业指导及职业素养、传统建筑文化知识交流活动，在课程中有效融合思政元素，促进专业技能与职业素质教育相融合	
三、教学目标		
教学目标	知识目标	（1）了解砖基础的材料类型和结构形式； （2）熟练识读砖基础平、立、剖面图； （3）掌握砖基础工程量的计算规则
	能力目标	（1）能根据砖基础平、立、剖面图读出相关参数数据； （2）能利用砖基础的计算规则计算实际工程的工程量； （3）能根据计算情况分析问题出现的原因
	思政目标	（1）培养学生文化自信、民族自豪感； （2）帮助学生养成脚踏实地、打牢基础的人生态度，提高职业素养，形成良好的职业道德； （3）培养学生环保、节约的生态意识； （4）培养学生严谨认真，精益求精的工匠精神。 （5）培养学生的创新理念
教学重点及解决办法	教学重点： （1）砖基础平、立、剖面图的识读； （2）砖基础工程量计算规则的理解。 解决方法： （1）课前职教云发布导学条，要求学生拍摄砖砌体的照片，仔细观察其形体以理解平、立、剖面图。要求学生观看学堂在线相关资源视频，了解砖基础工程量计算规则。 （2）课中通过模型展示+教师讲解+PPT 展示，帮助学生将平、立、剖面图结合起来理解，并结合实际案例加深学生对砖基础工程量计算规则的理解。 （3）课后职教云发布练习题用以检测学生的学习情况，巩固学习成果。	
教学难点及解决办法	教学难点： （1）砖基础与墙身分界线的确定； （2）折加高度和折加面积的理解。	

续表

<table>
<tr><td>教学难点及解决办法</td><td>解决方法：
（1）教师在课前要求学生查阅砌筑材料内容并学习学堂在线相关资源视频，关注难点砖基础与墙身分界线；
（2）课中学生代表汇报分析结果，教师通过模型展示＋动画播放＋图形绘制的形式讲授砖基础高度及分界线的确定。学生分组动手操作剪纸，完成不同层不等高和等高大放脚模型的剪切制作，以此来解决折加面积和折加高度的理解问题。
（3）教师在课后在“职教云”发布任务，要求学生完成习题练习及三层砖基础等高和不等高大放脚建模</td></tr>
<tr><td colspan="2">四、教学策略</td></tr>
<tr><td>设计思路</td><td>本着以学生为主体，以能力为本位的教学理念，通过校企深度融合共建校内外教学环境；依托职教云平台与学堂在线平台，基于真实的工作任务，运用任务驱动、轮转实训教学法等方法，结合自行开发的动画、交互游戏、软件算量等资源，开展线上线下混合教学，建立“技能＋思政”育人模式，设置节能组、创新组、精算组、规范组、古建组等，以小组形式培养学生的自主学习、规范操作、团结协作的能力，培养学生精益求精的职业精神。

学堂在线智慧课堂

三维仿真模型教学平台

智慧教学游戏课堂

教学视频

构件模型

构件模型

实训基地授课
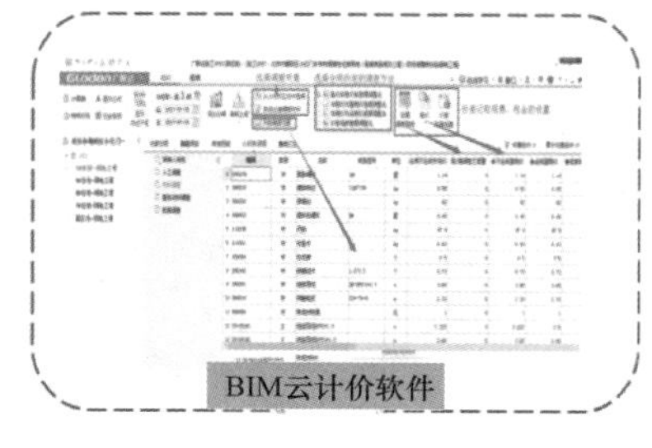
BIM云计价软件
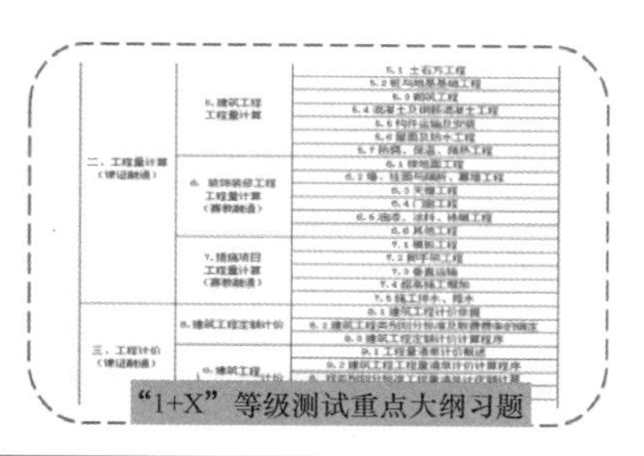
“1+X”等级测试重点大纲习题</td></tr>
</table>

续表

<table>
<tr><td>教学流程安排</td><td>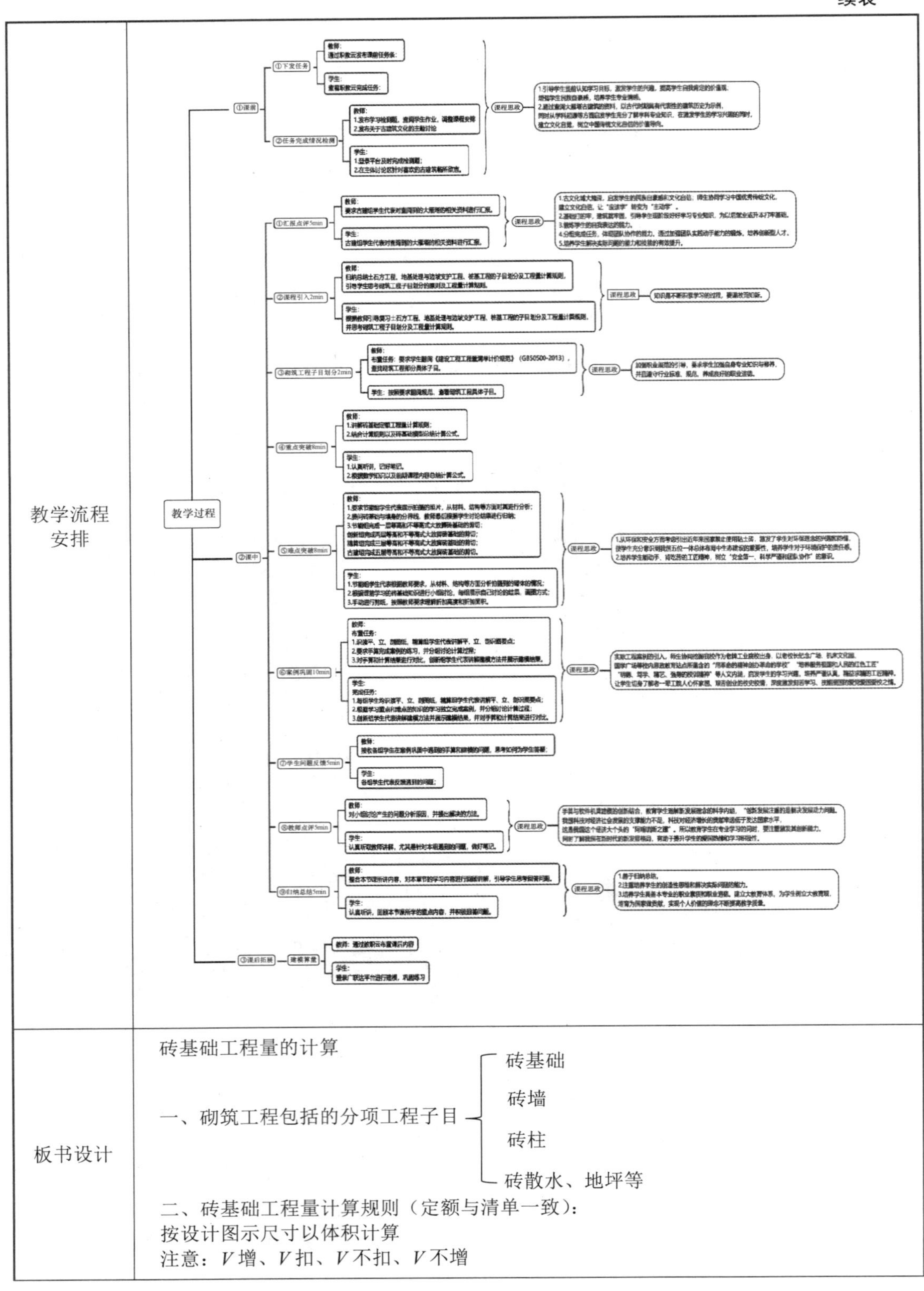
</td></tr>
<tr><td>板书设计</td><td>砖基础工程量的计算
一、砌筑工程包括的分项工程子目：砖基础、砖墙、砖柱、砖散水、地坪等
二、砖基础工程量计算规则（定额与清单一致）：
按设计图示尺寸以体积计算
注意：V增、V扣、V不扣、V不增</td></tr>
</table>

续表

板书设计	三、计算公式 $V=L\times H\times$ 墙厚 $+V$ 增 $-V$ 扣 L——外墙下：L 中 内墙下：L 内 H——大放脚底至与砖墙分界线 注：（1）砖基础与砖墙分界线：相同材料——±0 不同材料——±0/不同材料分界线 （2）折加高度和折加面积的理解 折加高度×墙厚＝折加面积 四、实例 解题思路：识图（平、立、剖对应读图）——列式——代入数据——建模 五、小结 重点：识图、计算规则 难点：分界线的确定、折加高度和折加面积

五、教学过程

教学环节	教学过程	课程思政
课前 （下发任务）	教师： 通过“职教云”平台发布课前任务条： （1）利用课下时间拍摄校园内你见到的砌筑工程的图片并上传到职教云，查阅资料，分析砌筑工程所用的材料，节能组进行汇报； （2）查阅资料，分析大雁塔屹立一千多年不倒的原因，分析目前倾斜的原因，古建组进行汇报； （3）观看学堂在线资源《建筑概预算与工程量清单》砖基础工程量计算内容 3.3.1 和 4.5.1。 注意事项： 学号 1～9 号为节能组，学号 10～18 号为创新组，学号 19～27 号为精算组，学号 28～36 号为规范组，学号 37～44 号为古建组，所有任务每组都要认真完成，各组负责汇报的任务要各自准备汇报素材。 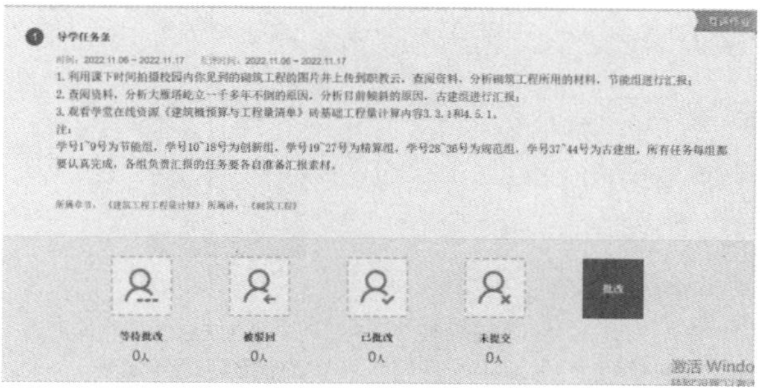 学生： 查看“职教云”平台完成任务： （1）拍摄校园内砌筑工程照片并上传到“职教云”平台，节能组按要求准备汇报素材； （2）查阅资料，分析大雁塔千年不倒和目前倾斜的原因，古建组准备汇报素材； （3）观看学堂在线砖基础部分视频，精算组准备汇报素材。	（1）引导学生提前认知学习目标，激发学生的兴趣，帮助学生形成自我肯定的价值观；增强学生的民族自豪感，培养学生的专业情感。 （2）通过查阅大雁塔古建筑的资料，以古代时期具有代表性的建筑历史为示例，同时从学科起源等方面启发学生充分了解学科专业知识，在激发学生学习兴趣的同时，引导学生建立文化自觉，树立中国传统文化自信的价值导向。

续表

<table>
<tr>
<td>课前（任务完成情况检测）</td>
<td>

教师：
（1）发布学习检测题，登录平台查阅学生完成情况，并根据答题情况及讨论区的情况调整课程安排。
（2）发布关于古建筑文化的主题讨论。

砖基础工程量计算课前测试
总分：100分
一、单选题（共1题）
1、砌筑工程在计算工程量时一般是计算（）（10分）
A.体积
B.面积
C.长度
D.质量
二、填空题（共1题）
2、砌筑工程中砖砌体的工程项目编码是 010401 。（10分）
三、简答题（共2题）
3、如果砖基础和砖墙材料相同，是否可以将结果计算到一起，为什么？（40分）
作答方式：手写传图
查看参考答案
4、砌筑工程清单工程量和定额工程量的计算结果一样吗，为什么？（40分）
作答方式：手写传图
查看参考答案

主题 *
古建筑文化
详细说明
你喜欢古建筑吗？请对你最喜欢的古建筑从建筑材料、结构类型等方面说出你的看法吧！
字数统计

学生：
（1）登录平台及时完成检测题；
（2）在主体讨论区针对喜欢的古建筑畅所欲言
</td>
<td></td>
</tr>
</table>

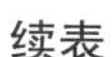

续表

<table>
<tr>
<td>课前（任务完成情况检测）</td>
<td>
<table>
<tr><th>IP</th><th>姓名</th><th>用户名</th><th>试卷名称</th><th>开始时间</th><th>交卷时间</th><th>操作</th></tr>
<tr><td>120.27.173.71</td><td>冀彤</td><td>13619139345</td><td>砖基础工程量计算课前测试</td><td>2022-11-07 19:29:00</td><td>2022-11-07 20:00:20</td><td>批阅</td></tr>
<tr><td>47.111.193.45</td><td>石萌</td><td>13369141667</td><td>砖基础工程量计算课前测试</td><td>2022-11-07 20:02:53</td><td>2022-11-07 20:09:22</td><td>批阅</td></tr>
<tr><td>47.111.193.32</td><td>赵梦姣</td><td>zmj2003</td><td>砖基础工程量计算课前测试</td><td>2022-11-07 20:05:12</td><td>2022-11-07 20:19:28</td><td>批阅</td></tr>
<tr><td>120.27.173.57</td><td>康思旖</td><td>0733211211</td><td>砖基础工程量计算课前测试</td><td>2022-11-07 19:40:31</td><td>2022-11-07 20:22:07</td><td>批阅</td></tr>
<tr><td>118.178.15.143</td><td>翟怡婷</td><td>942494</td><td>砖基础工程量计算课前测试</td><td>2022-11-07 20:22:43</td><td>2022-11-07 20:24:57</td><td>批阅</td></tr>
<tr><td>47.110.183.93</td><td>张怡婷</td><td>15249130139</td><td>砖基础工程量计算课前测试</td><td>2022-11-07 20:22:54</td><td>2022-11-07 20:25:49</td><td>批阅</td></tr>
<tr><td>47.111.193.13</td><td>王妍钰凡</td><td>YUfan12</td><td>砖基础工程量计算课前测试</td><td>2022-11-07 10:16:50</td><td>2022-11-07 20:34:28</td><td>批阅</td></tr>
<tr><td>47.111.193.1</td><td>薛亚茹</td><td>xueyaru</td><td>砖基础工程量计算课前测试</td><td>2022-11-07 20:57:40</td><td>2022-11-07 21:16:44</td><td>批阅</td></tr>
<tr><td>47.111.193.5</td><td>屈正阳</td><td>qsjwzxhn</td><td>砖基础工程量计算课前测试</td><td>2022-11-07 21:46:04</td><td>2022-11-07 21:52:30</td><td>批阅</td></tr>
<tr><td>120.27.173.66</td><td>李盼盼</td><td>19916279387</td><td>砖基础工程量计算课前测试</td><td>2022-11-07 23:10:16</td><td>2022-11-07 23:12:13</td><td>批阅</td></tr>
</table>
</td>
<td></td>
</tr>
<tr>
<td>课中（汇报点评 5 min）</td>
<td>教师：
要求古建组学生代表对查阅到的大雁塔的相关资料进行汇报。
学生：
古建组学生代表对查阅到的大雁塔的相关资料进行汇报。
</td>
<td>（1）大雁塔屹立千年不倒，引导学生认可传统古建筑文化，启发学生的民族自豪感和文化自信；
（2）大雁塔如今倾斜的原因是基础处理不均匀，引导学生认识到思考基础打得牢，建筑就牢固；同时，引导学生在现阶段好好学习专业知识，为以后就业或升本打牢基础。
（3）让学生汇报，锻炼其表达能力。
（4）以小组为单位完成任务，体现团队协作的能力。通过加强团队实践动手能力的锻炼，培养创新型人才。</td>
</tr>
<tr>
<td>课中（课程引入 2 min）

课中（砌筑工程子目划分 2 min）</td>
<td>教师：
归纳总结土石方工程、地基处理与边坡支护工程、桩基工程的子目划分及工程量计算规则，引导学生根据课前校内看到的砌筑工程的建筑，思考砌筑工程子目划分的原则及工程量计算规则。
学生：
根据教师引导复习土石方工程、地基处理与边坡支护工程、桩基工程的子目划分及工程量计算规则，并思考砌筑工程子目划分及工程量计算规则。
教师：
布置任务：要求学生翻阅《建设工程工程量清单计价规范》（GB 50500—2013），查找砌筑工程部分具体子目。</td>
<td>知识是不断积累学习的过程，要温故而知新。

子目划分严格按照规范，引导学生养成遵守行业标准、规范的习惯，养成良好的职业道德。</td>
</tr>
</table>

续表

<table>
<tr>
<td>课中（重点突破 8 min）</td>
<td>

UDC
中华人民共和国国家标准 GB
P GB 50854-2013
房屋建筑与装饰工程工程量计算规范
Standard method of measurement for building construction and fitting-out works
2012－12－25 发布 2013－07－01 实施
中华人民共和国住房和城乡建设部
中华人民共和国国家质量监督检验检疫总局 联合发布

学生：按照要求翻阅规范，查看砌筑工程具体子目。
教师：
（1）讲解砖基础定额工程量计算规则；
（2）结合计算规则以及砖基础模型总结计算公式。

<table>
<tr>
<td>010401001</td>
<td>砖基础</td>
<td>1. 砖品种、规格、强度等级
2. 基础类型
3 砂浆强度等级
4. 防潮层材料种类</td>
<td>m³</td>
<td>按设计图示尺寸以体积计算。
包括附墙垛基础宽出部分体积，扣除地梁（圈梁）、构造柱所占体积，不扣除基础大放脚 T 形接头处的重叠部分及嵌入基础内的钢筋、铁件、管道、基础砂浆防潮层和单个面积≤0.3 m²的孔洞所占体积，靠墙暖气沟的挑檐不增加。
基础长度：外墙按外墙中心线，内墙按内墙净长线计算。</td>
<td>1. 砂浆制作、运输
2. 砌砖
3. 防潮层铺设
4. 材料运输</td>
</tr>
</table>

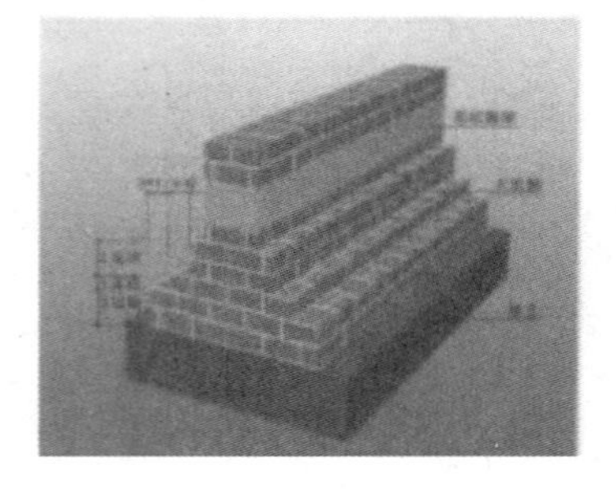
</td>
<td>工程量计算严格按照清单规范和定额中的计算规则进行，进一步强化遵守行业标准、规范的职业素质。</td>
</tr>
<tr>
<td>课中（难点突破 8 min）</td>
<td>
学生：
（1）认真听讲，记好笔记。
（2）根据数学知识以及前期课程内容总结计算公式。

</td>
<td>（1）不同材料的砖基础与墙身和相同材料的分界线不同，进而引出近年来国家禁止使用黏土砖，主要是从环保和安全方面考虑。这些专业讲解和问题分析，极大地激发了学生对环保理念的兴趣和热情，使学生在学习专业课的同时，还能够充分意识到我国五位一体总体布局中生态建设的重要性，认知环境问题、了解环境现状、思考环保理念与专业课学习的重要关联性，从而培养学生对环境保护的责任感以及从事科学研究的基本素质与能力。</td>
</tr>
</table>

续表

课中（案例巩固 10 min）	教师： （1）要求节能组学生代表展示拍摄的照片，并从材料、结构等方面对其进行分析； （2）讨论提问，根据课前学堂在线资源的学习，提问砖基础与墙身的分界线，最后根据学生讨论结果进行归纳； （3）每组一张卡纸，一把剪刀，完成等高和不等高式大放脚形状的剪切，经过计算，结合定额表，加深理解折加高度和折加面积。其中，节能组完成一层等高和不等高式大放脚砖基础的剪切，创新组完成两层等高和不等高式大放脚砖基础的剪切，精算组完成三层等高和不等高式大放脚砖基础的剪切，规范组完成四层等高和不等高式大放脚砖基础的剪切，古建组完成五层等高和不等高式大放脚砖基础的剪切。  学生： （1）节能组学生代表根据教师要求，从材料、结构等方面分析拍摄到的砌体的情况； （2）根据课前学习的砖基础知识进行小组讨论，每组展示自己讨论的结果，画图方式； （3）手动进行剪纸，按照教师要求理解折加高度和折加面积。 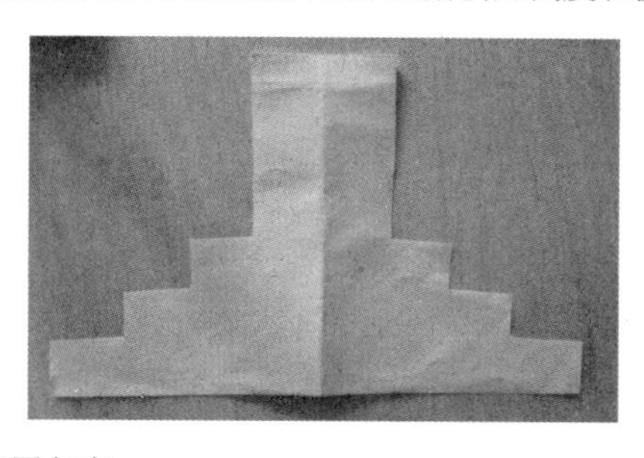 教师布置任务： （1）识读平、立、剖图纸，精算组学生代表讲解平、立、剖识图要点； （2）手算完成案例练习，并分组讨论计算过程； （3）分组上机建模算量，并对手算和计算结果进行对比，创新组学生代表讲解建模方法并展示建模结果。 学生完成任务： （1）每组学生均识读平、立、剖图纸，精算组学生代表讲解平、立、剖识图要点； （2）根据重点和难点知识的学习，独立完成案例，并分组讨论计算过程；	（2）培养学生能动手、肯吃苦的工匠精神，树立“安全第一、科学严谨和团队协作”的意识。 （1）通过实际工程案例的引入，师生协同挖掘我校作为老牌工业院校所具备的文化底蕴，以老校长纪念广场、机床文化园、国学广场等校内思政教育站点所蕴含的“用革命的精神创办革命的学校”“培养服务祖国和人民的红色工匠”“明德、笃学、精艺、强身的校训精神”等人文内涵，启发学生的学习兴趣，培养学生严谨认真、精益求精的工匠精神。让学生切身了解老一辈工院人心怀家国、艰苦创业的校史校情，深度激发学生刻苦学习、技能报国的爱党爱国爱校之情。

续表

课中（学生问题反馈 5 min）	 （3）以小组为单位建模算量，创新组学生代表讲解建模方法并展示建模结果，同时对手算和计算结果进行对比。	（2）通过手算与软件机算建模的创新结合，教育学生理解新发展理念的科学内涵之一——“创新”的重要性，教育学生在专业学习的同时，要注重激发自身的创新能力。同时，让学生了解我国在新时代的新发展格局，这有助于提升学生的爱国热情和学习积极性。
课中（教师点评解惑 5 min）	教师： 接收各组学生在案例巩固中遇到的手算和建模方面的问题，思考如何为学生答疑。 学生： 各组学生代表反馈遇到的问题。 教师： 对小组讨论产生的问题进行分析，找出原因，并提出解决方法。 学生： 认真听取教师讲解，尤其是针对本组遇到的问题，做好笔记。 	注重培养学生的创造性思维和解决实际问题的能力。
课中（归纳总结 5 min）	教师： 整合本节课所讲内容，对本节的学习内容进行回顾讲解，引导学生思考回答问题。 学生： 认真听讲，回顾本节课所学的重点内容，并积极回答问题。	（1）培养学生善于归纳总结的学习方法。 （2）培养学生的职业素质和职业道德。建立大教育体系，帮助学生树立大教育观，培育学生为国家做贡献，实现个人价值的理念，不断提高教学质量
课后拓展（建模算量）	教师通过职教云布置课后任务： （1）根据砖基础工程量计算的课程内容，独立绘制思维导图，并拍照上传至平台； （2）扫码完成问卷调查； （3）线上回答学生对课程内容的疑问。 	（1）设置课后任务完成的时间，培养学生的时间观念和高效做事的习惯；

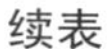

续表

	学生进入职教云完成课后任务： （1）厘清思路，回顾课程内容，认真手动或使用软件绘制思维导图； （2）扫码完成问卷调查； （3）在答疑区可讨论互动疑难问题	（2）思维导图的绘制建立在对整节课程内容的思考和总结上，培养学生课后善于总结和反省的学习习惯

六、教学评价

课程考核评价结合过程性评价、结果性评价和增值性评价，追踪教学全过程，实现评价全覆盖。参照《建筑概预算与工程量清单》课程标准，采用学生、教师、企业专家、学习平台系统、实训空间项目系统评价等多种评价主体角色。评价标准基于造价员岗位标准、“1+X”工程造价数字化应用职业技能等级证书考评标准，建立了基于闭环反馈信息的课程评价体系。

实时抓取学生学习数据，监控学习状况，进行学习评价。探索“两维度——三要素”增值性评价，即将时间维度、空间维度融汇到教学项目和学习任务之中，评价学生的知识、能力、素质“三要素”在学习前后的发展转变，从而发现和发展学生的潜能，帮助学生树立自信心，提升学生学习的积极主动性。同时，利用学习数据进行分析，及时发现教师课堂教学与学生目标培养之间的偏差，并有针对性地对存在的问题进行修正，实现因材施教，考核评价体系如下图所示。

1. 学习兴趣

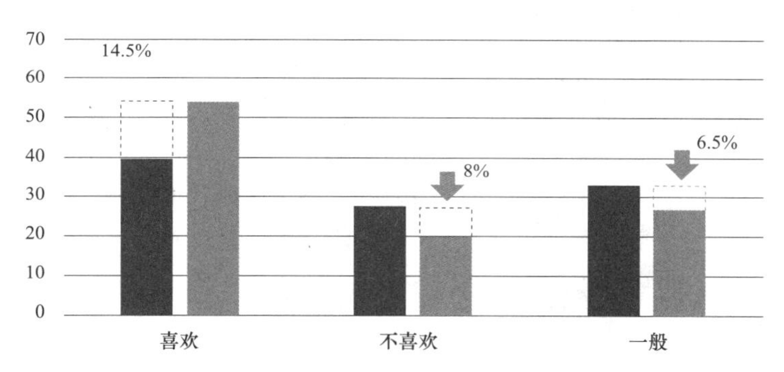

与2020级相比，本年级工程造价2111、2112班学生喜欢人数提升14.5%，学习兴趣明显提升。

2. 技能目标

砖基础工程计算考核项目通过率达到100%。任务优秀率均达到34%以上。

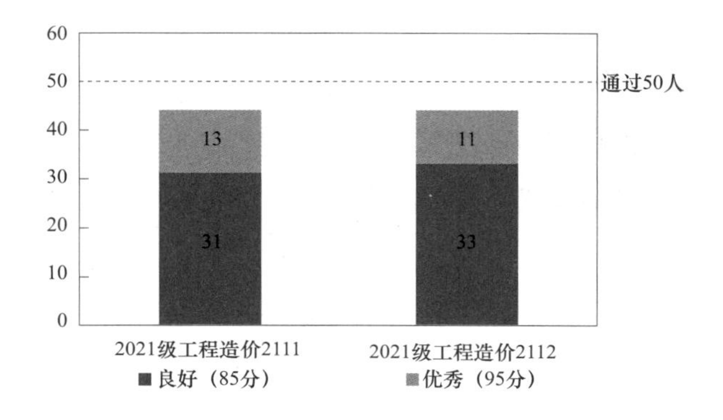

3. 思政目标

（1）通过加强理想信念教育，能够教育引导学生树立共产主义远大理想和中国特色社会主义共同理想，立志肩负起民族复兴的时代重任。

续表

（2）通过加强社会主义核心价值观教育，把社会主义核心价值观渗透到课程教学过程中，弘扬主旋律，传播正能量，在潜移默化中引导学生树立正确的世界观、人生观、价值观。

（3）通过加强新发展理念教育，把“创新、协调、绿色、开放、共享”的五大发展理念融入课程教学，引导学生树立科学的社会发展观和人生发展观。

（4）通过加强“三大文化”教育，推动中华优秀传统文化融入课程教学，加强革命文化和社会主义先进文化教育，引导学生厚植爱国主义情怀，传承中华优秀传统文化，弘扬以爱国主义为核心的民族精神和以改革创新为核心的时代精神。

（5）通过加强专业职业素养教育，把专业职业素养教育同课程教学内容紧密结合起来，从而加强职业道德、专业伦理、科学精神和工匠精神教育。

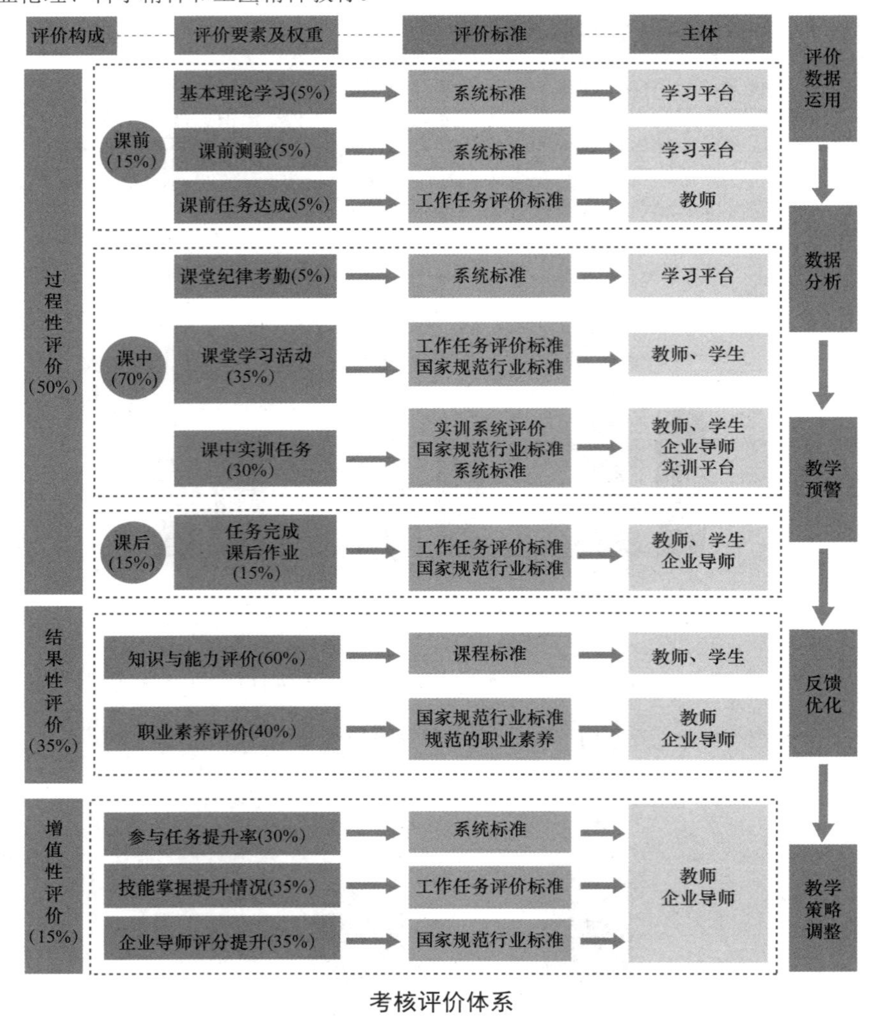

考核评价体系

七、教学反思

1. 特色创新

（1）以“任务驱动＋实际形体观察＋小组代表汇报”的方式形成以学生为中心的课堂。

通过布置任务，学生拍摄砖基础、砌体照片，小组代表汇报的方式进行本节课教学设计；通过各组讨论及汇报，对本节课的知识点、重难点逐个突破，在思考、讨论及汇报等环节中充分调动学生的学习积极性，实现学生全员参与、动脑思考的目的，增强学习效果。

续表

（2）基于岗位需求，参照行业最新标准授课。 在课程内容的组织教学上不局限于教材，而是根据造价相关岗位知识和能力需求，安排授课内容，并且授课内容的安排根据行业标准、规范实时更新，保证学生接收到最贴合行业实际的最新知识。 （3）课程思政元素的挖掘贴合具体课程内容。 根据课程标准、具体授课内容、授课方式及地区特色等深入挖掘课程思政元素，使每一种思政元素都不脱离课程内容，不生搬硬套，达到思政润物无声的效果。 **2. 存在问题** （1）不能完全满足上课需求的环境。 本课程所需教室应是既可以开展分组理论教学，又可以随时上机实操的新型综合性教室，而目前本专业实训室是机房或多媒体教室，不能完全满足要求。 （2）课程资料（定额和清单）的不足。 本课程所需资料除了教材外，还需要《房屋建筑与装饰工程工程量计算规范》《陕西省建筑装饰工程消耗量定额》等资料七册，而目前除教材外的其他资料都是授课教师通过复印发放给学生使用，资料不易保存，这对学生从整体上把握课程是不利的。 **3. 改进措施** 建设新型教室，既可以开展普通的多媒体教学，又可以分组上机演练，并在教室配备一定数量的课程所需的教学资料供各届学生循环使用。

梁桥的构造与施工

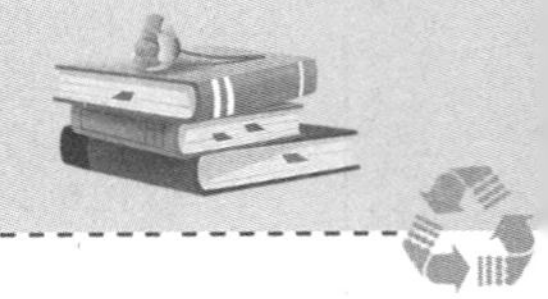

——桥梁施工技术

团队成员

黄春晖、钱若霖、王蕾

课程基本情况

“桥梁施工技术”是城市轨道交通工程技术专业必修的专业核心课程，开设于第六学期，共52学时，课程教学内容涵盖桥梁施工基本作业、桥梁基础施工、墩台施工、简支梁桥施工、预应力连续梁桥施工、拱桥施工、斜拉桥施工、悬索桥施工、刚构桥施工、涵洞施工、桥面施工等内容。课程教学团队多年来坚持开展教学研究，依据国家专业教学标准、人才培养方案，对接桥梁工程施工技术员岗位核心能力、“1+X”证书标准、全国职业技能大赛赛项竞赛标准，将桥梁施工技术课程内容重构为6个项目，开展项目化教学。本次课程内容为项目4任务1梁桥的构造与施工。

本课程秉承立德树人的教育理念，以“走可持续发展道路，筑绿色低碳、和谐统一生态桥”为思政主线，确立了“价值引领、素质养成、道德规范、道路自信”四个思政目标，结合课程内容和教学活动，充分挖掘课程思政元素，把思政教育与专业课程教学有机融合，实现“思政课程”与“课程思政”相结合的立体化育人模式，落实课程教育的立德树人根本任务。课程思政融入课程教学设计，配合资源库、开放课等教学资源，采取多种教学方法，以项目化教学任务为思政载体，以案例分析、作业点评、课题讨论等为途径，达到课程思政教育与专业知识技能教育的协调统一，确保双主线协同推进育人，使学生成为一名具备知识、能力、素养的全方位人才。

教学设计

<table>
<tr><td colspan="4">一、课程概况</td></tr>
<tr><td>部门名称</td><td>土木工程学院</td><td>课程性质</td><td>●必修　○选修</td></tr>
<tr><td>课程类型</td><td colspan="3">○公共基础课程　●专业教育课程　○实践类课程</td></tr>
</table>

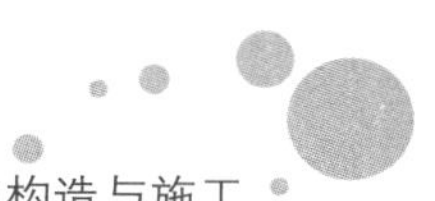

续表

<table>
<tr><td>面向专业</td><td colspan="4">城市轨道交通工程技术专业/道路与桥梁工程技术专业</td></tr>
<tr><td>授课对象</td><td colspan="2">城轨技术 2101/
道路桥梁 2101 学生</td><td>授课时数</td><td>1 学时</td></tr>
<tr><td>参赛章节</td><td colspan="2">4.1 梁桥的构造与施工</td><td>使用教材</td><td>《桥梁施工技术》</td></tr>
<tr><td>授课题目</td><td colspan="4">梁桥的构造与施工</td></tr>
<tr><td colspan="5">二、教学分析</td></tr>
<tr><td rowspan="2">教学内容</td><td colspan="4">内容分析：本课程以桥梁施工员岗位群的职业能力为主线，基于桥梁施工过程设计学习情境和开展教学活动，是一门实践性强、理论和实践紧密结合的课程。梁桥的构造与施工是桥梁施工技术课程中最基础的桥梁施工内容，通过学习本次课程学生应理解梁桥的构造和掌握梁桥的施工。依据课程标准和“1+X”建筑信息模型（BIM）建模证书考核要点，结合本届学生学情及往届学生掌握情况，合理选取本次授课内容，即梁桥的构造和施工。利用信息化资源，通过“课程引入—新知讲解—知识应用—案例分析—归纳小结”五个教学环节，引导学生掌握梁式桥的主要构造形式和立面布置，了解梁桥施工中的新设备、新工艺和新方法。
桥梁施工技术 52学时
项目一：桥梁施工通用知识
项目二：桥梁基础施工
项目三：桥梁桥台施工
项目四：桥梁上部结构施工
项目五：桥面系施工
项目六：桥梁施工环水保
任务一：梁桥的构造与施工
任务二：刚构桥的构造与施工
任务三：斜拉桥的构造与施工
任务四：悬索桥的构造与施工
任务五：拱桥的构造与施工</td></tr>
<tr><td colspan="4">教材分析：本教材旨在为学习者提供深入了解梁桥结构和施工过程的知识，从而培养他们设计和建造梁桥所需的技能。通过本教材，学生将学习以下内容：梁桥的基本原理和结构形式；设计和计算梁桥所需的工程力学知识；梁桥的施工流程和安全要求；对梁桥进行质量控制和监督所需的能力；使用现代技术和工具进行梁桥设计和施工</td></tr>
<tr><td rowspan="3">学情分析</td><td>知识技能基础</td><td colspan="3">（1）本小节是课程桥梁上部结构施工的第一节内容，学生在桥梁施工通用知识中掌握了一定的桥梁施工基本知识。
（2）通过课前问卷调查，学生在大一阶段土木工程材料和结构设计原理的学习中已掌握基本的工程材料知识和结构的简单受力知识</td></tr>
<tr><td>认知实践能力</td><td colspan="3">（1）对材料有充分认识，能够判断工程中常见材料的特性；
（2）有一定的受力分析能力，但对复杂体系结构分析存在一定困难；
（3）对知识缺乏系统性认识与整合，综合应用能力较为欠缺</td></tr>
<tr><td>学生学习特点</td><td colspan="3">（1）重操作、轻原理，且具备一定的信息素养，能够适应信息化教学的环境；
（2）更擅长从实例工程中获取知识，从实际操作和练习中理解概念；
（3）通过前导课程的练习，具备一定的团队协作意识，喜欢小组合作和探究</td></tr>
</table>

续表

三、教学目标		
教学目标	知识目标	（1）掌握梁式桥的主要类型、一般特点及其适用条件； （2）掌握梁式桥常见的构造形式和立面布置； （3）了解梁桥施工中的新设备、新工艺和新方法
	能力目标	（1）能说明梁式桥的不同类型和结构组成； （2）能够读懂钢筋混凝土简支梁桥构造图
	思政目标	（1）培养学生综合运用所学知识解决实际问题的能力和创新精神； （2）激发学生的民族归属感和荣誉感，增强其民族自信； （3）培养学生自力更生、自强不息、勇于创新的精神和精益求精的工作作风
教学重点及解决办法	教学重点：梁桥的结构构造和特点	
	解决办法：利用视频动画，帮助学生更加直观地理解梁桥的结构构造。搜集实际工程案例，通过漫游或实景地图，帮助学生更深入地体会各结构的作用	
教学难点及解决办法	教学难点：梁桥施工过程中的新工艺和新方法	
	解决办法：通过案例教学强化内容理解，促使学生由理论型抽象思维向实践型具体思维过渡；借助线上课程资源中的虚拟仿真环节使原本枯燥且平面的教学变得立体和生动，使学生对知识的理解和运用更加深刻与全面	
四、教学策略		
设计思路	（1）实践导向。考虑到该课程的实践性强，理论与实践相结合的教学方法是关键。设计思路可以包括：① 引入真实案例：通过引入实际的梁桥案例，激发学生的兴趣，并让他们意识到梁桥构造和施工的重要性。② 模拟实验：设计适合学生水平的模拟实验，让学生亲自参与梁桥的构造和施工过程，提升他们的实践能力。 （2）情境化学习。基于桥梁施工过程设计学习情境，将学习内容与实际场景相结合。设计思路可以包括：① 视频资源利用：使用视频素材展示梁桥的实际构造和施工过程，帮助学生直观地理解梁桥的技术要点。② 典型案例分析：选取具有代表性的梁桥施工案例，引导学生进行深入分析和讨论，加深对梁桥构造与施工原理的理解。 （3）信息化教学。利用现代技术和信息化资源，提供更丰富的学习体验。设计思路可以包括：① BIM 建模技术应用：结合课程标准和 BIM 建模证书考核要点，引导学生使用 BIM 软件进行梁桥的构造和施工模拟，培养他们的信息化操作能力。② 互动学习平台：建立一个在线学习平台，让学生参与讨论、分享学习心得，并提供额外的学习资源和练习题，以促进学生的互动和学习反馈。 （4）案例分析与归纳总结。通过案例分析和归纳总结，帮助学生将理论知识应用于实际问题。设计思路可以包括：① 小组讨论：组织学生进行小组讨论，在案例分析中相互交流经验和观点，培养团队合作和解决问题的能力。② 归纳总结：每个教学环节结束时，进行简要的归纳总结，强调重点内容，帮助学生厘清概念和掌握关键知识	

续表

<table>
<tr><td>教学流程安排</td><td>
学生活动 | 教学流程 | 教师活动 | 思政元素

课前
学生活动：1. 完成平台微课自学任务 2. 完成课前小组讨论任务
教师活动：1. 发布课前任务 2. 发布收集各类型梁式桥并总结其特点任务
思政元素：大局意识

课中
课程引入 10min
学生活动：1. 查看项目教学任务单 2. 明确项目任务内容和目标 3. 体悟我国古代桥梁辉煌成就
教师活动：1. 下发任务单 2. 描述项目任务和目标 3. 万安桥与安平桥引入
思政元素：民族自信

新知讲解 10min
学生活动：1. 认真听讲结合动画理解梁桥分类及特点 2. 通过小组讨论积极发言，领悟科技强国思政内涵
教师活动：1. 播放建模动画，讲解梁式桥的类型、特点及适用条件 ★ 2. 下发小组讨论任务：钢筋混凝土和预应力混凝土梁桥特点
难点
思政元素：科技强国

知识应用 10min
学生活动：1. 认真听梁式桥施工新设备、新工艺的讲解 2. 根据平台任务，小组轮流发言 3. 利用虚拟仿真软件实操梁式桥施工流程
教师活动：1. 结合图纸介绍梁式桥构造，并介绍结构组成的施工工艺及设备 2. 开放平台小组PK活动：桥梁设备材料“飞花令” ▲ 3. 下发虚拟仿真实操任务
难点
思政元素：艰苦奋斗

案例分析 15min
学生活动：1. 通过教师讲解和视频展示了解著名桥梁施工案例 2. 小组讨论分析，交流各自收获 3. 记录教师意见，持续改进
教师活动：1. 请小组成员分享案例分析收获并派代表发言交流 2. 教师点评，并给出意见
思政元素：价值引领

归纳小结 5min
学生活动：聆听教师总结，回顾课堂知识体系
教师活动：梳理本节课的知识点，强调重难点
思政元素：严谨细致

课后
学生活动：1. 完成平台作业 2. 第二课堂实操演练
教师活动：1. 开启线上课后作业 2. 发布课后任务
思政元素：责任担当
</td></tr>
<tr><td>板书设计</td><td>
梁桥的构造与施工
1. 梁桥的历史：万安桥、安平桥
2. 梁桥的类型：简支梁桥、连续梁桥、悬臂梁桥（重点☆）
3. 梁桥的结构构造：构造形式、立面布置
4. 梁桥的施工：新材料、新设备、新工艺、新方法（难点△）
</td></tr>
</table>

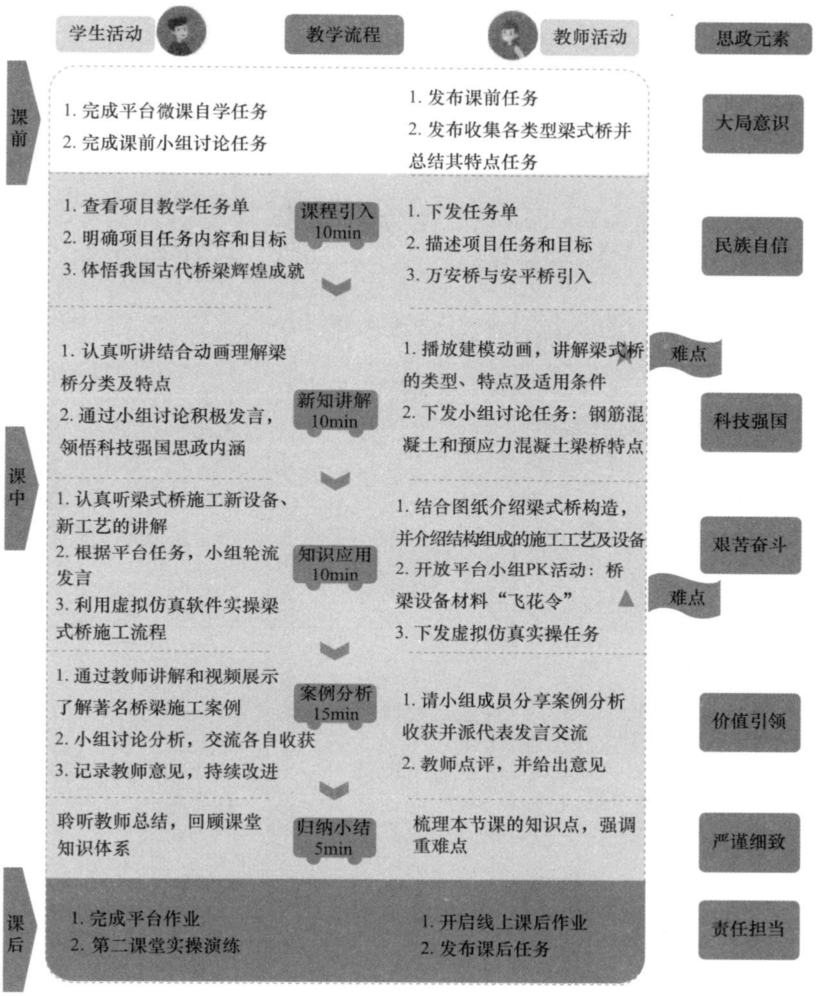

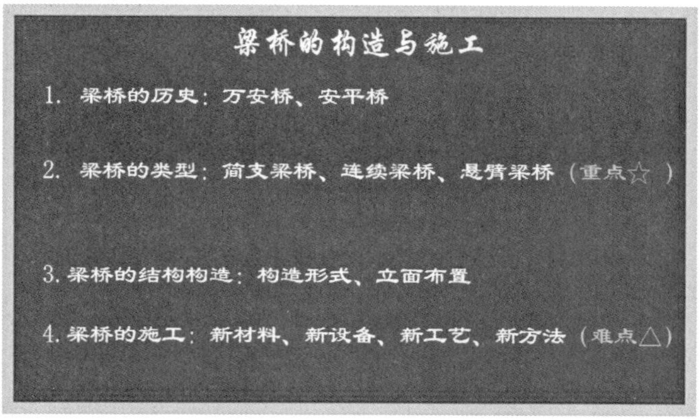

续表

五、教学过程					
教学环节		教学过程			课程思政
		教学内容	教师活动	学生活动	
课前预习		课前任务： 各小组根据上传资源，了解梁桥类型和特点。 补充资源： 平台上传梁桥的施工微课视频	**1. 发布讨论** 能力提升：梁桥按照结构受力体系分为哪些类型？各种桥型受力特点是什么？ 素质拓展：国家的交通强国战略政策与方针对你有什么影响？如何紧跟时代，做土木工程领域的追梦人？ **2. 查看反馈** 查看课前学生提交的讨论结果，同时关注组间互评情况。根据课前学习情况，调整教学设计	**1. 领取任务** 登录云课堂智慧职教，查看微课资源，领取讨论任务，明确复习、预习要求。 **2. 组间互评** 参与主题讨论，进行组间互评	通过能力提升和素质拓展的课前讨论环节，培养学生综合运用所学知识解决实际问题的能力和创新精神，进一步强化学生的大局观意识。 同时，强化交通强国战略的相关概念
课中	课程引入（10 min）	案例引入： 通过播放古代著名桥梁——万安桥和安平桥视频，引入梁桥的发展内容	**1. 强化讨论** 组织线上打卡，随机点名汇报课前讨论结果。 **2. 播放视频** 播放古代著名桥梁视频引入本节课教学内容，引申讲授梁桥的发展历史	**1. 深化理解** 根据课前任务点评，深化对梁桥概念的理解。 **2. 观看视频** 观看视频，结合教师讲授，掌握梁桥的发展历史	通过视频，生动展示中国古代桥梁的成就，感受其带给学生的民族自豪感和民族自信。 结合党的二十大精神——增强中华文明传播力影响力，推进文化自信自强
	新知讲解（10 min）	类型特点： 四种分类方式，重点掌握按照承重结构的静力体系划分。 构造及布置： 等截面连续梁和变截面连续梁； 等跨和不等跨梁桥。 施工流程及工艺： 新材料、新技术、新设备、新方法	**1. 知识讲解** 结合多媒体资源，回顾梁式桥的类型与特点，深化构造及布置，并介绍施工流程及工艺。 **2. 动画辅助** 通过动画和实景图片的辅助，外化理论知识。 **3. 实例应用** 结合百度地图实景VR模式，探索咸阳一号桥	**1. 听取讲授** 带着问题聆听教师讲解，记好课堂笔记，同时了解道桥及城轨相关赛项。 **2. 明确知识点** 通过观看梁桥模型和动画视频，针对问题开展探究，明确知识点。 **3. 探索学习** 参照案例，跟着教师参与虚拟仿真，深化对施工流程的探索学习	通过梁桥类型的不断发展进步体会工程技术乃至科学技术发展的本质，人类通过自己的理性思维，去认识世界、研究世界、适应世界，进而创造工具、改造世界

续表

课中	知识应用 （10 min）	课堂讨论： （1）钢筋混凝土和预应力混凝土梁桥各有什么特点？ （2）根据实例图纸进行桥梁各部位的识图； （3）提出不同结构类型所对应的施工方法	**1. 发布任务** 给各组发布讨论任务。 **2. 巡回指导** 在小组讨论的过程中，巡回指导，回答学生疑问	**1. 完成任务** 小组成员合理分工，积极参与课堂讨论，并完成设备材料“飞花令”游戏。 **2. 成果汇报** 结合完整桥梁图纸，形成讨论成果报告，并进行汇报	结合漩水沱岷江特大桥、西堠门大桥等案例进行学习，了解桥梁前辈的先进事迹，学习桥梁前辈自力更生、自强不息、勇于创新的精神，养成精益求精的工作作风
	案例分析 （15 min）	案例展示： （1）长沙北辰三角洲横四路跨街天桥——新材料； （2）崇启长江大桥——新设备； （3）中国格库铁路格东特大桥——新工艺； （4）套尔河大桥——新方法	（1）教师讲解案例知识，借助视频和多媒体相关资源； （2）在学生分享收获后，进行点评和补充	（1）根据教师讲解，内化桥梁施工工艺和流程，掌握当下梁桥施工新技术； （2）小组讨论分析，交流各自收获； （3）记录教师意见并改进	党的二十大精神——促进区域协调发展；铸牢中华民族共同体意识。 讨论：为什么我们花费远超经济效益的代价，也要修通偏远地区桥梁？ 培养学生的大局意识和民族融合意识，加强中华民族共同体意识教育；促使学生把个人价值的实现与服务社会发展紧密结合起来
	归纳小结 （5 min）	小结： 总结梳理本节课知识点，强调重难点。 重点：梁桥的结构构造和特点 难点：梁桥施工过程中的新工艺和新方法	课程回顾： 引导学生回顾本节课内容	自评回顾： 各组学生代表自评，小组间互评，对表现优秀的小组进行表扬，并在评价系统中加分。 聆听教师总结，回顾本节内容	通过课堂重难点把控，培养学生严谨细致的学习习惯和工作态度
课后拓展		课后作业： 采用信息化手段，完成线上平台的课后测验，并参与第二课堂学习。	（1）开启线上课后作业； （2）发布课后任务； （3）联系相关施工单位	（1）完成平台作业； （2）第二课堂实操训练； （3）到实地参观学习	通过完成课后作业以及参加工地观摩活动，培养学生的责任担当意识

续表

六、教学评价

评价维度	评价内容		评价主体及方式	评价依据
过程评价（60%）	课前（10%）	资源学习（5%）	师评＋系统评	线上平台学习进度
		在线测试（5%）	师评	测试任务
	课中（40%）	签到考勤（3%）	师评	点名签到情况（线上/线下）
		课堂活动（22%）	师评＋组评	小组讨论汇报结果
		互动表现（15%）	师评＋系统评	提问回答情况
	课后（10%）	课后作业（7%）	师评	测试题正确率
		观摩表现（3%）	师评＋组评＋自评	现场表现情况
综合评价（35%）	阶段考核（15%）		师评＋组评	大作业完成情况
	综合考核（20%）		师评＋组评＋自评	课程考核和测试
增值评价（5%）	学生技能大赛（2%）		师评	参加道桥相关比赛情况及成绩
	“1＋X”证书考核（3%）		师评	参加道桥相关证书考核情况及成绩

七、教学反思

问题一：对梁桥施工工艺流程的掌握程度较低

反思原因：由于课堂上知识讲解存在一定的不足，结合视频和案例无法让学生体会现场实操和施工的感受，因此对这方面内容的掌握程度较低。

改进措施：在课后增加工地观摩活动，同时在对应实训课程中增加相关训练，形成理论＋实操的闭环，加强学生对工艺流程的理解。

问题二：学生实操无法做到面面俱到

反思原因：由于课堂时间有限，虚拟仿真实操小组分工种体验有局限。

改进措施：重新组织课堂教学，充分利用课前和课后第二课堂时间，补充完善学生在实操体验上的不足

水路改造工程施工

——装饰工程施工技术

团队成员

徐洁、张艳、井妍

课程基本情况

本教学设计内容出自“装饰工程施工技术”课程。本课程是建筑室内设计专业的必修课程，共52课时，3学分，采用“十三五”规划教材，已建成3个相关实训室。本课程在职教云平台开展线上教学，同时包含微课视频、施工动画等资源。依据岗位人才能力需求，专业教学标准，融合“1+X”装饰职业技能等级及装饰大赛评分标准等内容，将课程内容进行重构，以家装工艺流程为教学主线，整合为水路工程、电路工程、泥水工程、木工工程及涂饰工程。

本课程在设计过程中，对接企业真实任务，以案例分析、方案设计对比、技能大赛真题解读、典型工艺解析等方式优化思政内容的供给，将“职业素养、人文素养、科技创新、低碳环保、精益求精”等思政元素融入课堂；依据课程教学内容，确立“给客户一个美好的家”教学理念，以社会主义核心价值观为培育基石，以实现人民对美好生活的向往为思政主线，培养学生崇高的家国情怀、人文素养及职业责任感。

教学设计

<table>
<tr><th colspan="4">一、课程概况</th></tr>
<tr><td>部门名称</td><td>土木工程学院</td><td>课程性质</td><td>●必修　○选修</td></tr>
<tr><td>课程类型</td><td colspan="3">○公共基础课程　●专业教育课程　○实践类课程</td></tr>
<tr><td>面向专业</td><td colspan="3">建筑工程技术、建筑室内设计专业</td></tr>
<tr><td>授课对象</td><td>建筑室内设计2103班学生</td><td>授课时数</td><td>1学时</td></tr>
<tr><td>参赛章节</td><td>项目1.2</td><td>使用教材</td><td>《室内装饰装修施工》</td></tr>
<tr><td>授课题目</td><td colspan="3">水路改造工程施工</td></tr>
</table>

续表

<table>
<tr><td colspan="3">二、教学分析</td></tr>
<tr><td rowspan="2">教学内容</td><td>内容分析</td><td>水路施工是家居装修中的重要环节，时时刻刻影响着居家生活的便利性和安全性。本任务来源于《三代同堂·智享生活》装饰施工项目中的子任务 4——智能家居水路改造工程施工。根据专业标准、课程标准、职业技能证书考核要求及岗位标准，结合本次项目实践案例重新整合教学内容，划分为：水管材料选择、水路施工流程及给排水附件安装三个部分。对接真实的岗位室内设计师，充分利用信息化资源，通过“选材料—知流程—明施工”的教学环节，掌握智能家居水路改造施工工艺及施工要点。课程教学理实一体，有机融入职业技能训练，培养学生爱岗敬业、精益求精的精神，提高团队协作意识
项目名称
水路改造工程
工作任务
任务一 智能家居水路方案规划
任务二 水路改造工程施工
任务三 水路检测及验收
教学内容
内容一 水管材料选择
内容二 水路施工流程
内容三 给排水附件的安装</td></tr>
<tr><td>教材分析</td><td>本课程选用“十三五”职业教育国家规划教材，并选用行业教材作为辅助。
主要教材：《室内装饰装修施工》，陈雪杰、余斌、杜志伟等主编，中国电力出版社，2019 年；
参考教材：《水电工施工从入门到精通》，韩雪涛主编，化学工业出版社，2020 年
主要教材　参考教材</td></tr>
<tr><td rowspan="4">学情分析</td><td colspan="2">知识和技能基础</td></tr>
<tr><td colspan="2">（1）对水路改造施工概念有粗浅的认知，了解常见工具及材料；
（2）熟悉本项目水路设计施工图，对施工工艺及施工要点掌握度不够</td></tr>
<tr><td colspan="2">认知和实践能力</td></tr>
<tr><td colspan="2">（1）能够识读水路施工图纸，能理解给排水管道系统的类型与规划方式；
（2）对理论知识掌握较好，但对施工具体操作掌握较薄弱，更倾向于仿真演练，但在仿真施工工艺流程演练的过程中，不能将理论知识与实践应用相结合</td></tr>
</table>

续表

<table>
<tr><td rowspan="4">学情分析</td><td colspan="2">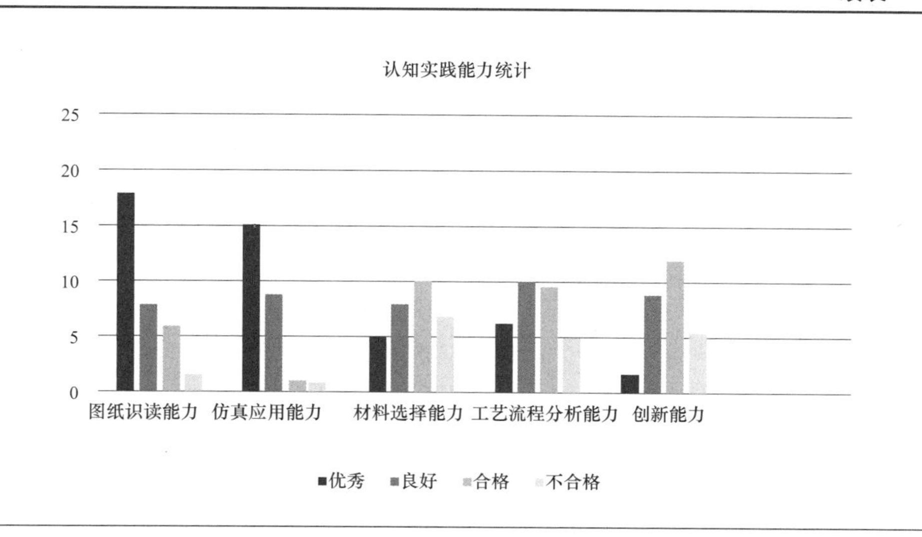
</td></tr>
<tr><td colspan="2">学习特点</td></tr>
<tr><td>（1）思维活跃，动手实操能力较强，但抽象思维能力弱；
（2）缺乏耐心与探索意识，缺少团队合作意识；
（3）在课程思政融入方式中，学生均喜好多元融入方式，不喜欢生硬的讲解</td><td>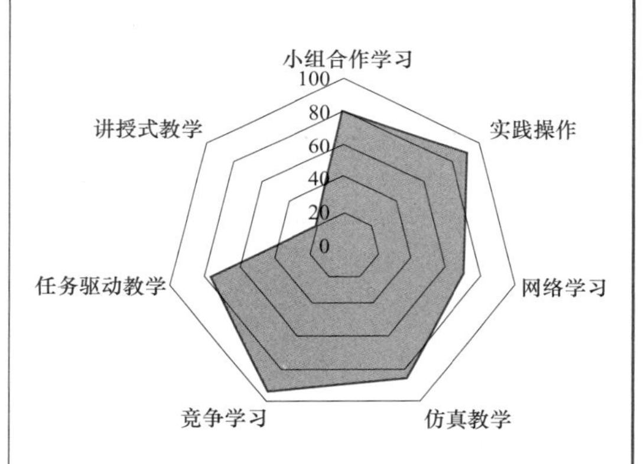
</td></tr>
<tr><td colspan="2">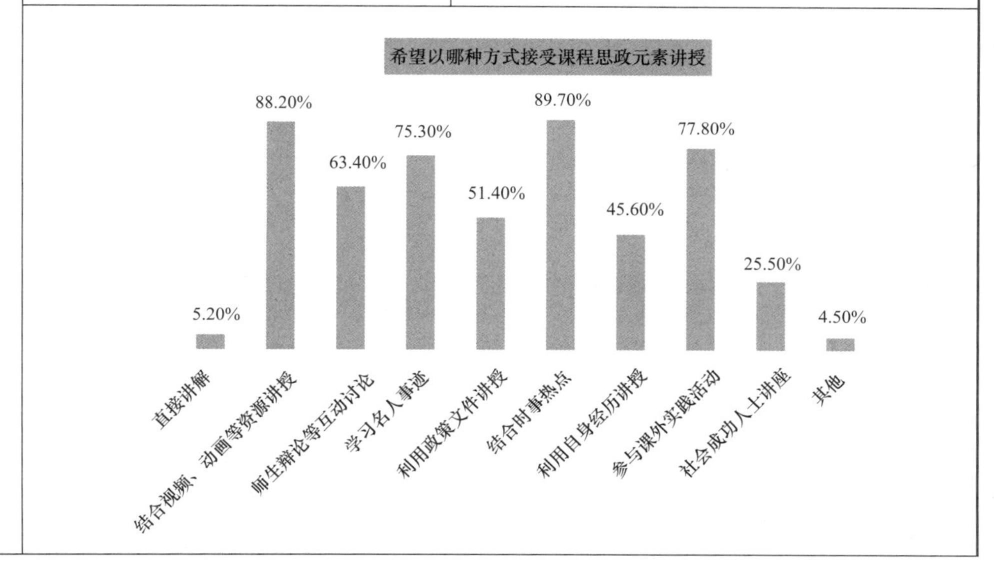
</td></tr>
</table>

续表

<table>
<tr><td colspan="5">三、教学目标</td></tr>
<tr><td rowspan="3">教学目标</td><td>知识目标</td><td colspan="3">（1）熟悉水路施工材料及机具的应用（对接“1+X”证书）；
（2）掌握给水、排水管敷设施工工艺流程及施工要点（对接技能大赛）；
（3）掌握给排水附件安装方法</td></tr>
<tr><td>能力目标</td><td colspan="3">（1）能够根据项目内容和具体工况，选择正确的材料及机具；
（2）能够依据图纸进行给排水管路的定位；
（3）能够按照施工手册要求指导并监督给水、排水管敷设现场施工（对接职业岗位）；
（4）能够掌握水路敷设的施工要点</td></tr>
<tr><td>素质目标</td><td colspan="3">（1）具有较强的沟通协调能力，能与他人建立良好的合作关系；
（2）养成精益求精的工匠精神，注重施工质量；
（3）通过小组合作，培养团队协作精神；
（4）认知岗位需求，提升职业岗位适应能力；
（5）了解中国传统文化的历史，培养爱国之心</td></tr>
<tr><td rowspan="2">教学重点</td><td>内容</td><td>给水、排水管路施工工艺及施工要点</td><td rowspan="2">解决方法</td><td rowspan="2">以小组协作的形式，引导学生自主查阅规范，熟悉各类工程技术文件的内容及格式，并且通过虚拟仿真软件进行实操练习，掌握室内水路敷设的工艺流程和标准</td></tr>
<tr><td>确定依据</td><td>根据职业岗位要求，学生应能够按照《建筑给水排水与节水通用规范》，对建筑装饰装修室内水路施工进行过程管理</td></tr>
<tr><td rowspan="2">教学难点</td><td>内容</td><td>循环及净水水路、水管附件的安装</td><td rowspan="2">解决方法</td><td rowspan="2">引导学生结合设计图纸及施工规范和标准，以及酷家乐设计软件了解循环水路及净水水路施工要求；通过三维软件拆解的节点模型，直观地向学生展示排水附件组成和连接施工方式</td></tr>
<tr><td>确定依据</td><td>智能家居水路改造工程中给排水管附件类型多样，构造复杂，给水管和排水管的处理技术存在差异，依据具体场景和现场工况进行确定，是深化设计和现场施工必须注意的关键环节，对学生来说有较大难度</td></tr>
<tr><td colspan="5">四、教学策略</td></tr>
<tr><td>教学手段</td><td colspan="4">1. 结合拼图游戏调动学生积极性，加深对知识的理解
教师发布拼图游戏任务，学生根据本项目具体应用场景，选择水路改造施工需要的材料和机具，在学习中发现问题，使枯燥的施工工艺知识充满乐趣。
2. 通过仿真软件展示节点构造
教师通过仿真软件，展示节点构造，让学生对构造做法有直观感受，理解水管附件组成及一般处理措施。
3. 结合学习平台收集并解决问题
教师依托“职教云”布置任务，学生通过平台资源进行自主学习，在学习中发现问题；教师归纳总结学生问题并在课堂教学中帮助学生解决问题</td></tr>
</table>

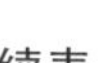

续表

教学方法	教法	**1. 任务驱动法** 实施任务驱动，以学生为中心，引导学生探究性学习。明确课程的主要任务，引导学生针对性地学习解决问题的方法，布置思维导图任务，梳理知识点。 **2. 仿真教学法** 在水路改造工程中引入仿真模拟软件，让学生切实感受真实施工场景，激发学生学习兴趣，使学生直观地感受水路改造施工流程及施工要点和注意事项。
	学法	**1. 自主探究法** 以课前任务为主线，小组协作，自主探究，完成调研任务，培养学生的学习习惯和自主学习能力，提升学生的综合素质。 **2. 小组协作法** 以小组为单位实施任务，通过讨论研究、任务实施、展示汇报等学习活动，学生能够获得知识技能，锻炼沟通表达能力，提高团队协作能力
教学资源		信息技术手段及资源 通过仿真模拟软件，掌握水路施工工艺。 通过问卷调查，了解学生的个人特点，进行任务分组调整。 让学生体验真实场景，将理论与实际联系。 通过教学课件，帮助学生理解难点知识。 中望仿真软件 职教云平台 问卷星 规范标准 教学视频 思政视频 教学课件 大赛题库 培养学生自学能力和学习习惯，了解学生动态。 参照行业规范标准，培养规范化标准施工意识。 将思政教育融入课程教育中，提高学生文化自信。 完成大赛、平台题库，实现岗课赛证融通。
课程思政实施设计		根据学生学习特点与课程实际设计，以学生为中心，采用“八步三导三递进”法实施思政教学。“八步”是指“探、引、析、研、练、评、理、拓”八步骤，“三导”是在教学过程中创新实施“学生主导，企业导师示导，助教督导”，课程充分利用信息化工具开展线上线下混合式教学，多维度、全过程、多举措地将课程内容与思政教育融为一体，教学设计合理优化，教学方法有效多元，而实现从“师生—生生—项目团队”教学主体三递进，实现课堂“情感内化—意识深化—精神强化”思政效果三递进。 在思政融入方式上，合理使用教学课件、微课、学习强国 APP、构造模型、国家规范、视频动画、仿真平台、企业工程项目等教学资源，引入工程案例、事故案例，形成自主学习探究、人物故事感悟、追古溯今传承、工程事故警示、小组合作体会、科技创新引领、职业规范引导、社会现象启发、自我总结反思、社会调研实践等思政模块，采用“课堂”+课程思政、“互联网”+课程思政、“社会实践”+课程思政等实施途径，以实现人民对美好生活的向往为主线，在教学中融入人文素养、低碳环保、智能生活等，同时渗透劳动教育，实现思政融入有聚焦、有递进、有效果。

续表

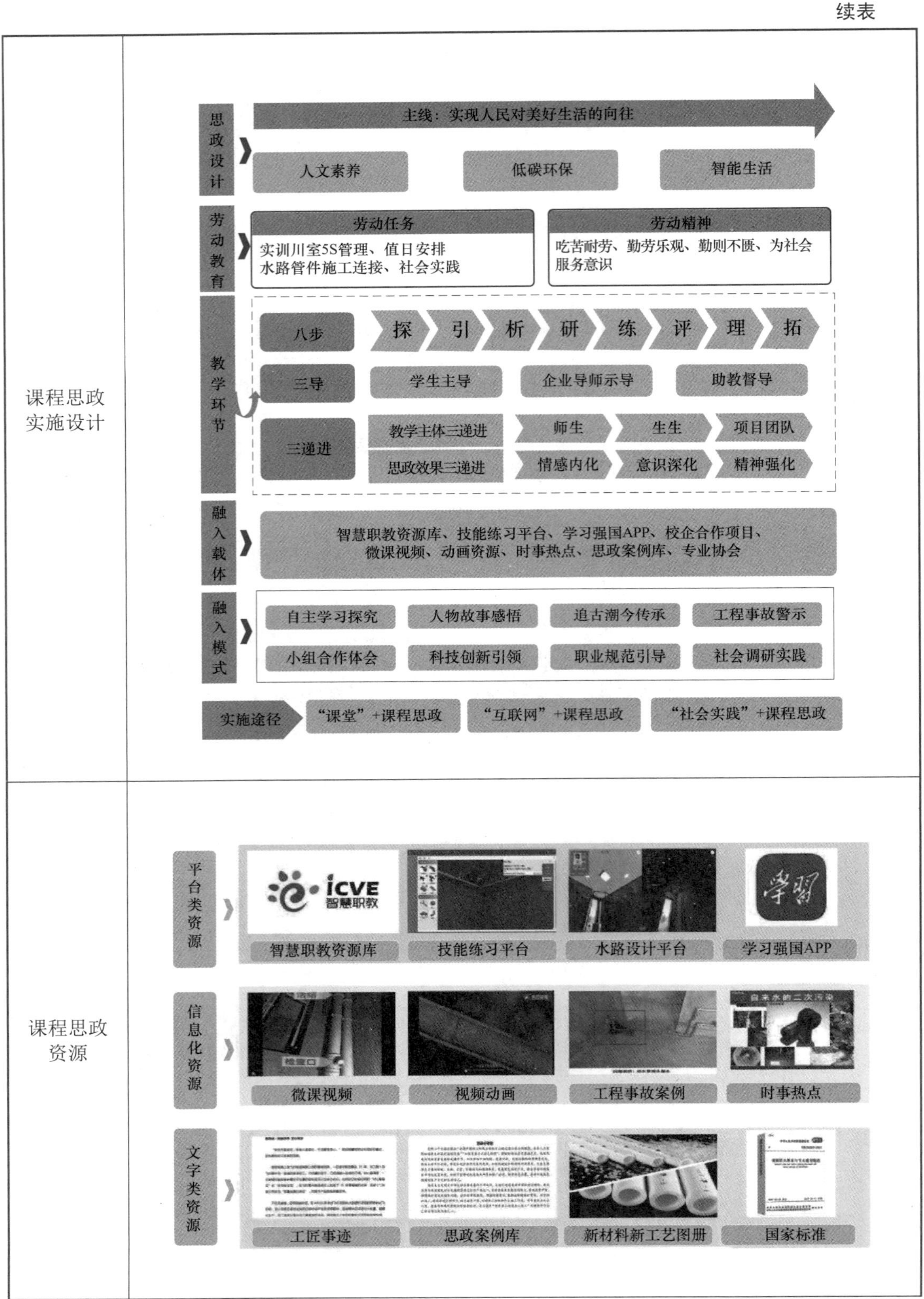
课程思政实施设计
思政设计
主线：实现人民对美好生活的向往
人文素养
低碳环保
智能生活
劳动教育
劳动任务
实训川室5S管理、值日安排
水路管件施工连接、社会实践
劳动精神
吃苦耐劳、勤劳乐观、勤则不匮、为社会服务意识
教学环节
八步
探
引
析
研
练
评
理
拓
三导
学生主导
企业导师示导
助教督导
三递进
教学主体三递进
师生
生生
项目团队
思政效果三递进
情感内化
意识深化
精神强化
融入载体
智慧职教资源库、技能练习平台、学习强国APP、校企合作项目、
微课视频、动画资源、时事热点、思政案例库、专业协会
融入模式
自主学习探究
人物故事感悟
追古溯今传承
工程事故警示
小组合作体会
科技创新引领
职业规范引导
社会调研实践
实施途径
“课堂”+课程思政
“互联网”+课程思政
“社会实践”+课程思政
课程思政资源
平台类资源
icve 智慧职教
学习
智慧职教资源库
技能练习平台
水路设计平台
学习强国APP
信息化资源
检查口
自来水的二次污染
微课视频
视频动画
工程事故案例
时事热点
文字类资源
工匠事迹
思政案例库
新材料新工艺图册
国家标准

续表

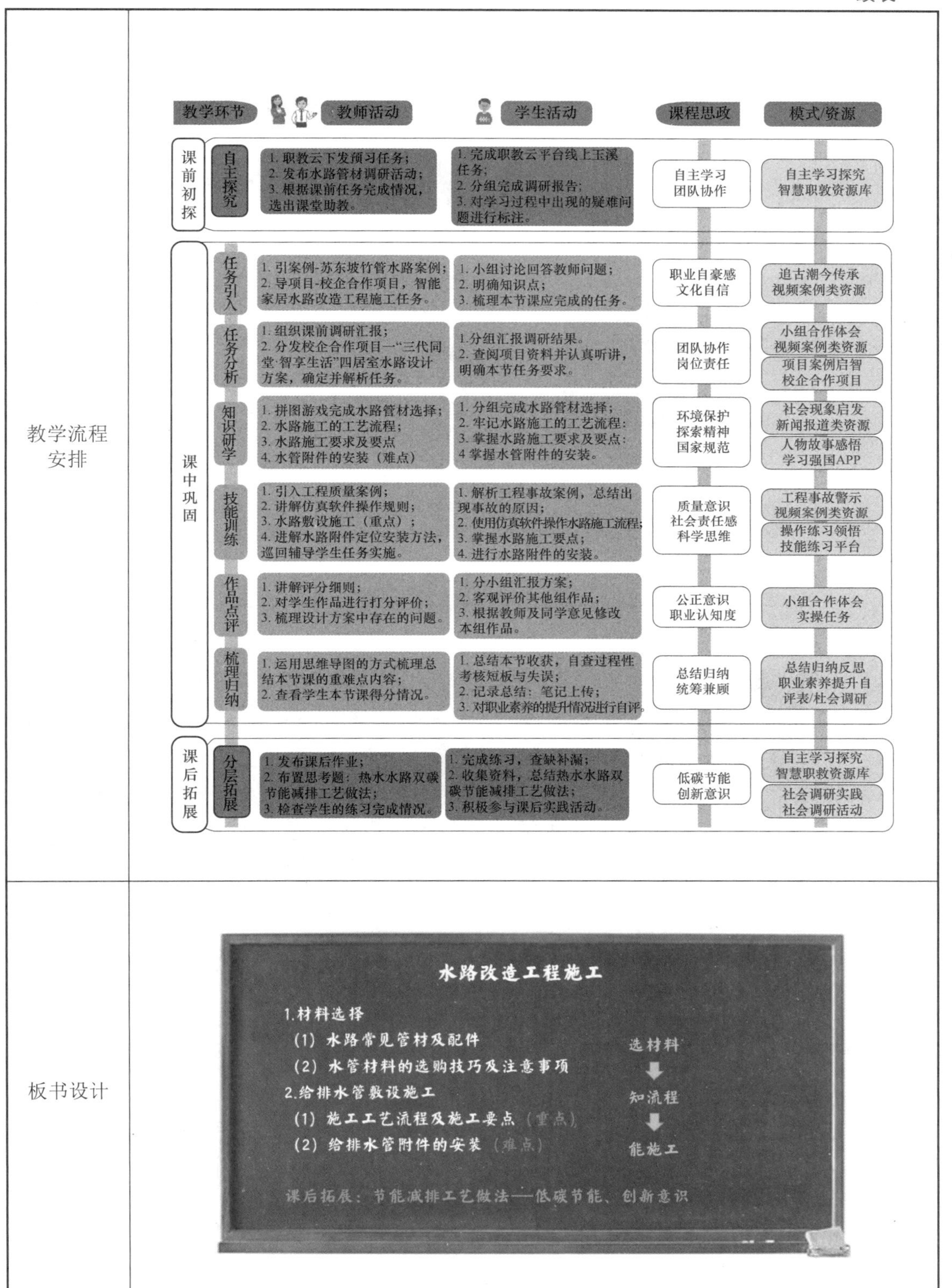
教学流程安排
教学环节
教师活动
学生活动
课程思政
模式/资源
课前初探
自主探究
1. 职教云下发预习任务；
2. 发布水路管材调研活动；
3. 根据课前任务完成情况，选出课堂助教。
1. 完成职教云平台线上玉溪任务；
2. 分组完成调研报告；
3. 对学习过程中出现的疑难问题进行标注。
自主学习
团队协作
自主学习探究
智慧职教资源库
课中巩固
任务引入
1. 引案例-苏东坡竹管水路案例；
2. 导项目-校企合作项目，智能家居水路改造工程施工任务。
1. 小组讨论回答教师问题；
2. 明确知识点；
3. 梳理本节课应完成的任务。
职业自豪感
文化自信
追古潮今传承
视频案例类资源
任务分析
1. 组织课前调研汇报；
2. 分发校企合作项目—“三代同堂·智享生活”四居室水路设计方案，确定并解析任务。
1.分组汇报调研结果。
2. 查阅项目资料并认真听讲，明确本节任务要求。
团队协作
岗位责任
小组合作体会
视频案例类资源
项目案例启智
校企合作项目
知识研学
1. 拼图游戏完成水路管材选择；
2. 水路施工的工艺流程；
3. 水路施工要求及要点
4. 水管附件的安装（难点）
1. 分组完成水路管材选择；
2. 牢记水路施工的工艺流程：
3. 掌握水路施工要求及要点：
4 掌握水管附件的安装。
环境保护
探索精神
国家规范
社会现象启发
新闻报道类资源
人物故事感悟
学习强国APP
技能训练
1. 引入工程质量案例；
2. 讲解仿真软件操作规则；
3. 水路敷设施工（重点）；
4. 进解水路附件定位安装方法，巡回辅导学生任务实施。
1. 解析工程事故案例，总结出现事故的原因；
2. 使用仿真软件操作水路施工流程；
3. 掌握水路施工要点；
4. 进行水路附件的安装。
质量意识
社会责任感
科学思维
工程事故警示
视频案例类资源
操作练习领悟
技能练习平台
作品点评
1. 讲解评分细则；
2. 对学生作品进行打分评价；
3. 梳理设计方案中存在的问题。
1. 分小组汇报方案；
2. 客观评价其他组作品；
3. 根据教师及同学意见修改本组作品。
公正意识
职业认知度
小组合作体会
实操任务
梳理归纳
1. 运用思维导图的方式梳理总结本节课的重难点内容；
2. 查看学生本节课得分情况。
1. 总结本节收获，自查过程性考核短板与失误；
2. 记录总结：笔记上传；
3. 对职业素养的提升情况进行自评。
总结归纳
统筹兼顾
总结归纳反思
职业素养提升自评表/社会调研
课后拓展
分层拓展
1. 发布课后作业；
2. 布置思考题：热水水路双碳节能减排工艺做法；
3. 检查学生的练习完成情况。
1. 完成练习，查缺补漏；
2. 收集资料，总结热水水路双碳节能减排工艺做法；
3. 积极参与课后实践活动。
低碳节能
创新意识
自主学习探究
智慧职教资源库
社会调研实践
社会调研活动
板书设计
水路改造工程施工
1.材料选择
(1) 水路常见管材及配件
(2) 水管材料的选购技巧及注意事项
2.给排水管敷设施工
(1) 施工工艺流程及施工要点（重点）
(2) 给排水管附件的安装（难点）
选材料
知流程
能施工
课后拓展：节能减排工艺做法——低碳节能、创新意识

续表

五、教学过程				
课前				
教学环节	教学内容	教师活动	学生活动	课程思政
自主探究	（1）通过教学视频学习水路施工的工艺流程；  （2）分组调研水路施工中常用的管材	**1. 推送教学资源** 在云平台上传学习资源，推送《智能家居水路改造工程施工》教学视频，要求学生简要总结施工流程。 **2. 发布调研任务** 发布分组调研任务：水路施工中常用的管材。 **3. 批改课前任务** 批改课前任务，调整教学重难点并对学生分组进行调整，选出本节课的课堂助教	**1. 学习教学资源** 登录“职教云”平台，学习教学视频，通过思维导图的方式总结施工流程并上传平台。 **2. 分组调研** 分组完成调研，并形成文字材料上传平台。 **3. 组间互评** 对各组上传的调研结果进行组间互评	模式—自主学习探究 载体—智慧职教资源库 1. 通过职教云平台安排简单易懂知识点的自学任务，培养学生的自主学习意识，提高其自主学习能力； 2. 通过调研任务的布置，激发学生的兴趣，提高学生自主学习及信息获取的能力
	资源：  **职教云平台** 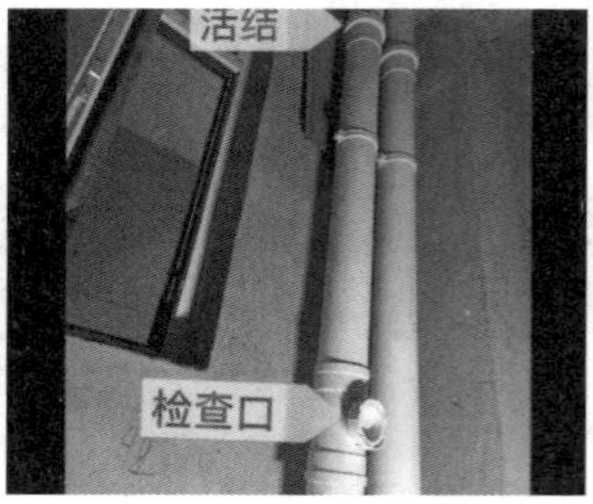 **教学视频** 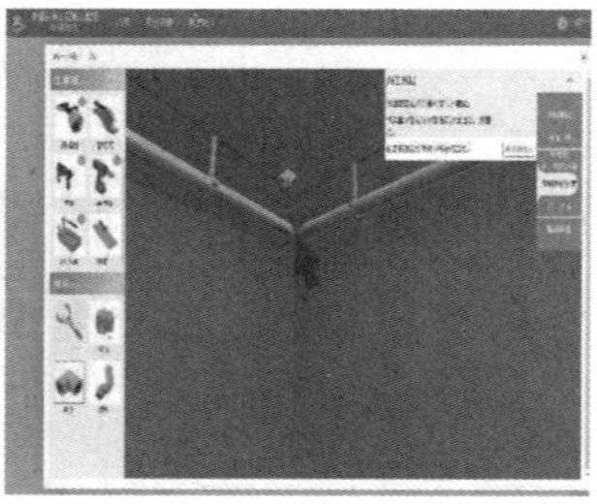 **仿真平台**			
课中				
教学环节	教学内容	教师活动	学生活动	课程思政
环节1：任务引入（5 min）	（1）引入苏东坡最早设计的竹管水路，让学生明白水路对人民生活的意义；	**1. 引案例** 播放苏东坡竹管水路视频片段，组织学生讨论：竹管水路的价值和意义是什么？想要实现这样的设计需要什么材料？	**1. 小组讨论** 观看视频片段，小组组内进行讨论，形成统一意见，由组长发表小组讨论结果；	模式——追古溯今传承 载体——视频案例类资源 1. 通过古代竹管水路视频中引入古人的先进智慧以及我国悠久的历

续表

环节 1： 任务引入 （5 min）	 （2）《三代同堂・智享生活》智能家居水路改造工程施工任务 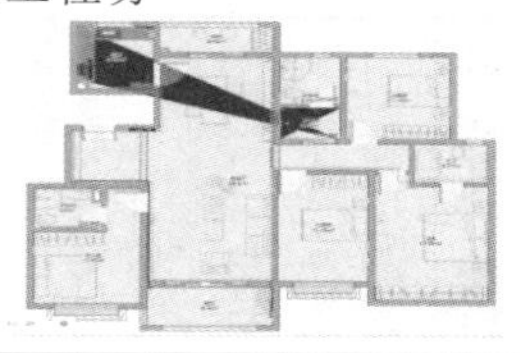	**2. 导项目** 结合《三代同堂・智享生活》装饰施工项目引出水路施工的重要性以及智能家居水路施工的任务	**2. 明确知识点** 反思并理解水路改造施工的意义，明确本节课的任务。 **3. 总结记录** 总结并记录智能家居水路施工的任务	史文明，激发学生的民族自豪感，使其树立文化自信； 2. 设置讨论发言环节，锻炼学生的沟通能力和表达能力，培养其基本的社交礼仪
环节 2： 任务分析 （5 min）	（1）分组汇报水路施工中常用的管材； （2）通过《三代同堂・智享生活》装饰施工真实项目，整合教学内容，列出智能家居水路改造施工，对教学任务进行解析 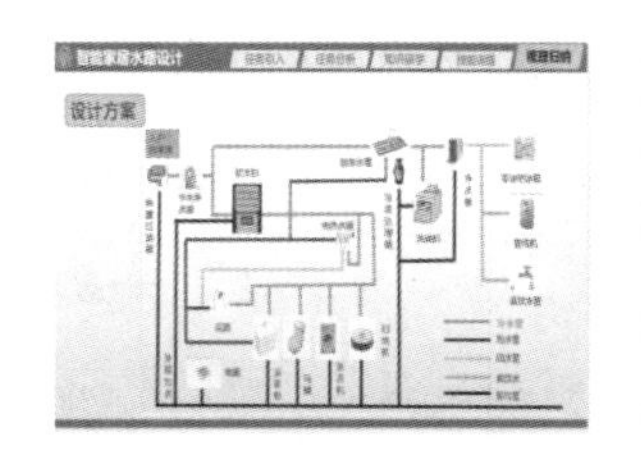 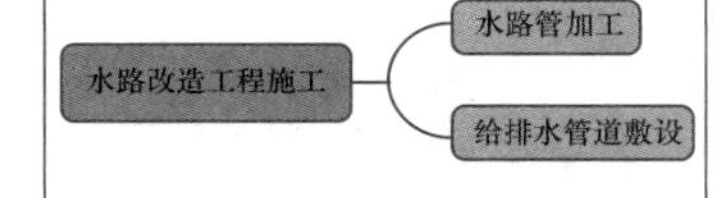 	**1. 组织调研汇报** 组织学生分组汇报课前调研任务——水路施工材料。 **2. 创设情境** 分发校企合作项目—《三代同堂・智享生活》四居室水路设计方案，确定并解析任务。 **3. 列框架** 根据本节主题，梳理本节教学内容，帮助学生建立知识框架	**1. 汇报调研结果** 分组汇报课前调研任务，以及所总结的水路施工流程。 **2. 明确任务** 查阅项目资料，认真听讲，厘清本节知识及技能要求，明确本节任务要求 	模式——小组合作体会 载体——视频案例类资源 1. 通过小组调研任务，培养学生的沟通技巧，增强学生的团队协作能力。 模式——项目案例启智 载体——校企合作项目 2. 引入企业真实项目，让学生能更好地融入真实场景具体施工任务中，提升职业自豪感，增强岗位责任意识
	 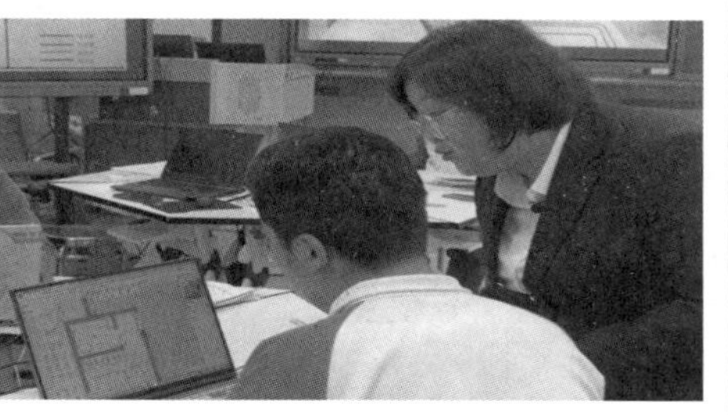			

续表

环节 3： 知识研学 （10 min）	选材料： （1）水路常见管材及配件； 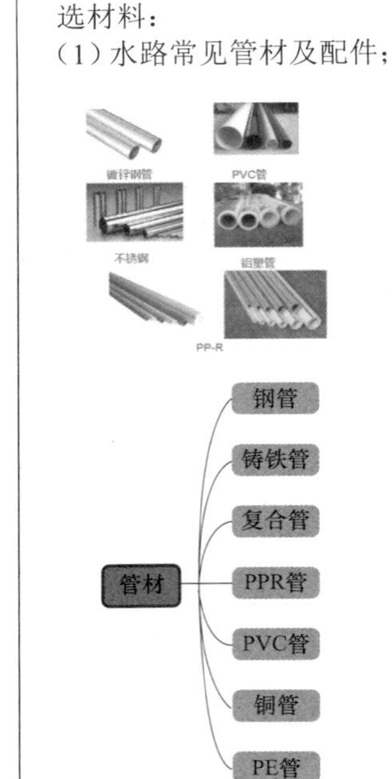 （2）介绍净水管材新材料； （3）水管材料的选购技巧及注意事项	**1. 拼图游戏** 根据四居室项目不同应用场景，结合具体用途，在四居室展板上粘贴管材图片，并选择合适的连接方式。 **2. 新材料展示** 播放水污染视频，讲解自来水污染对人体的危害，并引出新型净水管材。 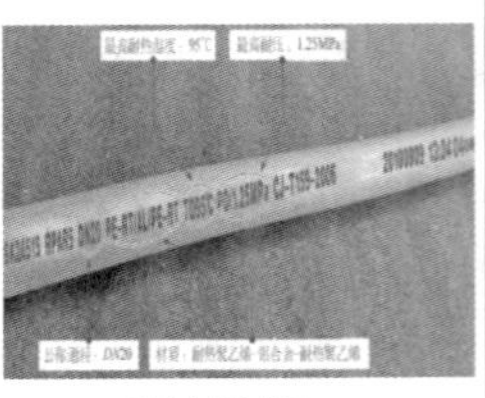 **3. 理论讲解** 水管材料的选购技巧及注意事项 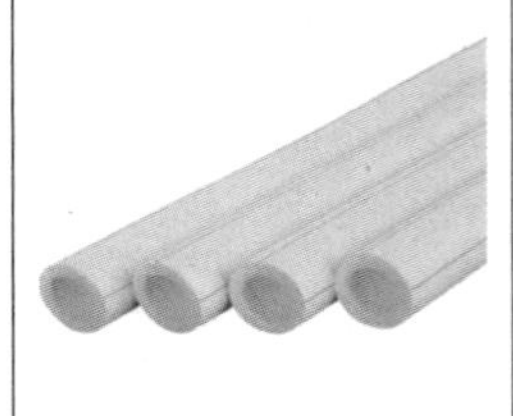	**1. 拼图游戏** 学生根据四居室项目不同应用场景，结合具体用途，在四居室展板上粘贴管材图片，并选择合适的连接方式。 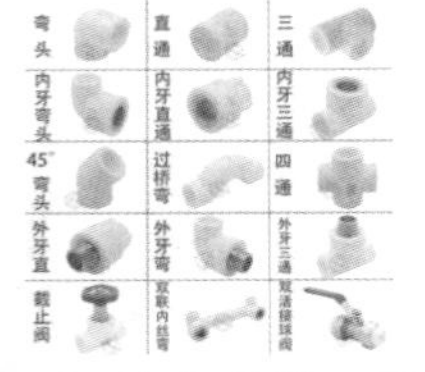 **2. 认真听讲，思考问题** 仔细听教师对于新材料的讲解，思考水路选材的重要性。 **3. 笔记记录** 认真听取教师的理论分析，积极互动，对知识点进行查漏补缺，同时做好笔记	模式——社会现象启发 载体——新闻报道类资源 1. 通过水污染视频，引导学生保护生态环境；党的二十大指出：要推动绿色发展，促进人与自然和谐共生，引导学生重视环境污染防治，牢记绿水青山就是金山银山。 模式——科技发展引领 载体——视频案例类资源 2. 通过净水新材料的讲解，提出材料的变革离不开科技的发展，引导学生勇于探索，敢为人先，不断提高科学探索精神
	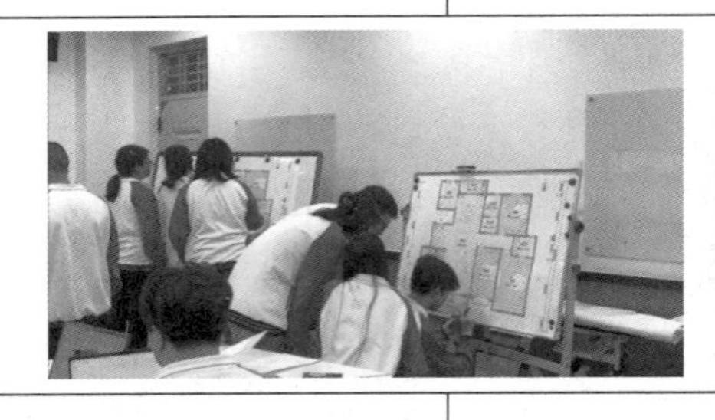			
环节 4： 知识研学 （10 min）	知流程： 1. 施工准备； 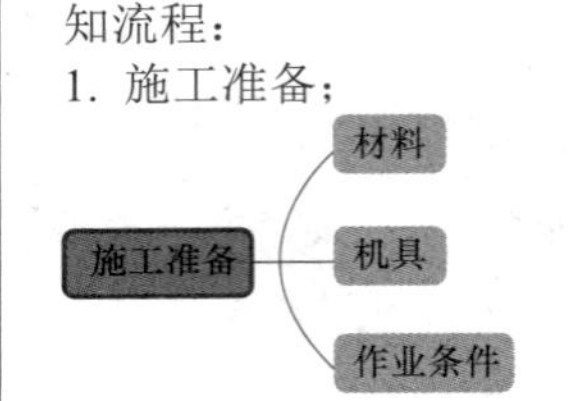 	**1. 引故事** 引入全国技术能手李松的工匠故事，引导学生思考水路施工中蕴含的职业素养。	**1. 技术能手事迹** 在学习强国 APP 中了解全国技术能手李松在水路工程中的工程事迹，思考其所提出的“三分材料，七分施工”中所蕴含的精神。	模式——人物故事感悟 载体——学习强国 APP 1. 通过讲述名人故事，培养学生严谨认真

续表

<table>
<tr>
<td rowspan="2">环节 4：
知识研学
（10 min）</td>
<td>2. 施工工艺流程流程
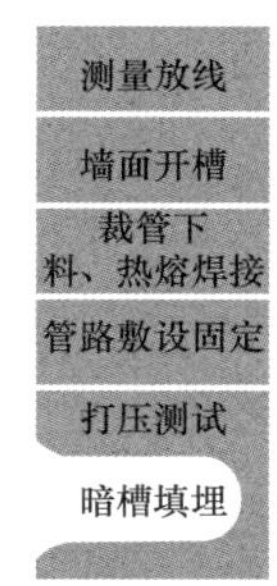

3. 给排水附件的安装
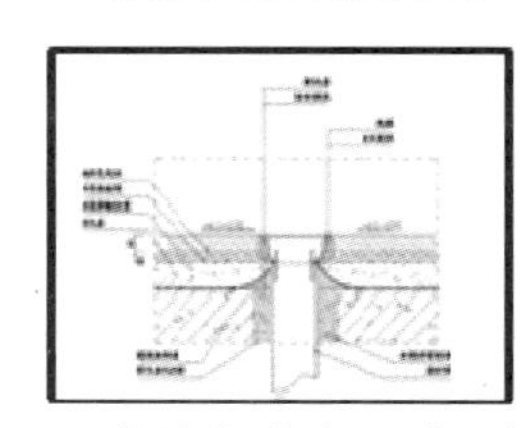
4. 成品保护与一般质量通病
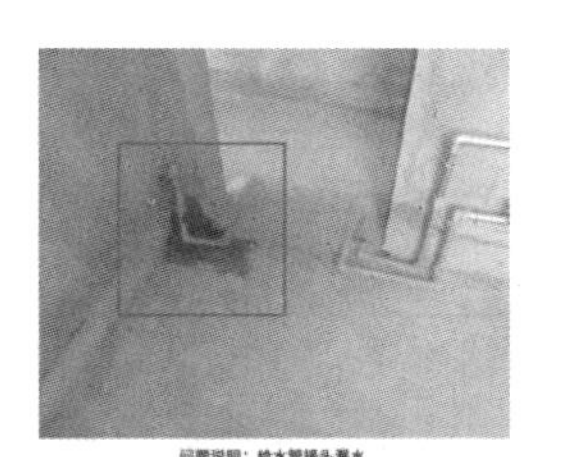
问题说明：给水管接头漏水</td>
<td>2. 解析要点
通过施工实例视频及动画，解析水管敷设施工的各环节及要点。
3. 理论补充
通过实景照片结合三维模型，展示给水阀门——前置过滤器、排水附件——地漏这两类附件的类型及构造，比较处理工艺的异同。
4. 现场施工展示
联系企业导师，在线展示工地现场水管敷设质量控制检查，介绍施工中的易错点，并进行施工实操演示</td>
<td>2. 辨析工艺要点
认真听讲，做好笔记，辨析工艺要点，记录实践操作的要求与要点；
3. VR 观测体验
通过 VR 观测前置过滤器和地漏细节特征，厘清各部件功能与要求；认真做好笔记，归纳施工处理的一般措施。
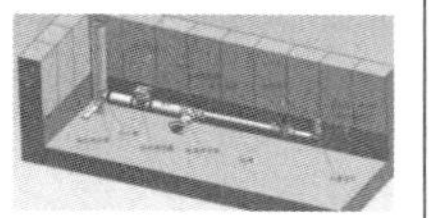
4. 积极与企业导师沟通，明确水管敷设质量控制要求</td>
<td>的工作作风，以及精益求精的大国工匠精神。
模式——职业规范引导
载体——国家规范标准
通过引入国家规范，引导学生遵守国家规范，在施工过程中着眼于细节，一丝不苟，引导学生树立责任意识</td>
</tr>
<tr>
<td colspan="4">资源：
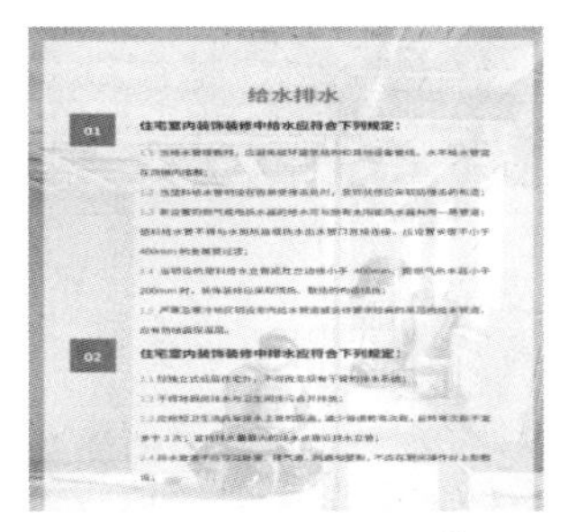  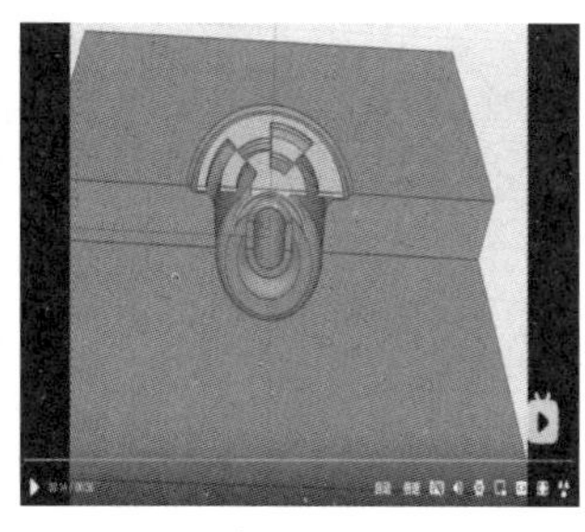

施工及验收规范　　施工动画</td>
</tr>
<tr>
<td>环节 5：
技能训练
（10 min）</td>
<td>明施工：
1. 工程事故案例原因解析</td>
<td>1. 引案例
通过工程事故案例引出实际施工中易发生错误的环节和处理措施，讲解常见的质量通病。</td>
<td>1. 析原因
解析工程事故案例，总结其出现事故的原因。
2. 技能实操
小组协作进行虚拟仿真技能实操对抗。</td>
<td>模式——工程事故警示
载体——视频案例类资源
1. 从工程事故案例入手，培养学生利用</td>
</tr>
</table>

续表

环节5： 技能训练 （10 min）	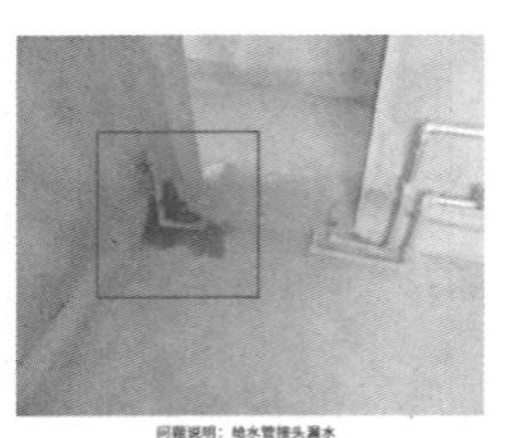 问题说明：给水管接头漏水 2. 小组 PK：给排水项目施工仿真实操  3. 根据智能设备模块统计表，在酷家乐四居室项目中对智能水阀、水浸感应器、净水器进行定位和安装 	**2. 发布任务** 通过仿真软件设置小组竞赛任务，组织给排水项目施工小组PK。  **3. 巡回指导** 分发智能设备模块统计表，巡回辅导学生任务实施，为学生答疑，解决问题	**3. 小组讨论** 小组讨论，选择最优安装方案，并通过酷家乐软件进行实施。  助教督导： 课堂助教巡回查看，收集每组学遇生到的问题。 **4. 自评** 结合岗位和履职实际，小组总结任务得失，积极自评	专业基础知识，分析和解决工程问题的能力；同时通过反面案例，引导学生树立岗位责任意识，增强社会责任感。 模式——操作练习领悟 载体——技能练习平台（仿真软件、酷家乐云设计平台） 2. 通过小组合作，培养学生的团结协作意识；让学生明白团体成员之间，应围绕共同任务目标互相支持、互相协作、互相配合

环节6： 作品点评 （7 min）	1. 总结施工过程中的施工要点 2. 利用企业导师对施工结果进行点评 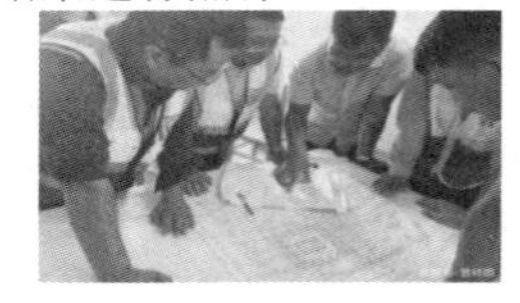	**1. 企业导师点评** 企业导师对学生作品进行点评，并提出注意事项及要点。 **2. 查看评分** 查看学生过程性评分，表扬优秀者，并指出不足之处	**1. 总结** 聆听教师的课堂内容总结。 **2. 评分** 对各小组作品进行评分。 **3. 反思** 反思本节课的收获，自查过程性考核短板与失误	模式——小组合作体会 1. 分享最终的施工设计图，让学生体会到作为设计师的价值和意义，提高学生的职业自豪感，并提升学生对室内设计职业认知度。 2. 通过小组互评，培养学生的公正意识

续表

<table>
<tr><td>环节 7：
梳理归纳
（3 min）</td><td>1. 总结本节课重难点
教学重点：
给排水管敷设施工；
教学难点：
给排水管附件的安装。
2. 对课程中学生的学习情况进行评价</td><td>（1）梳理本节课的知识点，并对重难点内容进行总结，再次加深学生的认识与理解情况。
（2）查看学生对任务完成情况所做的总结分析</td><td>（1）聆听教师的课堂内容总结，记好笔记，明确重难点内容。
（2）学生反思本节课的收获，自查过程性考核短板与失误。
（3）学生对职业素养的提升情况进行自评</td><td>模式——总结归纳反思
载体——职业素养提升自评表、社会调研活动
（1）培养学生从局部到整体的辩证思维。
（2）培养学生既统筹兼顾又着眼细节的工作作风</td></tr>
<tr><td colspan="5">课后</td></tr>
<tr><td>教学环节</td><td>教学内容</td><td>教师活动</td><td>学生活动</td><td>课程思政</td></tr>
<tr><td>课后拓展</td><td>（1）发布课后作业。
（2）课后拓展：热水水路双碳节能减排工艺做法。
（3）搜集资料，了解居住服务产业数字化、智能化进程发展趋势</td><td>（1）预留“1+X”案例分析任务，要求完成相应练习，及时根据学生作业反馈在线答疑。
（2）在职教云教学平台及时发布与本节课有关的拓展资料，对接行业前沿技术；解答学生关于新技术的疑惑，鼓励其进行创新探索。
（3）组织课后实践，结合暑期“三下乡”活动，将所学知识应用于乡村建设中</td><td>（1）在职教云平台上完成“1+X”案例练习，在教学讨论区，积极提问，交流总结。
（2）及时查看新技术综合应用的拓展资料，与同学、教师多交流。
（3）积极参与课后实践活动</td><td>模式——自主学习探究
载体——智慧职教资源库
（1）节能减排，让学生意识到质量环保、低碳节能的重要性。
（2）拓宽视野，培养学生推进居住服务产业数字化、智能化进程的创新意识。
模式——社会调研实践
载体——社会调研活动
（3）通过将所学知识应用于实践，提升学生的职业荣誉感，培养学生的社会责任感</td></tr>
</table>

六、教学评价

<table>
<tr><td>评价层面</td><td colspan="2">评价内容及指标</td><td>评价主体</td><td>评价依据</td></tr>
<tr><td rowspan="3">过程评价
（50%）</td><td rowspan="3">课前（30%）</td><td>线上课程自学
（30%）</td><td>教学平台</td><td>“学堂在线”平台任务点完成统计</td></tr>
<tr><td>课前调研
（40%）</td><td>教学平台</td><td>调研完整度</td></tr>
<tr><td>平台讨论
（30%）</td><td>教学平台</td><td>“职教云”平台讨论活跃度</td></tr>
</table>

续表

过程评价（50%）	课中（40%）	问答/观点陈述（20%）	教师点评 组间互评	观点表达的准确性
		合理的互动反应（30%）	教师点评	主动参与互动讨论，发现问题
		技能测试完成情况（50%）	教师点评 企业导师点评	水路工程改造施工任务所具备的知识技能
	课后（30%）	低碳节能工艺（100%）	企业导师点评	按时提交，高质量完成任务
结果性评价（30%）	知识与能力评价（60%）	施工流程规范性（30%）	教师点评 企业导师点评	建筑给水排水与节水通用规范 企业考核评价表
		施工成果的验收（30%）	教师点评 企业导师点评	建筑给水排水与节水通用规范 企业考核评价表
	职业素养评价（40%）	团队分工合理、协作精神（20%）	教师点评 组间互评	组间互评表 组内评价表
		规范、严谨、细致的职业素养（20%）	教师点评 企业导师点评	企业导师考核评价表
增值性评价（20%）	学生能力提升情况（100%）	小组参与任务提升率（40%）	教学平台 学生自评	平台学生参与度统计；组内成员分工分布
		技能掌握任务提升情况（60%）	教师评价	教师依据技能练习结果对各项知识技能赋分情况

组间评价表

组间互评评价表　　　　评分人（　　）						
评价内容	评价要素	分值	第一组	第二组	第三组	第四组
学习态度	学习态度严谨认真	10%				
团队分工	根据成员特性进行合理分工	15%				
课堂纪律	小组纪律严明，合理高效探讨课堂内容	15%				
技能操作	能按照标准要求准确完成实践任务	30%				
汇报展示	观点明确，语言表达流畅，能完整展示作品内容	30%				
	总分：					

续表

组内评价表

组内评价表组别（　　）　评分人（　　）								
评价内容	评价要素	分值	组员 1	组员 2	组员 3	组员 4	组员 5	组员 6
参与程度	能积极参与小组任务，配合度高	20%						
组内互助	能够在技能训练过程中与小组成员互帮互助	20%						
学习态度	小组成员在技能训练中的学习积极性	20%						
任务完成	能够按照组内分工出色地完成任务	20%						
交流能力	能够沟通交流并准确表达自己的想法	20%						
总分：								

企业考核评价表

课程名称		水路改造工程施工	
序号	考核内容	考核要素	分值
1	职业素养（10%）	（1）遵守纪律，按时到课，互相协助，团队意识强。（2 分）	
		（2）积极上进，不满足于现有成绩，面对困难能积极想办法解决，善于学习，进步较快。（5 分）	
		（3）严格高效地完成教师安排的任务。（3 分）	
2	规范掌握（20%）	（1）生活饮用水的水质分级标准。（5 分）	
		（2）卫生器具与水封的相关规定及要求。（5 分）	
		（3）掌握给排水敷设施工内容及程序。（5 分）	
		（4）熟悉建筑给排水工程施工及验收要求。（5 分）	
3	知识技能（65%）	（1）正确识读水路施工图。（5 分）	
		（2）能够按要求对给排水管及附件进行检查。（10 分）	
		（3）能够现场指导并监督给排水管得到加工。（10 分）	
		（4）能够现场指导并监督水管的敷设施工。（15 分）	
		（5）能够现场指导并监督相应智能设备的安装施工。（15 分）	
		（6）能够完成给排水工程的交接验收工作。（10 分）	
4	创新能力（5%）	（1）善于思考，总结归纳知识点。（3 分）	
		（2）善于求异与质疑，勇于超越。（2 分）	
总分			

续表

<table>
<tr><th colspan="3">七、教学反思</th></tr>
<tr><td>实施成效</td><td colspan="2">1. 教学目标达成
教师通过学生在课前预习、测验任务中的反馈数据，诊断学生知识盲点及薄弱点，调整了课中教学的侧重点。从结果来看，所有学生均按预期完成学习任务，学生学习进度完成率、教学活动参与度均为 100%，任务综合评价合格率在 95%以上，学生的能力和素养都有一定的提高。
2. 课堂组织与管控有效
本节课以给排水管施工工艺流程为主线，通过开展小组讨论、学生汇报等形式，锻炼了学生发现问题、解决问题的能力；运用任务驱动法和翻转式教学调动学生学习的积极性，突破了教学重点和难点，激发了学生的学习兴趣，使学生“1＋X”职业技能进一步提升，与就业岗位无缝对接</td></tr>
<tr><td rowspan="2">反思改进</td><td>课堂教学方面</td><td>问题描述一：部分学生自主学习性较差，课后做拓展任务环节中，专业知识综合应用灵活性不足，思考不够全面，不能举一反三完成拓展任务。
改进措施：一方面通过对学生的学习特点、各环节成绩的总体分析，课下与学生进行有效沟通，了解其学习过程中遇到的瓶颈，从更深层次有针对性地对学生进行指导，引导其树立正确的理想信念。
问题描述二：个别学生参与度低，测验得分较低。
改进措施：后面的课程中要将任务细化，根据学生知识掌握情况对学生进行合理分组。小组在课前开展集中预习，组长对每位成员的进行任务分工，增加组内成员互评环节，让每位学生都参与进来</td></tr>
<tr><td>课程思政方面</td><td>问题描述一：对于教师课程思政的实施效果缺乏增值性评价。
反思原因：在教学评价中，仅对学生职业素养的提升进行了评价，未对教师课程思政的实施效果进行增值性评价。
改进措施：制定教师课程思政实施效果考核的评价标准，包含教师自评、思政教师评价和学生评价，将课程思政实施效果情况量化反馈，有针对性地督促教师补短板，以保证课程思政的实施效果持续改进优化。
问题描述二：课后课程思政的延续性有待加强。
反思原因：课后，思政融入主要通过课后拓展任务和社会实践等方式展开，载体路径过少。
改进措施：充分拓展课后课程思政实施路径，结合“三下乡”暑期社会实践，返家乡大学生社会实践活动，以及互联网＋大学生创新创业大赛（红旅赛道）等比赛，以所学为所用，以所用悟所学，服务社会，使课程思政实施成效不断拓展延续</td></tr>
</table>

建设工程环境及节能法律原理与实务

——建筑法规

团队成员

陈会玲、井妍、宋祥

课程基本情况

“建筑法规”是建筑工程技术专业、建设工程管理专业的专业必修课程，共18（28）学时，1（1.5）学分。本课程选用课程负责人主编的教材《建设工程法规》第2版、第3版，这两本教材分别入选“十三五”“十四五”职业教育国家规划教材。本课程在智慧职教平台、学习通平台同期开展线上教学，同时已经建成课程案例库、课程思政小课程微课视频集。本课程任务是使学生了解和掌握建筑工程所涉及的相关建设法规，树立法律意识，从而达到掌握建筑法规、遵守建筑法规、应用建筑法规的目的，使学生具备解决工程建设中相关法律问题的基本能力。

教学设计

一、课程概况			
部门名称	土木工程学院	使用教材	《建设工程法规》
面向专业	建筑工程技术专业、建设工程管理专业		
授课名称	建设工程环境及节能法律原理与实务		
授课班级	建设工程管理2003班	授课学时	1学时
课程性质	专业必修课	授课地点	崇文南楼C301
二、教学分析			
内容分析	依据人才培养方案和课程标准，结合本届学生学情以及往届学生掌握情况，合理选取本次授课内容，即建设工程环境及节能法律原理与实务，主要包括建设工程环境立法及施工节约能源立法。利用信息化资源，通过“任务引入—任务分析—新知讲解—案例研讨—任务小结”等教学环节，使学生熟悉环境保护的基本制度、水污染防治、大气污染防治、环境噪声污染防治、固体废物污染防治相关规定，了解节约能源的管理制度、建筑节能规定等法律法规。		

续表

<table>
<tr><td>教材分析</td><td colspan="2">本课程选用“十四五”职业教育规划教材，并选用行业教材作为辅助。
主要教材：《建设工程法规》，陈会玲主编，北京理工大学出版社，2019 年；
参考教材：《建设工程法规》，皇甫婧琪主编，北京大学出版社，2019 年 

主要教材 　　参考教材</td></tr>
<tr><td rowspan="3">学情分析</td><td>知识和技能基础</td><td>（1）基于前期课程的学习，学生掌握了建设工程法规安全管理、质量管理相关知识；
（2）通过课前测试题可以看出，学生对建设工程环境保护有一定理解，但对具体的法律法规规定还存在疑惑。</td></tr>
<tr><td>认知和实践能力</td><td>（1）通过前期课程的学习，学生能对相关案例进行初步判断，但对法规中具体条款的理解不够深入；
（2）学生理论知识掌握较好，但工程实践案例接触较少，理论联系实践的能力有待加强</td></tr>
<tr><td>学生学习特点</td><td>（1）学生善于通过互联网获取新知识，乐于通过游戏、竞赛等互动形式学习知识；
（2）学生不喜欢单一的学习方式，喜欢在任务中交流合作学习，富有竞争意识；
（3）大多学生只能看到表面现象，探究意识不强，缺少总结归纳能力。 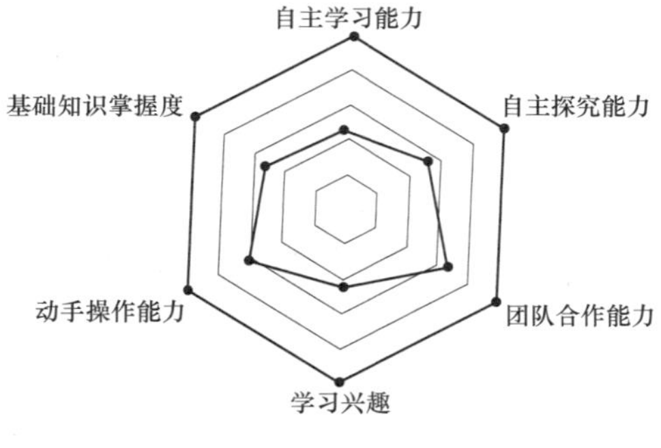</td></tr>
</table>

续表

<table>
<tr><td colspan="3">三、教学目标</td></tr>
<tr><td rowspan="3">教学目标</td><td>知识目标</td><td>（1）熟悉施工现场噪声污染防治的规定；
（2）掌握施工现场废气、废水污染防治的规定；
（3）掌握施工现场固体废弃物污染防治的规定；
（4）掌握合理使用与节约能源的规定</td></tr>
<tr><td>能力目标</td><td>（1）能正确分析建设工程环境保护有关规定；
（2）能对实际工程案例中的污染情况进行合理分析</td></tr>
<tr><td>素质目标</td><td>（1）培养学生的法律意识，增强法治观念；
（2）培养学生分析问题、解决问题和团队合作的能力；
（3）在案例实施过程中培养学生耐心细致、精益求精、持之以恒的工作态度</td></tr>
<tr><td rowspan="2">教学重难点及解决方法</td><td>教学重点</td><td>重点：施工现场废气、废水污染的防治规定。
解决方法：以实际工程案例为载体，通过任务驱动教学法，借助头脑风暴、小组讨论等方式，先让学生了解有关条款，后通过梳理归纳总结废气、废水污染的防治规定</td></tr>
<tr><td>教学难点</td><td>难点：施工节约能源的规定以及施工节能技术的使用。
解决方法：以教师引导、学生探究为主，通过新技术、新工艺、新材料的介绍，引导学生积极思考，发展思维能力，自主领悟施工节能技术的使用</td></tr>
<tr><td colspan="3">四、教学策略</td></tr>
<tr><td>教学手段</td><td colspan="2">（1）教师引导，学生探究，分析夜间施工噪声污染引起纠纷的案例；
（2）通过实际工程案例分析，调动学生学习的积极性，并观察学生的掌握情况，及时纠正问题；
（3）针对宏泰公司废弃污染物实际工程案例，基于工作岗位分工，以角色扮演的形式，完成相应任务；
（4）使用学习通平台统计学生过程性得分，使用问卷星统计组间、组内评价。</td></tr>
<tr><td rowspan="2">教学方法</td><td>教法</td><td>1. 任务驱动法
实施任务驱动，以学生为中心，引导学生探究性学习。明确本节课的主要任务，引导学生针对性学习解决问题的方式方法。
2. 问题导向法
针对知识点设置讨论问题，引导学生思考并探究问题答案，教师总结并分析。</td></tr>
<tr><td>学法</td><td>1. 自主探究法
以课前学习资料和课前任务为主线，学生自学相关知识点，并完成线上任务；教师根据学生完成情况及时调整教学策略。学生养成自主学习的习惯和能力，锻炼综合素质。
2. 小组协作法
以小组为单位，通过分工协作的形式实施任务，通过讨论研究、任务实施、展示汇报等学习活动，在获取知识技能的同时提升团队协作能力。
3. 启发学习法
在教师所讲案例的基础上，发挥主观能动性分析其他案例，学会举一反三</td></tr>
</table>

续表

教学资源		学习通	微课视频	教学课件
教学资源		思政小视频	国家规范	问卷星
		案例库	合同示范文本	案例视频
课程思政	思政素材	新闻	思政视频	实际工程案例
	融入环节	【融入环节】新知讲解——施工现场废气、废水污染防治规定。 【思政目标】通过水污染视频，引导学生保护生态环境，牢记绿水青山就是金山银山的科学论断。 【融入环节】案例探讨——宏泰公司废弃污染物实际工程案例。 【思政目标】从固废处置发展出发，激发学生的探究精神、创新意识以及勇于承担的责任意识。		

续表

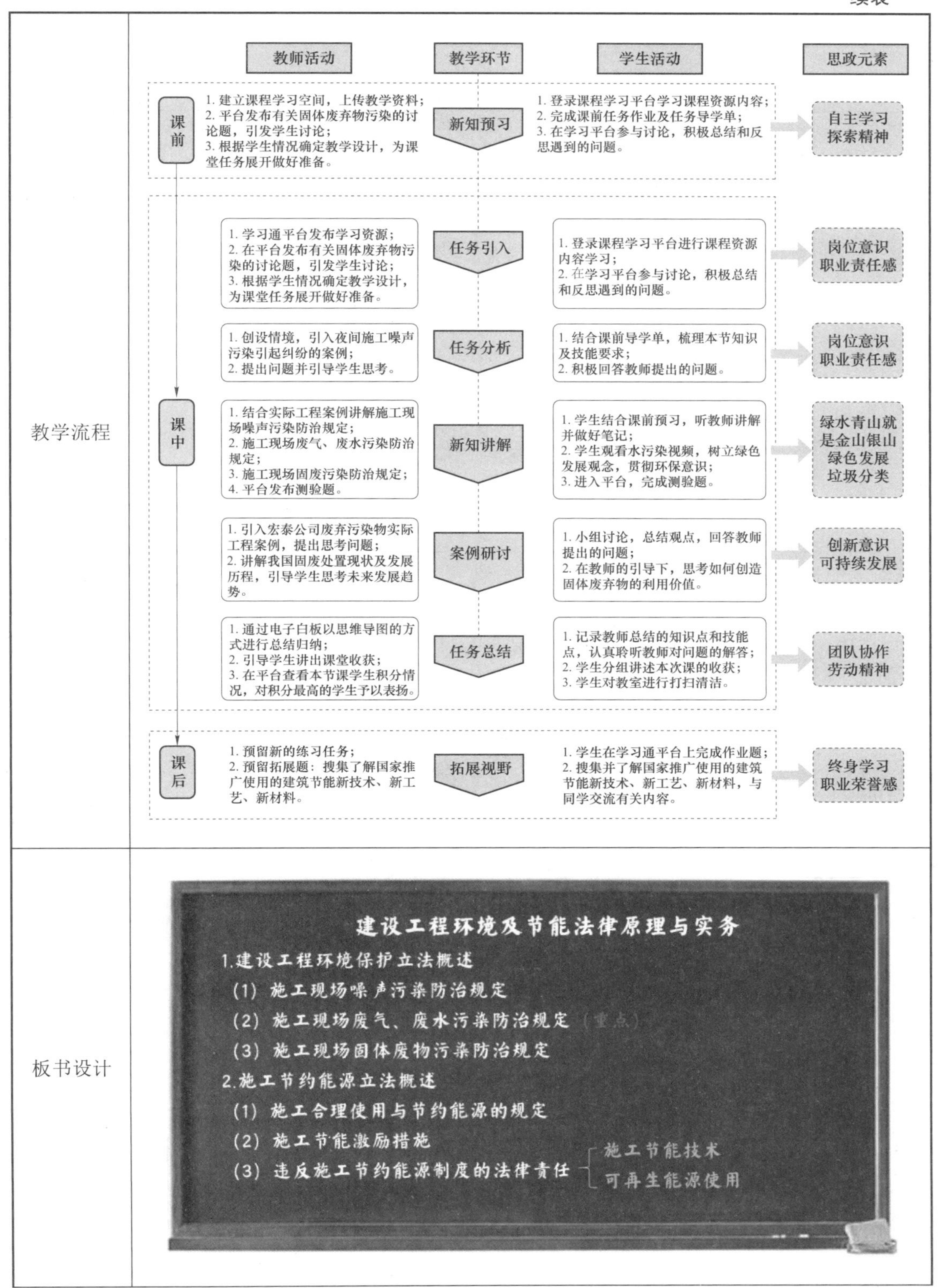
教学流程
教师活动
教学环节
学生活动
思政元素
课前
1. 建立课程学习空间，上传教学资料；
2. 平台发布有关固体废弃物污染的讨论题，引发学生讨论；
3. 根据学生情况确定教学设计，为课堂任务展开做好准备。
新知预习
1. 登录课程学习平台学习课程资源内容；
2. 完成课前任务作业及任务导学单；
3. 在学习平台参与讨论，积极总结和反思遇到的问题。
自主学习 探索精神
课中
1. 学习通平台发布学习资源；
2. 在平台发布有关固体废弃物污染的讨论题，引发学生讨论；
3. 根据学生情况确定教学设计，为课堂任务展开做好准备。
任务引入
1. 登录课程学习平台进行课程资源内容学习；
2. 在学习平台参与讨论，积极总结和反思遇到的问题。
岗位意识 职业责任感
1. 创设情境，引入夜间施工噪声污染引起纠纷的案例；
2. 提出问题并引导学生思考。
任务分析
1. 结合课前导学单，梳理本节知识及技能要求；
2. 积极回答教师提出的问题。
岗位意识 职业责任感
1. 结合实际工程案例讲解施工现场噪声污染防治规定；
2. 施工现场废气、废水污染防治规定；
3. 施工现场固废污染防治规定；
4. 平台发布测验题。
新知讲解
1. 学生结合课前预习，听教师讲解并做好笔记；
2. 学生观看水污染视频，树立绿色发展观念，贯彻环保意识；
3. 进入平台，完成测验题。
绿水青山就是金山银山 绿色发展 垃圾分类
1. 引入宏泰公司废弃污染物实际工程案例，提出思考问题；
2. 讲解我国固废处置现状及发展历程，引导学生思考未来发展趋势。
案例研讨
1. 小组讨论，总结观点，回答教师提出的问题；
2. 在教师的引导下，思考如何创造固体废弃物的利用价值。
创新意识 可持续发展
1. 通过电子白板以思维导图的方式进行总结归纳；
2. 引导学生讲出课堂收获；
3. 在平台查看本节课学生积分情况，对积分最高的学生予以表扬。
任务总结
1. 记录教师总结的知识点和技能点，认真聆听教师对问题的解答；
2. 学生分组讲述本次课的收获；
3. 学生对教室进行打扫清洁。
团队协作 劳动精神
课后
1. 预留新的练习任务；
2. 预留拓展题：搜集了解国家推广使用的建筑节能新技术、新工艺、新材料。
拓展视野
1. 学生在学习通平台上完成作业题；
2. 搜集并了解国家推广使用的建筑节能新技术、新工艺、新材料，与同学交流有关内容。
终身学习 职业荣誉感
板书设计
建设工程环境及节能法律原理与实务
1.建设工程环境保护立法概述
(1) 施工现场噪声污染防治规定
(2) 施工现场废气、废水污染防治规定（重点）
(3) 施工现场固体废物污染防治规定
2.施工节约能源立法概述
(1) 施工合理使用与节约能源的规定
(2) 施工节能激励措施
(3) 违反施工节约能源制度的法律责任
施工节能技术
可再生能源使用

续表

五、教学过程				
课前				
教学环节	内容	教师活动	学生活动	课程思政
新知预习	（1）“学习通”平台发布课前学习资源及任务导学单； （2）在平台发布有关固体废弃物污染的讨论题，引发学生讨论	（1）建立课程学习空间，上传相关教学资料； （2）提前两天在学习通平台发布导学单，查看学生自学成果、错题及课件中标记的不懂点，调整教学侧重点； （3）在平台发布有关固体废弃物污染的讨论题，引发学生讨论； （4）登录后台收集数据，关注学生学习进程； （5）根据学生情况确定教学设计，为课堂任务展开做好准备	（1）登录课程学习平台学习课程资源内容； （2）完成课前任务作业及任务导学单； （3）在学习平台参与讨论，积极总结和反思遇到的问题	（1）培养学生的观察能力和自主学习能力； （2）锻炼学生自主探索新知，发现问题和解决问题的能力。
课中				
教学环节	教学内容	教师活动	学生活动	课程思政
环节 1：任务导入（5 min）	（1）考勤签到。 （2）引入夜间施工噪声污染引起纠纷的案例。 （3）以学生为主体，由学生引出本节知识点	（1）“职教云”平台签到。 （2）引入夜间施工噪声污染引起纠纷的案例。  （3）抛出问题：本案中，施工单位的夜间施工作业行为是否合法?对施工单位夜间施工作业行为应如何处理?	（1）在学习通平台完成签到。 （2）认真分析案例，通过情境沉浸的方法，思考教师提出的问题	（1）从真实案例中引出任务中的关键点，调动学生的积极性，促使学生主动介入教学活动，树立岗位意识，提升职业责任感。 （2）从夜间扰民案例出发，提高学生的环保意识。
环节 2：任务分析（3 min）	建设工程环境保护相关法规	**1. 发布本节课任务清单** （1）了解环境保护基本制度，水污染防治、大气污染防治、环境噪声污染防治、固体废物污染防治相关规定； （2）了解节约能源的管理制度、建筑节能规定； **2. 引导学生讨论总结思路，并提问**	（1）结合课前导学单，仔细记录本节课要学习的知识点，梳理本节知识及技能要求。 （2）积极回答教师提出的问题	从环境保护角度出发，呼吁学生爱护大自然，提高环保意识，养成良好的环保习惯

续表

教学环节	教学内容	教师活动	学生活动	课程思政
环节 3： 新知讲解 （15 min）	**一、建设工程环境保护立法概述** 通过 PPT 课件，讲解噪声污染，废气、废水污染，固体废物污染等知识点。 1. 施工现场噪声污染防治规定。 2. 施工现场废气、废水污染防治规定。 3. 施工现场固体废物污染防治规定。	（1）结合案例讲解环境噪声污染防治规定，理解排放建筑施工噪声应当符合建筑施工场界环境噪声排放标准。 （2）播放水污染视频，讲解自来水污染对人体的危害，施工现场废气、废水污染防治规定。 （3）讲解固体废弃污染物的定义，施工现场固体废物污染防治规定，从施工现场固体废物的减量化和回收再利用出发，增强学生的环保意识。 （4）开展课堂小测验：在“学习通”平台发布课堂小测验，根据测验结果了解学生的知识掌握情况	（1）学生结合课前预习，听教师讲解并做好笔记； （2）学生观看水污染播放视频，并意识到环境的重要性，学生要树立绿色发展观念，贯穿环保意识； （3）通过固体废弃污染物的回收利用，思考垃圾分类的优势； （4）进入“学习通”平台，完成测验题；有问题的地方在教师的讲解下及时更正	（1）通过水污染视频，引导学生保护生态环境，牢记“绿水青山就是金山银山”。 （2）党的二十大指出：要推动绿色发展，促进人与自然和谐共生，引起学生对环境污染防治的重视； （3）从固体废弃污染物的回收利用出发，引导学生养成良好的垃圾分类习惯。
环节 4： 案例研讨 （12min）	工程案例导入： 引入实际工程案例，引导学生分组讨论，头脑风暴 **案例引入：固体废弃物污染** 宏泰公司主要业务之一为生产化工原料碳酸钡，生产产生的废渣有氯渣和钡渣。氯渣属一般废弃物，钡渣属危险废物。宏泰公司在贵州省紫云自治县猫营镇大河村租赁土地堆放一般废弃物氯渣，将危险废物钡渣销往有危险废物经营许可证资质的企业进行处置。2014 年底，因有资质企业经营不景气，加之新的环境保护法即将实施，对危险废物管理更加严格，各企业不再向宏泰公司购买钡渣，导致该公司厂区内大量钡渣留存，无法处置。被告人张正文、赵强在明知钡渣不能随意处置的情况下，通过在车箱底部垫钡渣等方式在氯渣内掺入钡渣倾倒在氯渣堆场，并且借安顺市某环保砖厂名义签署工业废渣综合利用协议，填写虚假的危险废物转移联单，应付环保行政主管部门检查。2015 年 10 月 19 日至 23 日，环保部西南督查中心联合贵州省环保厅开展危险废物污染防治专项督查过程中，查获宏泰公司的违法行为。经测绘，宏泰公司废渣堆场堆渣量为 72194 立方米，废渣平均密度为 1250 千克 / 立方米，堆渣量达 90242.5 吨。经对堆场废渣随机抽取的 50 个样本进行检测，均检出钡离子，其中两个样本检测值超过 100mg/L。	（1）引入宏泰公司废弃污染物实际工程案例，引导学生深入思考。 （2）提问：宏泰公司的行为方式是否违反国家规定或行业操作规范？如果是，违反了哪项规定？ （3）对于类似问题应如何处理？ （4）知识拓展：讲解我国固废处置现状及发展历程，以及目前国际上固废处置的研究热点和不足之处。将绿色可持续发展、资源循环型经济理念贯穿其中，引导学生思考未来发展趋势	（1）思考宏泰公司废弃污染物污染问题。 （2）小组讨论，总结观点，回答教师提出的问题； （3）在教师的引导下，思考如何“变废为宝”，如何创造固体废弃物的利用价值，如何贯彻习总书记“绿水青山就是金山银山”的科学论断	（1）通过头脑风暴，调动学生的主观能动性。 （2）通过小组讨论，活跃课堂气氛，激发学生的学习兴趣。 课程思政： （1）从实际工程案例出发，使学生在教学过程中感受自己未来所从事职业的价值和意义，提高学生的职业认可度和职业责任感； （2）从固废处置发展出发，激发学生的探究精神、创新意识以及勇于承担的责任意识

续表

教学环节	教学内容	教师活动	学生活动	课程思政
环节 5： 新知讲解 （10min）	**二、施工节约能源立法概述** 通过 PPT 课件，结合工程案例，讲解施工节约能源立法。 （1）施工合理使用与节约能源规定。 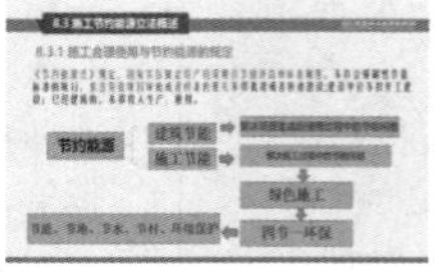 （2）施工节能激励措施。 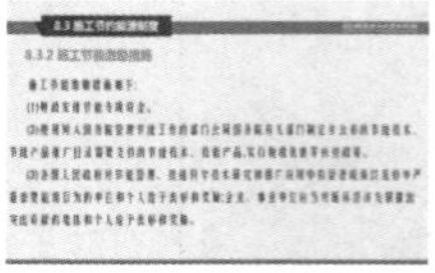 （3）违反施工节约能源制度法律责任。 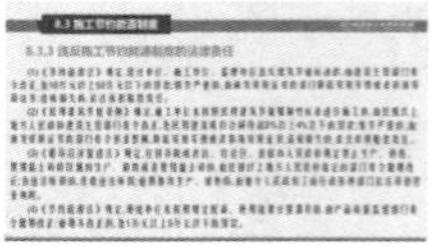	（1）从我国建筑施工能耗的惊人数据出发，引出建筑节能和施工节能理念，讲解施工合理使用与节约能源的规定。 （2）讲解施工节能激励措施。 （3）讲解违反施工节约能源制度的法律责任。 （4）从国家鼓励采用太阳能、地热能等可再生能源的角度出发，提高学生的可持续发展意识。 （5）讲解绿色施工理念，引导学生思考绿色发展方式，讨论建筑行业如何加快推进绿色转型	（1）认真听教师讲解并思考：施工能耗是如何产生的？节能减排应如何做？ （2）认真听教师讲解激励措施并做好笔记。 （3）思考：可再生能源都有哪些？绿色施工还可以从哪些方面着手？ （4）思考教师提出的绿色施工理念，分享自己的见解。 	（1）从我国建筑能耗总量数据出发，引导学生树立节能减排意识，为我国建筑节能事业做出贡献，培养使命担当。 （2）培养学生环保节能意识，让学生认识到工程实践对环境、社会可持续发展的影响。 （3）从国家推广使用的建筑节能新技术、新工艺、新材料出发，培养学生刻苦钻研的精神，提高学生的职业责任感
环节 6： 任务小结 （5 min）	课堂总结： （1）建设工程环境保护立法。 （2）施工节约能源立法。 学生收获： 学生讲述本节课的收获。 课后作业： 发放课后作业。	（1）带领学生对本节课重难点内容进行梳理。 （2）通过电子白板以思维导图的方式进行总结归纳。 （3）引导学生讲出课堂收获。 （4）在平台查看本节课学生的积分情况，并对积分最高的学生提出表扬	（1）记录教师总结的知识点和技能点，认真聆听教师对问题的解答、课堂总结及布置的作业。 （2）分组讲述本次课的收获。 （3）对本节课积分最高的同学以掌声鼓励。 （4）打扫教室清洁	（1）不仅让学生收获了知识，还让学生感受到团队协作、细致严谨的重要性，将德育渗透课堂。 （2）布置打扫教室卫生的任务，培养学生吃苦耐劳的劳动精神
课后拓展				
教学环节	教学内容	教师活动	学生活动	课程思政
课后巩固	将学到的知识合理地应用到新的案例中，提高学生运用知识的能力	（1）完成本节课的教学总结与教学反思。 （2）课后预留新的练习任务，完成相应基础练习，及时根据学生的作业反馈在线进行答疑	（1）对本节课知识点进行回顾，完成学习后的总结。 （2）在“学习通”平台上完成作业题，在教学讨论区积极提问，交流总结心得	通过课后作业巩固学生课堂所学知识，通过课后讨论提高学生的交流表达能力，增强学生的职业荣誉感

续表

教学环节	教学内容	教师活动	学生活动	课程思政
任务拓展	课后任务拓展：搜集并了解国家推广使用的建筑节能新技术、新工艺、新材料	教师及时发布课后拓展相关资源，引导学生搜集并了解国家推广使用的建筑节能新技术、新工艺、新材料；并解答学生提出的问题，激发学生的学习兴趣，提高学生的创新思维	搜集并了解国家推广使用的建筑节能新技术、新工艺、新材料，与同学交流有关内容	拓宽学生的学习视野，培养学生的终身学习意识

六、教学评价

评价层面	评价内容及指标		评价主体	评价依据
过程性评价（50%）	课前评价（30%）	微课及课件学习（50%）	教学平台	“学习通”平台任务点完成统计
		平台讨论（50%）	教学平台	“学习通”平台讨论活跃度
	课中评价（40%）	问答/观点陈述（20%）	教师点评 组间互评	发表主题讨论的观点
		合理的互动反应（30%）	教师点评	能主动参与互动讨论，发现问题
		成果汇报展示（50%）	教师点评	成果完整性
	课后评价（30%）	分层拓展任务（100%）	教师点评 思政教师点评	按时提交，高质量完成任务
结果性评价（30%）	知识与能力评价（60%）	案例研讨完成情况（100%）	教师点评 法律教师点评	分析是否合理，观点是否完善
	职业素养评价（40%）	团队分工合理、协作精神（50%）	组间互评 组内评价	组间互评评价表 组内评价表
		规范、严谨细致的职业素养（50%）	教师点评 思政教师点评	职业素养提升情况
增值性评价（20%）	学生能力提升情况（100%）	小组参与任务提升率（40%）	教学平台 学生自评	平台学生参与度统计 组内成员分工
		技能掌握任务提升情况（60%）	教师评价	教师依据案例研讨结果对各项知识技能赋分

续表

评价层面	评价内容及指标	评价主体	评价依据

组间评价表

组间互评评价表　评分人（　　）						
评价内容	评价要素	分值	第一组	第二组	第三组	第四组
学习态度	学习态度严谨认真	10%				
团队分工	根据成员特性进行合理分工	15%				
课堂纪律	小组纪律严明，合理高效探讨课堂内容	15%				
技术操作	能按照标准要求准确完成实践任务	30%				
汇报展示	观点明确，语言表达流畅，能完整展示作品内容	30%				
总分：						

组内评价表

组内评价表 组别（　　）　评分人（　　）								
评价内容	评价要素	分值	组员 1	组员 2	组员 3	组员 4	组员 5	组员 6
参与程度	能积极参与小组任务，配合度高	20%						
组内互助	能够在技能训练过程中与小组成员互帮互助	20%						
学习态度	小组成员在技能训练中的学习积极性	20%						
任务完成	能够按照组内分工出色地完成任务	20%						
交流能力	能够沟通交流并准确表达自己的想法	20%						
总分：								

七、教学反思

实施成效	课堂教学方面	见下文

1. 教学目标达成情况

本节课学习目标达成情况较好，课前学习情况较差的学生通过本节课的练习提升了薄弱项，总体来看学生学习兴趣浓厚，学生课堂练习的得分显著提升，跟课前相比，高分人数明显增多。

2. 学生学习兴趣明显提升

学生积极参与，形成可视化成果，获得良好学习体验。通过平台发布的签到、讨论、随堂测试等活动数据显示：学生课上签到率达 100%，整体课前预习和课后拓展任务提交率为 98%，学生完成任务后生成诊断报告、视频等可视化成果。通过数据统计，学生学习兴趣有增无减，积极性有所提高。

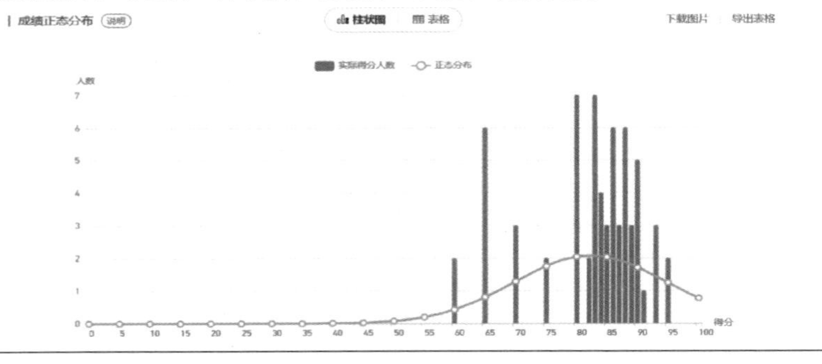

续表

<table>
<tr><td rowspan="1">实施成效</td><td>课程
思政
方面</td><td>（1）围绕“三师连动融合四维度精神文化”，全过程有机融入课堂思政，培养学生的职业素养、环保意识、探究精神、创新意识以及勇于承担的责任意识，精益求精的工匠精神。从学生本节课的成绩可见，学生的课堂参与度、组间活动参与性有了明显的提升。
（2）课堂组织形式和教学模式的探索与丰富，引入互动教学模式以及启发式、嵌入式等新型教学手段，大量增加网络互动、视频教学、分组讨论、翻转课堂等新型教学方法，帮助学生树立家国情怀、建立社会责任感、塑造工匠精神</td></tr>
<tr><td>反思改进</td><td colspan="2">问题描述一：任务案例不能完全覆盖教学知识点
改进措施：提升理论教学效果，合理引入更多案例资源。单一的任务案例无法满足普适性的理论讲解，后续计划合理引入更多案例，尤其是加强优质的校企合作，充分发挥企业资源优势，助力课堂教学的效果提升。
问题描述二：思政量化的考核标准不健全
改进措施：优化思政教育考核，将思政考核融入课程考核，实现专业知识和思政教育双轴驱动的课程考核方式</td></tr>
</table>

名义利率与实际利率

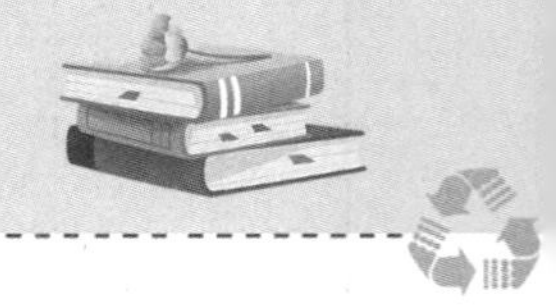

——工程经济

团队成员

侯艳芳、张艳、张玉洁

课程基本情况

“工程经济”是建设工程管理专业进行岗位能力培养的一门专业必修课，开设于第六学期。本课程的主要任务是使学生掌握工程经济学的基本理论、基本方法和基本技能并能在项目前期决策中加以应用，使学生对项目经济评价指标和方法、建设项目技术经济方法、价值工程等内容有一个系统的把握，培养学生进行工程经济分析的能力。

“工程经济”是一门实践性很强的专业必修课程，通过该课程的学习，旨在让学生获得职业基本技能，并在建设项目前期决策以及投标报价领域得到系统的训练，最终具备工程项目管理的经济素质要求。课程引入思政元素以激发学生的家国情怀和使命担当；培养学生精益求精、德技兼修的工匠精神，学术严谨、实事求是、追求真理的科学精神，以及正确的人生观、世界观和价值观。

教学设计

一、课程概况			
部门名称	土木工程学院	课程性质	●必修　○选修
课程类型	○公共基础课程　●专业教育课程　○实践类课程		
面向专业	建设工程管理		
授课对象	大二学生	授课时数	1 学时
参赛章节	3.2　利息、利率的计算	使用教材	《建筑工程经济（第 3 版）》
授课题目	名义利率与实际利率		
二、教学分析			
教学内容	内容分析：本次授课内容来自《资金时间价值与等值计算》——名义利率与实际利率。根据专业标准、课程标准、职业岗位标准、本届学生学情以及往届学生掌握情况，将名义利率与实际利率的知识内容划分为两部分：将名义利率转化为实际利率以及利用名义利率		

续表

<table>
<tr><td>教学内容</td><td colspan="2">和实际利率对实际投资项目进行决策。课程有机融入思政教育、劳动教育，使学生在小组合作的实践中形成严谨的工作态度与劳动意识，树立正确的价值观、人生观和世界观。
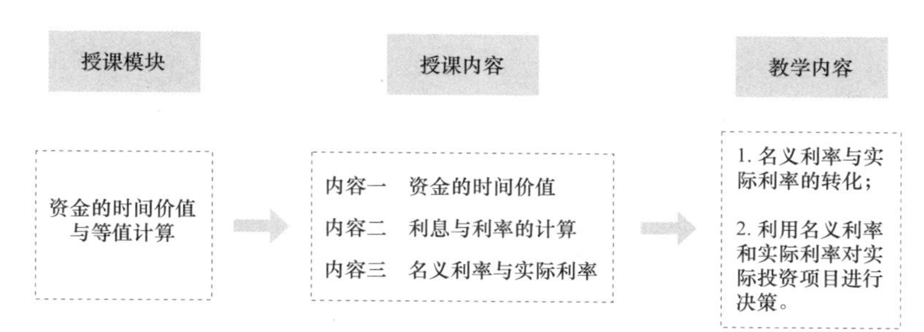

教材分析：本课程选用“十三五”职业教育国家规划教材《建筑工程经济》，张宁宁、查丽娟主编，由北京大学出版社出版，为北京大学出版社“高职高专土建专业‘互联网+’创新规划教材”之一。该教材内容全、材料新、体系好，切实贴近高职高专学生的知识体系，难易适中，知识点清晰。同时，该教材突出了立体化教学资源的鲜明特点，主要表现为：强化案例式教学、重视实践环节、注重拓展学生的知识面，以及知识体系的实用性和有效性。该教材着力于知识内容的实践性，有利于在教学过程中辅以必要的实践活动，以提高学生的知识水平和应用能力</td></tr>
<tr><td>学情分析</td><td colspan="2">1. 知识与技能方面
学生已经掌握了现金流量及其构成，能够绘制现金流量图；对资金时间价值的概念较为熟悉，能够进行利息和利率的计算。
2. 认识与实践能力方面
能够以小组为单位分析讨论时间价值的含义和等值计算的特点；能够利用公式进行单利和复利的计算。
3. 学生学习特点
动手能力较强，但计算能力还有待提升；善于通过各种渠道获取知识，但对内容的整合能力还有待加强</td></tr>
<tr><td colspan="3">三、教学目标</td></tr>
<tr><td rowspan="3">教学目标</td><td>知识目标</td><td>（1）了解出现名义利率与实际利率的原因；
（2）理解名义利率与实际利率的含义；
（3）掌握名义利率与实际利率的计算方法</td></tr>
<tr><td>能力目标</td><td>（1）能够利用公式将名义利率转化为实际利率；
（2）能够应用名义利率与实际利率对项目进行评价；
（3）能够利用不同利率的经济学原理，识别“校园贷”的利率陷阱</td></tr>
<tr><td>思政目标</td><td>（1）树立正确的价值观和消费观，提高诚信意识；
（2）培养学生利用原理分析实际问题的能力和创新能力；
（3）培养学生透过现象看本质的能力；
（4）培养学生的恒心和毅力</td></tr>
</table>

续表

<table>
<tr><td rowspan="2">教学重点及解决办法</td><td>教学重点</td><td>（1）名义利率与实际利率产生的原因及计算方法；
（2）投资项目的评价</td><td rowspan="2">解决办法</td><td rowspan="2">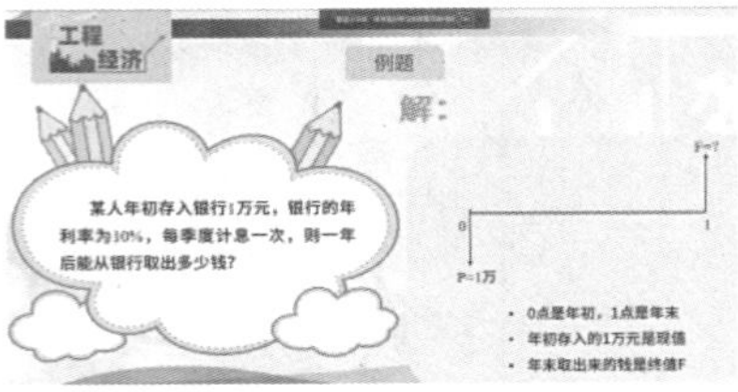
工程
经济
例题
解：
某人年初存入银行1万元，银行的年利率为10%，每季度计息一次，则一年后能从银行取出多少钱？
F=?
0
1
P=1万
0点是年初，1点是年末
年初存入的1万元是现值
年末取出来的钱是终值F
项目任务的实施过程侧重教师精讲、学生多练的方法，针对重点递进完成</td></tr>
<tr><td>确定依据</td><td>依据专业人才培养方案及课程标准，要求学生掌握利率的不同经济学原理，具有应用分析能力</td></tr>
<tr><td rowspan="2">教学难点及解决办法</td><td>教学难点</td><td>名义利率与实际利率的转化与应用</td><td rowspan="2">解决办法</td><td rowspan="2">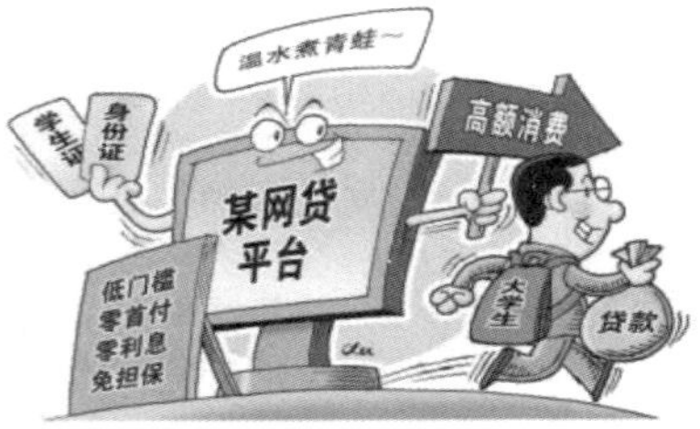
温水煮青蛙～
学生证
身份证
高额消费
某网贷平台
低门槛
零首付
零利息
免担保
大学生
贷款
通过实际的网络贷案例，剖析难点，便于学生理解</td></tr>
<tr><td>确定依据</td><td>名义利率与实际利率的概念较为抽象，实际应用较为复杂，对于运算基础差的学生有较大难度</td></tr>
<tr><td colspan="5">四、教学策略</td></tr>
<tr><td>设计思路</td><td colspan="4">《国家职业教育改革实施方案》（职教 20 条）中指出，高等职业教育要引导学生养成严谨专注、敬业专业、精益求精和追求卓越的品质。坚持工学结合、知行合一，加强对学生认知能力、合作能力、创新能力和职业能力的培养。
本课程在教学内容细分的基础上，明确课程培养目标，针对教学班级基本学情，分析目标学生特点，制定适宜的教学策略，按“课前、课中、课后”的程序，展开“项目式”教学，在理论知识的教学过程中，柔性融入“课程思政”因素对学生进行全面培养。课后及时做好学生学习效果评价，动态调整教学方式或任务、案例等，据此完成课程培养目标。
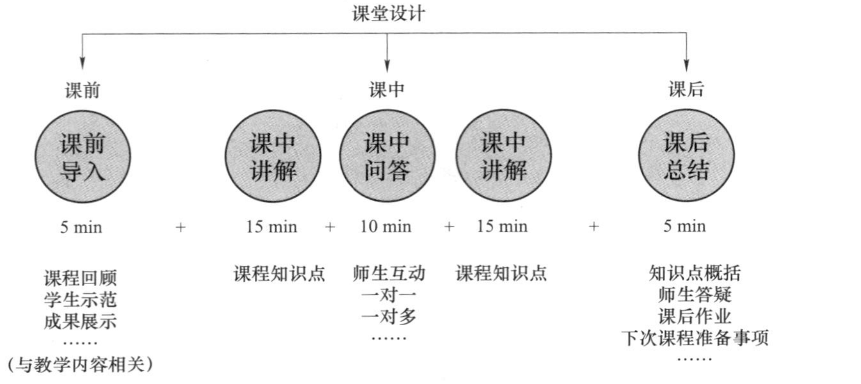
课堂设计
课前
课中
课后
课前导入
课中讲解
课中问答
课中讲解
课后总结
5 min
+
15 min
+
10 min
+
15 min
+
5 min
课程回顾
学生示范
成果展示
……
（与教学内容相关）
课程知识点
师生互动
一对一
一对多
……
课程知识点
知识点概括
师生答疑
课后作业
下次课程准备事项
……</td></tr>
</table>

续表

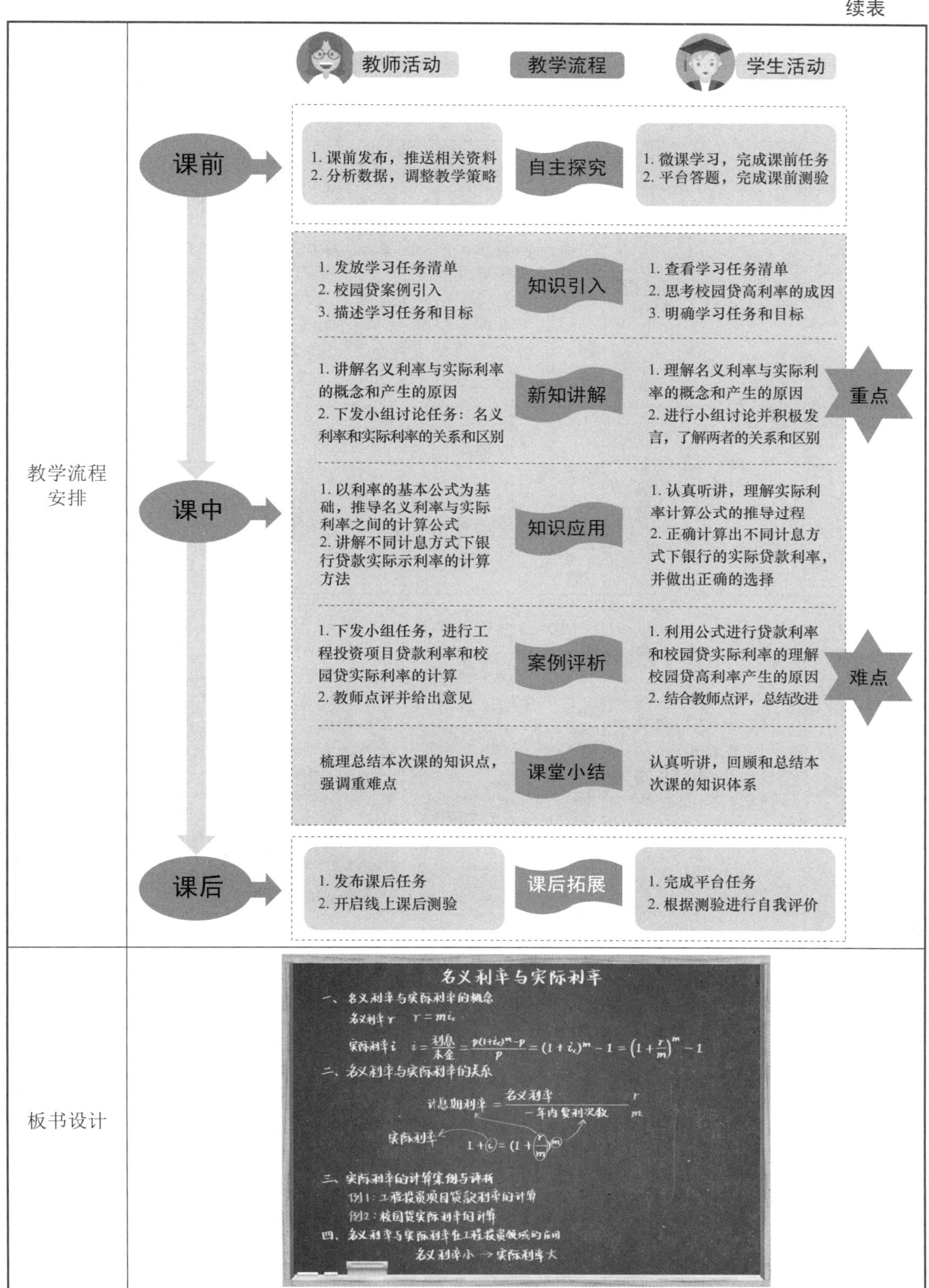
教学流程安排
教师活动
教学流程
学生活动
课前
1. 课前发布，推送相关资料
2. 分析数据，调整教学策略
自主探究
1. 微课学习，完成课前任务
2. 平台答题，完成课前测验
课中
1. 发放学习任务清单
2. 校园贷案例引入
3. 描述学习任务和目标
知识引入
1. 查看学习任务清单
2. 思考校园贷高利率的成因
3. 明确学习任务和目标
1. 讲解名义利率与实际利率的概念和产生的原因
2. 下发小组讨论任务：名义利率和实际利率的关系和区别
新知讲解
1. 理解名义利率与实际利率的概念和产生的原因
2. 进行小组讨论并积极发言，了解两者的关系和区别
重点
1. 以利率的基本公式为基础，推导名义利率与实际利率之间的计算公式
2. 讲解不同计息方式下银行贷款实际示利率的计算方法
知识应用
1. 认真听讲，理解实际利率计算公式的推导过程
2. 正确计算出不同计息方式下银行的实际贷款利率，并做出正确的选择
1. 下发小组任务，进行工程投资项目贷款利率和校园贷实际利率的计算
2. 教师点评并给出意见
案例评析
1. 利用公式进行贷款利率和校园贷实际利率的理解校园贷高利率产生的原因
2. 结合教师点评，总结改进
难点
梳理总结本次课的知识点，强调重难点
课堂小结
认真听讲，回顾和总结本次课的知识体系
课后
1. 发布课后任务
2. 开启线上课后测验
课后拓展
1. 完成平台任务
2. 根据测验进行自我评价
板书设计
名义利率与实际利率
一、名义利率与实际利率的概念
名义利率 r $r = mi_c$
实际利率 i $i = \frac{利息}{本金} = \frac{p(1+i_c)^m - p}{p} = (1+i_c)^m - 1 = \left(1+\frac{r}{m}\right)^m - 1$
二、名义利率与实际利率的关系
计息期利率 = $\frac{名义利率}{一年内复利次数}$ $\frac{r}{m}$
实际利率
$1 + i = \left(1+\frac{r}{m}\right)^m$
三、实际利率的计算案例与评析
例1：工程投资项目贷款利率的计算
例2：校园贷实际利率的计算
四、名义利率与实际利率在工程投资领域的应用
名义利率小 → 实际利率大

续表

<table>
<tr><th colspan="6">五、教学过程</th></tr>
<tr><th colspan="2" rowspan="2">教学环节</th><th colspan="3">教学过程</th><th rowspan="2">课程思政</th></tr>
<tr><th>教学内容</th><th>教师活动</th><th>学生活动</th></tr>
<tr><td colspan="2">课前</td><td>（1）名义利率和实际利率的概念。
（2）名义利率与实际利率产生的原因</td><td>（1）教师在教学平台发布课程学习要求。
（2）发布银行理财产品广告案例，引导学生初步探寻两种利率之间的关系。
（3）布置课前检测题，了解学生课前学习效果</td><td>（1）自主学习课程相关内容，掌握名义利率与实际利率的概念。
（2）查询资料初步理解名义利率与实际利率之间的关系。
（3）完成课前检测题</td><td>通过课前任务，引导学生理解名义利率与实际利率的概念及产生的原因，培养学生利用原理分析实际问题的能力和创新能力</td></tr>
<tr><td rowspan="3">课中</td><td>知识引入（5 min）</td><td>播放校园贷案例视频，由校园贷的高利率问题引出本节课的内容</td><td>（1）播放校园贷案例视频。
（2）提问：校园贷产生高利率的原因是什么</td><td>（1）观看视频。
（2）思考：校园贷高利率产生的原因</td><td>通过分析校园贷高利率产生的原因，引导学生识破校园贷的陷阱，同时告诫学生远离校园贷，树立正确的消费观和价值观</td></tr>
<tr><td>新知讲解（15 min）</td><td>（1）名义利率与实际利率的概念。
（2）名义利率与实际利率之间的关系</td><td>（1）结合金课和多媒体课件，讲解名义利率与实际利率的概念和产生的原因。 
（2）下发小组讨论任务：名义利率和实际利率的关系和区别</td><td>（1）认真听讲，理解名义利率与实际利率的概念和产生的原因。
（2）进行小组讨论并积极发言，理解两者的关系和区别 </td><td>结合名义利率和实际利率产生的原因，培养学生透过现象看本质的能力，以及敏锐的观察力</td></tr>
<tr><td>知识应用（10 min）</td><td>（1）名义利率和实际利率之间的计算关系是什么？
（2）如何计算不同计息方式下银行贷款的实际利率？</td><td>（1）以利率的基本计算公式为基础，推导名义利率与实际利率之间的计算公式。 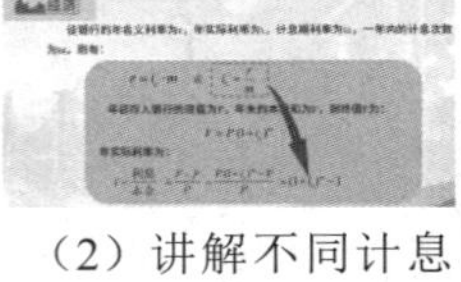
（2）讲解不同计息方式下银行贷款实际利率的计算方法</td><td>（1）认真听讲，理解实际利率计算公式的推导过程。
（2）正确计算出不同计息方式下银行的实际贷款利率，并做出正确的选择 </td><td>复利的效应不仅体现在投资上，更体现在人生中。做一件事和复利投资是一样的，只有坚持下去，才能看到成效。不积跬步无以至千里，培养学生的恒心和毅力</td></tr>
</table>

续表

教学环节	教学过程			课程思政
	教学内容	教师活动	学生活动	
案例评析（15 min）	（1）如何利用利率的知识对工程投资项目进行评价？ （2）校园贷高利率产生的原因是什么？ （3）如何计算校园贷的实际利率？	（1）下发小组任务：进行工程投资项目贷款利率和校园贷实际利率的计算。 （2）教师点评并给出意见	（1）小组讨论：校园贷高利率产生的原因，并利用公式进行贷款利率和校园贷实际利率的计算。 （2）结合教师点评，总结改进	能够识别各类网络贷款的陷阱，避免上当受骗。同时告诫学生要洁身自好、遵纪守法，充分认识到个人信用的重要性，提高诚信意识
课堂小结（5 min）	梳理总结本次课的知识点，强调重难点	带领学生梳理总结本次课的知识点，强调重难点	认真听讲，回顾和总结本次课的知识体系	养成勤俭节约的生活习惯，做好自己的资金和人生规划，树立正确的人生观、世界观和价值观
课后	课后拓展，对本节课的内容进行强化和评价	（1）发布课后任务。 （2）开启线上课后测验	（1）完成平台任务。 （2）根据测验进行自我评价	引导学生树立正确的人生观、世界观和价值观

六、教学评价

评价环节	评价内容	评价项目	评价主体
过程性评价（50%）	课前（30%）	线上平台学习情况	平台评价 教师评价
		在线测试情况	
		自学成果汇报情况	
	课中（50%）	课堂参与度	学生自评 小组互评 教师评价
		小组互动	
		课堂学习态度	
	课后（20%）	作业完成度	教师评价
		参与平台讨论	
结果性评价（30%）	知识与技能评价（60%）	知识的掌握情况	学生自评 教师评价
		知识的应用情况	
	职业素养评价（40%）	出勤考核	学生自评 小组互评 教师评价
		严谨细致的职业精神	
		团队协作精神	

续表

<table>
<tr><td>评价环节</td><td>评价内容</td><td>评价项目</td><td>评价主体</td></tr>
<tr><td rowspan="2">发展性评价（20%）</td><td rowspan="2">学生提升情况</td><td>学习进步情况</td><td rowspan="2">平台评价
学生自评
教师评价</td></tr>
<tr><td>技能水平提升情况</td></tr>
<tr><td colspan="4">七、教学反思</td></tr>
<tr><td colspan="4">教学反思：
1. 教学案例以“生活案例”引入，以“工程案例”落脚，如何把握二者的比例与关系，有待课程教师团队继续研究、解决。
2. 一个单班 50 人左右，两个合班 100 人左右，如何有效监测学生的学习效果，从而在整套课程中高效串联，提升教师教学效率，提升学生学习效果，仍需课程教学团队制定解决方案。
改进措施：
针对整套课程内容，细化教学重难点，以“贯穿式”任务案例引入课堂教学；对学生进行“个性化”分组（5～6 人/组），明确每个学生的组内角色和任务责任；根据课堂教学内容，制定课后任务，要求学生按组完成，充分发挥每个学生学习的自主能动性</td></tr>
</table>

液压系统的组成

（成型设备与控制技术）

团队成员

孙慧、贾娟娟、董娟

（“成型设备与控制技术”课程在“2022年度全国职业院校装备制造大类课程思政集体备课会”做说课和示范课展示）

课程基本情况

“成型设备与控制技术”实施理实一体化教学，是模具设计与制造专业的核心课程，在第四学期进行，近三年授课人数分别为124、89和97人。课程内容划分为6个项目，包括液压原件、液压传动系统、冲压成型设备的结构和控制系统、塑料成型设备的结构和控制系统等内容。在液压机和注塑机的理实一体化教学中，分别关注“模具工岗位”“职业院校技能大赛”和“1+X”技能证书。通过以上课程内容的学习，培养能够适应模具行业成型设备生产操作、维护和保养所需的高素质技能型专门人才。

教学设计

一、课程概况			
部门名称	材料工程学院	课程性质	●必修　○选修
课程类型	○公共基础课程　●专业教育课程　○实践类课程		
面向专业	模具设计与制造		
授课对象	大二学生	授课时数	2学时
参赛章节	第1章　第3节	使用教材	《成型设备控制技术》
授课题目	1.3　液压系统的组成		
二、教学分析			
教学内容	内容分析：本节教学环节有两个案例：案例1——我国第一台万吨自由锻造水压机，通过动画、科学小实验，让学生了解万吨水压机的力量放大装置、万吨水压机的机身结构、		

续表

<table>
<tr><td>教学内容</td><td colspan="2">万吨水压机的液压控制系统组成；案例 2——冲压成形实训室 Y32－100 型液压机，在冲压成型实训室开展理实一体化教学，学生在了解万吨水压机的基础上，来认识 Y32－100 型液压机的力量放大装置、Y32－100 型液压机的结构、Y32－100 型液压机的液压控制系统组成。
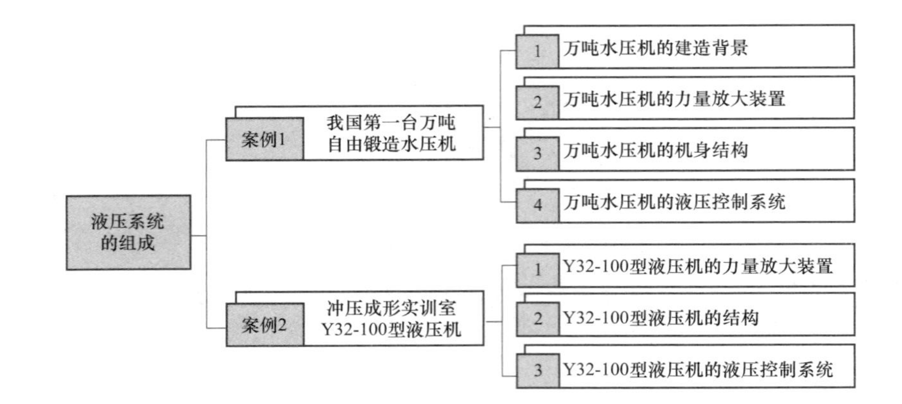

教材分析：《成型设备控制技术》为校本教材，教材内容包括液压传动原理、液压元件、液压回路。《冲压与塑料成型设备》为“十二五”职业教育国家规划教材，内容包括液压机结构及液压控制系统、曲柄压力机结构及工作原理、注塑机结构及液压控制系统等

</td></tr>
<tr><td>学情分析</td><td colspan="2">1. 在“1.1 液压传动原理”和“1.2 静压力及静压力传递”章节中，学生了解了“帕斯卡水压机的结构和工作原理”，为本节课“我国第一台万吨水压机”和“Y32－100 型液压机”的力量放大装置的学习奠定了基础，有助于开展理实一体化教学。
2. 课前，学生在“学习通”教学平台观看视频“大连建新公司—‘一二四火炮’—水压机”，了解我国早期锻压设备状况，感受我国建造水压机的迫切需求，开启课堂引导性教学</td></tr>
<tr><td colspan="3">三、教学目标</td></tr>
<tr><td rowspan="3">教学目标</td><td>知识目标</td><td>掌握液压系统的组成及各组成部分的作用</td></tr>
<tr><td>能力目标</td><td>能正确分析我国第一台自由锻造水压机的结构和液压系统的组成</td></tr>
<tr><td>思政目标</td><td>通过了解“我国第一台自由锻造水压机”的研制背景、研制过程和建造者等历史知识，同学们能够知史爱党、知史爱国</td></tr>
</table>

续表

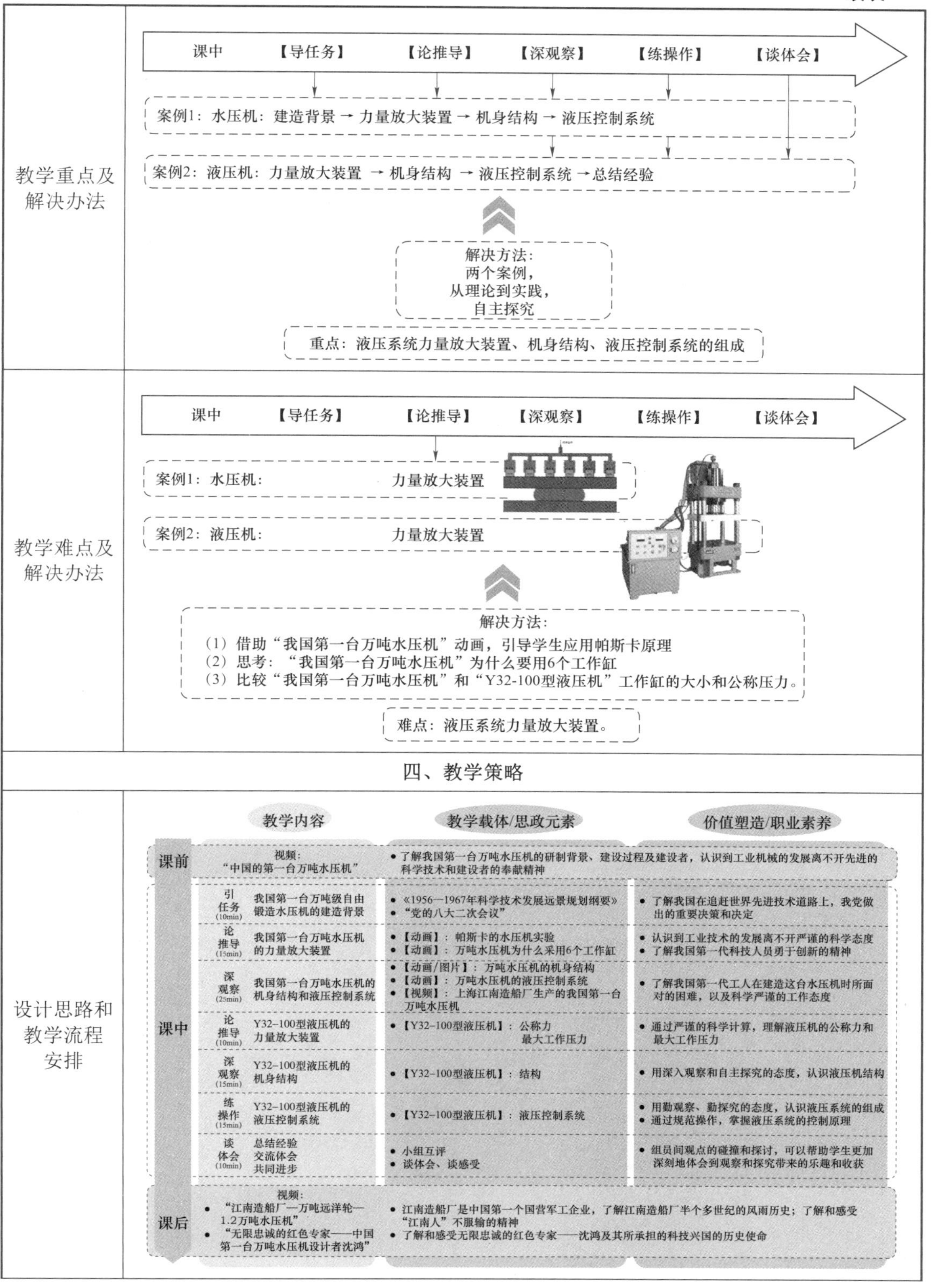

教学重点及解决办法	课中 【导任务】 【论推导】 【深观察】 【练操作】 【谈体会】 案例1：水压机：建造背景 → 力量放大装置 → 机身结构 → 液压控制系统 案例2：液压机：力量放大装置 → 机身结构 → 液压控制系统 →总结经验 解决方法： 两个案例， 从理论到实践， 自主探究 重点：液压系统力量放大装置、机身结构、液压控制系统的组成
教学难点及解决办法	课中 【导任务】 【论推导】 【深观察】 【练操作】 【谈体会】 案例1：水压机： 力量放大装置 案例2：液压机： 力量放大装置 解决方法： （1）借助“我国第一台万吨水压机”动画，引导学生应用帕斯卡原理 （2）思考：“我国第一台万吨水压机”为什么要用6个工作缸 （3）比较“我国第一台万吨水压机”和“Y32-100型液压机”工作缸的大小和公称压力。 难点：液压系统力量放大装置。

四、教学策略

设计思路和教学流程安排

		教学内容	教学载体/思政元素	价值塑造/职业素养
课前		视频： “中国的第一台万吨水压机”	• 了解我国第一台万吨水压机的研制背景、建设过程及建设者，认识到工业机械的发展离不开先进的科学技术和建设者的奉献精神	
课中	引任务(10min)	我国第一台万吨级自由锻造水压机的建造背景	• 《1956—1967年科学技术发展远景规划纲要》 • “党的八大二次会议”	• 了解我国在追赶世界先进技术道路上，我党做出的重要决策和决定
	论推导(15min)	我国第一台万吨水压机的力量放大装置	• 【动画】：帕斯卡的水压机实验 • 【动画】：万吨水压机为什么采用6个工作缸	• 认识到工业技术的发展离不开严谨的科学态度 • 了解我国第一代科技人员勇于创新的精神
	深观察(25min)	我国第一台万吨水压机的机身结构和液压控制系统	• 【动画/图片】：万吨水压机的机身结构 • 【动画】：万吨水压机的液压控制系统 • 【视频】：上海江南造船厂生产的我国第一台万吨水压机	• 了解我国第一代工人在建造这台水压机时所面对的困难，以及科学严谨的工作态度
	论推导(10min)	Y32-100型液压机的力量放大装置	• 【Y32-100型液压机】：公称力 最大工作压力	• 通过严谨的科学计算，理解液压机的公称力和最大工作压力
	深观察(15min)	Y32-100型液压机的机身结构	• 【Y32-100型液压机】：结构	• 用深入观察和自主探究的态度，认识液压机结构
	练操作(15min)	Y32-100型液压机的液压控制系统	• 【Y32-100型液压机】：液压控制系统	• 用勤观察、勤探究的态度，认识液压系统的组成 • 通过规范操作，掌握液压系统的控制原理
	谈体会(10min)	总结经验 交流体会 共同进步	• 小组互评 • 谈体会、谈感受	• 组员间观点的碰撞和探讨，可以帮助学生更加深刻地体会到观察和探究带来的乐趣和收获
课后		视频： • “江南造船厂—万吨远洋轮—1.2万吨水压机” • “无限忠诚的红色专家——中国第一台万吨水压机设计者沈鸿”	• 江南造船厂是中国第一个国营军工企业，了解江南造船厂半个多世纪的风雨历史；了解和感受“江南人”不服输的精神 • 了解和感受无限忠诚的红色专家——沈鸿及其所承担的科技兴国的历史使命	

续表

<table>
<tr><td colspan="2">板书设计</td><td colspan="2">（1）以动画形式逐一介绍万吨水压机的液压元件：水箱→液压泵→工作缸→空气压缩机→顶出缸→换向阀；
（2）再将以上液压元件按“液压系统的五大组成部分”进行分类，板书内容如下：
液压系统的五大组成部分
1. 动力装置：液压泵
2. 执行元件：工作缸、顶出缸
3. 控制元件：换向阀
4. 工作介质：水
5. 辅助元件：水箱、空气压缩机、水管、压力表</td></tr>
<tr><td colspan="4">五、教学过程</td></tr>
<tr><td colspan="2">教学环节</td><td>教学过程</td><td>课程思政</td></tr>
<tr><td colspan="2">课前</td><td>1. 教学平台“学习通”观看视频
“大连建新公司—‘一二四火炮’—水压机”。 
2. 完成线上作业 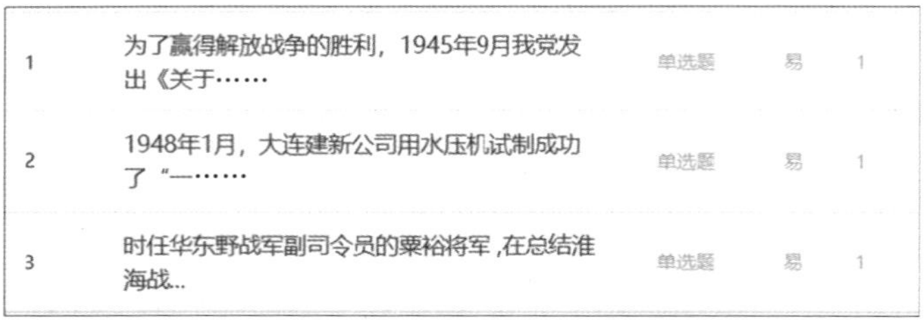
1　为了赢得解放战争的胜利，1945年9月我党发出《关于……　单选题　易　1
2　1948年1月，大连建新公司用水压机试制成功了“一……　单选题　易　1
3　时任华东野战军副司令员的粟裕将军，在总结淮海战..　单选题　易　1</td><td>了解我国早期锻压设备状况，感受我国建造水压机的迫切需求，为课堂教学开启引导性学习</td></tr>
<tr><td>课中</td><td>引任务</td><td>《1956—1967 年科学技术发展远景规划纲要》和“党的八大二次会议”。
介绍我国第一台万吨级自由锻造水压机的建造背景 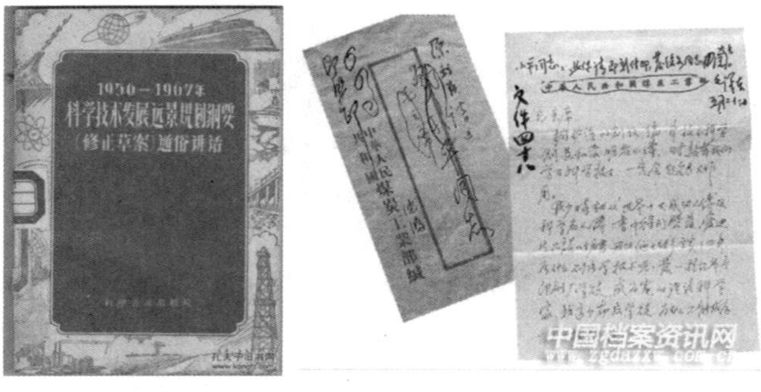</td><td>了解我国在追赶世界先进技术道路上，我党做出的重要决策和决定</td></tr>
</table>

续表

	论推导	动画：帕斯卡的水压机实验。 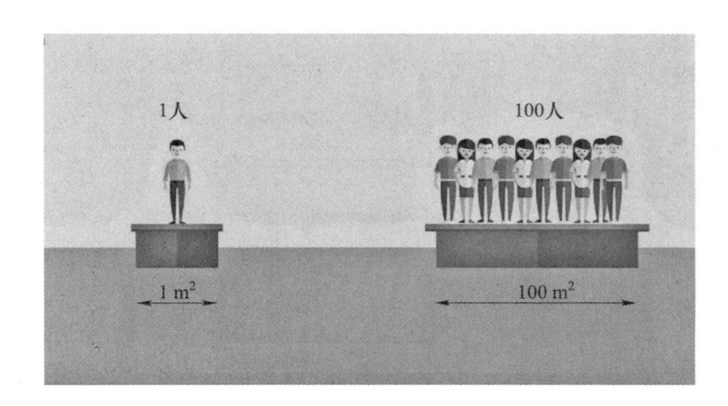 动画：万吨水压机为什么采用 6 个工作缸？ 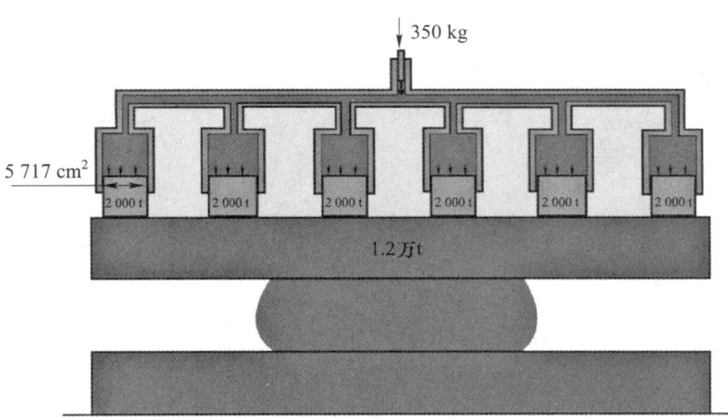 通过计算，理解我国第一台万吨水压机的力量放大装置为什么设计为 6 个工作缸	认识到工业技术的发展离不开严谨的科学态度；感受我国第一代科技人员勇于创新的精神
	深观察	动画/图片：万吨水压机的结构。 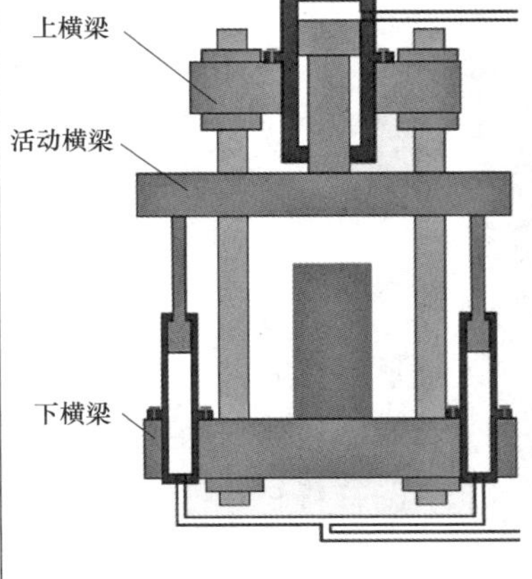  	感受我国第一代工人在建造这台水压机时所面对的困难，以及科学严谨的工作态度

续表

	深观察	动画：万吨水压机的液压控制系统 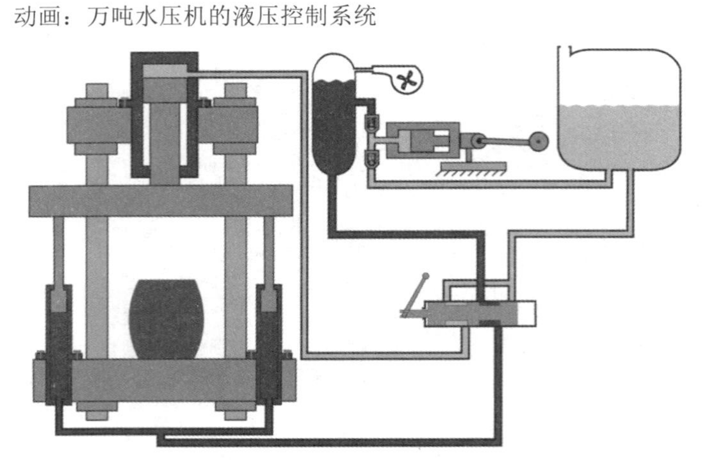 视频：上海江南造船厂生产的我国第一台万吨水压机  了解我国第一台万吨水压机的机身结构和液压控制系统的组成	感受我国第一代工人在建造这台水压机时所面对的困难以及科学严谨的工作态度
	论推导	Y32－100液压机。 通过认识 Y32－100液压机的公称力和最大工作压力等参数，了解Y32－100液压机的力量放大装置 	通过严谨的科学计算，理解液压机的公称力和最大工作压力

续表

	深观察	Y32－100 型液压机。 认识 Y32－100 型液压机的结构 	以深入观察和自主探究的态度，认识液压机结构
	练操作	Y32－100 型液压机。 操作 Y32－100 型液压机，完成一个工作循环 	通过规范操作，掌握液压系统的控制原理
	谈体会	（1）小组互评、谈体会、谈感受； （2）总结经验、交流体会、共同进步 	组员间观点的碰撞和探讨，可以帮助学生更加深刻地体会到观察和探究带来的乐趣和收获

续表

<table>
<tr>
<td>课后</td>
<td>1. “学习通”教学平台 观看视频
（1）“江南造船厂—万吨远洋轮—1.2 万吨水压机”；
（2）“无限忠诚的红色专家——中国第一台万吨水压机设计者沈鸿”；
2. 了解我国早期锻压设备状况，感受我国建造水压机的迫切需求，为课堂教学开启引导性学习。

3. 完成线上作业
1937年8月，日军进攻上海，这一年32岁的沈鸿带着10台…… 多选题 易
1958年5月，在北京召开的中共八大二次会议上，时任煤炭工业部…… 单选题 易</td>
<td>江南造船厂是中国第一个国营军工企业，了解江南造船厂半个多世纪的风雨历史；了解和感受“江南人”不服输的精神了解和感受无限忠诚的红色专家——沈鸿及其所承担的科技兴国的历史使命</td>
</tr>
<tr>
<td colspan="3">六、教学评价</td>
</tr>
<tr>
<td colspan="3">（1）两个案例，一个引入历史、一个深入企业，知识讲解与实践任务相结合，教学内容更丰富、课堂气氛更活跃、师生互动理实一体化教学效果良好；
（2）两个案例，一个引入历史、一个深入企业，历史背景与责任担当相融合，学生了解到相关历史事件及人物，忆苦思甜，更加崇敬先辈的付出、珍惜今天的幸福生活和学习机会，将思政教育落到实处，达到立德树人的目的</td>
</tr>
<tr>
<td colspan="3">七、教学反思</td>
</tr>
<tr>
<td colspan="3">（1）我国第一台万吨级自由锻造水压机是手动控制，而实训室 Y32－100 型液压机是半自动化控制，教学中未能充分介绍我国液压机自动化、智能化发展趋势；
（2）职业规划要融入课堂、融入思政教育，全方位帮助学生做好职业规划，引导学生正确认知行业发展现状，树立干一行、爱一行、专一行、精一行的职业精神</td>
</tr>
</table>

焊接机器人箱式斗杆直线圆弧轨迹示教

（焊接机器人编程与应用）

团队成员

孙登科、王举、胡瑞霞

课程基本情况

“焊接机器人编程与应用”课程是智能焊接技术专业的专业必修课程，主要是针对机械制造、汽车生产、建筑桥梁钢结构等材料成型产业链中的焊接机器人岗位所需能力开设的理实一体课程。本课程针对岗位能力需求，对接“1+X”职业技能等级证书考核标准，以实际载体为依托按照项目化组织教学内容，为培养高素质复合型技术技能人才提供保障。

通过课程学习，学生应该掌握弧焊机器人基本原理及设备组成，焊接机器人种类、结构与功能，弧焊机器人基本动作，焊接机器人直线、圆弧编程、中等复杂焊接组合件的编程、焊接及质量评定等基本知识和操作技能，树立安全生产意识，提高学习能力和专业技能，更好面对职业岗位的能力需求。通过该课程的学习，学生能够熟练操作焊接机器人，进行中等复杂组合件的编程、焊接及质量评定操作，为毕业设计及从事本专业的技术和管理工作奠定必要的基础。

教学设计

一、课程概况			
部门名称	材料工程学院	课程性质	●必修　○选修
课程类型	○公共基础课程　○专业教育课程　●实践类课程		
面向专业	智能焊接技术		
授课对象	焊接 2021 级学生	授课时数	48 学时
参赛章节	第 4 章	使用教材	《机器人焊接编程与应用》
授课题目	焊接机器人箱式斗杆直线圆弧轨迹示教		

续表

<table>
<tr><td colspan="3">二、教学分析</td></tr>
<tr><td>教学内容</td><td colspan="2">内容分析：教学载体来源于某重型机械的箱式斗杆零件，箱式斗杆的焊缝类型属于典型的“直线－圆弧焊接轨迹”。根据职业岗位标准、专业标准和课程标准，再结合焊接机器人虚拟仿真与焊接机器人等实训条件，将“直线－圆弧焊接轨迹”教学内容进行了重新整合，教学内容为：直线－圆弧轨迹的焊接机器人示教。教学中深入浅出地融入思政教育、劳动教育，使学生在实际操作中形成严谨的工作态度、无私奉献的劳动意识和互助互爱的合作精神。
教材分析：本课程所选教材为国家“十三五”规划教材，采用项目教学目标及教学重难点编写内容，运用情景教学法、任务驱动法、拓展小组法等灵活组织展开内容编写</td></tr>
<tr><td>学情分析</td><td colspan="2">1. 知识与技能分析
学生通过前授课程学习，焊接中级工通过率达 100%，已经掌握焊接的基本理论和技能。通过前三个项目学习，94%的学生能够正确识别弧焊机器人系统的组成。91%的学生能熟练运用机器人完成单一直线、圆弧等焊缝轨迹作业。但是知识迁移能力弱，对复杂焊缝的程序编辑、轨迹确认等仍力不从心。
2. 认识与实践能力分析
学生通过学习机器人操作基本规范，能分别利用虚拟仿真软件进行离线编程和熟练使用示教器进行在线编程，但是对于机器人焊接工艺制定和焊后评定的能力有待提升。
3. 学生学习特点
经前三个项目实践，学生开始喜欢实践操作，团队协作意识增强，但是创新意识薄弱</td></tr>
<tr><td colspan="3">三、教学目标</td></tr>
<tr><td rowspan="3">教学目标</td><td>知识目标</td><td>（1）掌握“直线－圆弧轨迹”示教点的位置、属性，以及插补方式的确定；
（2）掌握“直线－圆弧轨迹”示教中焊接机器人直角坐标系和工具坐标系的应用；
（3）掌握轨迹确认和现场施焊的流程</td></tr>
<tr><td>能力目标</td><td>（1）能正确确定“直线－圆弧轨迹”中的机器人原点、作业临界点、焊接开始点、焊接结束点、焊枪规避点等示教点；
（2）针对“直线－圆弧轨迹”中各示教点，能够选用正确的属性和插补方式；
（3）能够正确启用焊接机器人直角坐标系和工具坐标系，避免危险碰触</td></tr>
<tr><td>思政目标</td><td>（1）培养严谨的工作态度、无私奉献的劳动意识和互助互爱的合作精神。
（2）培养“家事、国事、天下事”的家国情怀以及吃苦耐劳、精益求精的工作态度。
（3）培养自主创新、刻苦钻研的精神</td></tr>
<tr><td>教学重点及解决办法</td><td colspan="2">根据专业人才培养方案和课程标准的要求，学生必须掌握焊接机器人的“直线－圆弧轨迹”和“直线－圆弧－直线轨迹”示教点的位置、属性和插补方式的确定，以及坐标系的选用。该内容是挖掘机箱式斗杆在施焊前的准备工作之一，由此将该内容确定为本节课的重点。
引入案例，在实际工作情境中体会“直线－圆弧轨迹”和“直线－圆弧－直线轨迹”编程的动作特点和焊接工艺要点，由浅入深消化重点</td></tr>
<tr><td>教学难点及解决办法</td><td colspan="2">对往届学生的实操评定结果进行分析：“示教点的位置和插补方式的确定”是学生出错最多的环节，由此将该内容确定为本节课的难点。
通过虚拟操作和教师演示直观展现教学难点，分组练习，攻克难点内容</td></tr>
</table>

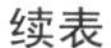

续表

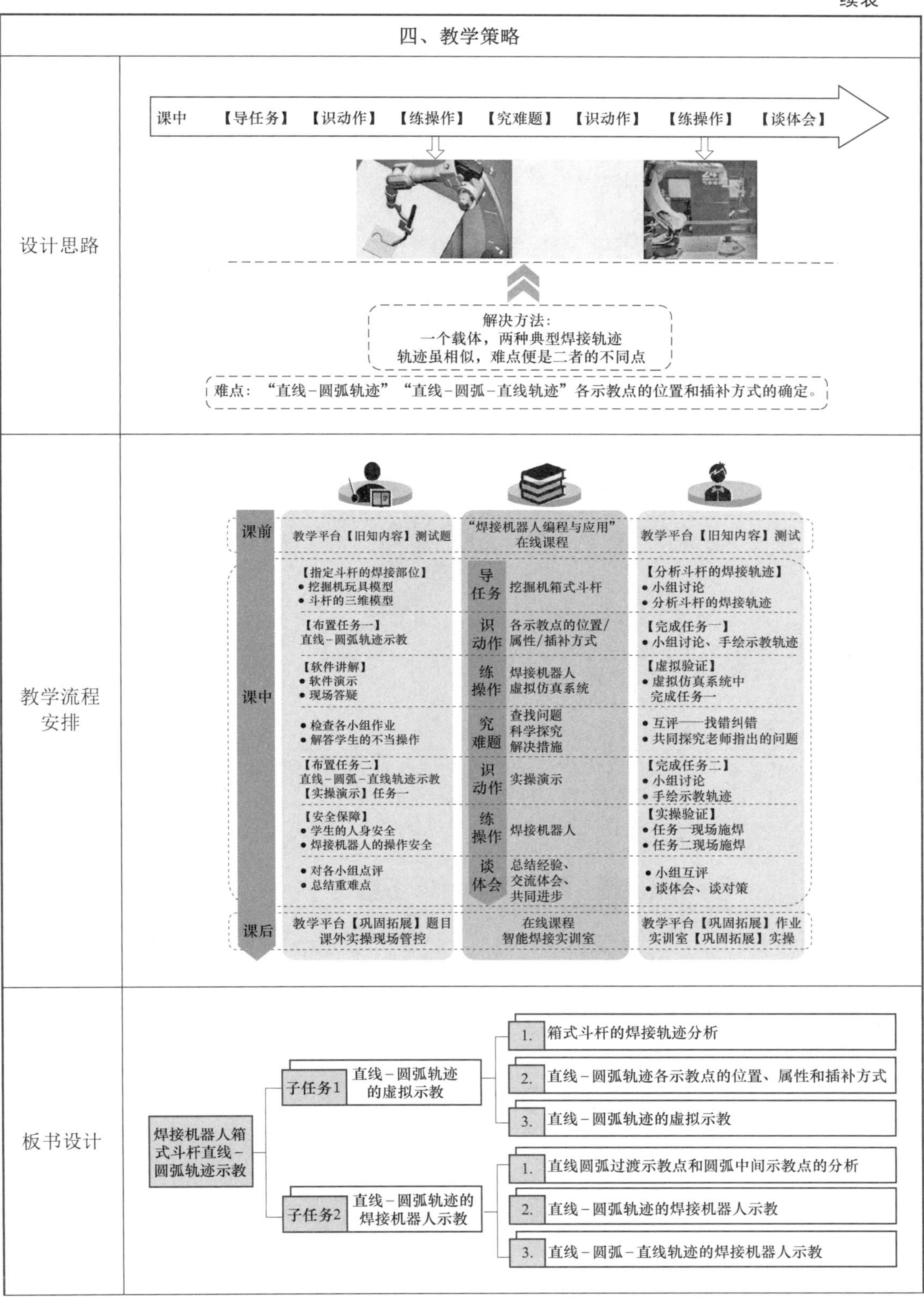

四、教学策略	
设计思路	课中 【导任务】【识动作】【练操作】【究难题】【识动作】【练操作】【谈体会】 解决方法： 一个载体，两种典型焊接轨迹 轨迹虽相似，难点便是二者的不同点 难点："直线－圆弧轨迹""直线－圆弧－直线轨迹"各示教点的位置和插补方式的确定。
教学流程安排	课前：教学平台【旧知内容】测试题 ｜ "焊接机器人编程与应用"在线课程 ｜ 教学平台【旧知内容】测试 课中： 【指定斗杆的焊接部位】• 挖掘机玩具模型 • 斗杆的三维模型 ｜ 导任务：挖掘机箱式斗杆 ｜ 【分析斗杆的焊接轨迹】• 小组讨论 • 分析斗杆的焊接轨迹 【布置任务一】直线－圆弧轨迹示教 ｜ 识动作：各示教点的位置/属性/插补方式 ｜ 【完成任务一】• 小组讨论、手绘示教轨迹 【软件讲解】• 软件演示 • 现场答疑 ｜ 练操作：焊接机器人虚拟仿真系统 ｜ 【虚拟验证】• 虚拟仿真系统中完成任务一 • 检查各小组作业 • 解答学生的不当操作 ｜ 究难题：查找问题 科学探究 解决措施 ｜ • 互评——找错纠错 • 共同探究老师指出的问题 【布置任务二】直线－圆弧－直线轨迹示教【实操演示】任务一 ｜ 识动作：实操演示 ｜ 【完成任务二】• 小组讨论 • 手绘示教轨迹 【安全保障】• 学生的人身安全 • 焊接机器人的操作安全 ｜ 练操作：焊接机器人 ｜ 【实操验证】• 任务一现场施焊 • 任务二现场施焊 • 对各小组点评 • 总结重难点 ｜ 谈体会：总结经验、交流体会、共同进步 ｜ • 小组互评 • 谈体会、谈对策 课后：教学平台【巩固拓展】题目 课外实操现场管控 ｜ 在线课程 智能焊接实训室 ｜ 教学平台【巩固拓展】作业 实训室【巩固拓展】实操
板书设计	焊接机器人箱式斗杆直线－圆弧轨迹示教 子任务1 直线－圆弧轨迹的虚拟示教 1. 箱式斗杆的焊接轨迹分析 2. 直线－圆弧轨迹各示教点的位置、属性和插补方式 3. 直线－圆弧轨迹的虚拟示教 子任务2 直线－圆弧轨迹的焊接机器人示教 1. 直线圆弧过渡示教点和圆弧中间示教点的分析 2. 直线－圆弧轨迹的焊接机器人示教 3. 直线－圆弧－直线轨迹的焊接机器人示教

续表

五、教学过程		
教学环节	教学过程	课程思政
载体引入：挖掘机斗杆 武汉疫情期间，上百台挖机用了10天建成可容纳1 000张床位的火神山医院	 分析箱式斗杆焊缝包括了几种典型的焊接轨迹。 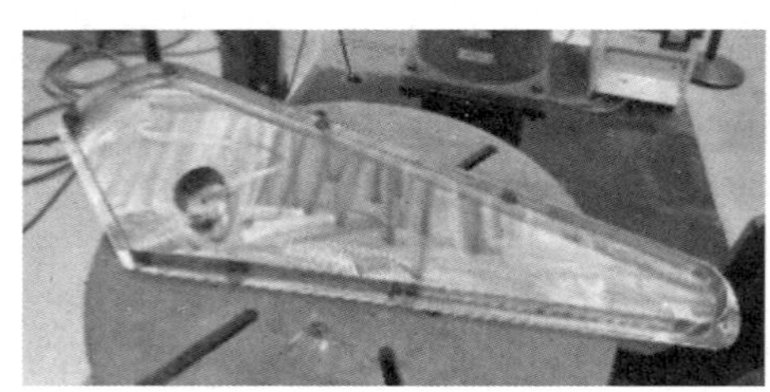 介绍： 1. 挖掘机箱式斗杆的结构； 2. 挖掘机箱式斗杆的装配； 3. 挖掘机箱式斗杆的焊接部位	1. 该载体将国家工程与专业结合，用专业的知识分析该载体，培养学生关心“家事、国事、天下事”的家国情怀。 2. 感悟舍小家顾大家、无所畏惧、团结一致、无私奉献、不怕牺牲、攻坚克难的信心和决心 
【新知内容】 1.“直线－圆弧轨迹”各示教点的位置、属性和插补方式的选用； 2.“直线－圆弧轨迹”示教中，焊接机器人的直角坐标系和工具坐标系的应用	【任务驱动】 1. 箱式斗杆的焊接轨迹可分为哪几段简单的轨迹？ 2. 老师选取斗杆中的“直线－圆弧轨迹”，各小组标注出各示教点的位置、属性和插补方式。 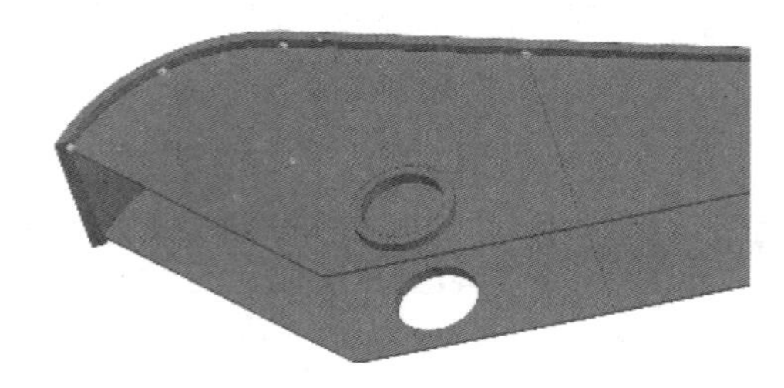	1. 秉承“执着专注、精益求精、一丝不苟、追求卓越”的工匠精神。 2. 让学生树立正确的劳动观念，提高自己的学习能力，培养自己的创新思想，养成良好的敬业精神，立志做有理想、敢担当、能吃苦、肯奋斗的新时代好青年

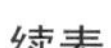

续表

教学环节	教学过程	课程思政
3. 工具坐标应用	3. 工具坐标应用 以工具为基准机器人移动 / 以工具点为原点机器人移动 / 机器人在直角坐标系下移动 / 机器人移动时工具点固定	
【焊接机器人操作】 操作焊接机器人完成“直线－圆弧”和“直线－圆弧－直线”两个任务轨迹示教	操作流程 1. 直线－圆弧的过渡示教点的插补方式； (MOVEL) P5 P4 P3 P6 2. 圆弧中间示教点的位置； P5 P4 P3 P6 3. 焊接机器人直角坐标系和工具坐标系的启用	
总结经验 交流体会 共同进步 “昆山1号”	1. 点评各小组两个任务的完成情况； 2. 总结重点和难点； 3. 对于不能独立完成任务的学生多鼓励、多帮助； 4. 2007年10月，我国第一台焊接机器人“昆山1号”落地 中国首台自主研制的全自动焊接机器人“昆山一号”问世 中国首台自主研发和制造的全自动工业焊接机器人——“昆山一号”在江苏研制成功。 “昆山一号”机器人不但可以自动优化轨迹，快速更换马达和手腕，满足所有标准与非标准的控制应用，而且其运动平稳，精度很高。	1. 让学生主动对标国家战略，聚焦原创性、引领性科技攻关等领域，争做高水平科技自立自强的突击队。 2. 教育学生自觉把小我融入祖国的大我之中，上好每一堂课，不断精进专业，在专业实践、技能竞赛、创新创业等活动中，知行合一、德技并修

续表

<table>
<tr><th>六、教学评价</th></tr>
<tr><td>为体现评价的多元性、客观性、准确性及全面性，在授课过程中，云课堂平台全过程采集数据，以学生、教师和企业专家为评价主体，依据 NB/T 47013—2015 承压设备无损检测等行业标准、GB/T 20867—2007 等国家标准，参考“1+X”证书、金砖国家职业技能大赛等评分标准，构建了由 40%过程性评价、40%结果性评价和 20%增值性评价组成的评价考核体系，具体如下图课程考核评价所示。</td></tr>
</table>

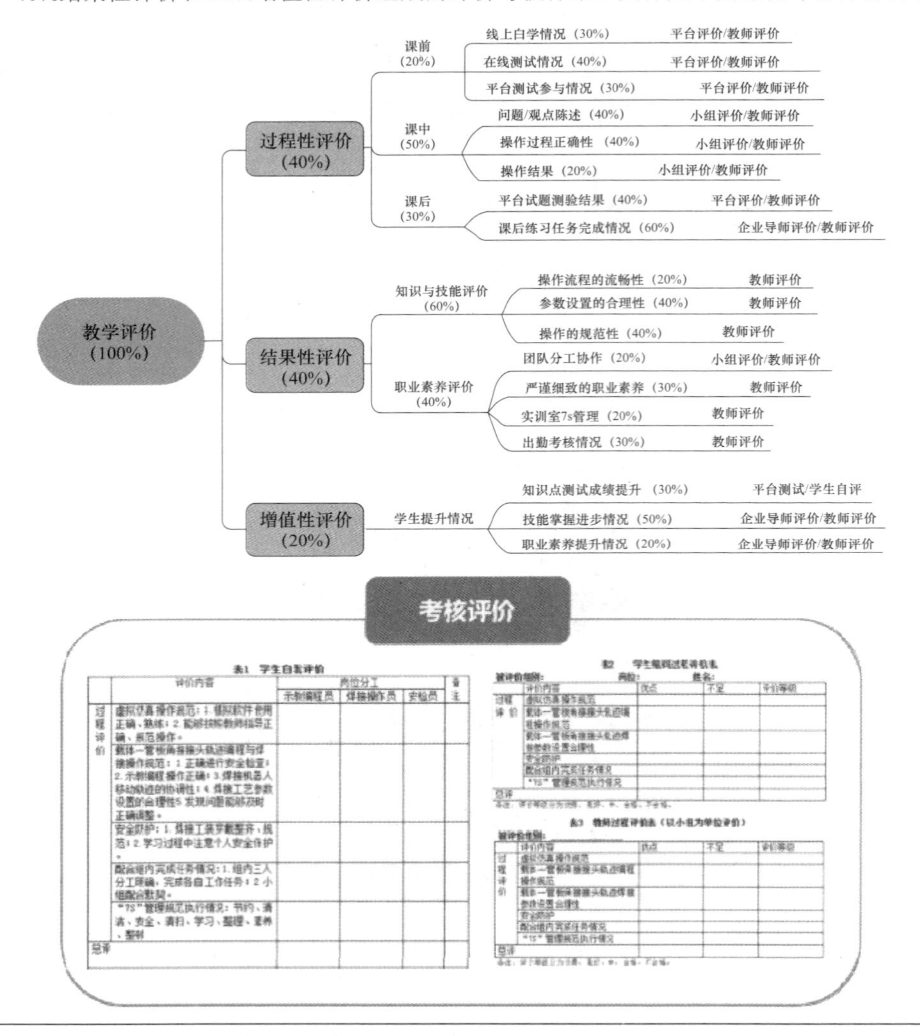

表1 学生自我评价

	评价内容	岗位分工			备注
		示教编程员	焊接操作员	安检员	
过程评价	虚拟仿真操作规范：1. 模拟软件使用正确、熟练；2. 能够按照教师指导正确、规范操作。				
	数体一管板角接接头轨迹编程与焊接操作规范：1. 正确进行安全检查；2. 示教编程操作正确；3. 焊接机器人移动轨迹的协调性；4. 焊接工艺参数设置的合理性 5. 发现问题能够及时正确调整。				
	安全防护：1. 焊接工装穿戴整齐、规范；2. 学习过程中注意个人安全保护。				
	配合组内完成任务情况：1. 组内三人分工明确，完成各自工作任务；2. 小组配合默契。				
	“7S”管理规范执行情况：节约、清洁、安全、清扫、学习、整理、素养、整顿				
总评					

表2 学生组间过程评价表

被评价组别：　　岗位：　　姓名：

	评价内容	优点	不足	评价等级
过程评价	虚拟仿真操作规范			
	数体一管板角接接头轨迹编程操作规范			
	数体一管板角接接头轨迹焊接参数设置合理性			
	安全防护			
	配合组内完成任务情况			
	“7S”管理规范执行情况			
总评				

备注：评价等级分为优秀、良好、中、合格、不合格。

表3 教师过程评价表（以小组为单位评价）

被评价组别：

	评价内容	优点	不足	评价等级
过程评价	虚拟仿真操作规范			
	数体一管板角接接头轨迹编程操作规范			
	数体一管板角接接头轨迹焊接参数设置合理性			
	安全防护			
	配合组内完成任务情况			
	“7S”管理规范执行情况			
总评				

备注：评价等级分为优秀、良好、中、合格、不合格。

<table>
<tr><th>七、教学反思</th></tr>
<tr><td>教学反思：
1. 教学项目受企业保密限制，无法完整展示企业真实面临的技术难题。
2. 机器人设备较少，不能做到平均每人一台
改进措施：
1. 需要加强与校企合作单位的沟通，建立长效合作机制，做好供需对接、产教融合。
2. 申请经费，购置相关机器人设备</td></tr>
</table>

焊接缺陷影像的识别与标记

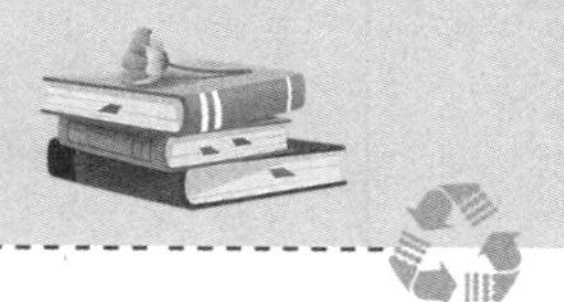

（射线检测）

团队成员

张保林、弋楠、刘静

课程基本情况

“射线检测”课程代码01233，为专业核心课程，共48学时，3学分，先修课程为“工程材料及热处理”“机械设计基础”，后续课程为“磁粉检测”“渗透检测”，第三学期开设。

教学设计

一、课程概况			
部门名称	材料工程学院	课程性质	●必修　○选修
课程类型	○公共基础课程　●专业教育课程　○实践类课程		
面向专业	理化测试与质检技术		
授课对象	大二学生	授课时数	48学时
参赛章节	7.3　焊接缺陷影像分析	使用教材	《射线检测》
授课题目	焊接缺陷影像的识别与标记		
二、教学分析			
教学内容	内容分析：本任务来源于“射线检测”课程中的第7章评片中的7.3焊接缺陷影像分析项目，根据专业教学标准、课程标准、职业岗位标准、本届学生学情以及往届学生掌握情况，将焊缝射线底片评定知识内容结合本项目重新整合教学内容，并划分为两部分：焊缝射线底片中缺陷影像的识别和焊接缺陷影像的标记与评级。对接焊缝质量检测员岗位以及射线检测证书中评片项目的考核标准，通过结合焊接缺陷影像分析理论知识完成焊缝的射线底片评定实践任务。内容中有机融入了安全意识、劳动意识、质量意识等思政教育，以培养学生安全生产、兢兢业业、质量为先的职业素养；使学生具有执着专注、精益求精、一丝不苟、追求卓越的工匠精神		

续表

教学内容	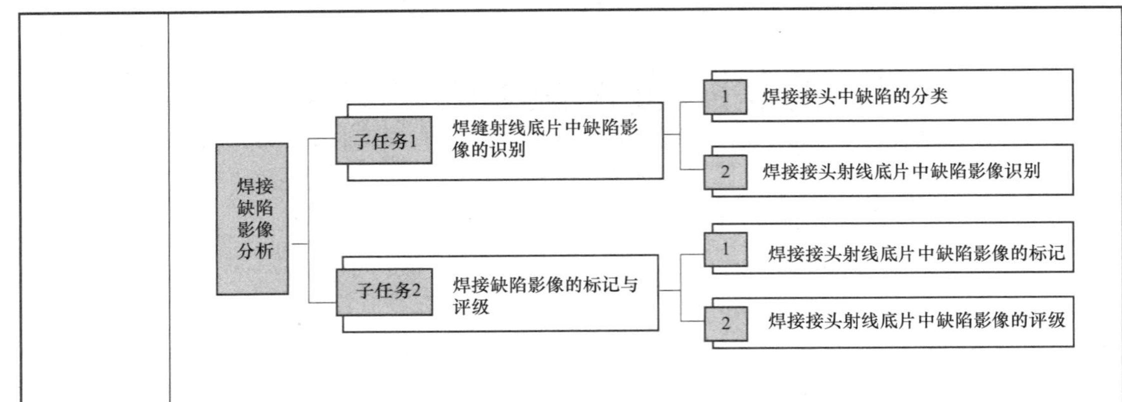  教材分析：本课程选用高等职业教育“无损检测专业”系列教材，并选用行业教材作为辅助。 主要教材：《射线检测》，岳玉国主编，机械工业出版社，2022 年。 该教材结合高职教育教学理念，注重实践；依据 NB/T 47013.2—2015《承压设备无损检测》、辐射防护等现行的无损检测法规、条例、标准，结合高职高专无损检测专业课程标准的要求，在参考各类《射线检测》教材和多年的实践教学经验基础之上编写而成。教材内容完全能够满足射线Ⅰ级、Ⅱ级，甚至Ⅲ级无损检测人员的考证和实际工作需要，是一本内容全面、注重实际应用的教材。  参考教材：《射线检测》，王岳生主编，机械工业出版社，2018 年
学情分析	**1. 知识与技能分析** 通过云课堂平台课前下发的底片评定考核表的评分和错误统计可以看出，学生对焊缝射线底片中缺陷影像的识别等知识已经有了较好的掌握。（见下图射线底片缺陷影像识别） **2. 认知与实践能力分析** 学生经过对焊接内部缺陷分析知识的学习，对焊接接头的射线检测原理和工艺有一定理解，但对射线底片的缺陷影像标记与评级技能掌握较弱。（见下图射线底片缺陷影像标记和评级） **3. 学生学习特点** 授课对象为理化测试与质检技术专业大二学生，学生已经具备工程材料及热加工基础、超声波检测、机械制造基础等专业基础知识。通过生源情况调查和学习问卷调查了解到大部分为单招学生，学生数理化知识基础薄弱，但大多喜欢动手实践、讨论与小组协作的学习方式；学生善于通过各种渠道获取知识，但对内容的整合能力有待提升。（见下图有效方法调查）

续表

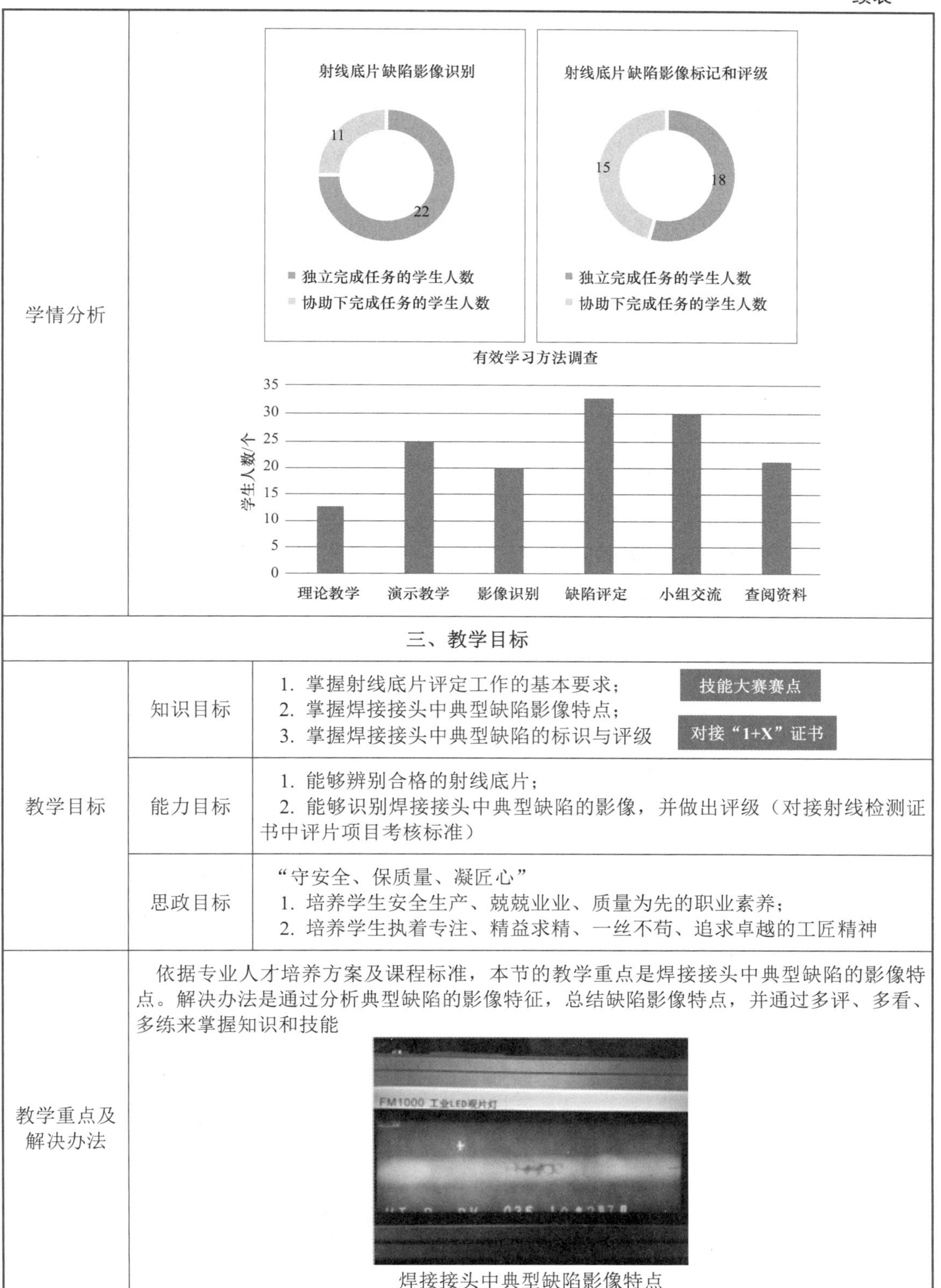

学情分析		
三、教学目标		
教学目标	知识目标	1. 掌握射线底片评定工作的基本要求； 2. 掌握焊接接头中典型缺陷影像特点； 3. 掌握焊接接头中典型缺陷的标识与评级 技能大赛赛点 对接“1+X”证书
	能力目标	1. 能够辨别合格的射线底片； 2. 能够识别焊接接头中典型缺陷的影像，并做出评级（对接射线检测证书中评片项目考核标准）
	思政目标	“守安全、保质量、凝匠心” 1. 培养学生安全生产、兢兢业业、质量为先的职业素养； 2. 培养学生执着专注、精益求精、一丝不苟、追求卓越的工匠精神
教学重点及解决办法	依据专业人才培养方案及课程标准，本节的教学重点是焊接接头中典型缺陷的影像特点。解决办法是通过分析典型缺陷的影像特征，总结缺陷影像特点，并通过多评、多看、多练来掌握知识和技能 焊接接头中典型缺陷影像特点	

续表

教学难点及解决办法

根据学情分析，本节知识的教学难点是焊接接头射线底片中缺陷的标识与评级；这对于刚刚接触评片二级职业资格技能考核项目的学生来说有较大难度。解决办法是通过“评片技巧”口诀与射线“底片评定考核表”的示范填写清晰展示教学难点内容，帮助学生掌握并理解该知识点

射线底片评定考核表

底片袋号______ 考核时间______年____月____日____时____分 成绩______ 考号______

序号	板厚	材质	焊接型式		焊接方法				接位置					缺陷定性、定量、定位（图示）	评级	备注
			双面	单面	埋弧焊	手工焊	氩弧焊	电焊	平焊	立焊	横焊	仰焊	全位置			
1																
2																
3																
4																
5																
6																
7																
8																
9																
10				√		√							√			

缺陷代号：A—裂纹；B—未熔合；C—未焊透；D—条形缺陷；E—圆形缺陷；G—内凹。

主考______ 审核______ 日期______

四、教学策略

设计思路

结合本课教学内容，将3个思政素材以及党的“二十大”报告中的元素融入课堂教学环节之中，实现培养学生具有安全生产、兢兢业业、质量为先的职业素养；培养学生执着专注、精益求精、一丝不苟、追求卓越的工匠精神，以达到“守安全、保质量、凝匠心”的思政育人目标。

教学环节	教学内容	思政素材	思政目标
导任务（5min）	射线底片评定要素分析	短视频：党的二十大报告中点赞了哪些硬核科技？ 视频：大国工匠——未晓朋和魏海涛	树立国家强大、民族自信的意识
学新知（10min）	焊缝内部缺陷影像识别	由于课堂时间有限，不涉及思政素材	温故而知新——具备良好的学习习惯
练操作（15min）	焊接裂纹、气孔等缺陷的影像识别练习	通过鄂尔多斯市准格尔旗内蒙古伊东集团九鼎化工有限责任公司“6·28”压力容器爆炸较大生产安全事故案例教学，分析其详细原因，引导学生思考焊接裂纹缺陷引发的巨大损毁，使学生树立安全生产意识，明确自己的检测岗位对产品生产和使用安全的重要性，让学生从学校就肩负安全责任的使命感，价值观。	守安全

续表

续表

	教学环节	教学内容	思政素材	思政目标
设计思路	练操作（15min）	焊接裂纹、气孔等缺陷的影像识别练习	压力容器爆炸安全事故现场照片	
	析技巧（10min）	焊接缺陷影像的标记与评级	通过射线底片评定考核表的规范、细心填写、标记与评级，培养学生严谨求实、认真细致的学习态度；通过展示往届学长的优秀评片考核表，激励学生保质保量地完成射线底片评定考核表，培养学生认真负责、习惯性保证质量、高标准完成任务的工作作风 往届学生优秀的射线底片评定考核表（示例）	保质量
	用技能（10min）	焊接接头中内部缺陷影像评定	通过聆听陕西省无损检测技能大师（2002 级质检专业优秀毕业生）——卢辉的成长史讲述，了解其真实经历，并观看其爱岗敬业视频、宣传片，培养学生执着专注、精益求精、一丝不苟、追求卓越的工匠精神 无损检测技能大师卢辉培训专业学生视频新闻	凝匠心

续表

教学流程安排

阶段	教师	环节	平台 / 内容	学生
课前	教学平台【新知预习】测试题上传		“智慧职教”平台 “射线检测”课程	教学平台完成【新知预习】观看微课、课件资源完成测试
课中	【焊缝内部缺陷影像分析】 • 引出任务—射线底片评定要素 • 分析播放微课，点评课前作业	导任务(5min)	射线底片评定要素分析	【认真分析射线底片评定考核表中的明细和缺陷代号】 • 小组讨论 • 认真听讲
课中	【布置任务一】焊缝射线底片中缺陷影像的识别 【新知讲解】	学新知(10min)	焊缝内部缺陷影像识别	【完成学习任务一】 • 小组讨论、与教师讨论 • 认真听讲，理解并掌握重点
课中	【巡回指导】 • 发布焊缝中缺陷影像识别的实践任务和要求 • 现场答疑和指导	练操作(15min)	焊接裂纹、气孔等缺陷的影像识别练习	【自主练习】 • 利用观片灯仔细识别射线 • 底片中焊缝内部缺陷影像特征
课中	【示范讲解任务二】焊接缺陷影像的标记与评级 【新知讲解】	析技巧(10min)	焊接缺陷影像的标记与评级	【学习任务二】 • 学习教师示范讲解的操作难点 • 小组合作交流
课中	【实操演示】 • 示范操作焊缝评片考核过程 • 指导填写射线底片评定考核表	用技能(10min)	焊接接头中内部缺陷影像评定	【检测操作】 • 利用观片灯和焊缝的射线底片完成评片任务
课后	教学平台完成【巩固拓展】题目 课外在射线评片实训中现场管控		“射线检测”在线课程 无损检测实训室	教学平台完成【巩固拓展】作业 实训室完成【巩固拓展】实操

板书设计

主板	副板
7.3　焊接缺陷影像分析 授课题目：焊接缺陷影像的识别与标记 回顾 7.2 节——底片影像分析知识（焊接位置、焊接型式、焊接方法） 引入本次课内容 **（一）射线底片评定要素分析** 1. 射线底片评定一次性规定要求； 2. 射线底片评定考核表要素分析 **（二）焊缝内部缺陷影像识别** 1. 裂纹底片影像特征； 2. 未熔合底片影像特征； 3. 未焊透底片影像特征； 4. 圆形缺陷底片影像特征； 5. 条形缺陷底片影像特征 **（三）焊接裂纹、气孔等缺陷的影像识别练习** 1. 焊接裂纹底片影像识别； （融入课程思政——鄂尔多斯市准格尔旗内蒙古伊东集团九鼎化工有限责任公司“6・28”压力容器爆炸较大生产安全事故） 2. 圆形缺陷底片影像识别； 3. 未熔合和未焊透缺陷底片影像识别	（以板书或信息化手段呈现） 焊接位置 平焊 立焊 横焊 仰焊 焊接型式 单面焊 双面焊

续表

<table>
<tr><td rowspan="1">板书设计</td><td colspan="2">续表
<table><tr><td>（四）焊接缺陷影像的标记与评级
1. 焊接缺陷影像的标记
（融入课程思政——射线底片评定考核表的规范、细心填写、标记等环节和要求）
2. 焊接缺陷评级

（五）焊接接头中内部缺陷影像评定
1. 评定 10 张焊接接头射线底片
（融入课程思政——本专业学长、陕西省无损检测技能大师卢辉的先进事迹宣传片）
2. 射线检测记录与报告，填写一张评定考核表

总结作业</td><td>焊接方法
运条方向
手工电弧焊
焊接方向

埋弧自动焊
手工焊+埋弧焊
射线底片评定考核表（示例）

思政视频、图片</td></tr></table></td></tr>
<tr><td colspan="3">**五、教学过程**</td></tr>
<tr><td>教学环节</td><td>教学过程</td><td>课程思政</td></tr>
<tr><td>导任务
（5min）</td><td>教学内容：
回顾 7.2 节——底片影像分析知识（焊接位置、焊接型式、焊接方法）
引入本次课内容（从射线底片评定一次性规定要求引入）
（一）射线底片评定要素分析
1. 射线底片评定一次性规定要求；
2. 射线底片评定考核表要素分析。
教师活动：
（1）导入任务，讲解射线底片评定一次性规定要求，上传射线底片评定考核表，方便学生查看细节。
（2）播放微课视频“射线底片的质量要求”。</td><td>播放短视频：二十大报告中点赞了哪些硬核科技？

引导学生树立国家强大、民族自信的意识。</td></tr>
</table>

续表

<table>
<tr>
<td>导任务
（5min）</td>
<td>
微课视频截图
（3）教师点评分析课前小组作业，引出本节课的难点内容——射线评片中缺陷的标识与评级。
（4）讲解射线底片评定考核表要素（分值与填写说明）。
学生活动：
（1）各小组查看射线底片评定一次性规定要求内容与课前自主学习作业评分。
（2）认真观看视频《射线底片的质量要求》，分析底片质量要求的细节。
（3）认真观察射线底片评定考核表里的明细和缺陷代号并区分。
（4）认真听教师讲解底片考核表要素分析内容</td>
<td>

载人航天、探火探月、深海探测、深地探测、卫星导航、核电技术
⇩
加快实施一批具有战略性全局性前瞻性的国家重大科技醒目，增强自主创新能力。
⇩
加快实施创新驱动发展战略
⇩
强化现代化建设人才支撑，实施科教兴国战略。
核电主管道焊接的大国工匠——未晓朋和魏海涛

焊后质量可以通过射线检测，在焊后质量检验中，会评片是必需的；那评片应评什么内容？</td>
</tr>
<tr>
<td>学新知
（10min）</td>
<td>教学内容：
二、焊缝内部缺陷影像识别
1. 裂纹底片影像特征
（1）黑色直线，有的带锯齿，中间稍宽，两端尖细。

（2）细小的裂纹，有直线状，有丝状。
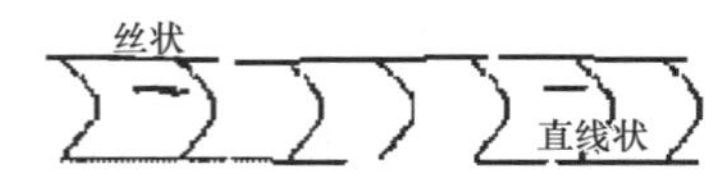

（3）弧坑裂纹。
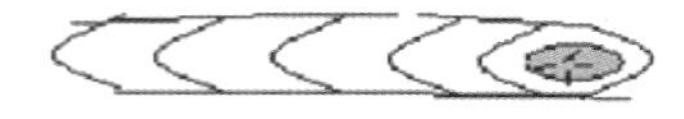</td>
<td>由于课堂时间有限，不涉及思政素材；但是通过学习新知识的引导、互动交流、提问等环节可以加强学生的日常管理，培养学生形成良好的学习习惯，进一步增强学生主动思考、善于总结的学习习惯以及分析问题、解决问题的能力</td>
</tr>
</table>

续表

学新知 （10min）	**2. 未熔合底片影像特征** （1）根部未熔合：沿根部钝边分布的黑条，有一定宽度 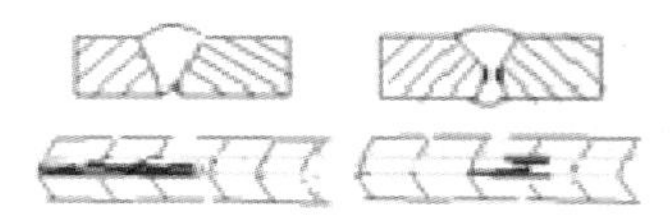 （2）坡口未熔合：与焊缝平行的黑条，有一定宽度 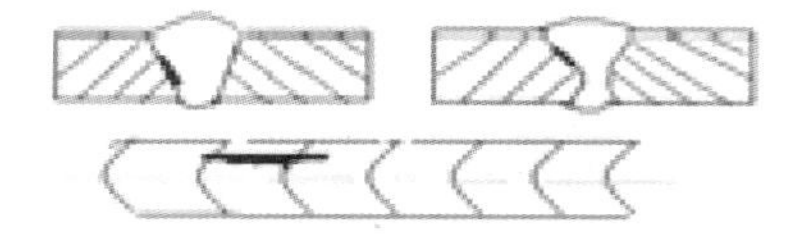 （3）层间未熔合：黑色块状或条状影像  **3. 未焊透底片影像特征** 未焊透影像特征是黑直线，两侧轮廓很整齐，有时伴有点状缺陷。 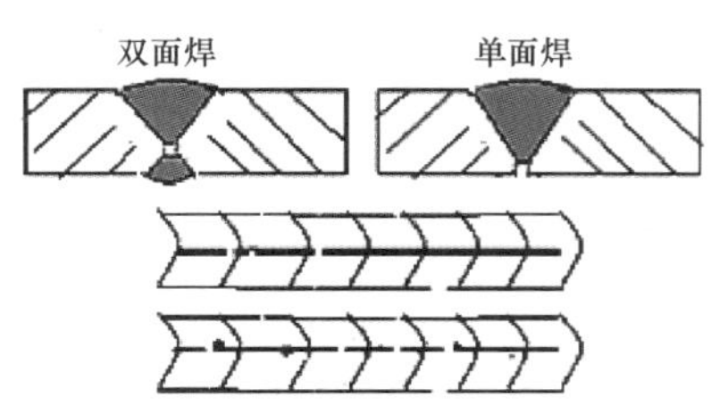 **4. 圆形缺陷底片影像特征** （1）黑色圆点，有时呈黑线或其他不规则形状。 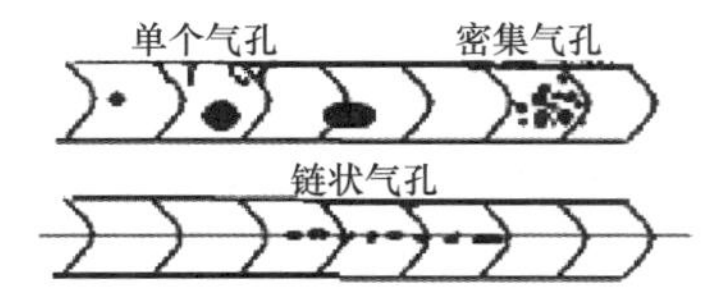 （2）轮廓比较圆滑，其黑度中心较大，边缘浅。 **5. 条形缺陷底片影像特征** 黑条和黑块，形状不规则，黑度变化无规律，轮廓不圆滑，有的带棱角。 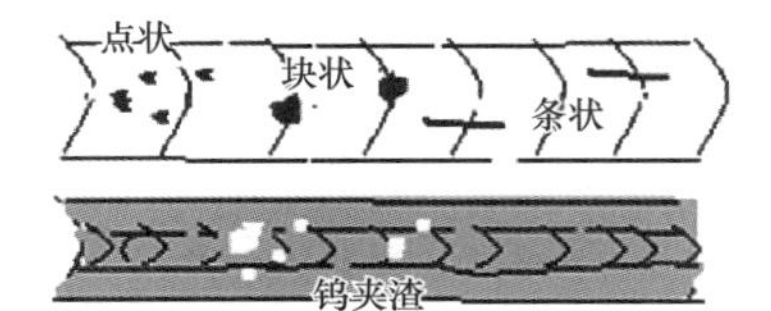	

续表

学新知 （10min）	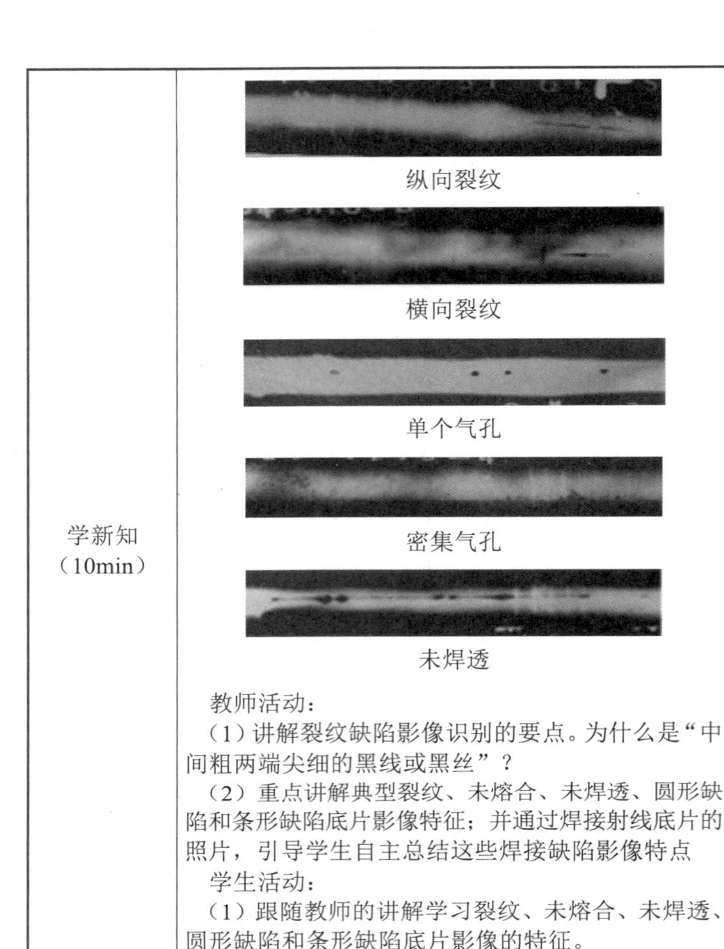 纵向裂纹 横向裂纹 单个气孔 密集气孔 未焊透 教师活动： （1）讲解裂纹缺陷影像识别的要点。为什么是“中间粗两端尖细的黑线或黑丝”？ （2）重点讲解典型裂纹、未熔合、未焊透、圆形缺陷和条形缺陷底片影像特征；并通过焊接射线底片的照片，引导学生自主总结这些焊接缺陷影像特点 学生活动： （1）跟随教师的讲解学习裂纹、未熔合、未焊透、圆形缺陷和条形缺陷底片影像的特征。 （2）认真观察教师展示的焊接缺陷底片影像，总结缺陷影像的特征，做好笔记	
练操作 （15min）	教学内容： **三、焊接裂纹、气孔等缺陷的影像识别练习** （1）焊接裂纹底片影像识别 （在学生进行操作练习时融入课程思政素材） （2）圆形缺陷底片影像识别。 （3）未熔合和未焊透缺陷底片影像识别。 教师活动： （1）组织学生分组在观片灯上进行射线底片焊接裂纹、气孔、未熔合和未焊透缺陷影像识别操作练习。 观片灯	鄂尔多斯市准格尔旗内蒙古伊东集团九鼎化工有限责任公司“6·28”压力容器爆炸较大生产安全事故案例分析。 **1. 事故导致后果** 2015 年 6 月 28 日 10 时 04 分，鄂尔多斯市准格尔旗内蒙古伊东集团九鼎化工有限责任公司发生一起压力容器爆炸较大生产安全事故，造成 3 人死亡，6 人受伤，直接经济损失达 812.4 万元。

续表

<table>
<tr>
<td>练操作
（15min）</td>
<td>（2）巡回指导，观察各组实践练习学习情况和交流互动情况，针对小组出现的问题，如“未熔合和未焊透”两者影像区别等问题进行小组指导。

分组识别焊接缺陷影像
学生活动：
（1）小组实践练习识别焊接裂纹、气孔、未熔合和未焊透等缺陷的影像。
（2）根据学习资源和标准，对射线底片上的焊接缺陷影像做出正确判断</td>
<td>2. 事故发生原因
（1）直接原因——焊接冷裂纹导致脱硫气泄漏爆炸起火；
（2）间接原因——未对事故设备的生产制造、出厂检验、售后维修等各环节进行严格把控；安全管理混乱，安全生产主体责任未落实。
3. 事故处理结果
（1）对何国伟等 5 名领导和主要责任人追究刑事责任；
（2）对李科等 16 名人员进行行政处罚和行政处分；
（3）对 3 家相关单位给予行政处罚，并处罚金共计 150 多万元</td>
</tr>
<tr>
<td>析技巧
（10min）</td>
<td>教学内容：
四、焊接缺陷影像的标记与评级
1. 焊接缺陷影像的标记；
2. 焊接缺陷评级。
教师活动：
1. 讲解焊接缺陷影像的标示方法和注意事项（裂纹缺陷的定位、定量和定性）。
（在强调注意事项时，融入课程思政）
2. 使用“评片口诀”解决焊接缺陷评级问题。
评片口诀 1
有了裂纹很危险，
斩草除根保安全，
裂纹不论长和短，
全部都是Ⅳ级片。
评片口诀 2
未熔合也很危险，
黑度有深亦有浅，
一旦判定就是它，
亦是全部Ⅳ级片。
评片口诀 3
气孔危害并不大，
标准对它很宽大，
长径折点套厚度，
中间厚度插入法。
评片口诀 4
评片要想快又准，
下拜焊工当先生，
要问诀窍有哪些，
焊接工艺和投影。</td>
<td>（1）通过射线底片评定过程中对焊接缺陷影像的正确标识和评级，底片评定考核表的规范、细心填写等环节和要求，培养学生严谨求实、认真细致的学习态度。

认真细致地评片
规范填写的射线底片评定考核表（示例）
（2）通过展示往届学生的优秀评片考核表，激励学生保质保量地完成自己的射线底片评定考核表，并超越学长，培养学生认真负责、习惯性保证质量、高标准完成任务的工作作风。</td>
</tr>
</table>

续表

<table>
<tr>
<td>析技巧
（10min）</td>
<td>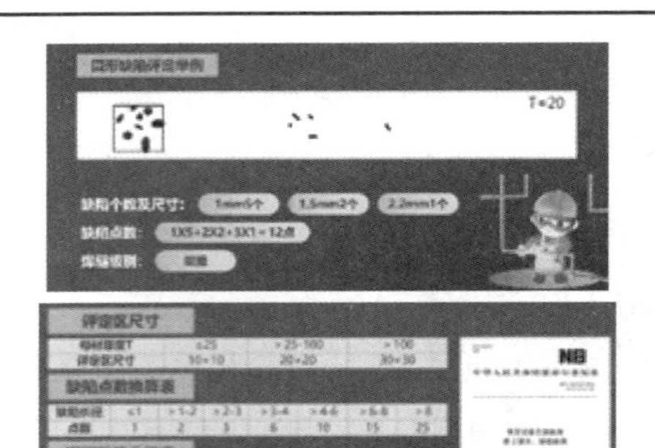

圆形缺陷点数换算与评级示例
学生活动：
（1）理解焊接缺陷影像的标示方法和注意事项，以小组为单位，各司其职，共同合作完成所给射线底片焊接缺陷影像的标示和评级任务。
（2）针对实践练习中出现的问题，认真思考，积极跟组员和老师交流沟通</td>
<td>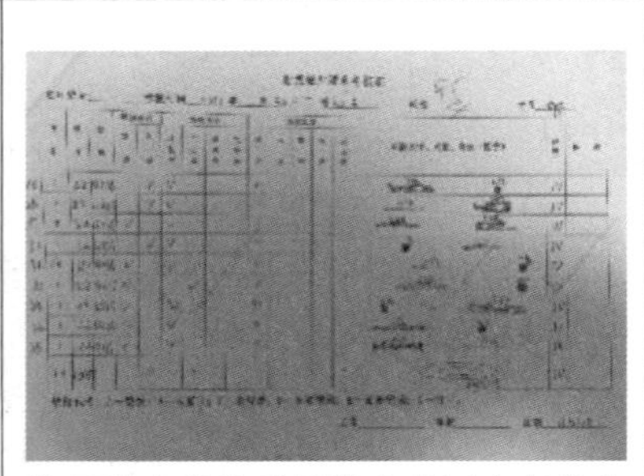
往届学生的优秀射线底片评定考核表（示例）</td>
</tr>
<tr>
<td>用技能
（10min）</td>
<td>教学内容：
五、焊接接头中内部缺陷影像评定
（1）评定 10 张焊接接头射线底片；
（2）射线检测记录与报告，填写 1 张评定考核表。
教师活动：
（1）给各小组下发 10 张焊接接头射线底片，注意打乱顺序。
（2）组织每名学生填写 1 张射线底片评定考核表。
（3）巡查过程中引入课程思政素材，播放卢辉宣传视频。
（4）总结本次课学习的知识和技能，引导学生在课后去查阅 NB/T 47013.2—2015 标准。
学生活动：
（1）用本次课学习的知识和技能完成 10 张焊接接头射线底片的评定任务。
（2）自己用心完成 1 张射线底片评定考核表。
（3）观看优秀学长——卢辉的宣传视频，学习他身上的优点。
（4）对课堂内容进行总结，完成检测实训报告</td>
<td>观看本专业优秀毕业生、陕西省无损检测技能大师卢辉的先进事迹宣传片。

讲述他在学校中的学习情况，严于律己的学习精神，以及他在工作中爱岗敬业、潜精研思、勤恳工作、乐于奉献的精神。

培养学生执着专注、精益求精、一丝不苟、追求卓越的工匠精神。

技能大师、榜样力量
——凝匠心</td>
</tr>
</table>

续表

六、教学评价

1. 学生成绩大幅提升，知识与技能目标有效达成

学生通过焊接缺陷影像识别与标记的学习，模拟焊接质量检测员职业岗位技能，完成评片任务。云课堂平台学习数据表明：学生签到率、课前课后任务完成度等参与度指标显著提高，底片评定操作技能、考核表得分平均在 90 分以上，教学目标有效达成。教学评价效果见下图。

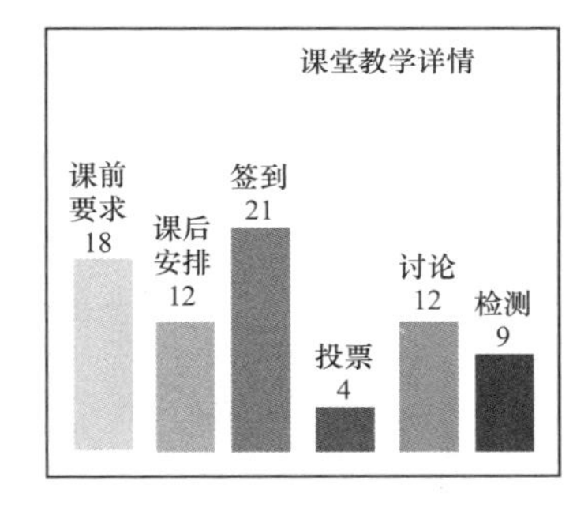

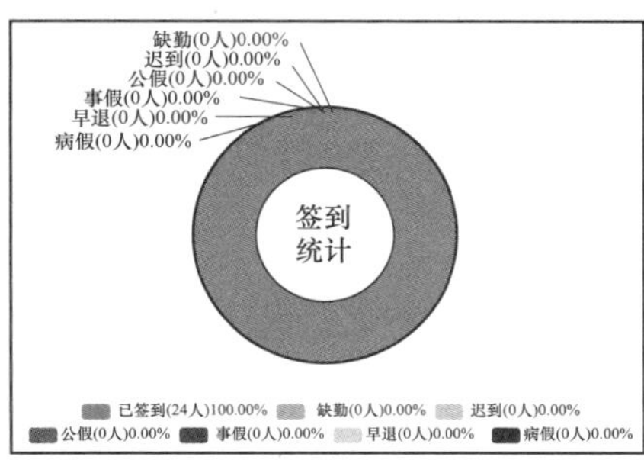

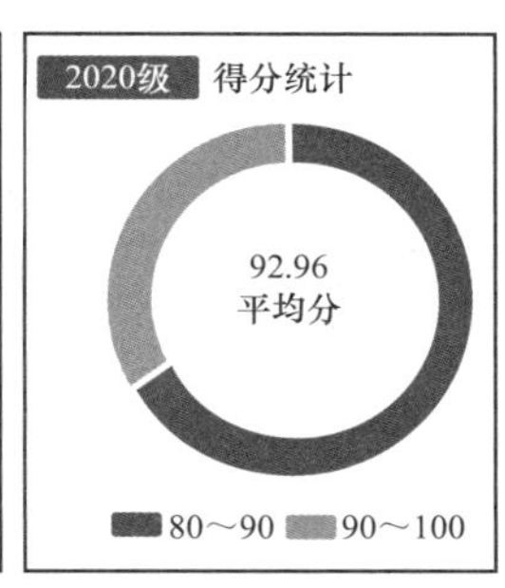

学习效果图

2. 思政素材无痕融入，素养目标有效达成

结合本次课教学具体内容，将 3 个思政素材无痕融入课堂教学环节之中，实现培养学生安全生产、兢兢业业、质量为先的职业素养；培养学生执着专注、精益求精、一丝不苟、追求卓越的工匠精神，有效达到“守安全、保质量、凝匠心”的思政育人目标。

3. 运用多种手段突破教学重难点，教学效果显著提升

通过任务驱动、线上线下、理实结合、凝练“评片口诀”等教学方法突破教学重难点，以完成射线底片评定考核表填写为任务，利用线上教学平台和课程信息化资源，线下评片实训为主，理论为辅，线上线下、理实结合，凝练“评片口诀”，充分激发学生的学习兴趣，通过评片实践练习提高学生的评片技能，高效实施教学过程，教学效果显著提升

七、教学反思

教学反思：

（1）企业真实的缺陷底片数量不足、课程内企业资源少。

（2）目前没有系统的量化思政育人目标达成情况的考核标准，对于学生思想品行的转变缺少监测指标。

改进措施：

（1）跟学生顶岗实习的企业加强联系和合作，多让企业提供一些真实的缺陷底片让学生多看、多评、多练；另外，校企共建课程资源。

（2）进一步探索课程思政考核体系，将思政考核纳入课程过程性考核中，实现课程专业知识与技能考核加思政考核的全面考核方式

大铜晓义——铜及铜合金

（工程材料及热加工基础）

团队成员

王俊、王博、刘利鑫

课程基本情况

工程材料是用于机械、汽车、船舶、建筑、化工、能源、仪器仪表、航空航天等领域的材料通称，为现代产业的发展提供物质基础，与我们的现实生活息息相关。本课程是机械制造大类各专业的专业基础课，是引导学生进入专业领域的入门课程，课程内容理论与实践并重，主要包括金属材料性能、材料科学的基础知识和基本理论、常用机械金属材料的结构与性能特点、金属材料热加工工艺四大部分，涉及钢、铸铁、有色金属等三大常用金属材料的结构、组织、性能、热处理原理与工艺及应用、材料成型方法及选材等，具有新概念多、知识面广、综合性强、实践和应用性强等特点，是学习后续专业课程和开展工程实践工作的基础。

教学设计

一、课程概况			
部门名称	材料工程学院	课程性质	●必修　○选修
课程类型	○公共基础课程　●专业教育课程　○实践类课程		
面向专业	装备制造大类各专业		
授课对象	机械制造类学生	授课时数	32 学时
参赛章节	第七章第二节	使用教材	《工程材料及热加工工艺基础》
授课题目	大铜晓义——铜及铜合金		
二、教学分析			
教学内容	内容分析：铜及铜合金是工业及生活中应用较为广泛的金属材料，大铜晓义——铜及铜合金是《工程材料及热加工工艺基础》教材第七章第二节内容。本节课程的主要教学内容是认识与应用铜及其合金，在具体情境中，正确讲述铜及铜合金的牌号的命名方式及含义，熟悉铜合金的性能特点，通过案例分析，让学生学会依据性能要求正确选用铜合金。		

续表

<table>
<tr><td>教学内容</td><td colspan="2">教材分析：
“工程材料及热加工基础”是机械制造大类各专业必修的基础理论课程，本课程开设在第Ⅰ学期，结合人才培养方案要求与学生认知习惯选用教材《工程材料及热加工工艺基础》。本课程教学目标：使学生掌握金属材料相关的基本理论、基础知识和基本技能；掌握金属材料组织、性能与用途之间的关系；熟悉常用金属材料的性能特点及工程应用，为金属材料开发、加工及应用奠定基础；引导学生树立刻苦专研、严谨、创新的职业素养，养成分析问题和解决问题的能力，以及精益求精、一丝不苟的工匠精神</td></tr>
<tr><td>学情分析</td><td colspan="2">（1）学生之前已经学习了常见材料的晶体结构、缺陷等晶体学有关内容，对铁碳合金材料有了充分认知，初步具备对铁碳合金材料的选用和分析能力，为学习其他类型的金属及其合金材料奠定了良好的理论基础；
（2）学生已经适应大学生活和学习规律，具备一定的自学能力；
（3）课堂上学生对感兴趣的事物思维活跃，对不感兴趣的事物则无动于衷；
（4）学生有一定的动手能力，但大部分学生存在专业逻辑思维能力不强的问题</td></tr>
<tr><td colspan="3">三、教学目标</td></tr>
<tr><td rowspan="3">教学目标</td><td>知识目标</td><td>1. 了解我国铜资源的分布情况。
2. 掌握铜及铜合金的分类、牌号、性能特点及其应用</td></tr>
<tr><td>能力目标</td><td>使学生初步具备区分和正确选择铜及铜合金的能力</td></tr>
<tr><td>思政目标</td><td>引导学生传承中华文脉，提高国家归属感和自豪感，树立正确的学术道德观；加强科学精神和工匠精神教育，增强学生的社会责任感，引导学生弘扬爱国主义和革命创新精神</td></tr>
<tr><td>教学重点及解决办法</td><td colspan="2">青铜和黄铜的定义及牌号
（结合实例鸦片战争中火炮的材质、子弹的外壳，分析讨论何为青铜和黄铜，并讲解如何命名）</td></tr>
<tr><td>教学难点及解决办法</td><td colspan="2">青铜和黄铜的和应用
（结合实例青铜器何尊，对比分析不同合金元素的加入对铜性能的影响，分析讨论青铜和黄铜的性能特点并讲解其在工业中的应用）</td></tr>
<tr><td colspan="3">四、教学策略</td></tr>
<tr><td>设计思路</td><td colspan="2"> 教学准备 ⇨ 教学活动 ⇨ 教学反馈</td></tr>
<tr><td>教学流程安排</td><td colspan="2"> 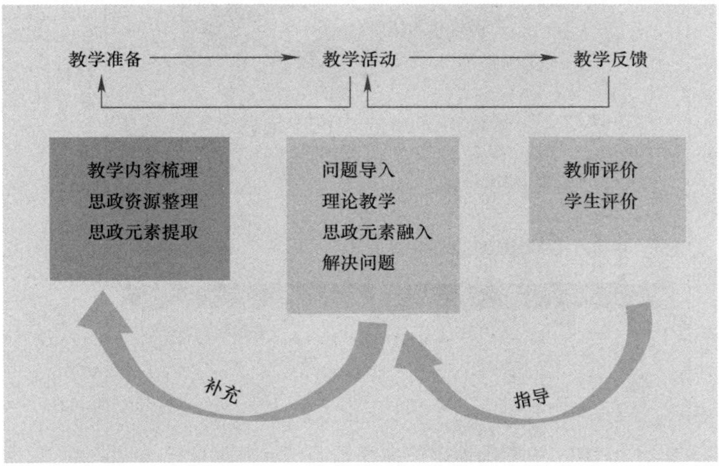教学准备 → 教学活动 → 教学反馈
教学内容梳理
思政资源整理
思政元素提取
问题导入
理论教学
思政元素融入
解决问题
教师评价
学生评价
补充
指导</td></tr>
</table>

续表

<table>
<tr><td>板书设计</td><td colspan="2">铜及铜合金
颜色
→ →
电线 紫 纯铜 T1、T2、T3、T4
子弹壳
铜牌 黄 黄铜 H80、H70、H62
乐器 HPb59－1
电器连接件 青 青铜 QSn4－3
司母戊大方鼎
白 白铜</td></tr>
<tr><td colspan="3">五、教学过程</td></tr>
<tr><td>教学环节</td><td>教学过程</td><td>课程思政</td></tr>
<tr><td>教学准备</td><td>1. 思政教育素材准备
青铜器文化和红色教育。
2. 课程内容准备
（1）铜资源的分布情况及铜的性能特点；
（2）青铜的定义、牌号、应用及其性能特点；
（3）黄铜的定义、牌号、应用及其性能特点；
（4）白铜的定义、牌号、应用及其性能特点</td><td>提高学生的国家归属感和自豪感，引导其树立正确的学术道德观；加强科学精神和工匠精神教育，增强学生的社会责任感，引导其弘扬爱国主义和革命创新精神</td></tr>
<tr><td>教学活动</td><td>1. 问题提出
举例说明你了解的铜制品，这么多铜制品是纯铜制作的还是铜合金，如何加以区分？其性能一样吗？
2. 教学内容（思政元素融入）
（1）以古代铜制品欣赏视频为载体，以越王剑为例，说明古代铜制品精湛的技艺。 
将自然资源部发布的《2017 中国土地矿产海洋资源统计公报》引入课程知识，讲授我国铜矿资源的分布和纯铜冶炼技术的发展。 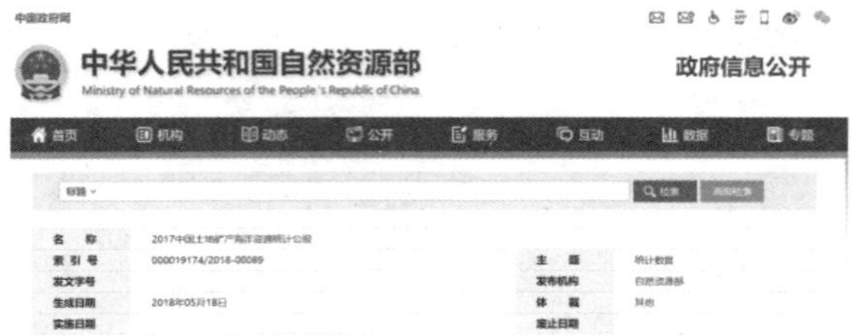
中华人民共和国自然资源部
政府信息公开
《2017 中国土地矿产海洋资源统计公报》</td><td>以古代铜制品精湛的技艺激发学生的民族自豪感，强化工匠精神教育，引导学生传承中华文脉，激发学生学习的兴趣和主动性</td></tr>
</table>

续表

<table>
<tr>
<td rowspan="4">教学活动</td>
<td>（2）利用云课堂 APP，开展关于纯铜优缺点的讨论，总结铜的特点。学生自评，教师结合生活用品总结纯铜的颜色并讲述纯铜的牌号及用途。
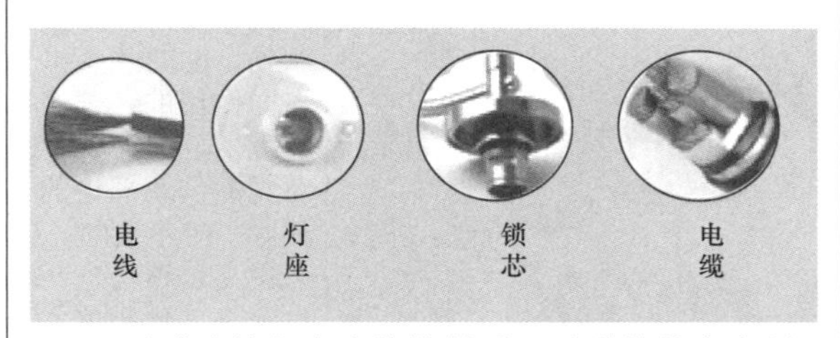
</td>
<td></td>
</tr>
<tr>
<td>（3）以鸦片战争中火炮的材质、子弹的外壳为例，引出黄铜，讲解黄铜的组成、性能特点。
</td>
<td>对比以鸦片战争中中英火炮的材质，历史告诉我们，我国落后挨打的原因就是科技落后，而今我国国力增强不会再发生类似事件，以此引入习近平总书记在二十大讲话中的精神——科技是国家强盛之基，要加强科学精神教育，激发学生的国家归属感、自豪感和社会责任感。</td>
</tr>
<tr>
<td>（4）播放冲锋号，结合军号讲解黄铜的牌号、性能及应用。
</td>
<td>回忆党领导下的抗日战争、解放战争和抗美援朝战争，传承好红色文化，使学生树立正确的理想和坚定的信念，把人生理想融入国家和民族的事业中，为实现中华民族的伟大复兴中国梦贡献力量。</td>
</tr>
<tr>
<td>（5）以陕西省宝鸡市出土的青铜器何尊为例，讲述青铜的定义与牌号。此部分可以根据不同的需要，加入不同比例的合金元素，加工出性能不同的青铜器物，从而引导学生总结不同青铜的性能特点及应用。
</td>
<td>何尊上“何以为尊，我有中国”中最早出现“中国”二字，这是祖国的名称在历史长河中的首次崭露，以此弘扬以爱国主义为核心的民族精神。</td>
</tr>
</table>

续表

<table>
<tr><td>教学活动</td><td>（6）展示中华人民共和国成立后发行的纪念币，发布问题，让学生回答各个纪念币的发行时间和背后的含义。
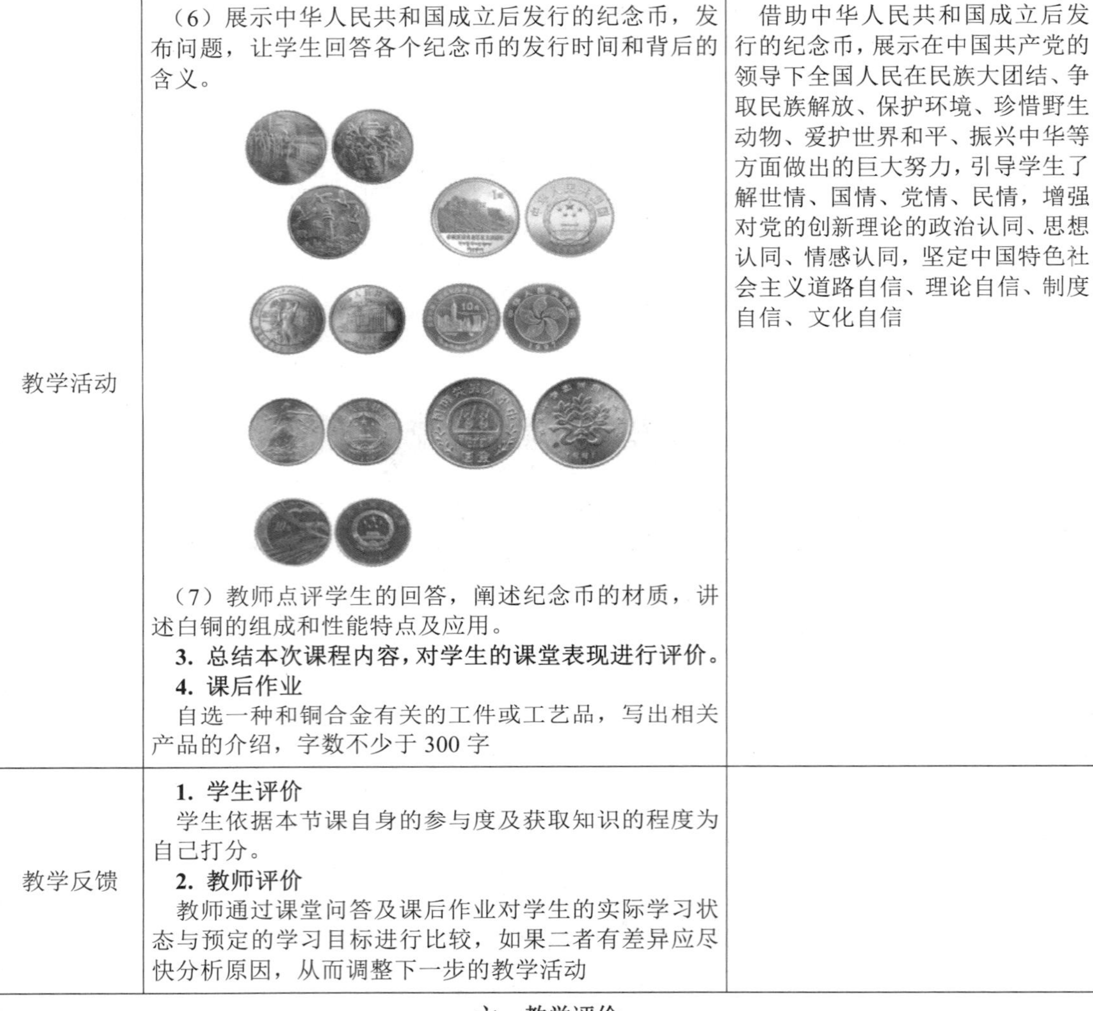
（7）教师点评学生的回答，阐述纪念币的材质，讲述白铜的组成和性能特点及应用。
3. 总结本次课程内容，对学生的课堂表现进行评价。
4. 课后作业
自选一种和铜合金有关的工件或工艺品，写出相关产品的介绍，字数不少于 300 字</td><td>借助中华人民共和国成立后发行的纪念币，展示在中国共产党的领导下全国人民在民族大团结、争取民族解放、保护环境、珍惜野生动物、爱护世界和平、振兴中华等方面做出的巨大努力，引导学生了解世情、国情、党情、民情，增强对党的创新理论的政治认同、思想认同、情感认同，坚定中国特色社会主义道路自信、理论自信、制度自信、文化自信</td></tr>
<tr><td>教学反馈</td><td>1. 学生评价
学生依据本节课自身的参与度及获取知识的程度为自己打分。
2. 教师评价
教师通过课堂问答及课后作业对学生的实际学习状态与预定的学习目标进行比较，如果二者有差异应尽快分析原因，从而调整下一步的教学活动</td><td></td></tr>
<tr><td colspan="3">六、教学评价</td></tr>
<tr><td colspan="3">“工程材料及热加工基础”课程内容与我们生活息息相关，与当前国际形势密切联系。因此，通过与“课程思政”育人内容自然融合，不仅能增强学生对课程学习的主观能动性，还能激发学生的爱国情怀，提升学生的责任感和使命感。
（1）开展“课程思政”教学后，学生更容易接受任课教师传达的思想和内容，课堂气氛活跃，学生学习能动性相应提升。
（2）所谓“教学相长”，是指教师在搜集大量教学资料后，其个人专业素养和道德素养也能得到极大提升，教学质量也能得到相应提高。
（3）同行教师听课后表示学生与教师在思政部分的互动性明显增强，学生对此表现出了极大的兴趣，甚至主动发表不同见解</td></tr>
<tr><td colspan="3">七、教学反思</td></tr>
<tr><td colspan="3">1. 存在的问题
（1）教学方法和教学素材不够形象生动，如介绍二元合金相图时，采用简图法，只给学生留下了“相很抽象”“相图很重要”等印象，因此需要更加贴近实际生产的图像资料作为支撑，让学生对合金相组成有更清晰的认知和理解。</td></tr>
</table>

续表

（2）课程思政元素分布不均。当前课程思政元素主要集中于每一章的概述部分，之后的内容涉及得较少。 **2. 改进思路** （1）进一步丰富教学方法，且调研工作应更加翔实可靠。课程思政的目的是自然地向学生传授教学内容和思政内容而不引起学生反感。因此，更加生动的教学方法将对保持学生学习兴趣、提升课堂教学质量产生重要作用。除了讲授法，还可以采用问题提出法、图片或视频演示法，甚至当学生对某个领域（如军事武器或电子科技）也有强烈的兴趣时，可以采用片段式的“翻转课堂”，由学生主导该内容的讲解。 （2）完善评价标准，通过网络平台对课程思政的教育教学过程进行记录，并对学生的参与度进行统计，纳入课程平时成绩，从而更好地对学生进行知识内化和价值引领

搬运机器人的路径规划

（工业机器人技术）

团队成员

白蕾、张小洁、王艳

（参与陕西省职业技术教育学会课题——“工业机器人应用技术”课程思政研究与实践，发表学术论文数篇。目前承担自动化2005～2008班“工业机器人技术”课程的教学任务）

课程基本情况

“工业机器人技术”课程开设于电气自动化技术专业第五学期，作为一门综合性很强的专业课，主要培养学生对工业机器人工作站的设计、调试和维护应用技能。在掌握“PLC应用技术”、“自动生产线安装与调试”课程内容的基础上，进一步学习和掌握工业机器人的基本操作与编程等系统性知识，以满足工业机器人及系统的安装、调试、运行、维护以及工业机器人产品销售及售后服务等岗位群的需要。本课程紧密结合未来工业机器人以及智能制造发展，引导学生树立安全意识，培育学生的爱国主义精神、团结协作品质以及工匠精神。

教学设计

一、课程概况			
部门名称	电气工程学院	课程性质	●必修　○选修
课程类型	○公共基础课程　●专业教育课程　○实践类课程		
面向专业	电气自动化技术		
授课对象	自动化2001班学生	授课时数	48学时
参赛章节	搬运机器人认知与应用	使用教材	《工业机器人基础与应用》
授课题目	搬运机器人的路径规划		
二、教学分析			
教学内容	内容分析： 为了适应人工智能背景下我国制造产业向智能制造转型升级对技术人才的需求，培养助力新时代智能制造的复合型技术技能人才。本任务基于校企合作企业的实际工程项目《无		

续表

<table>
<tr>
<td>教学内容</td>
<td colspan="3">接触食品智能搬运控制系统》，根据专业人才培养方案、课程标准、职业岗位标准、“1+X”工业机器人集成应用职业技能等级证书（中级）标准及工业机器人系统控制与应用大赛要求，将工业机器人技术相关知识内容按照实际工程流程重新整合教学内容，注重培养学生对搬运机器人工作站的设计、安装、调试和维护应用技能。本节课重点讲授搬运机器人的路径规划原则，通过机器人编程软件、动画视频、微课等，让学生完成机器人路径规划设计，并使用机器人编程软件合理示教目标点。最后，引导学生在机器人编程软件上按照设计的程序流程图进行编程，实现机器人的智能搬运。
课程挖掘教学内容中蕴含的思政元素，融入了爱岗敬业和职业规划，使学生在学习与实践过程中形成浓郁的家国情怀、爱岗敬业的劳动态度、规范严谨的操作习惯及职业规划意识，培养学生的科技报国之心。
教材分析
主要教材《工业机器人基础与应用》，张明文主编，“十三五”职业教育国家规划教材；
辅助教材：《工业机器人实操与应用技巧》，叶晖主编，高职高专国家示范性院校课改教材；
自编工作手册式教材：《工业机器人应用技术》

</td>
</tr>
<tr>
<td rowspan="2">学情分析</td>
<td>知识基础</td>
<td>（1）已了解智能搬运系统的基本工作流程；
（2）掌握了工业机器人常规运动指令的运用</td>
<td>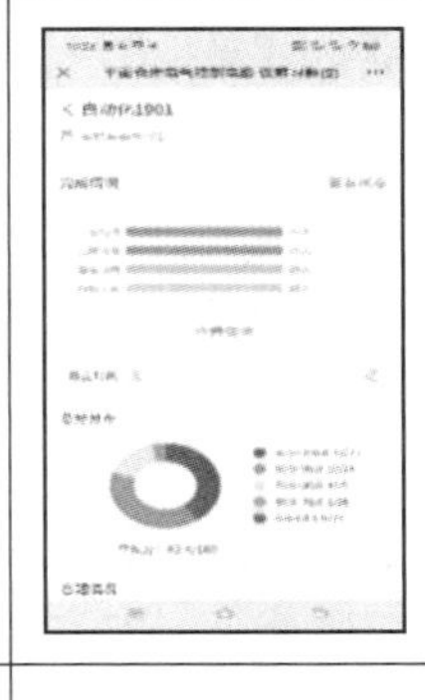 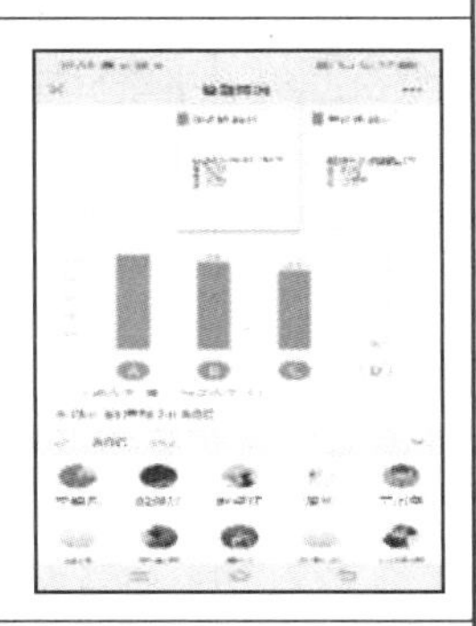</td>
</tr>
<tr>
<td>实践能力基础</td>
<td>（1）会使用机器人仿真软件；
（2）会设定机器人末端执行器的工具坐标系和示教目标点；
（3）熟悉基本工作规范，动手能力较强，具备一定的自主能力</td>
<td>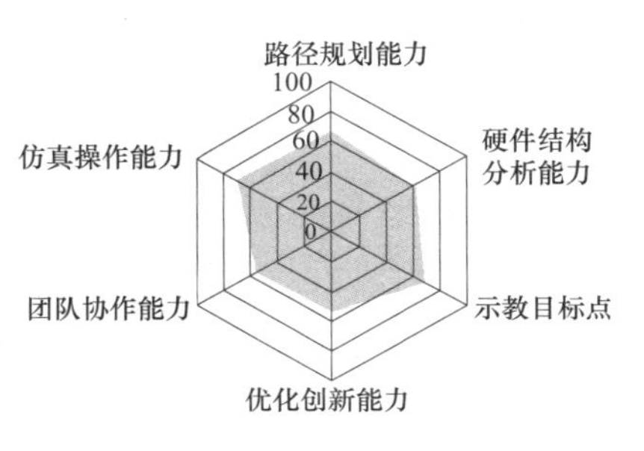
</td>
</tr>
</table>

续表

<table>
<tr><td>学情分析</td><td>职业素养与学习特点</td><td>（1）渴望学习和未来工作岗位相关的知识和技能，对企业真实项目表现出强烈的好奇；
（2）需提升学生的自主学习能力，培养学生深度思考的习惯；加强对学生科学思维的培养，提升学生的专注力和创新能力</td><td> 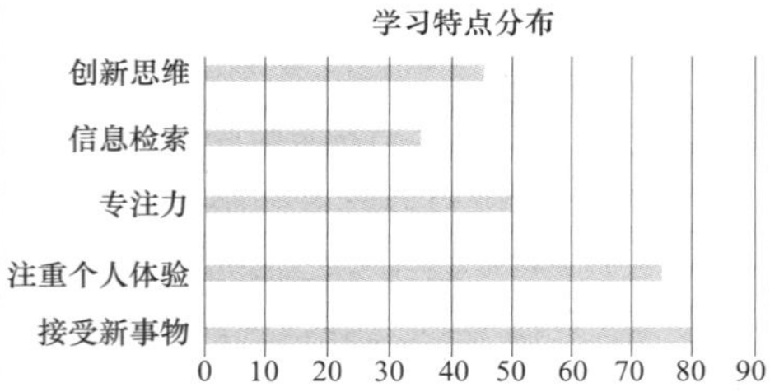学习特点分布
创新思维
信息检索
专注力
注重个人体验
接受新事物
0 10 20 30 40 50 60 70 80 90</td></tr>
<tr><td colspan="4">三、教学目标</td></tr>
<tr><td rowspan="3">教学目标</td><td>知识目标</td><td colspan="2">（1）掌握工业机器人在智能搬运系统中的路径规划原则（对接“1+X”技能点）；
（2）掌握搬运机器人程序流程图的设计方法</td></tr>
<tr><td>能力目标</td><td colspan="2">（1）能根据规划出的机器人路径示教合理的目标点；
（2）能使用正确的指令完成搬运机器人控制系统的仿真（对接全国“工业机器人系统控制与应用”大赛考点）</td></tr>
<tr><td>思政目标</td><td colspan="2">（1）培养学生的爱国主义精神及浓郁的家国情怀；
（2）培养学生规范严谨的操作习惯及职业规划的意识；
（3）引导学生树立精益求精的工匠精神和爱岗敬业的劳动态度</td></tr>
<tr><td>教学重点及解决办法</td><td colspan="2">工业机器人在智能搬运系统中路径规划原则的应用</td><td>通过机器人仿真软件，让学生很直观地理解路径规划原则及其重要性，在应用中引导学生积极思考，发展思维能力 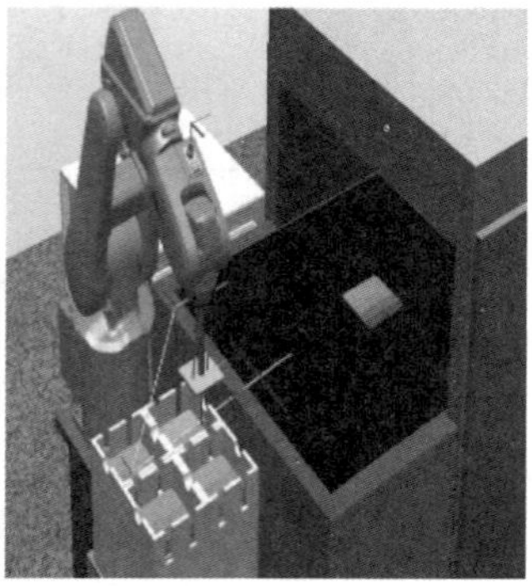</td></tr>
<tr><td>教学难点及解决办法</td><td colspan="2">机器人搬运程序流程图设计</td><td>通过播放工业现场机器人搬运视频，引导学生画出轨迹规划图、动作规划图和程序设计流程图；通过分组讨论、小组展示、教师点评，制定和完善系统设计方案</td></tr>
<tr><td colspan="4">四、教学策略</td></tr>
<tr><td>设计思路</td><td colspan="3">本着以学生为主体的教学理念，以任务为驱动开展混合式教学，以翻转课堂的模式将教学过程分解为课前准备，课中导学，课后拓展。学生课前自学线上资源，了解搬运机器人硬件结构组成，利用思维导图完成工业机器人在智能分拣系统中的路径规划，熟悉机器人编程软件的使用方法和示教目标点步骤，并进行课前线上评测；课中聚焦重难点，依托理论基础，通过“机器人编程软件”提升安全操作技能，让学生牢固掌握机器人末端执行器的工具坐标系设定和示教目标点方法，通过小组自评互评的方式让每位学生充分参与；课后学生巩固所学内容，为下一次课做准备。各环节环环相扣，最终达到本次课的学习目标</td></tr>
</table>

续表

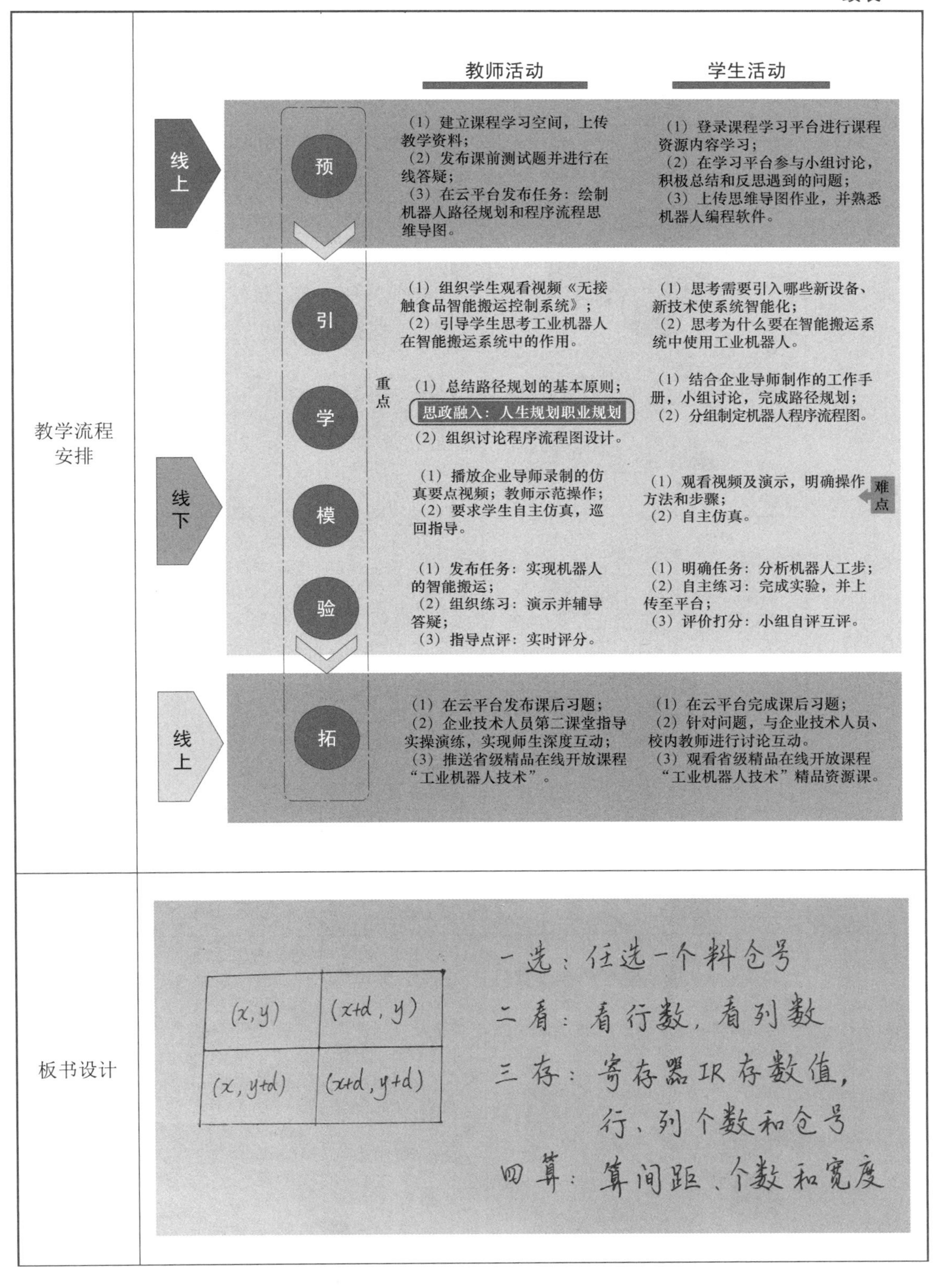

教学流程安排	教师活动 / 学生活动 线上 · 预 教师活动：（1）建立课程学习空间，上传教学资料；（2）发布课前测试题并进行在线答疑；（3）在云平台发布任务：绘制机器人路径规划和程序流程思维导图。 学生活动：（1）登录课程学习平台进行课程资源内容学习；（2）在学习平台参与小组讨论，积极总结和反思遇到的问题；（3）上传思维导图作业，并熟悉机器人编程软件。 线下 · 引 教师活动：（1）组织学生观看视频《无接触食品智能搬运控制系统》；（2）引导学生思考工业机器人在智能搬运系统中的作用。 学生活动：（1）思考需要引入哪些新设备、新技术使系统智能化；（2）思考为什么要在智能搬运系统中使用工业机器人。 线下 · 学（重点） 教师活动：（1）总结路径规划的基本原则；思政融入：人生规划职业规划（2）组织讨论程序流程图设计。 学生活动：（1）结合企业导师制作的工作手册，小组讨论，完成路径规划；（2）分组制定机器人程序流程图。 线下 · 模（难点） 教师活动：（1）播放企业导师录制的仿真要点视频；教师示范操作；（2）要求学生自主仿真，巡回指导。 学生活动：（1）观看视频及演示，明确操作方法和步骤；（2）自主仿真。 线下 · 验 教师活动：（1）发布任务：实现机器人的智能搬运；（2）组织练习：演示并辅导答疑；（3）指导点评：实时评分。 学生活动：（1）明确任务：分析机器人工步；（2）自主练习：完成实验，并上传至平台；（3）评价打分：小组自评互评。 线上 · 拓 教师活动：（1）在云平台发布课后习题；（2）企业技术人员第二课堂指导实操演练，实现师生深度互动；（3）推送省级精品在线开放课程“工业机器人技术”。 学生活动：（1）在云平台完成课后习题；（2）针对问题，与企业技术人员、校内教师进行讨论互动。（3）观看省级精品在线开放课程“工业机器人技术”精品资源课。
板书设计	(x, y) | (x+d, y) (x, y+d) | (x+d, y+d) 一选：任选一个料仓号 二看：看行数，看列数 三存：寄存器1R存数值，行、列个数和仓号 四算：算间距、个数和宽度

续表

五、教学过程				
教学环节	教学过程			课程思政
	教学内容	教师活动	学生活动	
环节 1：课前预热	【复习回顾】 （1）通用机器人的硬件结构组成； 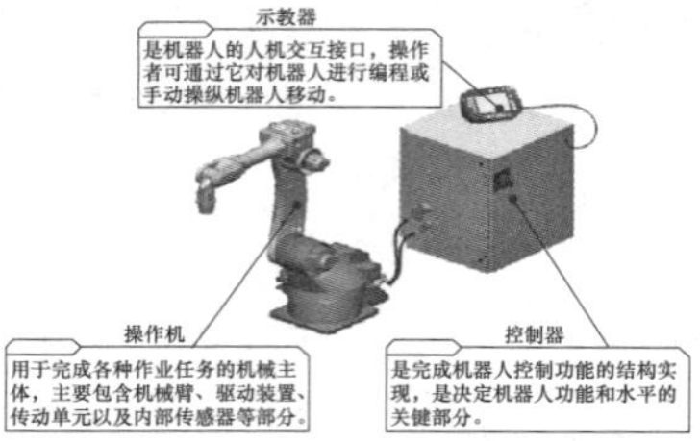 示教器 是机器人的人机交互接口，操作者可通过它对机器人进行编程或手动操纵机器人移动。 操作机 用于完成各种作业任务的机械主体，主要包含机械臂、驱动装置、传动单元以及内部传感器等部分。 控制器 是完成机器人控制功能的结构实现，是决定机器人功能和水平的关键部分。 （2）机器人末端执行器的类型。  吸附式　夹钳式 吸盘 抓取式　组合式 【预习新知】 机器人智能搬运控制系统的轨迹规划图和动作规划图	【资料推送】 （1）云平台推送“机器人的硬件结构组成”测试题； （2）云平台推送“机器人路径规划”MOOC视频、自编活页式教材和机器人仿真软件。 【发布任务】 绘制机器人路径规划思维导图、轨迹规划图和动作规划图。 【分析学情】 （1）登录云平台，追踪学生的测评结果； （2）根据学生学习时长以及学习视频嵌入问题的答题情况进行督学，并查阅点评学生完成任务的情况； 【策略调整】 总结学生在贴吧论坛中的热点问题，及时调整课堂的教学内容和教学方法	【复习回顾】 云平台完成“机器人的硬件结构组成”测试题。 【预习新知】 （1）根据任务书开展任务，并完成微课的学习； （2）安装并熟悉机器人仿真软件。 【自评巩固】 查看平台自测结果，分析知识薄弱点。 【探究提高】 （1）将任务中遇到的问题，在贴吧论坛中发帖讨论； （2）配合教师深入了解学生团队的项目进展情况和遇到的困难。	（1）培养学生团队的自主学习能力和合作探究能力； （2）开辟师生课外探究和交流的空间； （3）帮助教师诊断问题，准确把握授课方向，做到有的放矢
环节 2：任务引入（5min）	【情境创设】 导入企业真实的工作案例《无接触食品智能搬运控制系统》，引导学生思考工业机器人在智能搬运控制系统中的作用。（任务驱动法） 	【发布签到】 云平台发布签到。 【播放视频】 组织学生观看视频《无接触食品智能搬运控制系统》。 【发布任务】 引导学生思考工业机器人在智能搬运系统中的作用。	【学生签到】 云平台签到。 【观看视频】 观看任务视频，思考如果搬运系统需要智能化，都需要引入什么新设备、新技术。 【思考问题】 思考：为什么要在智能搬运控制系统中使用工业机器人。	使学生明确制造强国观念及工业机器人在制造业中的重要地位，引导学生树立崇高的爱国精神，坚定科技报国之心

续表

教学环节	教学过程			课程思政
	教学内容	教师活动	学生活动	
环节 2：任务引入（5min）	【思政融入】 “为中国品牌中国速度做贡献”（二十大代表风采）	【思政融入】 以党的二十大代表洪家光为例，讲述其研发出航空发动机叶片滚轮精密磨削技术，突破国外卡脖子问题的事迹，为中国品牌中国速度做贡献，培养学生的爱国主义精神及浓郁的家国情怀	【明确任务】 在云平台领取任务	
环节 3：新知学习（机器人路径规划基本原则）（15min）	【归纳常见问题】 分析机器人智能搬运系统路径规划中的常见问题。 第一组 P1 P2 P3 第二组 P1 P3 P2 P4 第三组 P1 P2 P3 P4 P5 第四组 P1 P2 P3 【机器人风险区的划分】 为机器人运行的环境合理划分风险区。 【机器人选型】 归纳机器人路径规划的基本原则 基本原则一：符合搬运基本流程 基本原则二：避免本体与障碍物碰撞 基本原则三：避免机器人关节冲击 基本原则四：路径规划要高效	【思路引导】 （1）搬运机器人在智能分拣系统中应该怎么动作？ （2）机器人的动作轨迹应该是什么？ 【作业分析】 结合 4 组典型作业，引导学生分析机器人智能搬运系统中的路径规划常见问题。 【重点讲解】 （1）什么是机器人的风险区？ （2）如何划分机器人的风险区？ 【归纳总结】 机器人路径规划的基本原则： （1）符合搬运基本流程； （2）避免本体与障碍物碰撞； （3）避免机器人关节冲击； （4）路径规划要高效	【小组讨论】 开展组内讨论，讨论搬运机器人动作过程及动作轨迹，并将讨论结果上传至云平台。 【思考领会】 参与互动，结合课前自学，积极在组内进行研讨分析，总结机器人路径规划的基本原则。 【知识内化】 聆听教师对为什么要为机器人划分风险区及如何划分机器人的风险区等问题的，记录要点； 【方案优化】 各组根据路径规划原则及教师的点评意见，再次商讨、完善本组的方案，并在云平台再次上传最终的方案	（1）通过典型案例对比，强化机器人在智能搬运系统中路径规划的原则，突破教学重点； （2）根据路径规划原则引出思政点，强调人生规划与国家发展血脉相连
环节 4：仿真模拟（18min）	【分析工步】	【发布任务】 在云平台发布任务： 在机器人仿真软件上实现机器人的智能搬运。	【明确任务】 观看任务视频，明确任务要求和分析机器人工步。	（1）通过机器人仿真软件，让学生体验真实项目情境，增强学生的岗位认同感及责任感，攻克教学难点；

续表

教学环节	教学过程			课程思政
	教学内容	教师活动	学生活动	
	【仿真练习】 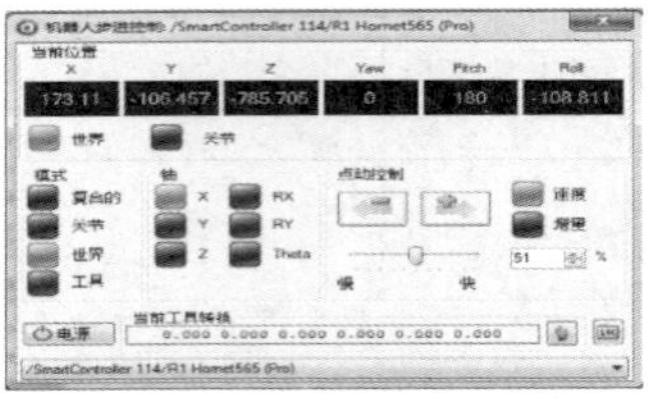 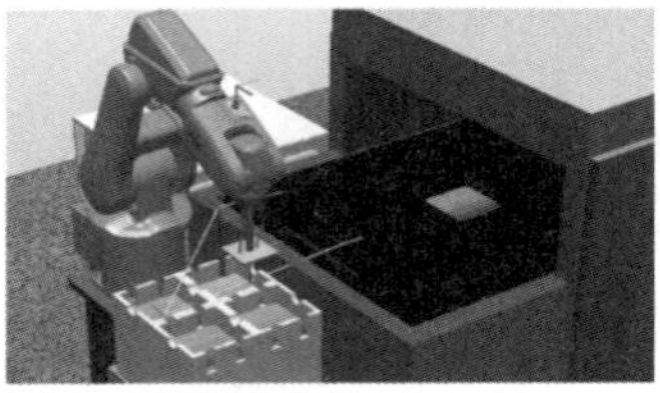 【评价打分】 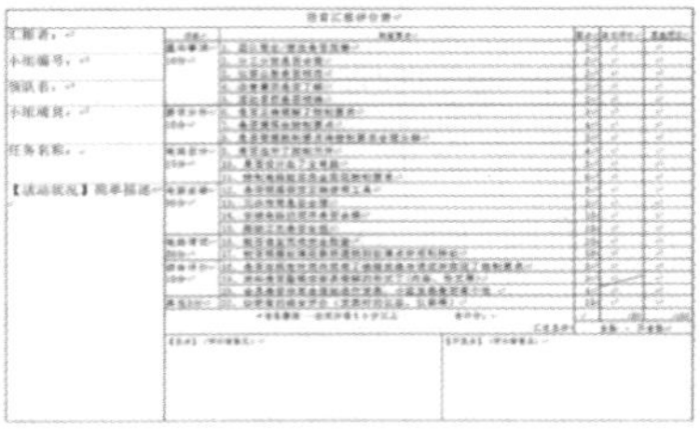	【组织演练】 （1）介绍实验流程，发放实验注意事项及评分标准； （2）分组安排，5 人为一组，共 6 组，分组练习； （3）在实验过程中对有问题的学生进行辅导答疑。 【指导点评】 （1）要求各小组在平台上提交实验结果； （2）教师和各小组间根据实验结果在线上实时评分	【实训演练】 根据实验要求，利用机器人仿真软件，按照机器人路径规划原则和设计的程序流程图实现机器人的智能搬运。 【组间互评】 根据评分标准，进行组间评分。 【组内互评】 根据评分标准，学生团队之间进行组内评分。 【记录问题】 记录本小组在实验过程中遇到的问题及解决方法	（2）通过小组自评互评，提高学生的沟通交流能力，引导学生养成团队协作精神； （3）根据平台上的显示，进步的小组给予加分鼓励，以激发其能吃苦、肯奋斗的学习精神
环节 5：仿真分析验证（12min）	【实验验证评价】  【企业导师点评】  【思政融入】 “做好一个阀　为工业强基贡献力量”——马玉山（二十大代表风采） 	【课堂小结】 总结学生在方案制定、仿真模拟中存在的常见问题，解决仿真模拟中的问题；鼓励学生团队进一步完善方案，并加强练习。 【自评互评】 学生组内和组间进行自评与互评，相互交流，像马玉山一样专注控制阀产品设计和技术攻关，为工业强基、制造强国贡献力量。 【进步评价】 根据测评最终结果，对方案编制合理、成绩进步的学生给予加分鼓励	【学后反馈】 完成课内测试，总结自己掌握的知识点、错误点和重难点。 【完善方案】 各小组根据教师和企业导师的总结意见，再次商讨完善方案，并在云平台上传最终方案。 【评选最优小组】 根据平台数据和实验结果，评选出最优小组	借助机器人仿真软件、企业导师规范操作视频和验收点评，引导学生牢记习总书记的教诲：“坚定不移听党话、跟党走，怀抱梦想又脚踏实地，敢想敢为又善作善成，立志做有理想、敢担当、能吃苦、肯奋斗的新时代好青年”。

续表

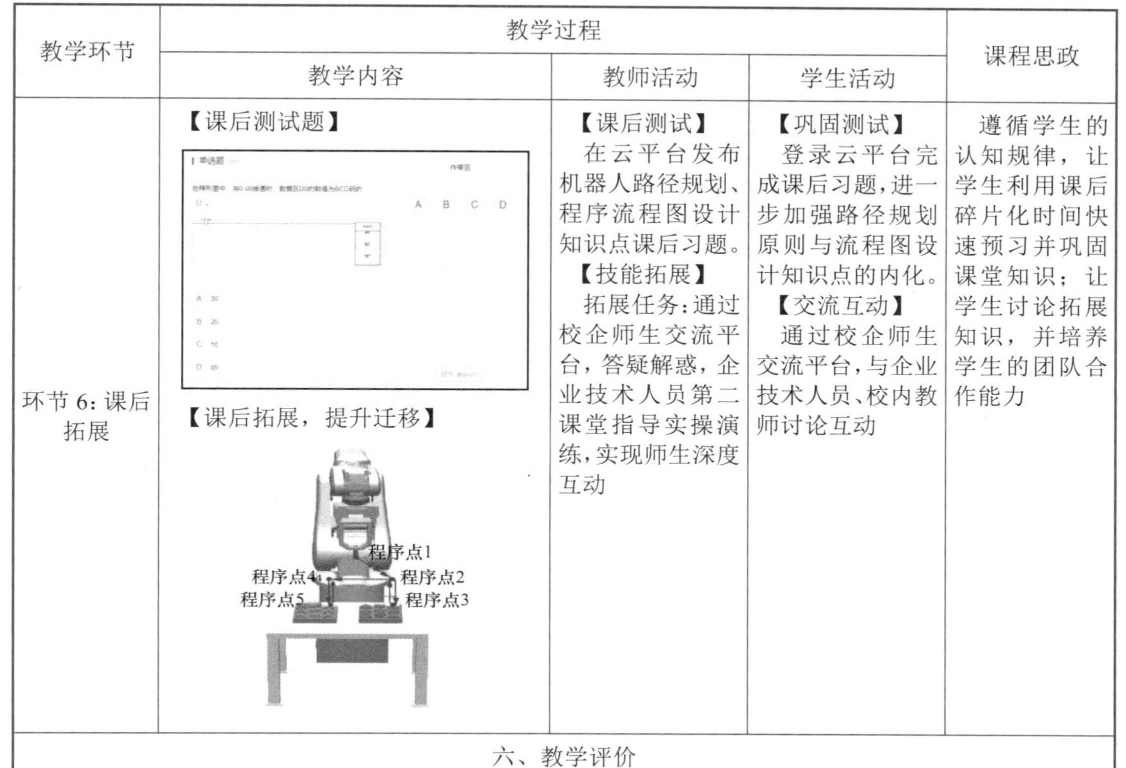

教学环节	教学过程			课程思政
	教学内容	教师活动	学生活动	
环节 6：课后拓展	【课后测试题】 【课后拓展，提升迁移】	【课后测试】 在云平台发布机器人路径规划、程序流程图设计知识点课后习题。 【技能拓展】 拓展任务：通过校企师生交流平台，答疑解惑，企业技术人员第二课堂指导实操演练，实现师生深度互动	【巩固测试】 登录云平台完成课后习题，进一步加强路径规划原则与流程图设计知识点的内化。 【交流互动】 通过校企师生交流平台，与企业技术人员、校内教师讨论互动	遵循学生的认知规律，让学生利用课后碎片化时间快速预习并巩固课堂知识；让学生讨论拓展知识，并培养学生的团队合作能力

六、教学评价

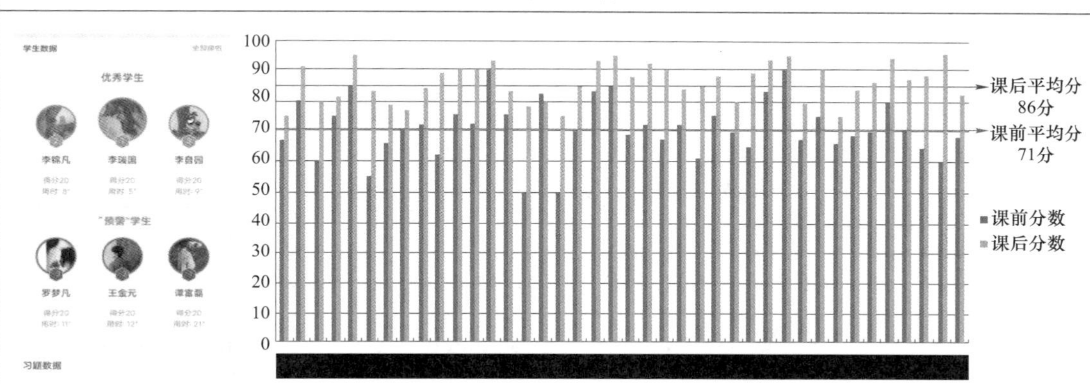

（1）学生通过云平台提交测试题，知识目标有效达成，成绩从课前平均分 71 分提升到了 86 分；

（2）通过任务驱动、头脑风暴的方式，形成以学生为中心的课堂，利用思维导图绘制程序流程图，组内合作实验，培养了学生的团队协作意识；

（3）学生积极参与，形成可视化成果，获得良好学习体验。通过平台发布签到、讨论、随堂测试等活动数据选出优秀学生和预警学生，教师可针对性辅导

七、教学反思

1. 实施效果

（1）学生明确了课程的价值目标，提高了育人效果，对于培养学生的工匠精神、家国情怀、社会责任感和历史使命感等有积极的引导作用；

（2）学生对国内外不同品牌工业机器人的使用有了兴趣，提高了学习课程的积极性；

（3）在新形势下，学生对电气自动化技术专业今后的就业方向有了新的认知。

续表

2. 存在问题 （1）学生对课程兴趣不一，投入的时间和精力对课堂讨论、总结汇报影响较大； （2）本次课的教学设计没有完全照顾到所有学生，特别是班级中比较安静的一部分学生，课下需要与其加强沟通，在学习、生活上需要及时对其提供帮助指导。 **3. 改进措施** （1）积极与思政教师学习，深挖课程思政元素，优化实施设计； （2）模拟仿真+实践创新。仿真软件结合实践操作，同时实时展示学生的学习成果，以便分享交流，激发学生学习兴趣

供配电系统的基本知识

（供配电技术）

团队成员

谭王景、王锟、徐园园

课程基本情况

“供配电技术”课程是电气相关专业核心课程之一，是电力自动化和供配电领域人才必须掌握的基础技术。“供配电技术”为2022年我院立项“金课”之一，隶属国家级双高专业群机械制造与自动化专业群、省级双高专业群电气自动化技术专业群，面向装备制造业中电力自动化设备安装、运维、检修等岗位，培养掌握高低压设备及其自动化技术，具备电力自动化系统工程思维、良好职业素养和职业习惯具有工匠精神的复合型技术技能人才。

教学设计

一、课程概况			
部门名称	电气工程学院	课程性质	●必修　○选修
课程类型	○公共基础课程　●专业教育课程　○实践类课程		
面向专业	电气自动化技术、供用电技术、电力系统自动化技术、光伏工程技术		
授课对象	大二学生	授课时数	4 学时
参赛章节	第一章第一节	使用教材	《供配电技术（第3版）》
授课题目	供配电系统的基本知识		
二、教学分析			
教学内容	授课内容： 夯基固本　点燃电力之光 ——第一章供配电技术基础知识（4学时） 1. 供配电系统概述 2. 电力系统的额定电压（2学时） 1. 电力系统的中性点运行方式 2. 电能质量（2学时）		

续表

<table>
<tr><td>教学内容</td><td>内容分析：本次课程内容为第一章供配电技术基础知识中第一小节国内外供配电技术发展概况及电力系统、电力网以及供配电系统的组成。电力系统、电力网以及供配电系统之间既有联系又有区别。因此本次课程是让学生学习和认识供配电系统，了解供配电系统的构成以及为未来从事供配电行业奠定基础
教材分析：本课程教材为《供配电技术（第 3 版）》，曾令琴、王磊主编，人民邮电出版社，2020 年</td></tr>
<tr><td>学情分析</td><td>1. 知识基础
学生在学习本课程前，通过对“电工基础”“电子技术”“架空线路设计”等先导课程的学习，已经掌握了电路原理分析、输电线路等相关知识。通过智慧树发布课前测试题，判断学生对供配电系统构成相关基础知识的掌握情况。
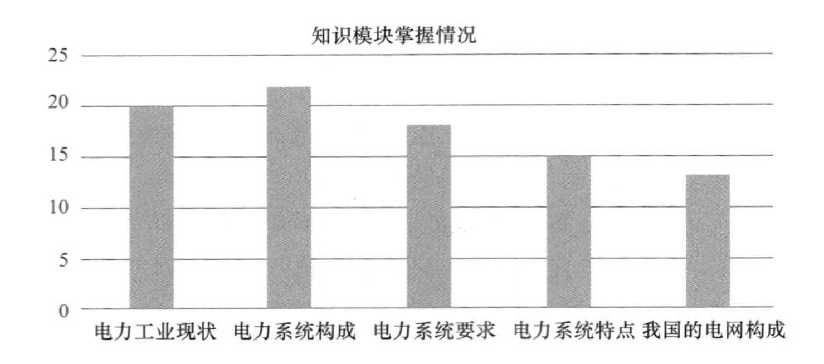

结论：学生已基本了解了电力系统的构成，但对目前我国的电网结构了解不足，对供配电系统的特点和要求有大致的印象，但不能深刻理解。
2. 实践能力
通过测试题考查学生对供配电系统构成元件的识别能力，统计结果如下：
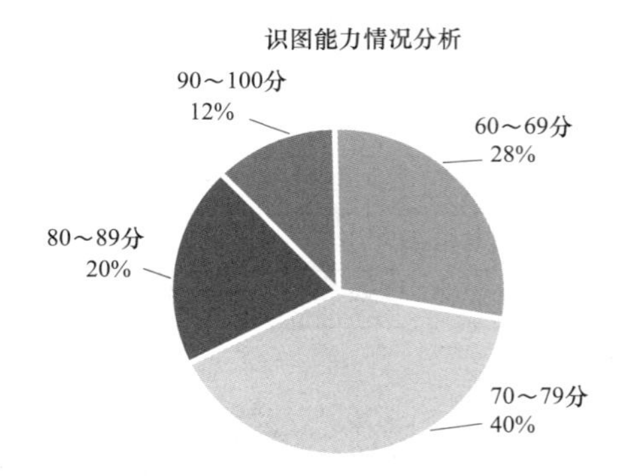

结论：学生整体课前预习比较充分，初步具备严谨的工科思维，对本专业相关知识有较好的认知，熟悉供配电系统的基本状况，识图能力整体比较强，学习上具有一定的自主性。</td></tr>
</table>

续表

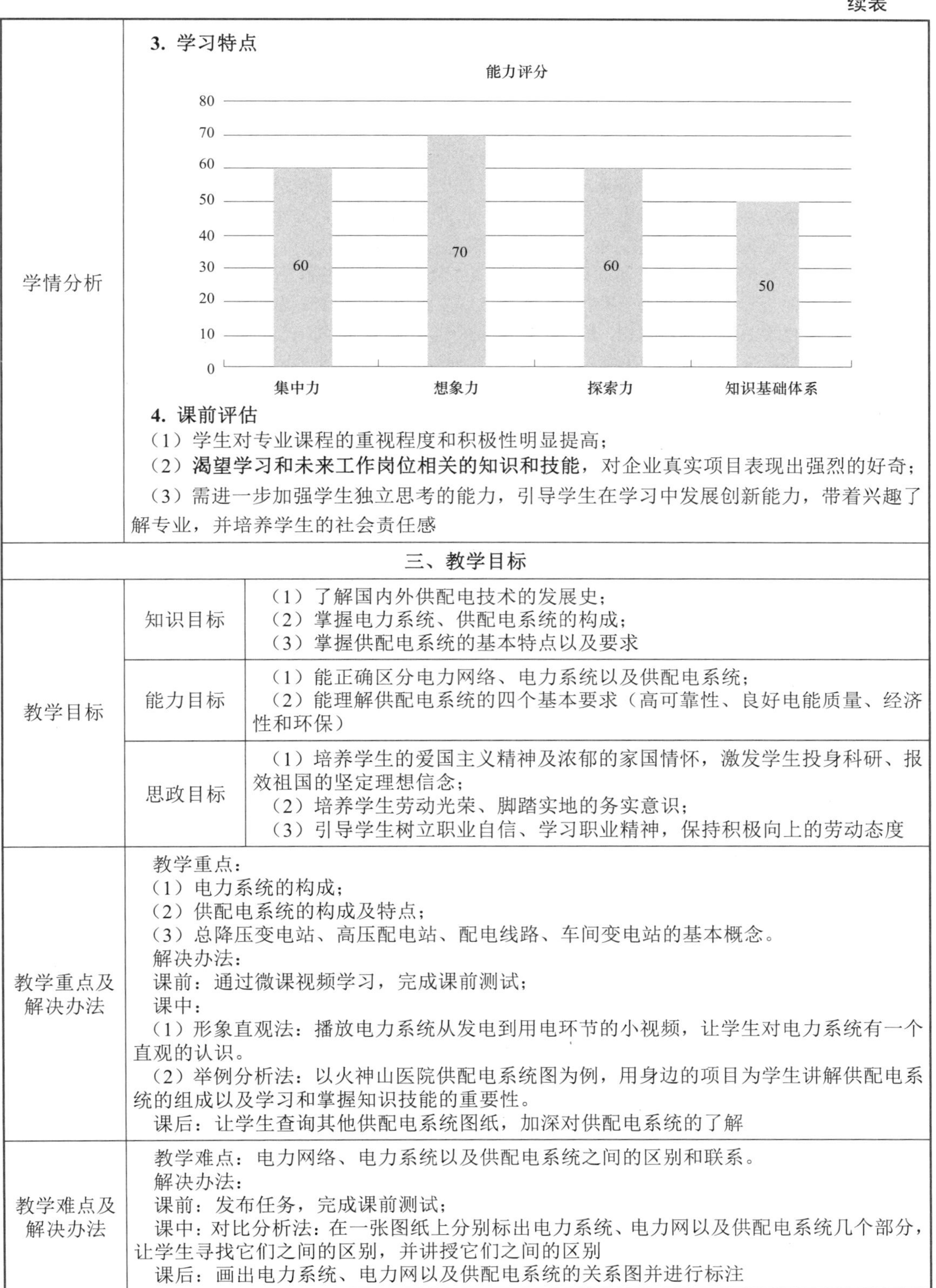

学情分析	**3. 学习特点** 能力评分 80 70 60 50 40 30 20 10 0 集中力 60　想象力 70　探索力 60　知识基础体系 50 **4. 课前评估** （1）学生对专业课程的重视程度和积极性明显提高； （2）**渴望学习和未来工作岗位相关的知识和技能**，对企业真实项目表现出强烈的好奇； （3）需进一步加强学生独立思考的能力，引导学生在学习中发展创新能力，带着兴趣了解专业，并培养学生的社会责任感	
三、教学目标		
教学目标	知识目标	（1）了解国内外供配电技术的发展史； （2）掌握电力系统、供配电系统的构成； （3）掌握供配电系统的基本特点以及要求
	能力目标	（1）能正确区分电力网络、电力系统以及供配电系统； （2）能理解供配电系统的四个基本要求（高可靠性、良好电能质量、经济性和环保）
	思政目标	（1）培养学生的爱国主义精神及浓郁的家国情怀，激发学生投身科研、报效祖国的坚定理想信念； （2）培养学生劳动光荣、脚踏实地的务实意识； （3）引导学生树立职业自信、学习职业精神，保持积极向上的劳动态度
教学重点及解决办法	教学重点： （1）电力系统的构成； （2）供配电系统的构成及特点； （3）总降压变电站、高压配电站、配电线路、车间变电站的基本概念。 解决办法： 课前：通过微课视频学习，完成课前测试； 课中： （1）形象直观法：播放电力系统从发电到用电环节的小视频，让学生对电力系统有一个直观的认识。 （2）举例分析法：以火神山医院供配电系统图为例，用身边的项目为学生讲解供配电系统的组成以及学习和掌握知识技能的重要性。 课后：让学生查询其他供配电系统图纸，加深对供配电系统的了解	
教学难点及解决办法	教学难点：电力网络、电力系统以及供配电系统之间的区别和联系。 解决办法： 课前：发布任务，完成课前测试； 课中：对比分析法：在一张图纸上分别标出电力系统、电力网以及供配电系统几个部分，让学生寻找它们之间的区别，并讲授它们之间的区别 课后：画出电力系统、电力网以及供配电系统的关系图并进行标注	

续表

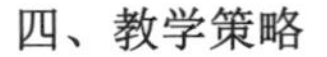

四、教学策略	
设计思路	本次课程依托学堂在线教学平台，采用“线上+线下”“课上+课下”混合式教学模式，课程的实施分为课前、课中、课后三部分。在教学过程中，充分利用视频、PPT 等多种教学资源，全程融入课程思政教育元素，全面提升人才培养效果。本次课程围绕课程教学内容，从以下几个方面融入“红色和匠心”思政元素，激发学生的爱国主义和奉献精神，增强学生的职业自豪感和自信心。 **1. 引入红色故事，激发学生的爱国主义情怀** 结合电力工业发展过程中经典的“红色故事”，这些红色故事承载着中国电力工业发展的历史以及先辈的革命精神，是对大学生进行革命教育、思想政治教育的珍贵素材。结合电力系统的基础知识，既能提高学生的学习兴趣，使其牢记知识点，又能引导学生树立崇高的理想、学习和弘扬吃苦耐劳的职业精神、厚植学生的爱国主义情怀。 **2. 讲述科学家的励志故事，鼓励学生不断进取** 现在的学生基本上是“00”后，一直过着衣食无忧的生活，缺乏吃苦耐劳的精神，进取心和劳动意识相对比较薄弱。通过讲述科学家如何在艰苦条件下逆袭的励志故事，向学生传递正能量，坚定学生的信心，培养学生“有志者事竟成”的进取精神。 **3. 介绍国家电力工业的快速发展，增强职业自信，激发工匠精神** 电力相关专业的学生是未来电力行业发展和建设的接班人，了解电力工业从艰难建设到取得举世瞩目的成就的发展历程，增强学生的职业自信和自豪感、激发学生为现代电力事业贡献力量的决心，培养学生开拓创新、求真务实的工匠精神
教学流程安排	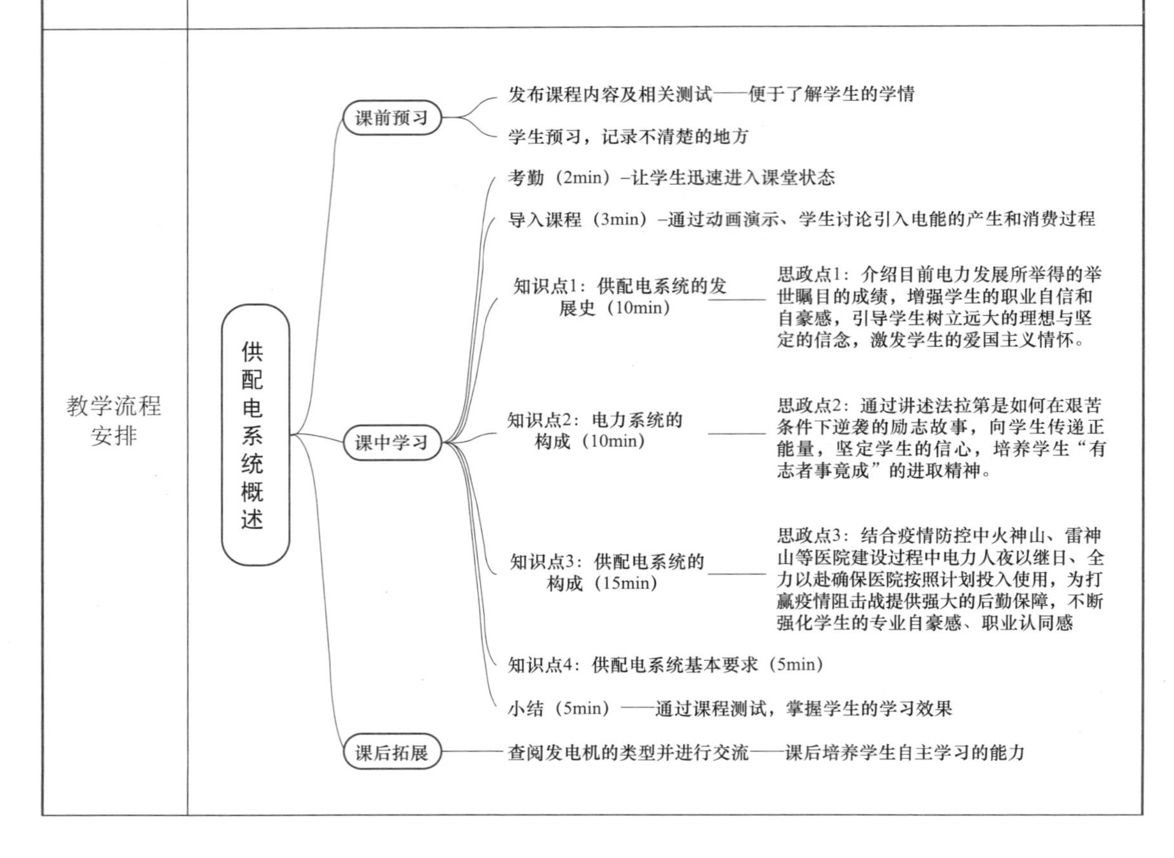

续表

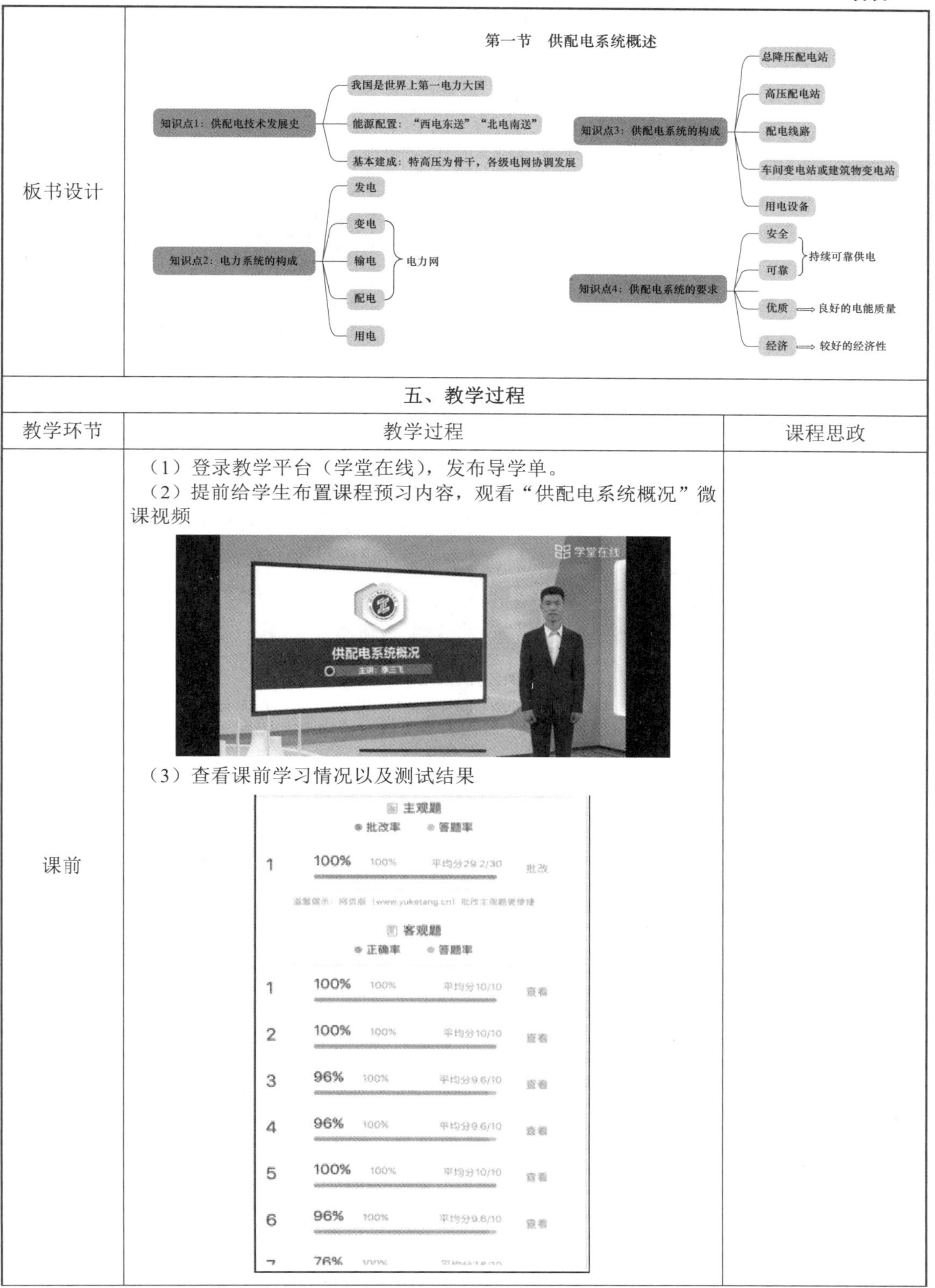

板书设计	第一节 供配电系统概述 知识点1：供配电技术发展史 — 我国是世界上第一电力大国；能源配置："西电东送""北电南送"；基本建成：特高压为骨干，各级电网协调发展 知识点2：电力系统的构成 — 发电；变电、输电、配电（电力网）；用电 知识点3：供配电系统的构成 — 总降压配电站；高压配电站；配电线路；车间变电站或建筑物变电站；用电设备 知识点4：供配电系统的要求 — 安全、可靠（持续可靠供电）；优质⟹良好的电能质量；经济⟹较好的经济性

五、教学过程		
教学环节	教学过程	课程思政
课前	（1）登录教学平台（学堂在线），发布导学单。 （2）提前给学生布置课程预习内容，观看"供配电系统概况"微课视频 学堂在线 供配电系统概况 主讲：李三飞 （3）查看课前学习情况以及测试结果 主观题 批改率 答题率 1 100% 100% 平均分29.2/30 批改 客观题 正确率 答题率 1 100% 100% 平均分10/10 查看 2 100% 100% 平均分10/10 查看 3 96% 100% 平均分9.6/10 查看 4 96% 100% 平均分9.6/10 查看 5 100% 100% 平均分10/10 查看 6 96% 100% 平均分9.6/10 查看 7 76% 100%	

续表

课中	**1. 考勤** 利用智慧树课程平台的“签到”，掌握学生的出勤情况以及对课上内容的掌握情况，方便课后答疑，提高学生的课堂参与度。 **2. 导入课程** 通过图片展示，让学生讨论生活中的电（包括常见的发电设备、输电设备、变电设备以及用电设备），并思考电能如何产生。 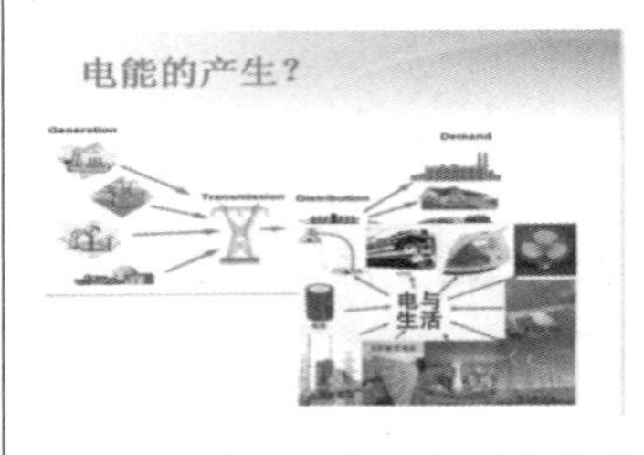 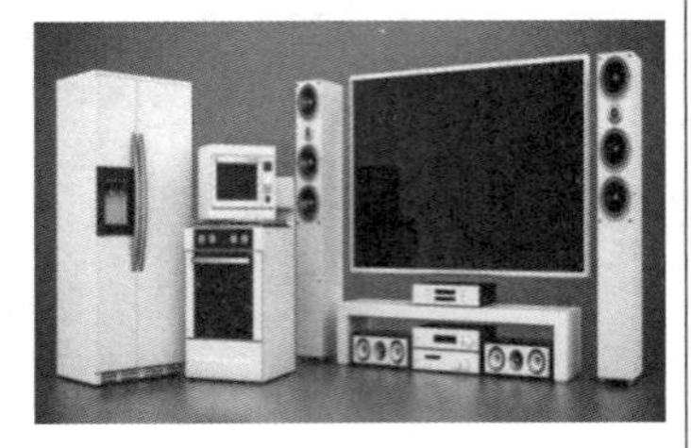 **3. 知识点 1：供配电系统的发展史** 电力工业的发展贯穿了整个中华民族艰难曲折的发展史，将中国电力的历史，以视频和图片的形式展现给学生。   思政要点 1：视频讲述了中国电力的发展史，从中国第一个发电厂点亮第一盏台灯开始讲述，视频中描述了中国电力工业从最开始到现在成为世界一流的发展历程，表达了一代一代电力人无私奉献，为祖国“点亮电力之光”。通过该视频，一方面加强学生对电力工业发展的直观认识，另一方面引导学生学习电力发展史中前辈们吃苦耐劳的精神。同时，通过介绍目前电力发展取得世界瞩目的成绩，增强学生的职业自信和自豪感，引导学生树立远大的理想与坚定的信念，激发学生的爱国主义情怀。 知识传递：我国电力行业持续加快发展，形成“三纵三横”特高压骨干网架和 16 项直流输电工程，形成大规模“西电东送”“北电南送”的能源配置格局，以特高压电网为骨干网架，各级电网协调发展。 思政要点 2： 双碳背景下电力系统的发展（知识延伸）。 **4. 知识点 2：电力系统的构成** （1）利用智慧树课程平台开展一轮头脑风暴，问题是：“大家知道世界上第一台发电机的发明人是谁吗？他是做什么的呢？” 学生充分发挥想象力，在手机上输入答案，屏幕上会显示大家答案的关键字，这项活动可以激发学生的积极性，将注意力集中在课堂上。 （2）随后教师讲一个小故事：第一台发电机是由出生在贫寒的铁匠家庭的法拉第发明的。法拉第并没有因为贫寒的家境而放弃过学习，他始终保持强烈的求知欲，刻苦学习。经过多年的学习和钻研，他终于发明了世界上第一台真正意义上的发电机。	**1. 引入红色故事，激发学生的爱国主义情怀** 结合电力工业发展过程中经典的“红色故事”，这些红色故事承载着中国电力工业发展的历史以及先辈的革命精神，是对大学生进行革命教育、思想政治教育的珍贵素材。结合电力系统的基础知识，既能提高学生的学习兴趣，使其牢记知识点，又能引导学生树立崇高的理想、学习和弘扬吃苦耐劳的职业精神、厚植学生的爱国主义情怀。 **2. 展望双碳背景下电力系统的发展** 通过双碳目标下对电力系统的要求，鼓励学生作为当代电力人要树立低碳发展、创新革命意识，为新型电力系统的构建贡献自己的力量。

续表

<table>
<tr>
<td>课中</td>
<td>

思政要点 3：这是个有趣的小故事，也是个蕴含大道理的励志故事。一方面，当代大学生大多从小过着衣食无忧的生活，缺乏忧患意识和竞争意识，不知道未来走向社会将面临众多的竞争和压力。通过法拉第的故事可以提醒他们不可安于现状、止步不前，而应奋发图强、励精图治，这样才不被社会淘汰；另一方面，有些学生总认为自己基础不好，专业课一定学不好。通过法拉第的故事也能激励学生不断进取。法拉第没有经过正统的学习却能成功发明发电机，而他们接受着良好的教育，只要坚定“有志者事竟成”的信心，积极进取，就一定能战胜困难获得成功。
知识传递：① 生产、输送、分配与消费电能的系统称为电力系统；② 电力系统中各种电压等级的变电站和输配线路组成的统一体称为电力网。
5. 知识点 3：供配电系统的构成
通过展示图纸，向学生介绍供配电系统的构成

知识传递：

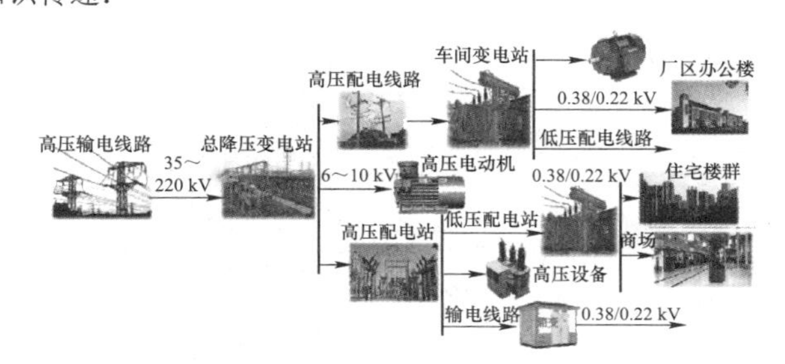

（1）总降压变电站。
总降压变电站是用户供应的枢纽，将 35～220kV 的外部供电电源电压降为 6～10kV 的高压配电电压，供给高压配电站、车间变电站或建筑物变电站和高压用电设备。
</td>
<td>
3. 讲述科学家的励志故事，鼓励学生不断进取
现在的大学生基本上是“00”后，从小就过着衣食无忧的生活，缺乏吃苦耐劳的精神，进取心和劳动意识相对比较薄弱。通过讲述科学家是如何在艰苦条件下逆袭的励志故事，向学生传递正能量，坚定学生的信心，培养学生“有志者　事竟成”的进取精神。
</td>
</tr>
</table>

续表

课中	（2）高压配电站。 集中接收 6～10kV 电压，分配到附近各车间变电站或者建筑物变电站和高压用电设备。 （3）配电线路。 分为 6～10kV 高压配电线路和 380/220V 低压配电线路。高压配电线路将总降压变电站与高压配电站、车间变电站或建筑物变电站和高压用电设备连接起来；低压配电线路将车间变电站或者建筑物变电站的 380/220V 电能送到各低压用电设备。 （4）车间变电站或建筑物变电站。 将 6～10kV 电压降为 380/220V，供低压用电设备使用。介绍火神山医院部分接线： 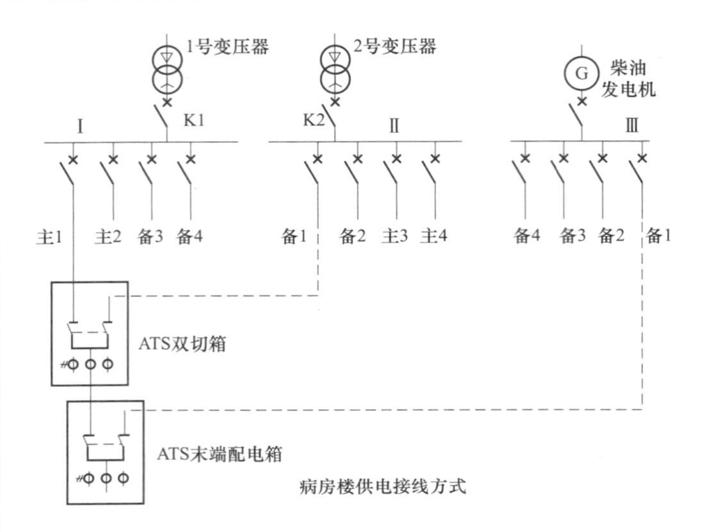 病房楼供电接线方式 图纸背景：火神山医院属于新建医院，采用 2 路 10kV 市政电源，病房区采用两台 630kVA 室外箱式变压器加一台柴油发电机组构成，主电源故障失电后，自动启动柴油发电机组，15 s 内为所有末端互投应急配电箱提供应急备用电源。 思政要点 4： 	

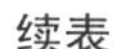

续表

<table>
<tr>
<td>课中</td>
<td>2020年年初，武汉爆发新冠疫情，短短5天5夜的时间，火神山医院电力建设就完成了迁移2条10 kV线路4次、安装4台10 kV环网箱、架设24台总容量1.46万kV安箱式变压器、敷设8 km电力电缆。这惊人速度的背后不仅仅是伟大的团结、奋斗精神，更是200余名电力工作人员不分昼夜的付出。作为国家未来的电力工程技术人员，应立志做有理想、敢担当、能吃苦、肯奋斗的时代好青年，利用自己的专业知识和能力投身祖国建设，服务人民生活。
6. 知识点4：供配电系统的基本要求
采用案例分析法进行教学，假设学校、医院、村庄这三个地方发生停电事故，会造成哪些危害？在案列分析的过程中，教师对应供配电系统运行的特点，提出对供配电系统的四个基本要求。
知识传递：供配电系统的基本要求：安全、可靠、优质、经济。
7. 小结
（1）简单总结本节课的主要内容以及重难点。
（2）利用智慧树平台的“投票”功能，出几道练习题，测试学生对本节课内容的掌握情况

投票
下列属于电力系统基本要求的是（　　）。
A. 持续可靠　　B. 良好的电能质量
C. 经济性　　D. 环境友好
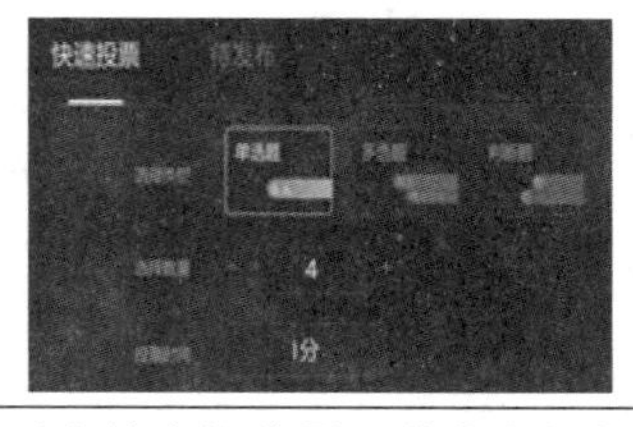
</td>
<td>4. 介绍抗击新冠疫情的情况，方舱医院短时间完成供电系统，从而增强学生的职业自信，培养学生的工匠精神和奉献精神。
通过讲述雷神山供配电系统接线，介绍在抗击疫情的阻击战中，电力工作人员全力以赴保障电力畅通，为打赢疫情防控阻击战提供了坚强有力的保障，从而激发学生学好专业技能的热情，引导学生用技术技能为保家卫国做出应有的贡献，进一步培养学生开拓创新的工匠精神</td>
</tr>
<tr>
<td>课后</td>
<td>（1）课后，让学生利用图书、网络平台等查阅我国目前发电机的类型，下节课进行交流讨论。
（2）对于学生不明白的问题随时在智慧树平台上进行答疑</td>
<td></td>
</tr>
</table>

六、教学评价

根据授课内容，采用多层多阶段考核方式，考核内容结合下表：

考核比重	考核内容
课前（20%）	线上学习测试
	在线学习时长
	在线任务完成率
课中（60%）	课堂出勤率
	知识点1：供配电系统的发展史
	知识点2：电力系统的构成
	知识点3：供配电系统的构成
	知识点4：供配电系统的基本要求
	思政点认同
	发言次数
	自我总结
课后（20%）	课后任务
	应用能力
	课后作业

续表

七、教学反思
1. 教学效果 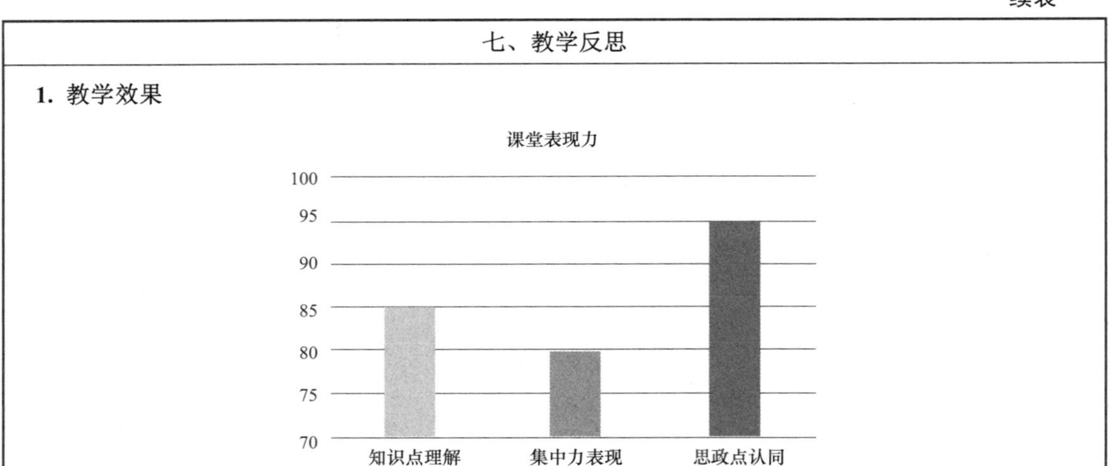 （1）通过分析，学生对知识点掌握得比较扎实，学习兴趣得到了提高。 （2）学生通过专业技能报国的事迹，增强了专业认同感和职业自信，表现出技能报国的信心和决心。 **2. 存在问题** （1）电力系统、电力网以及供配电系统的对比不够直观。 （2）学生对专业知识综合应用的灵活性不足，不能很好的举一反三。 **3. 解决方案** （1）通过引入企业导师，利用供电局、发电厂技术人员的现场工作实际，让学生感受电力系统。 （2）利用大数据评价分析，将具有不同优势的学生进行组队，构建合作学习、团结奋进的学习环境

航天零件标准件

（机械制图）

团队成员

林希、张妍、赵明威、高红英

课程基本情况

机械制图是用图样确切表示机械的结构形状、尺寸大小、工作原理和技术要求的学科。图样由图形、符号、文字和数字等组成，是表达设计意图和制造要求以及交流经验的技术文件，常被称为工程界的语言。本课程是机械制造及自动化专业重要的专业基础课，旨在使学生了解制图的基本国家标准，掌握阅读和绘制机械图样的基本方法与技能，并能够使用绘图软件完成各种机械图样的绘制与标注。机械制图的课程内容是学生学习后续专业课程及毕业设计的必要基础，也是学生今后从事技术工作必须具备的重要知识。

教学设计

一、课程概况			
部门名称	机械工程学院	课程性质	●必修　○选修
课程类型	○公共基础课程　●专业教育课程　○实践类课程		
面向专业	机械制造及自动化		
授课对象	高职机制专业 2022 级学生	授课时数	2 学时
参赛章节	第三章　第一节	使用教材	《机械制图项目教程（第 3 版）》 《机械制图项目习题集》
授课题目	标准件与常用件（一）——航天零件标准件		
二、教学分析			
教学内容	内容分析 本节课是“机械制图”课程项目三中的第一个任务，上好标准件第一次课是非常重要的。要让学生明白工业生产中互换性的重要作用，什么是标准件，怎样绘制标准件；着重说明标准件在图样中的表达方法，同时聘请企业导师讲解标准件在制造国之重器时的重要性。		

续表

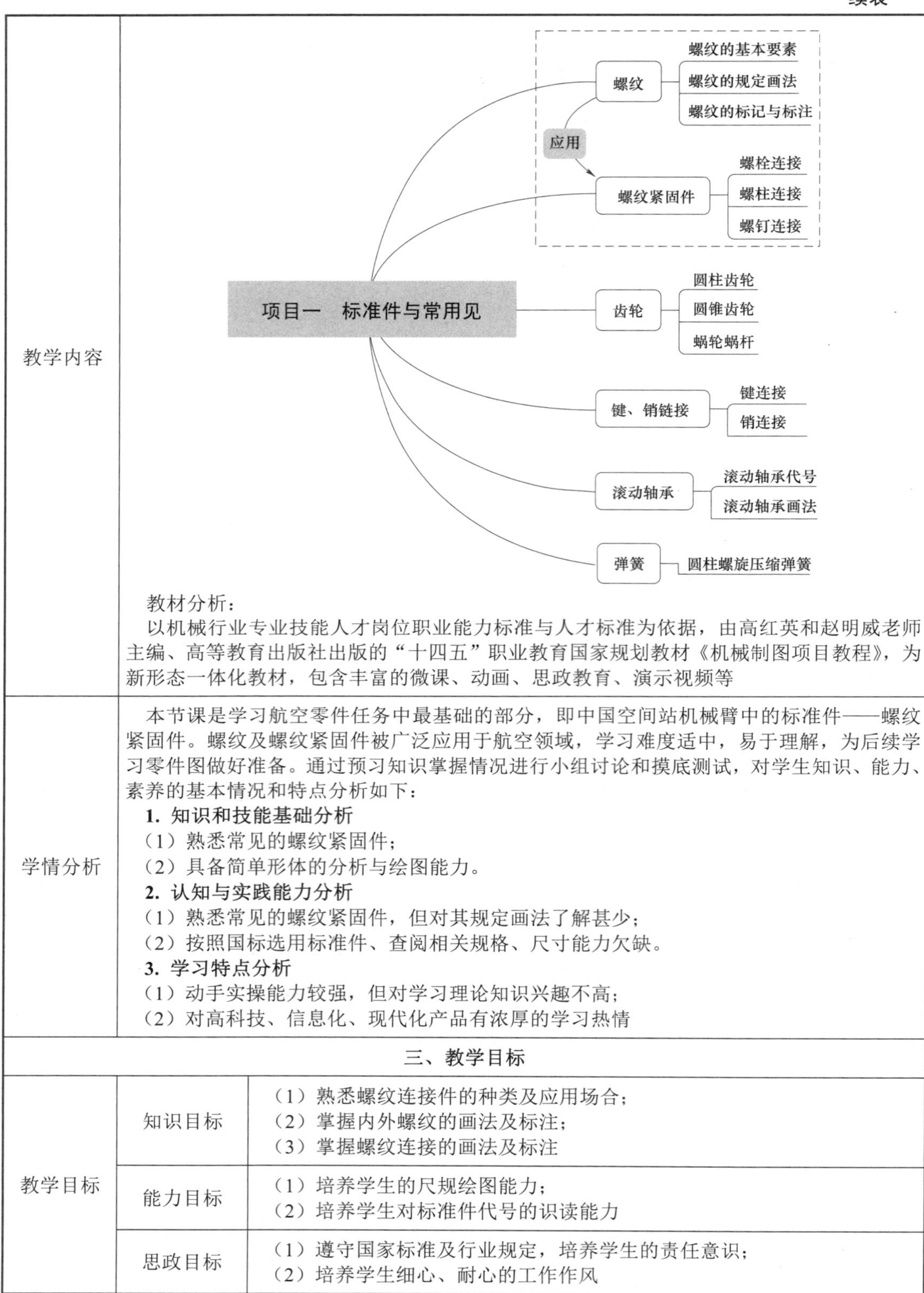

教学内容	教材分析： 以机械行业专业技能人才岗位职业能力标准与人才标准为依据，由高红英和赵明威老师主编、高等教育出版社出版的“十四五”职业教育国家规划教材《机械制图项目教程》，为新形态一体化教材，包含丰富的微课、动画、思政教育、演示视频等	
学情分析	本节课是学习航空零件任务中最基础的部分，即中国空间站机械臂中的标准件——螺纹紧固件。螺纹及螺纹紧固件被广泛应用于航空领域，学习难度适中，易于理解，为后续学习零件图做好准备。通过预习知识掌握情况进行小组讨论和摸底测试，对学生知识、能力、素养的基本情况和特点分析如下： **1. 知识和技能基础分析** （1）熟悉常见的螺纹紧固件； （2）具备简单形体的分析与绘图能力。 **2. 认知与实践能力分析** （1）熟悉常见的螺纹紧固件，但对其规定画法了解甚少； （2）按照国标选用标准件、查阅相关规格、尺寸能力欠缺。 **3. 学习特点分析** （1）动手实操能力较强，但对学习理论知识兴趣不高； （2）对高科技、信息化、现代化产品有浓厚的学习热情	
三、教学目标		
教学目标	知识目标	（1）熟悉螺纹连接件的种类及应用场合； （2）掌握内外螺纹的画法及标注； （3）掌握螺纹连接的画法及标注
	能力目标	（1）培养学生的尺规绘图能力； （2）培养学生对标准件代号的识读能力
	思政目标	（1）遵守国家标准及行业规定，培养学生的责任意识； （2）培养学生细心、耐心的工作作风

续表

教学重点 解决办法	教学重点： （1）内外螺纹的规定画法及标记； （2）螺栓连接、双头螺柱连接、螺钉连接的画法； （3）标准件的国标查表方法。 解决办法： 采用任务驱动的方式，借助真实产品图样，引导学生自主探究螺纹的要素；课中适时进行讨论，并进行点评，突破教学重点
教学难点 解决办法	教学难点： 螺纹连接的画法。 解决办法：师生交流，生生交流。在课上、课下逐步养成正确、科学的学习方法，突破难点
四、教学策略	
设计思路	本次课是“弘扬中国制造精神，绘读航天零件图样”的第一个任务：标准件——螺纹紧固件的教学内容，共设计 2 课时。以空间站机械臂中的螺纹紧固件为任务驱动开展线上线下混合式教学，采用情境教学法，师生扮演加工中心操作员，并分组实现从图纸识读到实施加工过程的各个环节，将教学过程分解为课前准备、课中导学、课后拓展三个阶段。学生在课前观看中国天宫空间站视频，观察并思考螺纹紧固件的种类及应用场合，通过小组探究、链式互查和手工绘图等，引导学生自主确定表达方案，达成学习目标。根据学情分析，将本教学任务的教学环节设计如下： 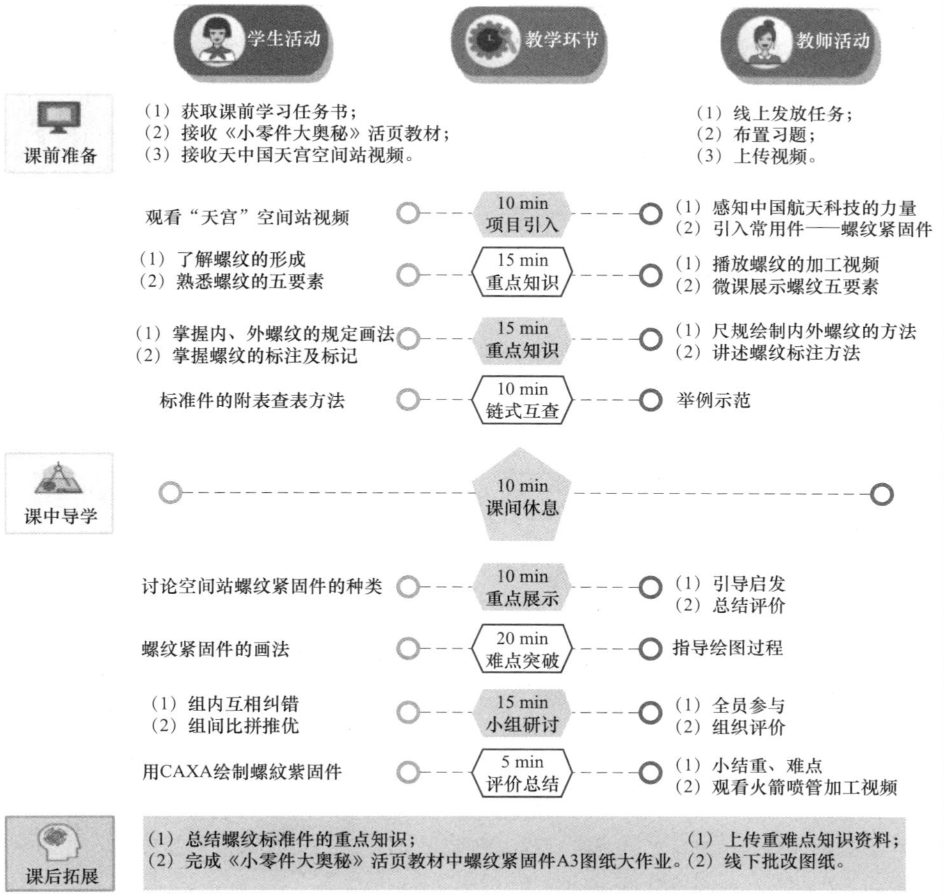 学生活动　教学环节　教师活动 课前准备 学生活动：（1）获取课前学习任务书；（2）接收《小零件大奥秘》活页教材；（3）接收天中国天宫空间站视频。 教师活动：（1）线上发放任务；（2）布置习题；（3）上传视频。 课中导学 观看“天宫”空间站视频 — 10 min 项目引入 — （1）感知中国航天科技的力量（2）引入常用件——螺纹紧固件 （1）了解螺纹的形成（2）熟悉螺纹的五要素 — 15 min 重点知识 — （1）播放螺纹的加工视频（2）微课展示螺纹五要素 （1）掌握内、外螺纹的规定画法（2）掌握螺纹的标注及标记 — 15 min 重点知识 — （1）尺规绘制内外螺纹的方法（2）讲述螺纹标注方法 标准件的附表查表方法 — 10 min 链式互查 — 举例示范 10 min 课间休息 讨论空间站螺纹紧固件的种类 — 10 min 重点展示 — （1）引导启发（2）总结评价 螺纹紧固件的画法 — 20 min 难点突破 — 指导绘图过程 （1）组内互相纠错（2）组间比拼推优 — 15 min 小组研讨 — （1）全员参与（2）组织评价 用CAXA绘制螺纹紧固件 — 5 min 评价总结 — （1）小结重、难点（2）观看火箭喷管加工视频 课后拓展 学生活动：（1）总结螺纹标准件的重点知识；（2）完成《小零件大奥秘》活页教材中螺纹紧固件A3图纸大作业。 教师活动：（1）上传重难点知识资料；（2）线下批改图纸。

续表

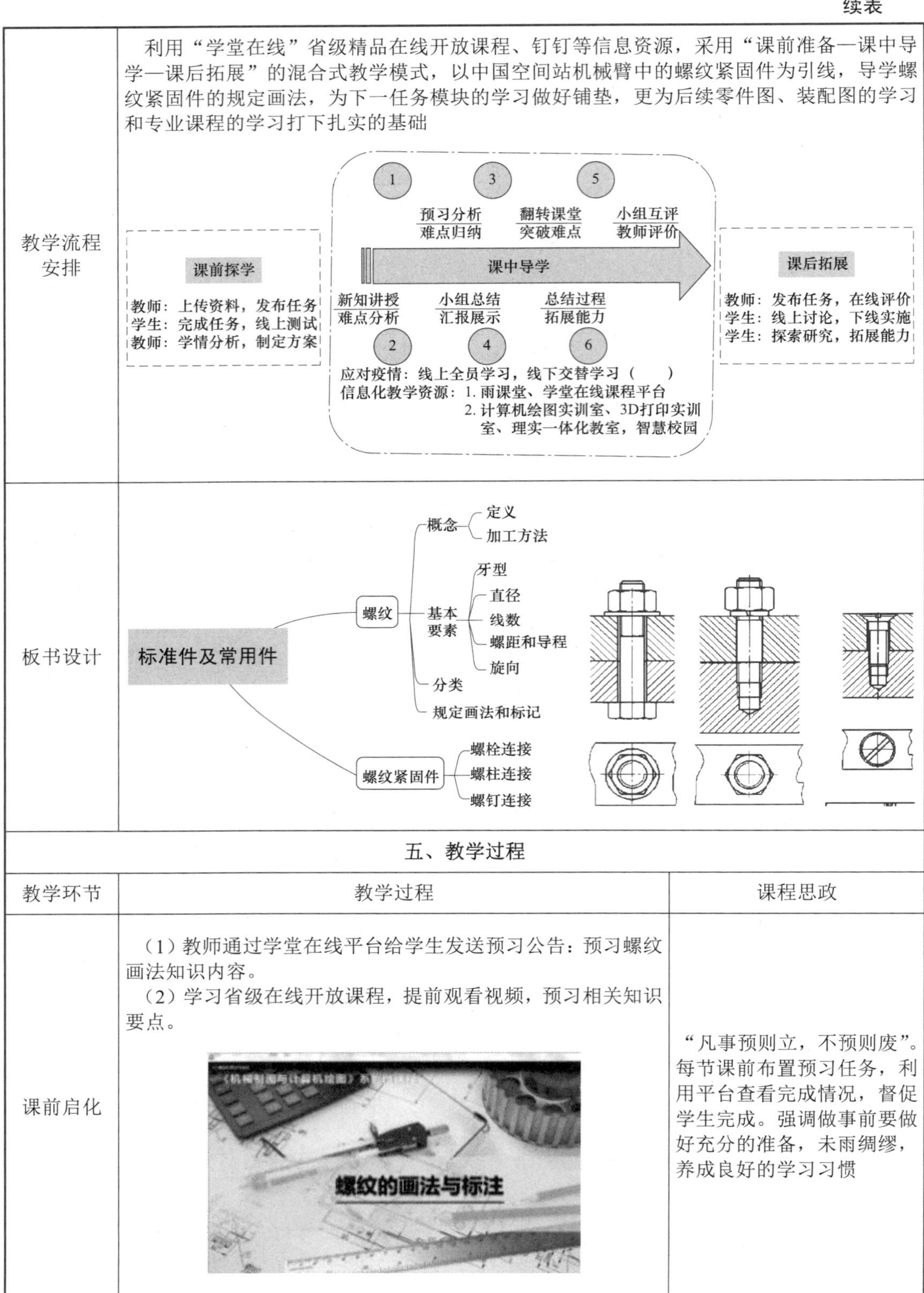

教学流程安排	利用“学堂在线”省级精品在线开放课程、钉钉等信息资源，采用“课前准备—课中导学—课后拓展”的混合式教学模式，以中国空间站机械臂中的螺纹紧固件为引线，导学螺纹紧固件的规定画法，为下一任务模块的学习做好铺垫，更为后续零件图、装配图的学习和专业课程的学习打下扎实的基础 课前探学 教师：上传资料，发布任务 学生：完成任务，线上测试 教师：学情分析，制定方案 1 3 5 预习分析 难点归纳 翻转课堂 突破难点 小组互评 教师评价 课中导学 新知讲授 难点分析 小组总结 汇报展示 总结过程 拓展能力 2 4 6 应对疫情：线上全员学习，线下交替学习（ ） 信息化教学资源：1. 雨课堂、学堂在线课程平台 2. 计算机绘图实训室、3D打印实训室、理实一体化教室，智慧校园 课后拓展 教师：发布任务，在线评价 学生：线上讨论，下线实施 学生：探索研究，拓展能力
板书设计	标准件及常用件 螺纹 概念：定义；加工方法 基本要素：牙型；直径；线数；螺距和导程；旋向 分类 规定画法和标记 螺纹紧固件：螺栓连接；螺柱连接；螺钉连接

五、教学过程		
教学环节	教学过程	课程思政
课前启化	（1）教师通过学堂在线平台给学生发送预习公告：预习螺纹画法知识内容。 （2）学习省级在线开放课程，提前观看视频，预习相关知识要点。 《机械制图与计算机绘图》 螺纹的画法与标注	“凡事预则立，不预则废”。每节课前布置预习任务，利用平台查看完成情况，督促学生完成。强调做事前要做好充分的准备，未雨绸缪，养成良好的学习习惯

续表

教学环节	教学过程	课程思政
课前启化	（3）线上完成螺纹连接测试题目 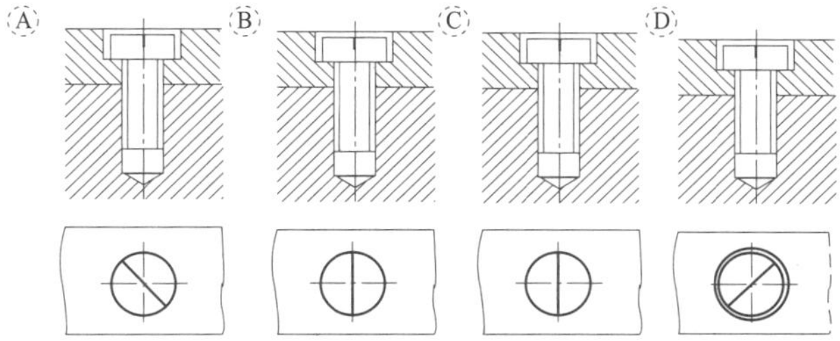 A B C D	
课堂内化	**1. 课题引入** 观看中国天宫空间站视频，播放我院优秀毕业生何小虎航天报国的视频，感受中国航天科技崛起的力量，激发学生的爱国热情，培养学生技能报国的责任担当意识。 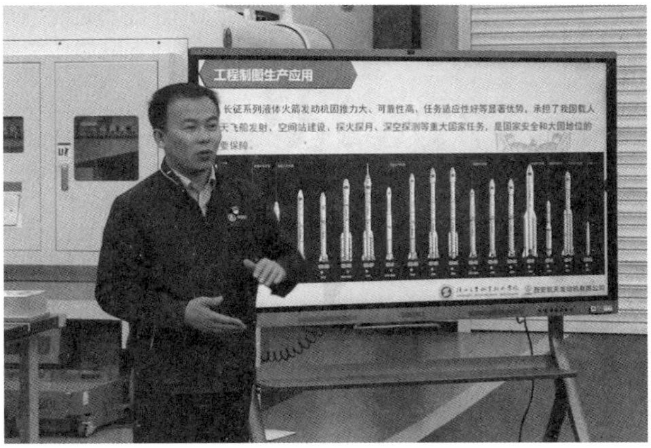	提问：何小虎的事迹对同学们有什么启发呢？ 学生展开讨论，分享观后感，激发学生的科技报国意识。
	2. 熟悉螺纹基本内容 （1）利用模型、微课展示内外螺纹的形成及其五要素（牙型、直径、旋向、线数、螺距）。 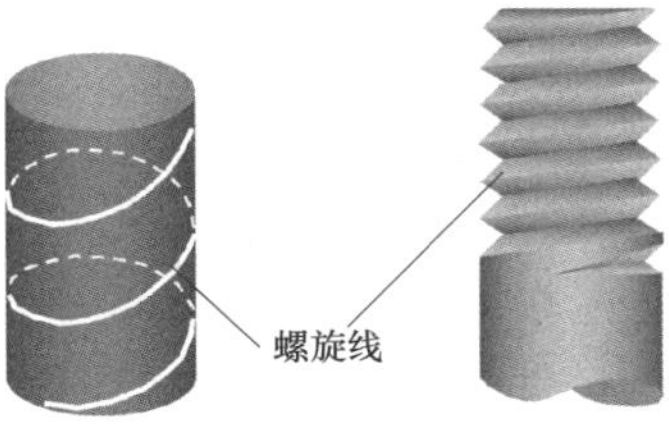 螺旋线 （2）以空间站中机械臂的螺纹结构为例，引导学生学习内外螺纹的规定画法。	

续表

教学环节	教学过程	课程思政

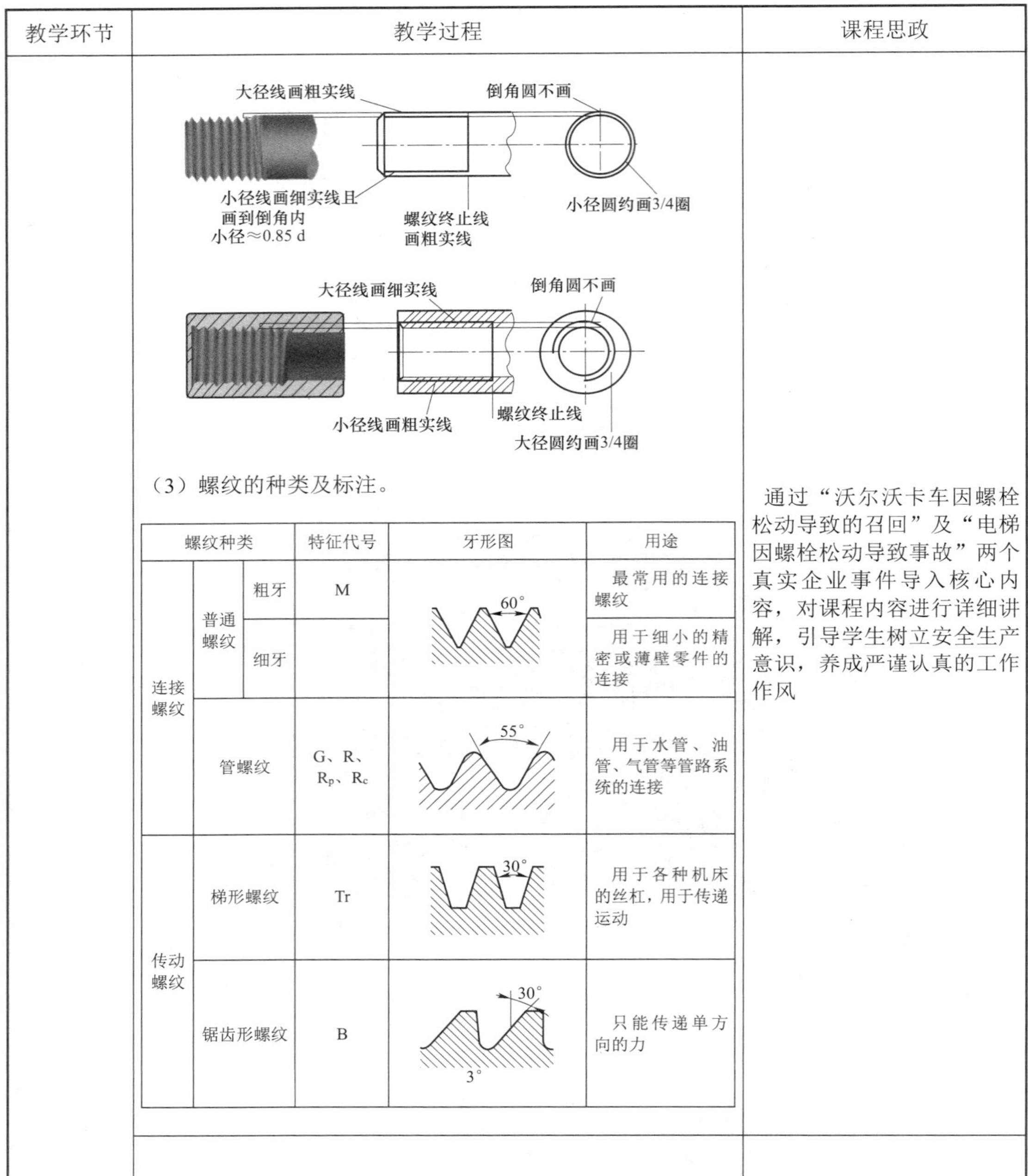

（3）螺纹的种类及标注。

螺纹种类			特征代号	牙形图	用途
连接螺纹	普通螺纹	粗牙	M	60°	最常用的连接螺纹
		细牙			用于细小的精密或薄壁零件的连接
	管螺纹		G、R、R_p、R_c	55°	用于水管、油管、气管等管路系统的连接
传动螺纹	梯形螺纹		Tr	30°	用于各种机床的丝杠，用于传递运动
	锯齿形螺纹		B	30° 3°	只能传递单方向的力

课程思政：通过“沃尔沃卡车因螺栓松动导致的召回”及“电梯因螺栓松动导致事故”两个真实企业事件导入核心内容，对课程内容进行详细讲解，引导学生树立安全生产意识，养成严谨认真的工作作风

3. 小组探究

帮助学生熟练掌握国家标准的查询方法，会查数据，能够选用合理的零件规格。

（1）分组布置任务，让学生查询螺纹紧固件的相关参数及尺寸。

（2）组织学生展开小组讨论。

（3）组织学生反复练习查表方法

课程思政：课堂上以小组为单位完成任务，组内成员互帮互助，组间相互 PK，提升学生学习兴趣与积极性。小组合作式学习旨在培养学生的团队合作意识，鼓励学生多交流，提升团队协作能力

续表

教学环节	教学过程	课程思政
	4. 重难点突破 由机械臂的结构引入螺纹连接。 （1）螺纹紧固件的种类及应用场合。 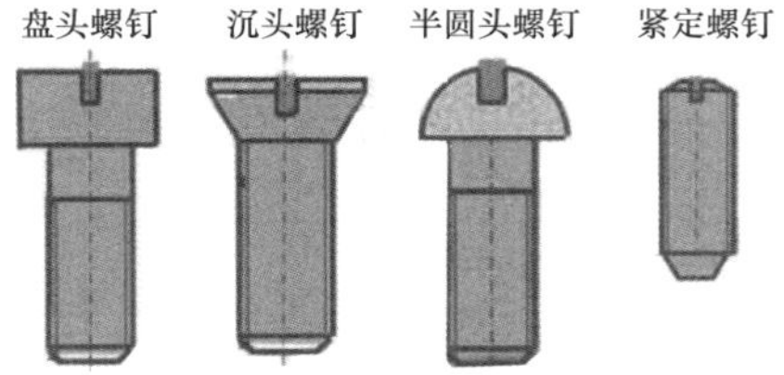 盘头螺钉　沉头螺钉　半圆头螺钉　紧定螺钉 （2）螺纹紧固件的规定画法（黑板尺规演示）。 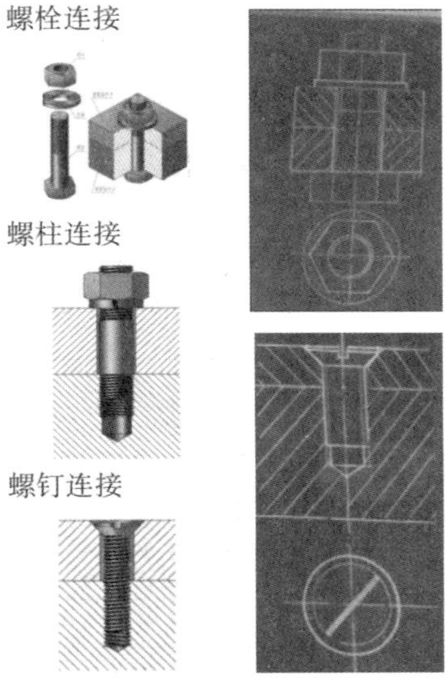 螺栓连接 螺柱连接 螺钉连接	通过螺纹连接勉励学生在新时代中国梦的实现过程中做一颗永不生锈的螺丝钉
	5. 学生实施 （1）组织学生进行课堂练习。 （2）检查学生画图过程。 	引导学生掌握正确、科学的学习方法，事半功倍，提高效率
	6. 课堂总结 （1）对课堂学习情况进行分析。 （2）总结学习要点。 （3）明确课后训练任务	（1）培养学生的民族自豪感与爱国情怀。 （2）引导学生脚踏实地、稳扎稳打，认真学习专业基础知识

续表

教学环节	教学过程	课程思政
课后深化	运用线上学堂在线平台推送科普短视频栏目《天宫 TV》中国空间站系列纪录片，引导学生探秘中国空间站机械臂制造背后的秘密，了解机械臂螺纹连接的加工与应用场所。让学生以小组为单位把所学内容做成 PPT，下次课进行汇报	通过课后拓展，引导学生养成一丝不苟的图像素养和精益求精的工匠精神，具有探索未知、追求真理、技能报国的责任感和使命感，注重培养安全意识和质量意识，养成团队协作能力

六、教学评价

本节课注重教学设计，课程整体采用任务驱动的方式，在解决每一个子任务的过程中又采用了启发法、讲授法、讨论法等，灵活多变的教学方法在很大程度上激发了学生的学习兴趣，提高了学生学习的主动性；在攻克重难点的过程中，不是教师“一言堂”的讲授，而是注重教师的引导作用，体现学生的主体地位。最后由学生进行小结，教师进行引导和组织，进一步训练学生的能力。通过不断的提问、投票、讨论、小组互评等方式，引导学生自主进行探究

整体教学评价体系		阶段	项目名称	考核形式	标准分值		评价依据
	定量评价	课前自学阶段	课前自测 1	选择题	1 分/题		学堂在线、雨课堂、大数据分析
			课前自测 2	选择题	1 分/题		
			课前思考题 3	主观题（绘图或读图）	内容完整	2 分	
					线形恰当	1 分	
					标注正确	1 分	
					图列准确	1 分	
		考勤	上课考勤	2 分			
	过程性评价	课中阶段	模块一　标准件及常用件知识储备	线上线下综合考评	抢答正确	2 分/次	
					补画正确	3 分/次	
			模块二　零件图画法及标注	喷管零件图绘制、标注与技术测量	组内互评（40%）	0～5 分	
					组间互评（60%）		
			模块三　零件图识读	识图	客观题	2 分/次	
				读图	主观题	3 分/次	
			模块四　3D 建模打印	建模	小组 PK 获胜	5 分	
					辩论抢答	3 分/次	
		课后阶段	课后作业	教师打分	习题册	0～5 分	

	能力 环节	小组协作能力	动手能力	制图能力	识图能力	标准分制	评价依据
定性评价	拆装模具					每项技能 1 分，可累计	评审小组依据完成情况打分
	测量标准	√	√				
	手工绘图	√		√	√		
	计算机绘图	√	√	√	√		
	计算机建模						

续表

单任务评价考核表如下所示：

绘读航天零件图样　任务一　中国空间站机械臂中的标准件——螺纹紧固件　评价表										
任务一		课前作业上传（10 分）	出勤考核（10 分）	资源学习（5 分）	团队协作（5 分）	小组方案是否合理（20 分）	设备选择是否合理（20 分）	检测过程是否严谨（20 分）	工作过程是否合理划分（10 分）	得分
组别	姓名	平台评价	平台评价	平台评价	教师评价	小组互评	教师评价	教师评价	小组自评	
小组一										
小组二										
小组三										
小组四										

七、教学反思

1. 教学反思

2021 年 10 月 16 日神舟十三号载人飞船与空间站组合体完成自主快速交会对接，标志着中国空间站开启有人长期驻留时代。中国在航天科技上的自我崛起，展现了中国的科学 技术发展水平与先进的装备制造技术。航天零件的设计与加工引起了学生浓厚的兴趣，本项目以航天零件图样为引线展开教学。本任务以中国空间站中的航天零件中的标准件——螺纹紧固件为引线进行教学，为后期讲授航天零件的装配打好基础。由真实零件引入学习任务的方式提高了学生学习理论知识的积极性；通过小组探究—分析讨论—自查纠错的互动式教学模式，学生高度参与，课堂气氛活跃，教学效果良好。

本项目基于空间站机械臂最基础的零件——螺纹紧固件，让学生体会本课程与中国空间站的关联，感知航天领域中制造技术的应用，激发学生自主学习的积极性。学习“特别能吃苦、特别能战斗、特别能攻关、特别能奉献”的航天精神，培养学生严谨认真的工作作风以及厚德强技的责任意识。

通过整个教学过程的实施，发现学生的学习能力有明显的差异，大多数学生具备自主学习的能力，能够完成课前预习及测验，个别学生对于自主探究持抵触心理；个别思政要素脱离学生实际，没有将教学与学生当前的人生遭遇和心灵困惑相结合，这导致课程思政缺乏生动性。

2. 教学改进

教学过程中充分考虑学生个体的差异性，进行分层教学，同时要注重进行学习追踪并加强课后辅导，改变传统的测验方式；理论联系实际，密切关注学生的情感世界，结合学生身边的事例讲授课程思政，对学生多鼓励、多引导，让学生通过切身参与，提高对课程思政的认知

剪切与挤压强度

（工程力学）

团队成员

樊爱珍、吴玉文、郑珹

课程基本情况

“工程力学”是机械类专业的一门专业基础必修课，共 48 学时，3 学分。本课程主要将力学的基本定理、定律和结论应用于各行各业的工程技术中，解决构件的承载能力问题，即强度、刚度和稳定性问题。本课程内容主要包括静力学和材料力学两大模块，静力学模块主要研究工程构件的受力和平衡规律，注重受力分析；材料力学模块研究构件在外力作用下的变形和破坏规律，注重解决工程构件承载能力问题。

教学设计

<table>
<tr><td colspan="4">一、课程概况</td></tr>
<tr><td>部门名称</td><td>机械工程学院</td><td>课程性质</td><td>●必修　○选修</td></tr>
<tr><td>课程类型</td><td colspan="3">○公共基础课程　●专业教育课程　○实践类课程</td></tr>
<tr><td>面向专业</td><td colspan="3">机械设计与制造</td></tr>
<tr><td>授课对象</td><td>高职一年级学生</td><td>授课时数</td><td>48 学时</td></tr>
<tr><td>参赛章节</td><td>剪切与挤压</td><td>使用教材</td><td>《工程力学》</td></tr>
<tr><td>授课题目</td><td colspan="3">剪切与挤压强度</td></tr>
<tr><td colspan="4">二、教学分析</td></tr>
<tr><td>教学内容</td><td colspan="3">内容分析：剪切与挤压是材料力学研究两个构件之间的连接件主要发生的变形和破坏方式。铆钉作为一种永久的不可拆卸的机械紧固连接件，被广泛应用于建筑领域和汽车、船舶、飞机等交通工具中。虽然大多数机械类专业的学生对铆钉很熟悉，但是有关铆钉连接的相关知识却很陌生，本节内容又是其必须掌握的知识点之一。铆钉作为一种连接件，在实际应用中为了提高连接强度，其加工及连接方法和一般铆钉不同，需要学生理解并掌握。</td></tr>
</table>

续表

<table>
<tr><td>教学内容</td><td colspan="2">教材分析：本教材以高职培养目标及教育部最新颁布的专业教学标准为指导思想，根据高职高专人才培养方案、课程体系和课程标准等相关要求，以培养学生受力分析能力和解决工程实际问题能力为主线进行编写。本教材内容以构件承载能力分析为主线，展开与之密切相关的构件受力分析、力系平衡计算、基本变形强度计算、组合变形强度计算、压杆稳定性、交变应力等课程内容，形成课程体系。本教材采用任务驱动法组织教学内容，包括学习目标、任务引入、知识链接、任务实施、章节小结、思考、习题等板块。将均布载荷、静不定问题和稳定性等内容编入教材，适应多样化高职生源和学生高层次发展。本教材 2020 年升级为新形态教材，实现了线上线下自主学习
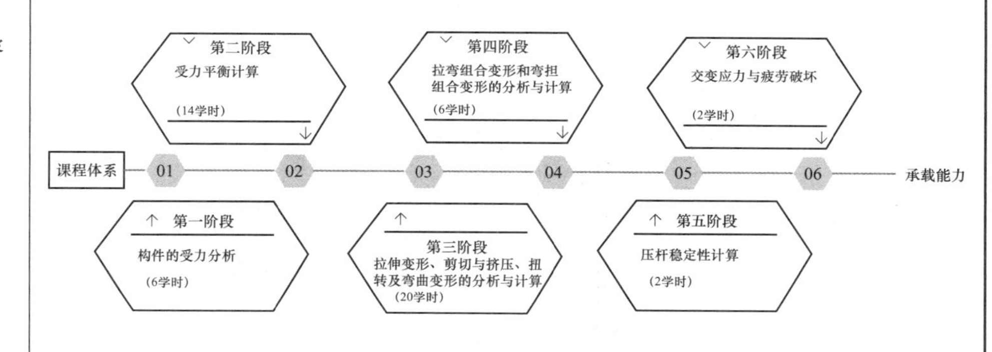
</td></tr>
<tr><td>学情分析</td><td colspan="2">本课程教学对象为机械大类高职一年级学生。
知识方面：学生前期具有一定的物理（力学部分）基础，学习了“高等数学”“机械制图”等课程，具备一定的识图和分析计算的能力，基本掌握了图形的表达知识，对平面和空间结构的受力分析、方程应用和平衡求解具有一定的认知；但是接触工程实践较少，对工程构件、机构的结构理解较弱。
能力方面：学生已经适应了大学的学习和生活，具有思维活跃，动手能力强、接受新技术能力强的优点。但是对物体系统的受力分析能力薄弱。
素质方面：学生具有一定的纪律性和责任感，但是科学素养欠缺。工程力学应注重培养学生的科学精神，帮助其形成科学素养，树立正确的科学观</td></tr>
<tr><td colspan="3">三、教学目标</td></tr>
<tr><td rowspan="3">教学目标</td><td>知识目标</td><td>（1）理解剪切与挤压的受力特点、变形特点；
（2）熟悉剪切与挤压的强度计算</td></tr>
<tr><td>能力目标</td><td>（1）能根据受力确定剪切面和挤压面；
（2）具备解决剪切与挤压强度问题的能力</td></tr>
<tr><td>思政目标</td><td>（1）激发学生报效祖国的责任感、肩负国家安全的使命感；
（2）提高学生学习的主动性、团队协作能力和职业素养；
（3）培养学生的逻辑思维能力和敏锐进取的创新精神</td></tr>
<tr><td>教学重点及解决办法</td><td colspan="2">教学重点：剪切与挤压强度问题的解决。
解决方法：讲授剪切与挤压强度分析及设计方法</td></tr>
<tr><td>教学难点及解决办法</td><td colspan="2">教学难点：剪切面和挤压面的确定。
解决方法：与企业实践案例和课程动画相结合，通过对比、归纳等方式，帮助学生理解本部分内容</td></tr>
</table>

续表

<table>
<tr><th colspan="2">四、教学策略</th></tr>
<tr><td>设计思路</td><td>

1. 总体思路

落实《教育部关于印发〈高等学校课程思政建设指导纲要〉的通知》（教高〔2020〕3号）《陕西工业职业技术学院推进课程思政工作实施方案》（陕工院党字〔2020〕71号）文件要求，围绕立德树人根本任务，精准结合学生的学情特征和专业岗位需求，聚焦价值引领、知识传授、能力达成三个维度，深度发掘英模事迹、优秀文化、创新精神、经验教训等内容，配套开发信息化课程思政教学资源，抓好课前、课中、课后教学全过程，以任务驱动法实现自主探究，构建课程思政教学体系，打造课程思政育人课堂。

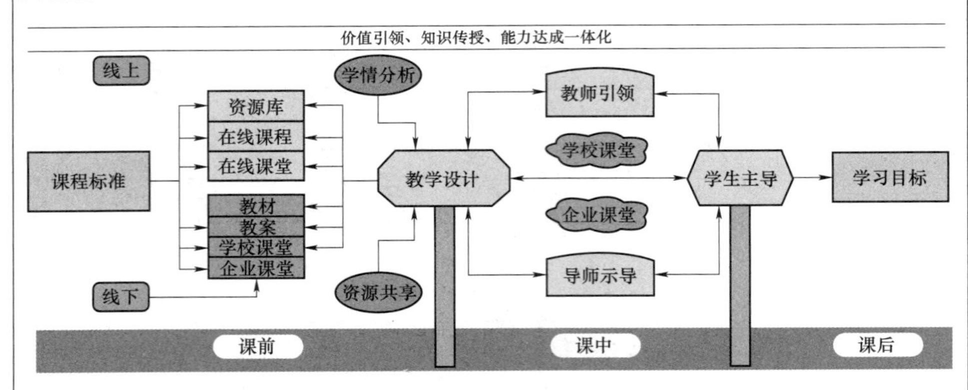

2. 实施思路

对课程内容中的思政教育，设计时首先分析知识点与思政点的契合度，找到切入点，选择合适的教学资源和教学手段，在切入点融入思政教育。教学完成后及时收集学生反馈信息，改进优化教学设计。对教学组织活动中存在的思政教育，一般通过自主学习、分组讨论、小组合作探究等方式进行思政融入。教学设计时将思政教育元素融入教学组织活动的某个环节，通过教师的引导或者教学载体的引导自然实现思政教育。本节将从五个环节融入思政元素。

环节1：利用三全育人，鼓励学生参与课前学习主题。用南京长江大桥的建造历程，引导学生坚定职业理想信念，树立以实际行动报效祖国的职业信心。聚焦研制铆钉新工艺，引导学生肩负国家安全使命，诠释了中华民族的伟大精神：以爱国主义为核心的团结统一、爱好和平、勤劳勇敢、自强不息。

环节2：采用列举法，引导学生搜集剪切与挤压变形的工程实例，感知理论源于实践，理论又反过来指导实践。理解用习近平新时代中国特色社会主义思想武装头脑就是为了指导新时代中国特色社会主义伟大实践。

环节3：引用埃菲尔铁塔案例，激发学生的爱国情怀和危机意识，启发学生勇于探索、敢于创新的精神。通过埃菲尔铁塔的250万颗铆钉与南京长江大桥的150万颗铆钉作对比，培养学生的创新精神，增强其民族自豪感。

环节4：在强度校核过程中，由于外力的加大，引起内力变大，导致应力增大，甚至超过极限值，产生破坏。帮助学生利用量变与质变的辩证思维，理解强度条件，强化工程安全意识。

环节5：通过分析总结南京长江大桥选用铆接铆钉的优势，采用台上讲解、组内组间相互点评的方式，引导学生学会与人沟通、分工合作，增强学生的团队协作和合作竞争意识。聚焦“新工艺铆钉”既可忍耐零下50 ℃的低温，也能承受80 ℃的高温，紧固连接力和剪切力可达到360 kN（千牛顿），相当于30多t。助力学生加入建设祖国的行列，让青春在实现中华民族伟大复兴的中国梦中绽放异彩

</td></tr>
</table>

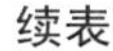

续表

<table>
<tr>
<td>教学流程安排</td>
<td>
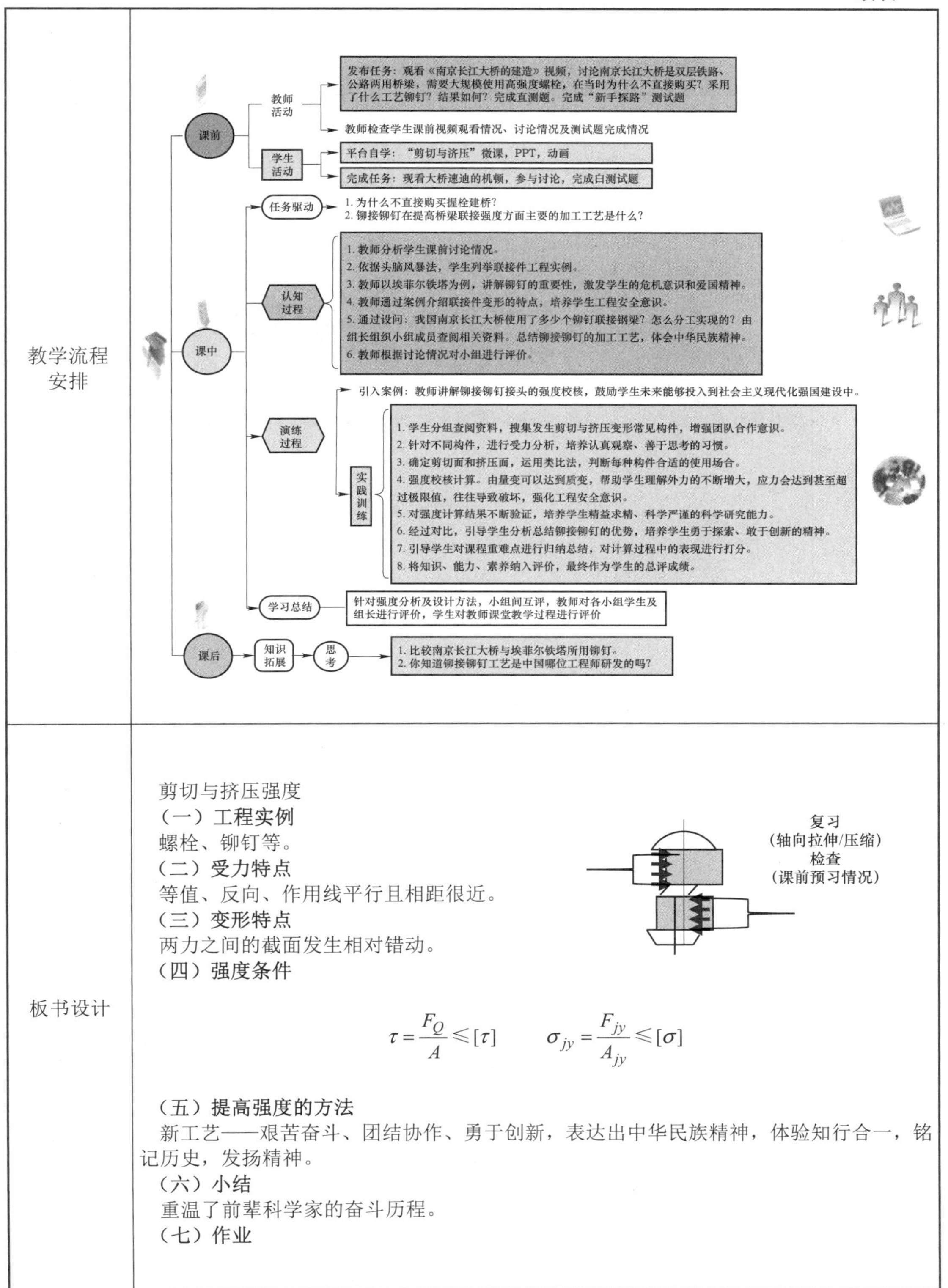

</td>
</tr>
<tr>
<td>板书设计</td>
<td>
剪切与挤压强度
（一）工程实例
螺栓、铆钉等。
（二）受力特点
等值、反向、作用线平行且相距很近。
（三）变形特点
两力之间的截面发生相对错动。
（四）强度条件
复习（轴向拉伸/压缩）检查（课前预习情况）
$$\tau=\frac{F_Q}{A}\leqslant[\tau] \qquad \sigma_{jy}=\frac{F_{jy}}{A_{jy}}\leqslant[\sigma]$$
（五）提高强度的方法
新工艺——艰苦奋斗、团结协作、勇于创新，表达出中华民族精神，体验知行合一，铭记历史，发扬精神。
（六）小结
重温了前辈科学家的奋斗历程。
（七）作业
</td>
</tr>
</table>

续表

五、教学过程		
教学环节	教学过程	课程思政
课前	学习通平台 教师：通过学习通发布南京长江大桥建造过程的相关视频，发布讨论和“新手探路”自测试题。安排并检查学生的学习活动情况。 学生：观看视频，讨论南京长江大桥是双层式铁路、公路两用桥梁，需要大规模使用高强螺栓，当时为什么不直接购买铆钉？在当时只有计算尺的条件下，采用了什么工艺铆钉？完成自测试题。 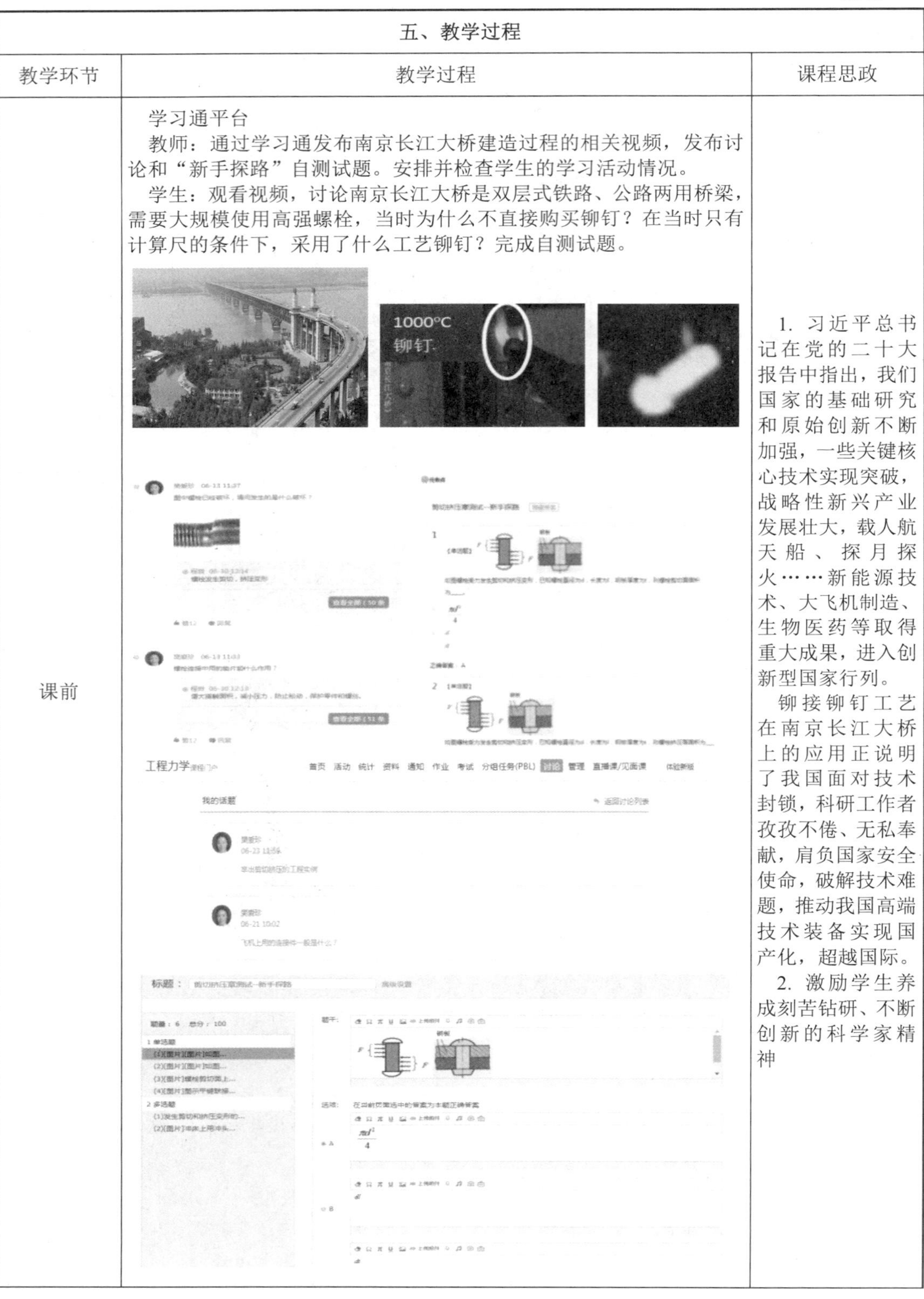	1. 习近平总书记在党的二十大报告中指出，我们国家的基础研究和原始创新不断加强，一些关键核心技术实现突破，战略性新兴产业发展壮大，载人航天船、探月探火……新能源技术、大飞机制造、生物医药等取得重大成果，进入创新型国家行列。 铆接铆钉工艺在南京长江大桥上的应用正说明了我国面对技术封锁，科研工作者孜孜不倦、无私奉献，肩负国家安全使命，破解技术难题，推动我国高端技术装备实现国产化，超越国际。 2. 激励学生养成刻苦钻研、不断创新的科学家精神

续表

课中	**1. 任务驱动法** 教师： （1）铆接铆钉比普通铆钉在连接强度方面有什么优势？ （2）铆接铆钉主要发生什么变形？  **2. 认知过程** （1）教师分析学生的课前讨论情况。  （2）依据头脑风暴法，学生给出连接件的应用实例。 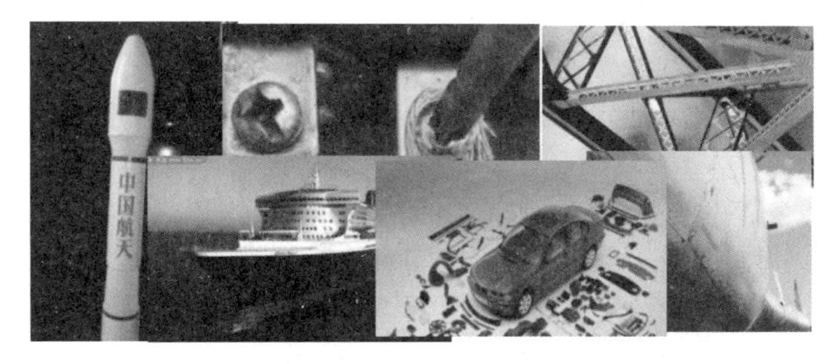 （3）教师以埃菲尔铁塔为例，讲解铆钉连接构件的重要性及启发。   法国巴黎埃菲尔铁塔，是 1889 年建造的著名的钢结构建筑物，用 250 万颗铆钉连接。当年建成后的埃菲尔铁塔还曾是世界上最高的建筑物。这对我国南京长江大桥的建造提出了挑战。	无论在生活中还是工作中，学生都应该多观察，勤思考，严谨细致。 帮助学生建立对比归纳的学习思维。 培养理论既源于实践又为实践服务的辩证思维。 以埃菲尔铁塔为例，激发学生的危机意识和爱国精神，引导学生在日常生活中以实际行动报效祖国。

续表

课中

（4）教师通过案例介绍连接件发生剪切与挤压变形的特点。

2　剪切和挤压的工程实例

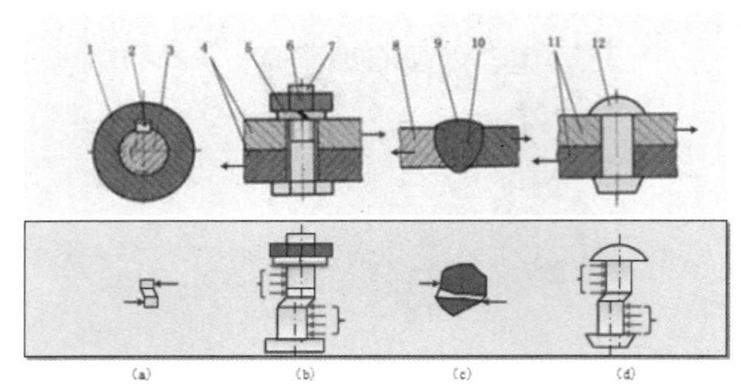

零件常用的连接方式

（a）键连接；（b）螺栓连接；（c）焊接；（d）柳灯连接

1—轮；2—键；3—轴；4、8、11—零件；5—垫圈；6—螺母；
7—螺栓；9—焊缝；10—坡口；12—柳钉

培养学生的职业素养和工程安全意识。

（5）通过设问：我国南京长江大桥使用了多少个铆钉连接钢梁？是如何分工实现的？由组长组织小组成员查阅相关资料，总结铆接铆钉加工和安装的分工协作，并进一步认识剪切与挤压变形。

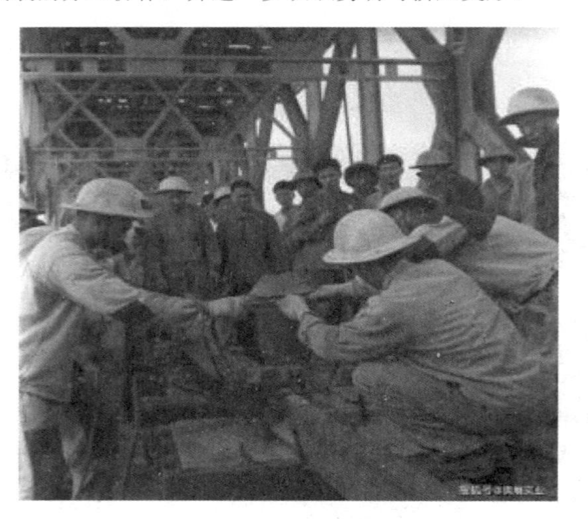

引导学生深入体会团队协作的重要性以及团结一致、勤劳勇敢、自强不息的中华民族精神，培养学生的爱国情怀。

（6）根据讨论情况对小组进行评价。

第___组

评分项	优 10	良 8	中 6	差 4
各小组组长组织情况/个	1～3	1～2	1	0
各小组成员配合情况/个	3～4	2～3	1～2	0
各小组成员参与的积极性/个	4～5	3～4	2～3	0
各小组讨论结果/个	1	1	1	0～1

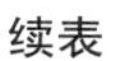

续表

课中

小组成员互评。

评分项	姓名	优 10	良 8	中 6	差 4
团队成员参与度情况/个		1～3	1～2	1	0
团队成员协作能力/个		3～4	2～3	1～2	0
团队成员学习总结能力/个		4～5	3～4	2～3	0

通过小组内部沟通协作及小组之间的合作竞争，帮助学生克服惰性，激发潜能

3. 演练过程

（1）引入案例：图示铆钉接头，工作时受到力的作用发生变形，已知 $F=500\pi\text{N}$，铆钉直径 $d=5$ mm，钢板厚度 $t=10$ mm，［τ］=60 MPa，［σ］=20 MPa，校核铆钉接头的强度。

解题步骤：

① 绘制铆钉受力图。

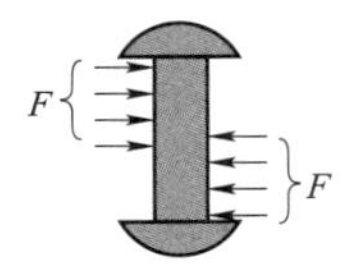

鼓励学生传承“不辱使命，锐意进取”的工匠精神，在未来能够投入到社会主义现代化强国建设中。

② 变形分析。

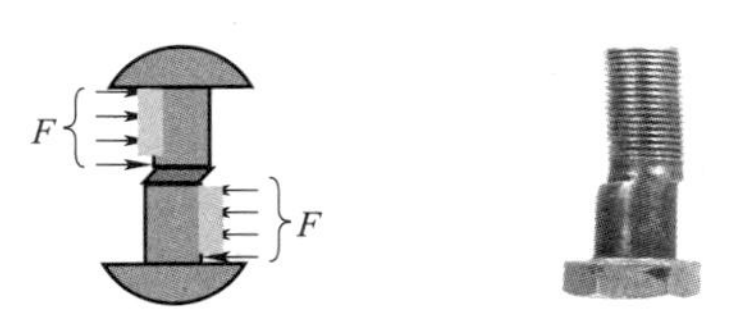

③ 剪切面和挤压面。

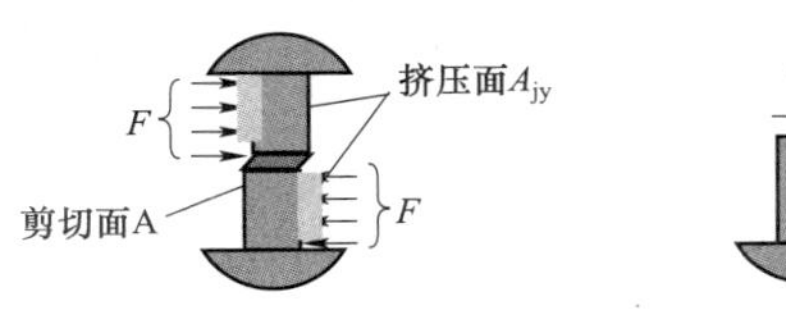

帮助学生理解力是普遍存在的。

续表

课中	④ 强度校核。 剪切：$\tau=\dfrac{F_Q}{A}=\dfrac{F_Q}{\dfrac{\pi}{4}\times d^2}=\dfrac{500\pi}{\dfrac{\pi}{4}\times 5^2}=80\ \text{MPa}\leqslant[\tau]$ 挤压：$\sigma_{jy}=\dfrac{F_{jy}}{A_{jy}}=\dfrac{500\pi}{dt}=\dfrac{500\pi}{5\times 30}=10.5\ \text{MPa}\leqslant[\sigma]$ 可见，强度与受力、铆钉尺寸及其材料有关，所以强度足够。 （2）实战训练。 ① 学生分组查阅资料，搜集发生剪切与挤压变形的常见构件。 A. 铆钉：连接件，不可拆卸； B. 键：传动件，可以拆卸； C. 螺栓：连接件，可以拆卸； D. 焊缝：不可拆卸。  ② 针对不同构件，进行受力分析。 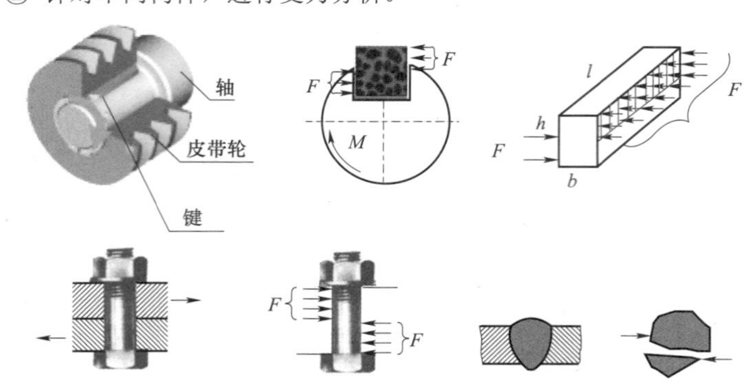 ③ 重点分析，确定剪切面和挤压面。 连接件受到两个平行且相距很近、方向相反的力作用时，发生剪切变形。这两个力既可能是集中力，也可能是均布载荷。力作用的地方称为挤压面。随着力的增大，两个力之间的截面发生错动，错动幅度如果过大将导致破坏，破坏面与外力平行，称为剪切面。剪切面积越大，每个点承受的力也越小；同理，挤压面积越大，每个点承受的力就越小。	观察变形特点，培养学生严谨细致的工作作风。 通过强度校核，培养学生的工程安全意识和职业责任。 通过小组协作，增强学生团队合作的意识。通过搜集构件，引导学生举一反三，培养学生的观察思考能力。 根据强度校核目的，引导学生分别绘制键、螺栓、焊缝的受力图，培养学生认真观察、善于思考的习惯。

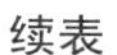

续表

<table>
<tr>
<td>课中</td>
<td>
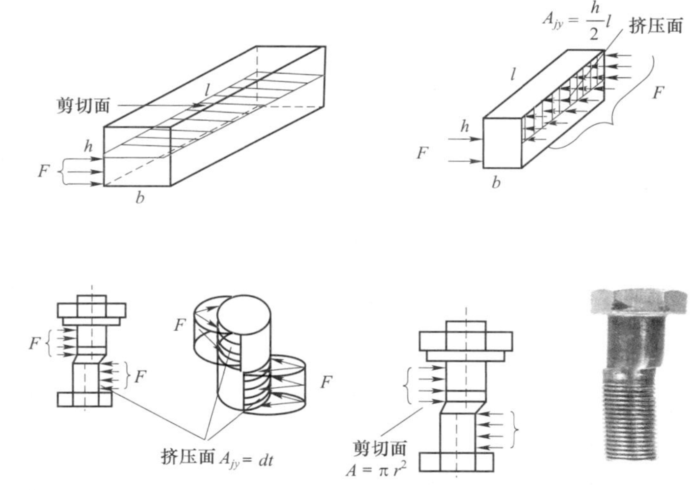

④ 强度校核计算。
根据剪切与挤压强度条件分析，强度校核就是计算截面应力。应力在剪切面和挤压面上的作用是不均匀的，按照实用计算法假设均匀。如果外力增大，应力也会增大，应力越容易达到甚至超过极限值，导致破坏。

结合前几次的分析计算过程和结果，引导学生进一步细化参数，探究提高强度的方法。
根据强度条件，有 3 种方法：减小构件受到的外力、增大连接件尺寸及选择合适材料。在外力无法改变时，可以适当增大连接件面积，由强度条件得每个点承受的剪切与挤压应力就越小，强度得以提高。另外考虑材料，连接件尺寸无法满足强度的情况下，选择合适材料。通常是碳钢、合金钢、不锈钢、耐热钢等。
⑤ 经过对比，引导学生分析总结南京长江大桥选用铆接铆钉的优势。

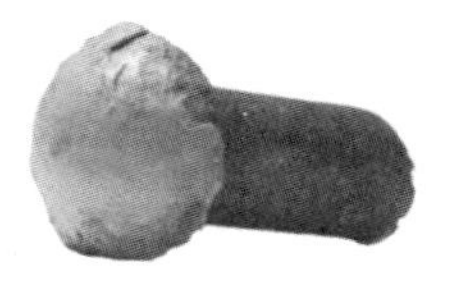
</td>
<td>根据强度校核目的，在键、螺栓、焊缝的受力图中，让学生找出剪切面和挤压面。运用类比法，让学生判断每种构件变形可能产生的结果，确定适合的使用场合。

随着外力的不断增大，应力也越来越大，达到最大，甚至超过极限值，往往导致破坏。引导学生利用量变与质变的辩证思维理解强度条件，强化工程安全意识。</td>
</tr>
</table>

续表

<table>
<tr>
<td>课中</td>
<td>
南京长江大桥是双层铁路、公路两用桥梁，是不可拆卸的，材料选用合金钢，桥梁受力范围很大，引导学生认识到提高强度需要从增大面积考虑。直接大规模使用高强度螺栓在当时（1960 年）条件，陈昌言总工程师经过研究，决定用铆钉枪铆。5 人一组，借助铆钉枪像揉面团一样，用 1 000 ℃烧红的铆钉把铆孔全部塞满，用风枪挤压铆死联结。引导学生思考增大剪切面和挤压面的方法是铆钉把铆孔全部塞满，从而实现了剪切强度和挤压强度的提高。它既可忍耐零下 50 ℃的低温，也能承受 80 ℃的高温，紧固连接力和剪切力可达到 360 kN（千牛顿），相当于 30 多 t。
⑥ 教师引导学生对课程重难点进行归纳总结，并根据学生分析计算的过程进行打分（表述创新精神采用一票否决制）。
<table>
<tr><td>组</td><td>评分项</td><td>优 10</td><td>良 8</td><td>中 6</td><td>差 4</td></tr>
<tr><td colspan="2">绘制受力图</td><td></td><td></td><td></td><td></td></tr>
<tr><td colspan="2">确定剪切面</td><td></td><td></td><td></td><td></td></tr>
<tr><td colspan="2">确定挤压面</td><td></td><td></td><td></td><td></td></tr>
<tr><td colspan="2">提高强度办法
表述创新精神</td><td></td><td></td><td></td><td></td></tr>
</table>
⑦ 教师将知识、能力、素养纳入评价表，最终作为学生的总评成绩，在潜移默化中完成本节课的思政目标
</td>
<td>为了进一步细化参数，可以通过查表验算的方式对强度计算结果不断验证，从而培养学生精益求精、科学严谨的科学研究能力。

通过组内团队协作、组间合作竞争，引导学生学习交流合作、互利共赢的理念。大桥新型铆钉工艺的使用，再现了中华民族精神，培养学生的爱国情怀以及勇于探索、勇于创新、团结一致、自强不息的民族精神。
利用评价机制，激发学生的忧患意识，竞争意识、激励学生克服惰性、挖掘潜能</td>
</tr>
<tr>
<td>课后</td>
<td>知识拓展
（1）比较南京长江大桥与埃菲尔铁塔所用铆钉。
（2）你知道铆接铆钉工艺是中国哪位工程师研发的吗？</td>
<td></td>
</tr>
<tr><td colspan="3">六、教学评价</td></tr>
<tr><td colspan="3">为体现评价的多元性、客观性、准确性及全面性，在授课过程中，对学生采用过程性、结果性和增值性综合评价。
总分值 = 过程性评价 × 40% + 结果性评价 × 40% + 课程思政评价 × 20%。
过程性评价：学生每节课课前线上答题分值、课上签到和讨论等分值、演练分值、相互评价分值等；
结果性评价：学生最终的考试分值；
课程思政评价：将课程思政评价穿插在三种评价的全过程中，课前、课后完成测验的态度、课中演练时的科学素养、科学伦理、科学精神等</td></tr>
<tr><td colspan="3">七、教学反思</td></tr>
<tr><td colspan="3">1. 教学反思
（1）学生普遍对教学内容感兴趣，希望更深入地了解相关知识和技能。
（2）学生在连接件强度设计中的标准意识、规范意识不强。
2. 改进措施
（1）结合教学目标和学生学情需求，加大使用“工程力学”在线开放课程力度，线上增强与学生的互动与答疑，加深学生对相关知识的理解。加强内容设计沟通，在确保教学目标达成的前提下，适当加强新技术、新工艺、新规范的融入。
（2）进行连接件的强度校核，加大课程思政融入，培养学生精益求精的工匠精神、规范意识、标准意识，提高学生的学习素养</td></tr>
</table>

问天号对构齿轮数字化制造

（数字化工艺设计）

团队成员

张景钰、吴玉文、温曼童

课程基本情况

“数字化工艺设计”课程是通过对机械加工工艺规程设计理论、机械加工质量控制理论、典型零件数字化加工和机械装配基本方法的讲授，使学生掌握机械加工数字化工艺方案设计的方法，具备应用数字化工艺设计方法编制中等复杂零件加工工艺方案的能力，具备分析解决工艺现场质量问题的能力，具备查阅、收集、使用各种工艺资料的能力。

教学设计

一、课程概况			
部门名称	机械工程学院智能制造教研室	课程性质	●必修　○选修
课程类型	○公共基础课程　●专业教育课程　○实践类课程		
面向专业	机械制造及自动化		
授课对象	机制 2102 班学生	授课时数	48 学时
参赛章节	齿轮加工工艺方案	使用教材	《机械制造技术》
授课题目	问天号对构齿轮数字化制造		
二、教学分析			
教学内容	内容分析：本节课选自“数字化工艺设计”课程中齿轮加工工艺部分的对构齿轮加工分析、仿真，为任务二中子任务一的内容。 齿轮加工是常见零件加工中的一类，主要包含齿轮的加工工艺方案，用来确定加工齿轮的步骤，是齿轮加工中必不可少的一部分。 结合“精密加工技术”职业技能等级证书考点及“复杂部件数控多轴联动”大赛赛点，以解决问天号实验舱上阿尔法对日定向机构对构齿轮加工为工程实例进行分析，在讲授完平面加工内容后，引导学生思考并分析对构齿轮的工艺编制进行工艺设计，最终在仿真软		

续表

<table>
<tr>
<td>教学内容</td>
<td>件与实操中完成零件的数字孪生验证。
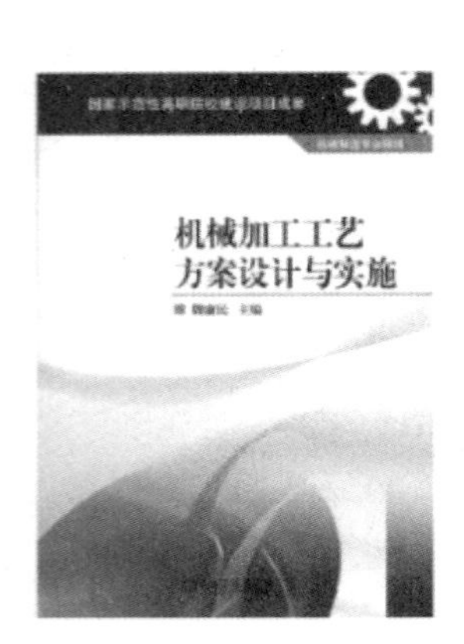
教材分析：
本课程选用“十三五”职业教育国家规划教材。
主要教材：《机械制造技术》。
李建松主编，机械工业出版社，2018 年。
辅助教材：《机械加工工艺方案设计与实施》</td>
</tr>
<tr>
<td>学情分析</td>
<td>1. 知识技能基础
本课程的授课对象为机械制造及自动化专业大二学生，他们毕业后主要从事精密加工、数控加工工作。
此前，学生已经学习了机械加工的基础知识以及简单工艺的编制，为本节对构齿轮加工工艺奠定了理论基础。通过测试反映出学生对不同加工方案的原理有所混淆，在具体应用上有待进一步学习。
根据教学目标，结合上届学生课后测验以及本届学生课前测验的情况，最终确定对构齿轮的工艺编制与刀路设计为本节课重点知识，对构齿轮的精密加工为本节课难点知识。
2. 认知和实践能力
通过课前自主预习情况及往届学生的学习情况可以看出，理论知识性题目错误率在 15%以下，应用性题目错误率普遍在 20%以上。因此可以看出，学生通过自学对理论知识点有所掌握，但对于应用还有很大欠缺。
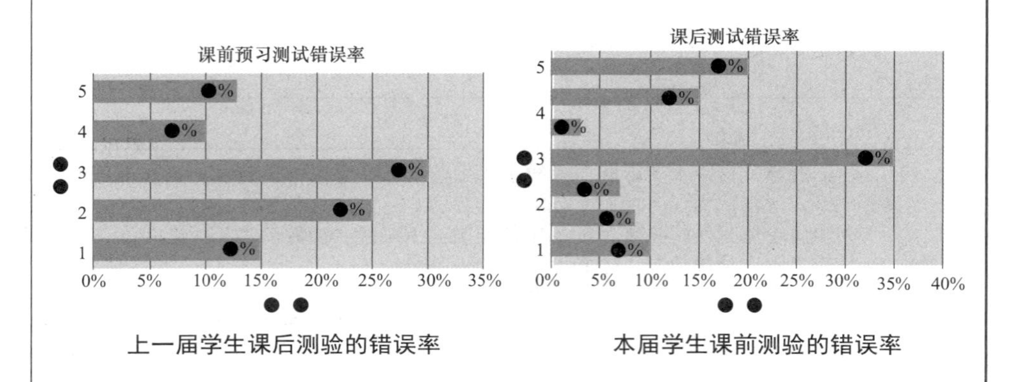
上一届学生课后测验的错误率　　本届学生课前测验的错误率</td>
</tr>
</table>

续表

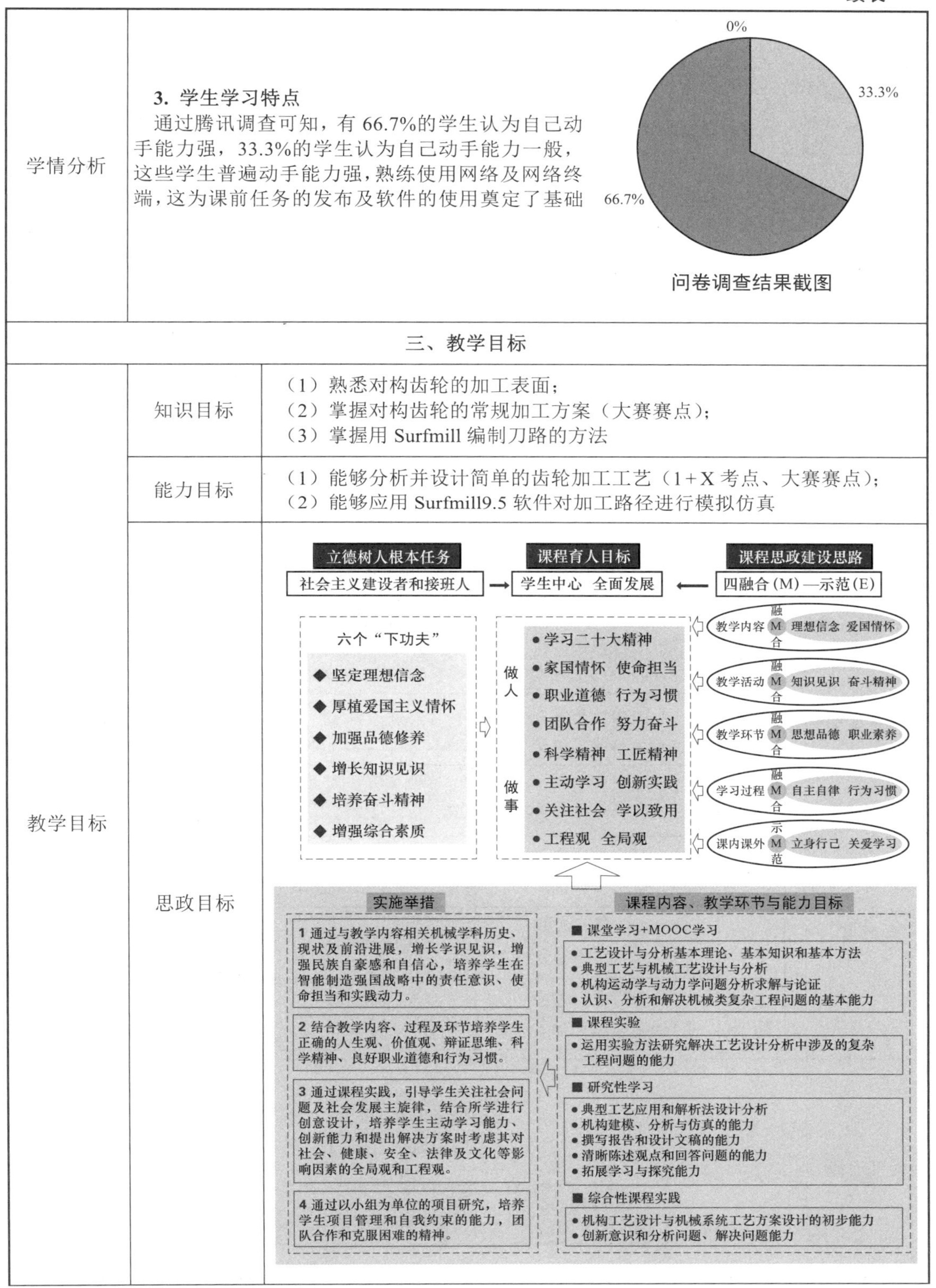

<table>
<tr><td>学情分析</td><td colspan="2">3. 学生学习特点
通过腾讯调查可知，有 66.7%的学生认为自己动手能力强，33.3%的学生认为自己动手能力一般，这些学生普遍动手能力强，熟练使用网络及网络终端，这为课前任务的发布及软件的使用奠定了基础
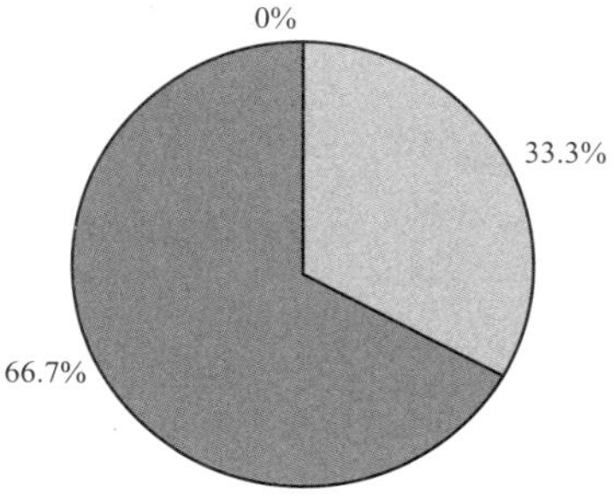
问卷调查结果截图</td></tr>
<tr><td colspan="3">三、教学目标</td></tr>
<tr><td rowspan="3">教学目标</td><td>知识目标</td><td>（1）熟悉对构齿轮的加工表面；
（2）掌握对构齿轮的常规加工方案（大赛赛点）；
（3）掌握用 Surfmill 编制刀路的方法</td></tr>
<tr><td>能力目标</td><td>（1）能够分析并设计简单的齿轮加工工艺（1+X 考点、大赛赛点）；
（2）能够应用 Surfmill9.5 软件对加工路径进行模拟仿真</td></tr>
<tr><td>思政目标</td><td>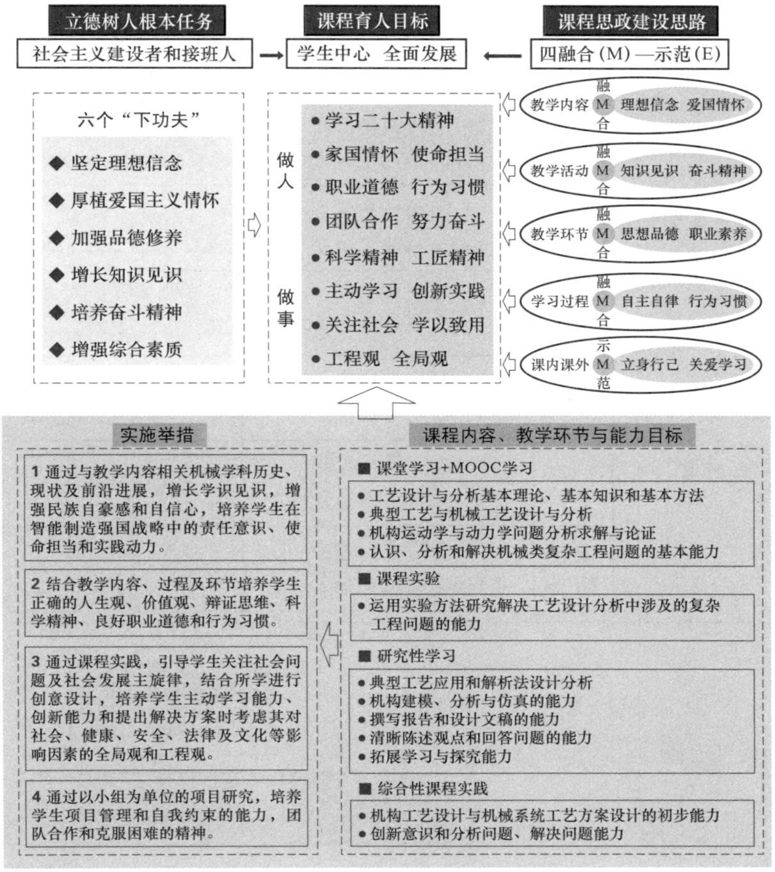</td></tr>
</table>

续表

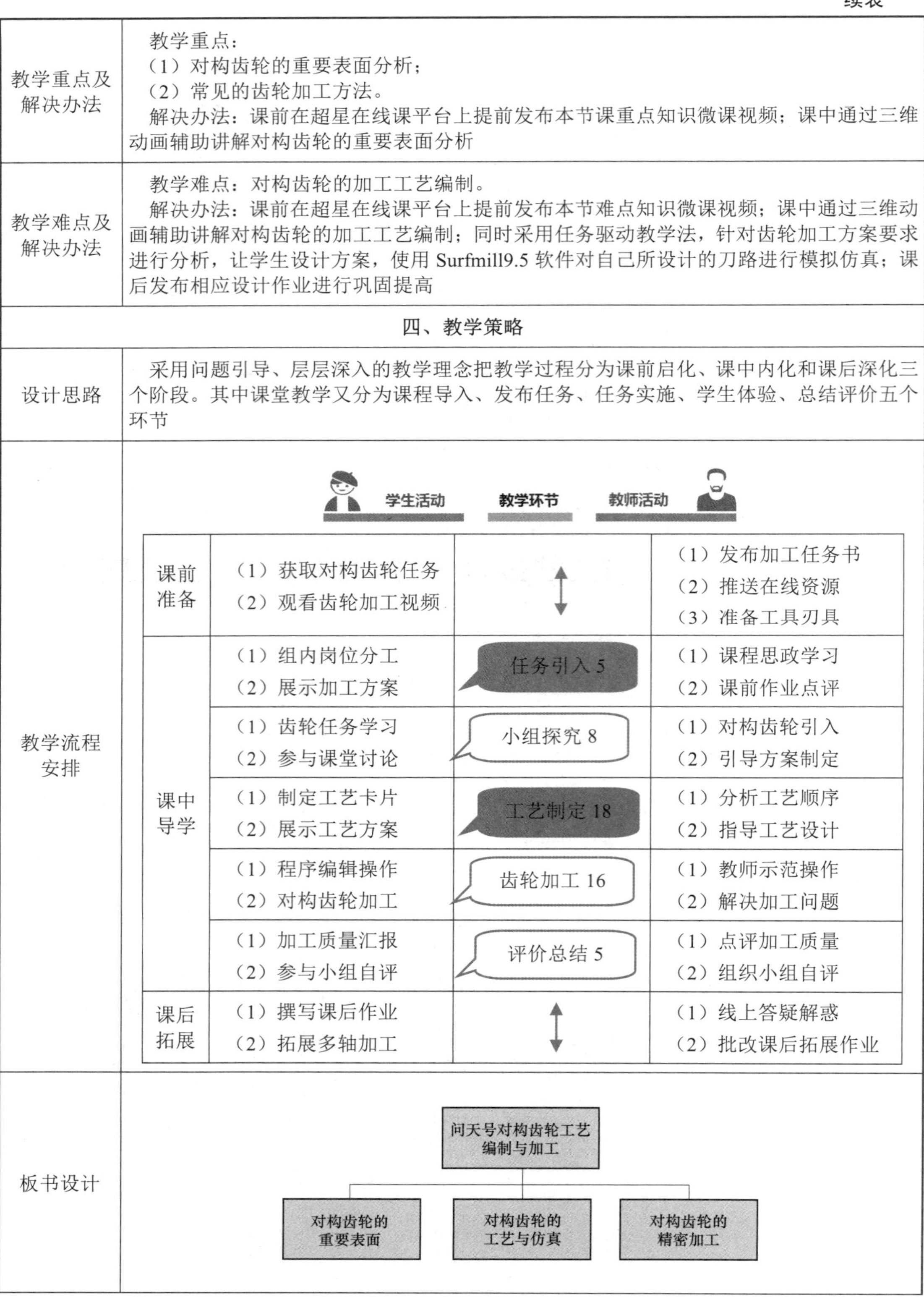

教学重点及解决办法	教学重点： （1）对构齿轮的重要表面分析； （2）常见的齿轮加工方法。 解决办法：课前在超星在线课平台上提前发布本节课重点知识微课视频；课中通过三维动画辅助讲解对构齿轮的重要表面分析
教学难点及解决办法	教学难点：对构齿轮的加工工艺编制。 解决办法：课前在超星在线课平台上提前发布本节难点知识微课视频；课中通过三维动画辅助讲解对构齿轮的加工工艺编制；同时采用任务驱动教学法，针对齿轮加工方案要求进行分析，让学生设计方案，使用 Surfmill9.5 软件对自己所设计的刀路进行模拟仿真；课后发布相应设计作业进行巩固提高
四、教学策略	
设计思路	采用问题引导、层层深入的教学理念把教学过程分为课前启化、课中内化和课后深化三个阶段。其中课堂教学又分为课程导入、发布任务、任务实施、学生体验、总结评价五个环节
教学流程安排	（见下表）
板书设计	问天号对构齿轮工艺编制与加工 对构齿轮的重要表面；对构齿轮的工艺与仿真；对构齿轮的精密加工

教学流程安排：

	学生活动	教学环节	教师活动
课前准备	（1）获取对构齿轮任务 （2）观看齿轮加工视频	↕	（1）发布加工任务书 （2）推送在线资源 （3）准备工具刃具
课中导学	（1）组内岗位分工 （2）展示加工方案	任务引入 5	（1）课程思政学习 （2）课前作业点评
	（1）齿轮任务学习 （2）参与课堂讨论	小组探究 8	（1）对构齿轮引入 （2）引导方案制定
	（1）制定工艺卡片 （2）展示工艺方案	工艺制定 18	（1）分析工艺顺序 （2）指导工艺设计
	（1）程序编辑操作 （2）对构齿轮加工	齿轮加工 16	（1）教师示范操作 （2）解决加工问题
	（1）加工质量汇报 （2）参与小组自评	评价总结 5	（1）点评加工质量 （2）组织小组自评
课后拓展	（1）撰写课后作业 （2）拓展多轴加工	↕	（1）线上答疑解惑 （2）批改课后拓展作业

续表

<table>
<tr><th colspan="5">五、教学过程</th></tr>
<tr><td>教学环节</td><td colspan="3">教学过程</td><td>课程思政</td></tr>
<tr><td rowspan="3">课前准备</td><td>教学内容</td><td>教师活动</td><td>学生活动</td><td rowspan="3">思政点：
二十大报告
要点速览
一、过去五年的工作和新时代十年的伟大变革
“制造业规模、外汇储备稳居世界第一。建成世界最大的高速铁路网、高速公路网，机场港口、水利、能源、信息等基础设施建设取得重大成就。我们加快推进科技自立自强，全社会研发经费支出从一万亿元增加到二万八千亿元，居世界第二位，研发人员总量居世界首位。基础研究和原始创新不断加强，一些关键核心技术实现突破，战略性新兴产业发展壮大，载人航天、探月探火、深海深地探测、超级计算机、卫星导航、量子信息、核电技术、新能源技术、大飞机制造、生物医药等取得重大成果，进入创新型国家行列。”通过对党的二十大精神的学习让学生全面深刻认识了新时代十年来我国取得的伟大成就，让学生内心不断涌出强烈的自豪感</td></tr>
<tr><td>发布预习要求，共享教学资源。
微课截图</td><td>（1）在课程平台发布预习五轴齿轮加工视频等要求，推送教学资源；
（2）利用超星在线课平台数据统计功能，查看学生学习情况，进行在线答疑。
（3）确定五轴加工中心设备运行情况，检查机床油箱、冷却液是否充足，并准备好相关工量具</td><td>（1）接收预习要求，明确学习任务，学习领会党的二十大精神，学习思维导图，观看五轴加工问天号实验舱对构齿轮加工视频；
（2）用Surfmill9.5软件完成齿轮刀路并上传至平台，针对不解之处，在线提出疑问</td></tr>
<tr><td>预习反馈，调整教学策略</td><td>（1）设置课前测试，检验学生预习效果；
（2）对学生课前测试结果进行分析，发现学生学习中的薄弱环节，完善课堂教学策略</td><td>（1）按要求完成课前测试；
（2）针对测试错误之处，在线提出疑问</td></tr>
</table>

续表

课程导入	通过引入对构齿轮加工任务，分析课前作业，并创设CMM教学情境 问天号实验舱截图	（1）教师通过播放思政系列《问天号实验舱》视频，引入教学问题，创设教学情境； （2）与学生共同探讨对构齿轮的加工过程； （3）引导学生分析工艺编制的过程	（1）观看情景视频； （2）与教师共同探讨对构齿轮的加工过程 阿尔法对日定向机构工作截图	以视频引入和讨论的形式，吸引学生注意力，讲解本节内容。 创新发展动力——国力，强调问天号实验舱创新对智能制造强国战略的重要性； 引导学生明确课程学习的意义，引导学生努力学习，承担历史使命
发布任务（8 min）	发布本节任务，明确加工要求。设置“过渡方式”“陡斜进刀角度”等参数，并确定 30° 铣刀进退刀路线	（1）引导学生开展组内讨论，确定软件中齿轮铣刀位置的进退刀路线及部分粗、精加工刀具；	（1）以小组为单位开展组内讨论，确定 Surfmill9.5 中滚刀的进退刀路线，掌握“过渡方式”“陡斜进刀角度”等命令；	从武器装备出发，结合当前俄乌国际局势和美国、欧洲等对俄罗斯的全方位制裁，告诫学生应有危机意识和使命担当。响应国家未来发展对科技创新人才的迫切需求，激发广大学生的爱国主义情怀，坚定学生的报国志向。主战坦克 99A 炮塔座圈和坦克座圈均是由我国自主研发的高端轴承，但是加工 99A 座圈几乎耗尽了举国之力。我国无法像研制大型军用轴承一样，将同等的心血投入到微小高端轴承的加工制造之中，这导致我国在小型高端轴承批量生产技术上陷入了瓶颈，不得不依赖进口轴承来完成高端设备制造。例如，航空航天上使用的全陶瓷轴承，在无润滑条件下仍能保证工作精度与使用寿命。

续表

发布任务（8 min）	发布本节任务，明确加工要求。设置“过渡方式”“陡斜进刀角度”等参数，并确定 30° 铣刀进退刀路线	（2）组织学生在平台抢答，分析 30° 仿形铣刀的进退刀路线	（2）参与课堂抢答，抢到的小组工艺员展示 30° 仿形铣刀的进退刀路线设置	2020 年 10 月洛轴已研制出通过了时速 250 km 与 350 km 考验的高铁轴承。成功通过了 120 万 km 的耐久性试验，这标志着中国高铁轴承国产化取得了重大突破，具备了量产高端轴承的条件。一旦完成取代国外产品，每生产一节车厢，将节省 3.2 万元。 根据国家发展规划，到 2025 年高速精密数控机床和高速动车组轴承的自主化率要达到 90%，到 2030 年大飞机轴承的自主化率要达到 90%
齿轮工艺编制、刀路生成与虚拟加工（18 min）	对本节任务涉及的知识点进行系统性的引导学习，并解决本节课的教学重点问题。 刀路创建中的顺、逆铣工艺编排等问题。 对已创建的刀路轨迹进行仿真加工验证，并生成正确的 G 代码程序	（1）组织学生进行刀路创建小组 PK 赛； （2）引导学生进行刀路验证，用 Surfmill 仿真软件和精雕操作系统进行程序验证；并生成正确的 G 代码； （3）分析各小组上传的仿真结果三维图，分析过切、欠切和干涉等问题。 （4）解决本节课的重点问题	（1）参与刀路创建小组 PK，在 Surfmill9.5 软件中选择合适的顺、逆铣加工顺序，使用合适的刀路类型对齿模滚刀部分进行刀路轨迹创建，并合理设置粗精加工相关参数； （2）对已创建好的刀路轨迹进行仿真加工，针对加工结果，修改相关刀路参数； （3）生成 G 代码程序，导入仿真软件，进行仿真加工，并将仿真加工结果截图上传至平台； （4）根据仿真结果修改 G 代码程序	以案例引入和讨论的形式，吸引学生注意力，讲解本节内容。 CAM 软件卡脖子问题，工业软件正在成为我国由制造大国向制造强国迈进的主要瓶颈，极易被国外“卡住脖子”。

续表

<table>
<tr>
<td>齿轮工艺编制、刀路生成与虚拟加工（18 min）</td>
<td colspan="3">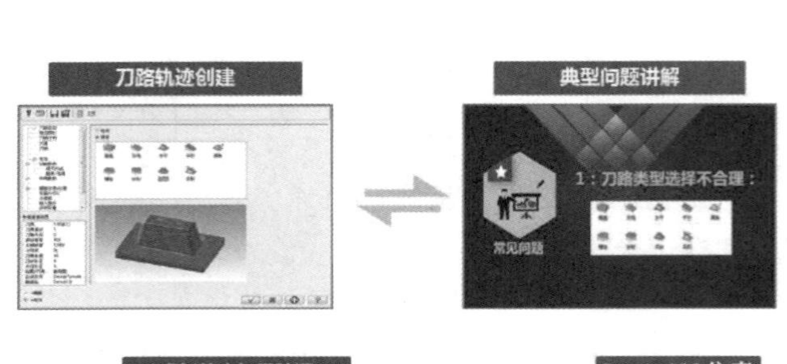

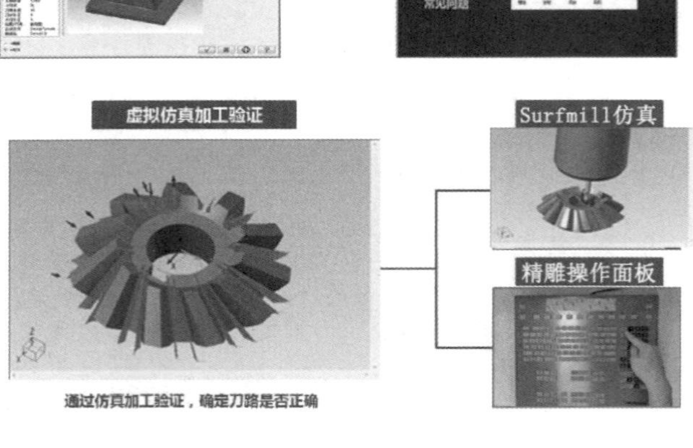
</td>
<td>那么，造成“卡脖子”的原因是什么呢？由于国产工业软件起步比较晚，缺乏深厚的工业积累，在用户界面、软件功能、系统架构和平台化、开放性等方面与国外大型软件公司的软件产品和售后服务还存在一定的差距，国内大型制造企业习惯于购买和应用国外企业的工业软件。
强调国产软件对国家战略的重要性</td>
</tr>
<tr>
<td rowspan="2">对构齿轮精加工（16 min）</td>
<td>本环节主要是以学生齿轮铣削实操加工为主，需完成对构齿轮部分的加工铣削，并考核学生的安全文明操作</td>
<td>（1）巡回指导，解决学生加工中主轴转速过高或者过低等问题，对技能水平较低的组别重点关注；
（2）对照现场安全文明生产评分表，对各小组进行在线评价；
（3）分析斜面加工中刀具刚性不足引发的问题</td>
<td>（1）根据工艺员、操作员、安全员不同岗位职责进行组内分工，对对构齿轮部分进行粗加工铣削；
（2）安全员对组内操作全过程进行现场考核自查，纠正操作过程中的不文明现象；
（3）组间探讨加工中的振动等问题</td>
<td rowspan="2">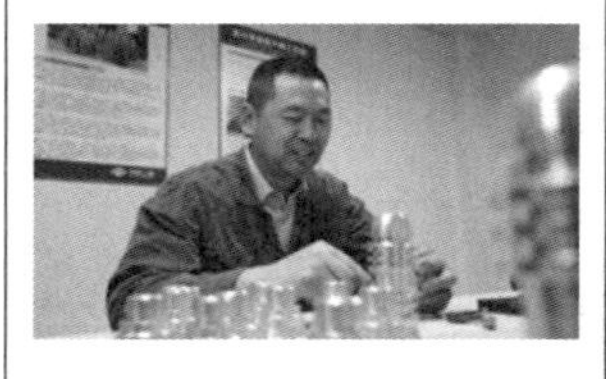
以视频引入和讨论的形式，讲解本节内容。通过对齿轮精加工参数的选择引出课程思政案例：
（大国匠心——精益求精）
全国技术能手龙小平完成了对 CAP1400 核电转子的精加工，转轴架口圆度达到惊人的 0.003 mm，大大超过了 0.01 mm 的技术标准。该产品打破了日本对该型产品的技术垄断，填补了国内核电市场空白，并大大降低了核电企业的成本。加工要达到如此高的精度，是不太可能通过设备去支持的，要靠操作者的高超技能，不断改变参数和方法，才能取得成果。正如刀具参数与切削用量的合理选择一样，不断尝试才能成功</td>
</tr>
<tr>
<td colspan="3">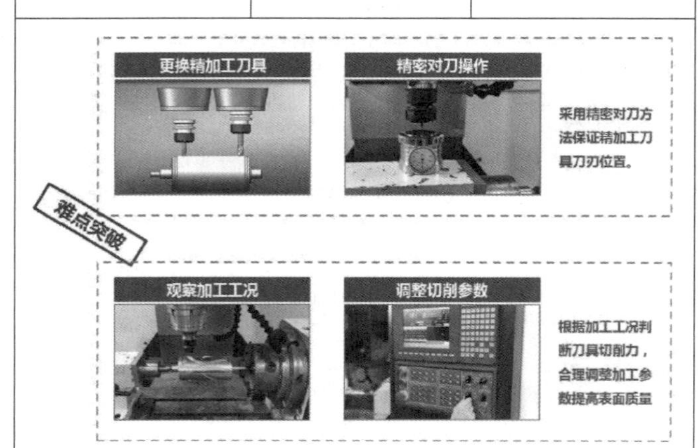
</td>
</tr>
</table>

续表

课堂总结与课后拓展 拓	**1. 课后总结** 总结教学内容，将教学效果实时进行反馈。 **2. 课后拓展** 观看典型微视频，交流讨论，登录资源库，拓展学习，进一步提升专业技能和综合素养。具体要求有： （1）观看高速铣削加工视频，学习高速铣削加工相关知识，并完成课后习题。 （2）链接省级教学资源库，进行拓展练习； （3）预习下节内容	**1. 课后总结** （1）仿真演示、针对共性问题进行总结； （2）企业导师点评； （3）评价总结，引出本节课思政内容； （4）展示当堂得分，提出新的要求。 **2. 课后拓展** （1）登录职教云平台查看学生课后讨论，及时与学生交流，答疑解惑； （2）发布课后拓展任务，推送高速铣削加工学习资源； （3）查阅学生课后视频学习情况，并根据课后习题完成情况进行在线评分	**1. 课后总结：** （1）小组互评，分析提升； （2）针对不解之处提问。 **2. 课后拓展：** （1）撰写课后作业报告，并通过电脑、手机及时登录平台，开展课后讨论，并查阅课后拓展任务； （2）学习高速铣削加工知识，观看高速铣削加工视频，并完成课后习题； （3）如个别小组在课堂中无法完成零件加工，可利用第二课堂预约加工中心实训室，在课后完成零件加工	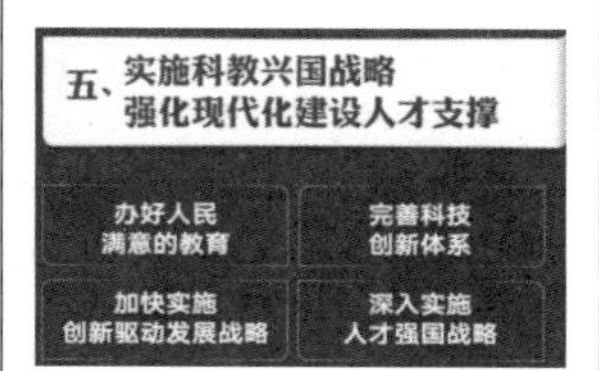 将机械加工领域的发展与学习党的二十大精神要点相结合。探索我国未来机械领域的创新驱动发展战略

六、教学评价

一、教学评价方法

为突出教学评价的多元性，评价体系设置了过程性评价、结果性评价、增值性评价三个评价环节。其中诊断性评价主要评价学习对象的学习准备情况；过程性评价主要是针对达成教学目标、改善教学过程开展的评价；结果性评价主要是对评价对象达成学习目标的程度做出鉴定；增值性评价主要针对学生在学习过程中的表现和课后拓展任务的完成情况做出评价。

该评价体系以学生、教师、企业兼职教师为评价主体，对教学过程和教学结果进行反馈。

- 教学评价
  - 过程性评价（60%）
    - 知识测试评价
      - 课前测试（5%） 平台自动评价
      - 课后测试（5%） 平台自动评价
    - 职业技术评价（评价主体：教师评价、学生互评）
      - 案例分析（5%）
      - 方案设计（5%）
      - 液压回路的仿真（10%）
      - 液压回路的调试（10%）
    - 职业素养评价（评价主体：企业兼职教师评价、学生互评、教师评价）
      - 实践操作规范性（10%）
      - 团队协作（5%）
      - 出勤考核（5%）
  - 结果性评价（30%）
    - 方案验证
      - 实训台验证（10%） 学生自评/教师评价
      - 企业兼职教师验收（20%） 企业兼职教师评价
  - 增值性评价（10%）
    - 学习过程的表现
      - 课前任务的完成/在线论坛的参与情况（2%） 平台评价
      - 方案设计汇报展示（3%） 学生互评/教师评价
    - 课后拓展任务的完成（5%） 教师评价

二、学生学习效果

（1）学生学习目标已达成

授课过程中采用多元考核评价，课前、课中、课后测评显示 100%的学生已达标（60 分），实现了知识、技能、素质教学目标。

（2）学生个体薄弱项已提升

冯琦、王旭通等学生在“备新知”“做方案”“践技能”环节较上次任务有很大提升。

续表

（3）学生学习兴趣有所提升，积极互动

通过发布的讨论、投票等活动显示学生参与度达 100%。在方案设计环节中采用小组合作及交叉交流的方法，通过课堂现场实施及小组网上讨论的记录显示学生的团队合作意识较之前得到提升。

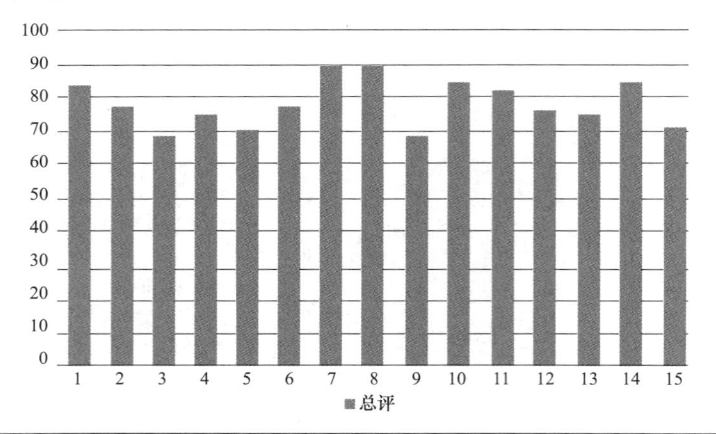

学生	过程得分（60%）	结果得分（30%）	增值得分（10%）	总评/分
1	80	90	90	84
2	70	95	75	78
3	60	85	75	69
4	69	87	80	75.5
5	70	70	75	70.5
6	70	90	90	78
7	90	89	95	90.2
8	90	89	89	89.6
9	60	80	90	69
10	82	88	90	84.6
11	80	85	85	82
12	70	85	92	76.7
13	60	100	90	75
14	80	90	90	84
15	60	85	95	71

七、教学反思

教学总结	（1）通过课前预习，让学生带着问题上课，课堂效率提高，学生积极性提高； （2）教学全过程通过学习通平台进行信息采集，在同类型教学内容的课堂中推广性较强； （3）从学生感兴趣的天问一号实验舱的关键零件对构齿轮案例入手，分小组进行工艺设计，学生的掌握和理解程度得到加强

续表

特色创新	（1）结合视频、动画和图片等资源，突破重点齿轮常见的加工工艺编制； （2）教师引导，学生自行设计工艺并在 Surfmill 软件中进行刀路仿真，通过“一例三层、三阶七环”的模式和教学过程突破重点难点知识——对构齿轮的工艺编制； （3）思政以学生喜爱关注的天问一号实验舱、党的二十大精神、俄乌战争、国产软件卡脖子问题、大国工匠为例引入，加深学生的爱国主义情怀及对本节内容和思政目标的融合
反思改进	通过课堂表现及课后练习情况发现个别学生在齿轮工艺方案编制过程中存在加工方案选择不当的情况。 改进：针对工艺选择过程中出现的混淆点，一方面，通过线上资源进一步加强学生对常见齿轮加工方案的应用能力；另一方面，通过教师指导解决学生学习过程中的问题，帮助学生树立学习的自信心

颗粒捕捉器检修方案的制定

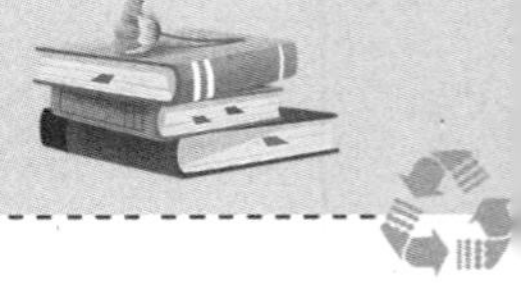

（汽车电子控制技术）

团队成员

韩丹、张博琦、吴晨

课程基本情况

“汽车电子控制技术”是汽车检测与维修技术专业的核心课程，共 70 学时，4 学分，本课程主要针对汽车检测与维修专业二年级学生开设。本课程依托中央财政支持的实训基地和校内校企合作对外服务基地，融入国六排放新标准、颗粒捕捉器新技术、新能源汽车和智能网联汽车等新发展，对接真实工作流程，采取课内理实一体化教学、课后校企服务基地延学的模式，贯彻党的二十大精神，以“汽车医生服务中国双碳战略”为思政主线，融入“爱精拓”课程思政元素，推动全员全过程全方位育人，培养汽车检修高素质技术技能人才。

本课程主要讲述汽车电控系统、发动机电子控制系统检修、底盘电子控制系统检修、车身电子控制系统检修等内容，融入当前新能源汽车及智能网联汽车电子控制系统的检修等内容，立足汽车维修工岗位要求，结合汽车技术技能大赛考核标准、“1+X”汽车运用与维修职业技能等级证书标准，将理论、实践与课程思政有效结合。课前推送汽车相关劳模、大国工匠人物，坚定学生技能报国、技术强国的理想信念，平凡岗位也能实现报国的职业信心。课中教学内容融入排放对环境的危害、影响以及解决办法，提高学生的环保意识、坚定学生自主创新，掌握核心技术的决心；通过分组完成任务，加强学生的团结协作意识，强化学生作为汽车医生所需具备的爱岗敬业精神和职业道德。课后通过社会服务及真实岗位实践，培养学生的社会服务意识、劳动意识、沟通能力及学以致用的能力。

教学设计

<table>
<tr><th colspan="4">一、课程概况</th></tr>
<tr><td>部门名称</td><td>汽车工程学院</td><td>课程性质</td><td>●必修　○选修</td></tr>
<tr><td>课程类型</td><td colspan="3">○公共基础课程　●专业教育课程　○实践类课程</td></tr>
<tr><td>面向专业</td><td colspan="3">汽车检测与维修技术</td></tr>
</table>

续表

授课对象	汽车检修 2101 班学生	授课时数	1 学时
参赛章节	颗粒捕捉器故障检修	使用教材	《汽车电子控制技术》
授课题目	颗粒捕捉器检修方案的制定		
二、教学分析			
教学内容	内容分析：“颗粒捕捉器检修方案的制定”内容源于校企合作对外服务基地实际工作故障案例：“颗粒捕捉器故障检修”，颗粒捕捉器安装在发动机排气管内，它出现故障后不仅会造成发动机背压升高，降低动力，提高油耗，还会影响对颗粒物排放的控制。本次课程引导学生了解颗粒捕捉器，根据颗粒捕捉器出现的故障现象，分析其故障原因，掌握颗粒捕捉器相关零部件的工作原理，结合电路制定相应的检修方案。为后续颗粒捕捉器故障检修及排除打好基础。 本次课程围绕党的二十大精神，从重视生态文明建设、着力保护生态环境，科技的重要地位，实施创新驱动发展战略，培育和弘扬社会主义核心价值观等方面，以汽车医生服务中国“双碳”战略为思政主线，融入“爱精拓”课程思政元素。 课前通过推送汽车工匠谢晓星在平凡岗位实现技能报国的事迹，引导学生坚定职业理想信念、树立平凡岗位也能实现报国的职业信心；提出讨论：国产汽车自主品牌长城发展历程，引导学生树立民族自信心。课中通过安全教育加强学生的规范意识及劳动意识；在故障再现确认环节，考察学生的操作规范及举一反三的能力；在学习颗粒捕捉器结构时，将颗粒捕捉器结构对比蜂巢，引出以自然为师的科学，是大自然给人类的馈赠，要尊重自然、保护自然；在学习原理时，引入其与双碳战略的关系，引导学生思考在汽车技术不断提高的同时如何进行环境保护，以比亚迪 DMI 为例引出科技创新在汽车环保方面的必要性和重要性。课后开展社会服务活动，加强学生的社会责任感和技术水平。 教材分析：本课程选用高职高专汽车类专业技能型教育教材，辅以普通高等教育“十三五”汽车类规划教材、校企共编活页式教材： 主要教材：《汽车电子控制技术》，张建才主编，机械工业出版社，2021； 辅助教材：《汽车电子控制技术》，陈刚主编，机械工业出版社，2017； 校企共编活页式教材，2021			
学情分析	**1. 知识与技能基础** （1）学习了汽车尾气的排放标准，对简单的颗粒捕捉器作用有所了解； （2）通过汽车构造课程对柴油车的颗粒捕捉器的结构组成有一定的认识； （3）可利用网络检索查询知识，但缺少甄别、筛选有用信息的能力。 **2. 认知与实践能力** （1）学生认识颗粒捕捉器，知道其位置所在； （2）学生会用工具检测，但是如何通过数据和现象来分析故障，仍需提高。 **3. 学习特点** （1）对新鲜的事物感兴趣并有较强的学习动力； （2）学生认为学习理论知识较为枯燥，但对动手实际操作的练习有较强兴趣。 **4. 对策方法** （1）在教学中提供反映前沿和学科特点的课程内容，满足学生对新知的需求； （2）借助案例式、启发式或讨论式的教学方法，激发学生的学习兴趣； （3）采用各种信息化的教学手段，提高学生的参与度； （4）在开展安全教育时，引入警示案例，加强学生的自律意识和安全意识			
三、教学目标			
教学目标	知识目标	（1）了解颗粒捕捉器的布置方式； （2）熟悉颗粒捕捉器的组成、结构； （3）掌握颗粒捕捉器的工作原理及再生； （4）掌握颗粒捕捉器故障原因分析及方案制定（对接“1+X”技能证书考点）	

续表

教学目标	能力目标	（1）能够根据亮灯情况完成颗粒捕捉器再生； （2）能够正确识读压差传感器电路图； （3）能正确使用万用表、解码器、示波器等检测工具
	思政目标	（1）课前学习汽车工匠谢晓星的事迹，引导学生坚定职业理想信念、树立平凡岗位也能实现报国的职业信心； （2）通过国产汽车自主品牌长城的发展故事，引导学生树立民族自信心和自豪感； （3）通过任务计划的制订和实施，强化学生作为汽车医生所需具备的爱岗敬业、团队协作的职业素养和精益求精的工匠精神； （4）在学习颗粒捕捉器原理时，引入其与双碳战略的关系，引导学生思考在汽车技术不断提高的同时如何进行环境保护； （5）通过开展社会服务活动，加强学生的社会责任感和技术水平
教学重点及解决办法		教学重点：颗粒捕捉器的工作原理。 确定依据：根据课程标准和岗位能力的需求。 突破方法：通过实际车型案例引发学生学习兴趣，通过视频、动画直观演示工作过程，通过类比讲解来突破教学重点
教学难点及解决办法		教学难点：颗粒捕捉器检修方案的制定。 确定依据：根据岗位能力的需求，以及汽车维修工的技能考核点、“1+X”技能考核点。 突破方法：学生通过头脑风暴的方式分析故障原因，以小组协作的方式绘制相关电路图，结合已学内容中方案制定的思路，初步设计检修方案，再利用仿真软件对方案进行仿真操作，然后优化方案，小组之间、教师对方案进行点评，各组确定最终检修方案
四、教学策略		
设计思路		在讲授课程知识和培养学生能力的基础上，紧紧围绕立德树人根本任务；在设计课程内容时融入思政元素，力求在讲课时将思政教育内容以幽默诙谐的语言、润物细无声的方式自然和谐地融入专业教学中，增强思政教育的亲和力与感染力，给学生带来真实的体验感与获得感。 本课程的特点是理论与实践相结合、线上与线下相结合，以此来提升学生的课程思政建设素养。课堂遵循“教师主导、学生主体”的教学原则，采用“案例驱动法”“问题式教学法”“教师讲述法”等，切实增强思政教育实效。具体而言，本节课将在以下五个环节融入思政元素。 环节 1：采用三全育人与自我教育结合，鼓励学生参与课前主题学习：通过“汽车工匠”谢晓星的事迹，引导学生坚定职业理想信念、树立平凡岗位也能实现报国的职业信心。同时，聚焦国产品牌“长城汽车”的发展，引导学生树立民族自信心和自豪感，诠释自力更生是中华民族立于世界民族之林的奋斗基点，自主创新是我们攀登世界科技高峰的必由之路。 环节 2：采用安全案例警示，引导学生从大处着眼，从小处着手，增强安全意识，养成规范操作习惯，具备良好的行为习惯，在落细、落小、落实上下功夫。 环节 3：采用理论与实践教育结合，在故障确认环节，利用案例驱动的方式，采取启发探究式和主动参与式教学策略，培养学生发现问题、分析问题、解决问题的能力。关注社会热点，充分考虑专业契合度，引入双碳战略的社会热点，教育引导学生要心怀“国之大者”，把汽车医生的个人技术与国家环境发展联系起来，与祖国共命运、与时代同进步。 环节 4：在介绍颗粒捕捉器原理环节，以与我校有密切合作的国有企业比亚迪为例，融合了“大国重器”“自主创新”“国产化替代”等能够充分体现时代特色和发展潮流的元素。通过比亚迪精益求精、不断革新技术的案例，激发学生科技报国的家国情怀和使命担当，使学生明白科技的重要地位：科技是国家强盛之基，创新是民族进步之魂。 环节 5：在检修方案制定过程中通过分组讨论、上台陈述和互相点评等教学活动，引导学生学会在交流中分工，在分工中合作，在合作中创新。引出“节能减排”的理念，树立学生的环保意识及助力国家“双碳”战略的爱国情怀。强调生态兴则文明兴，生态衰则文明衰

续表

<table>
<tr>
<td>教学流程安排</td>
<td>
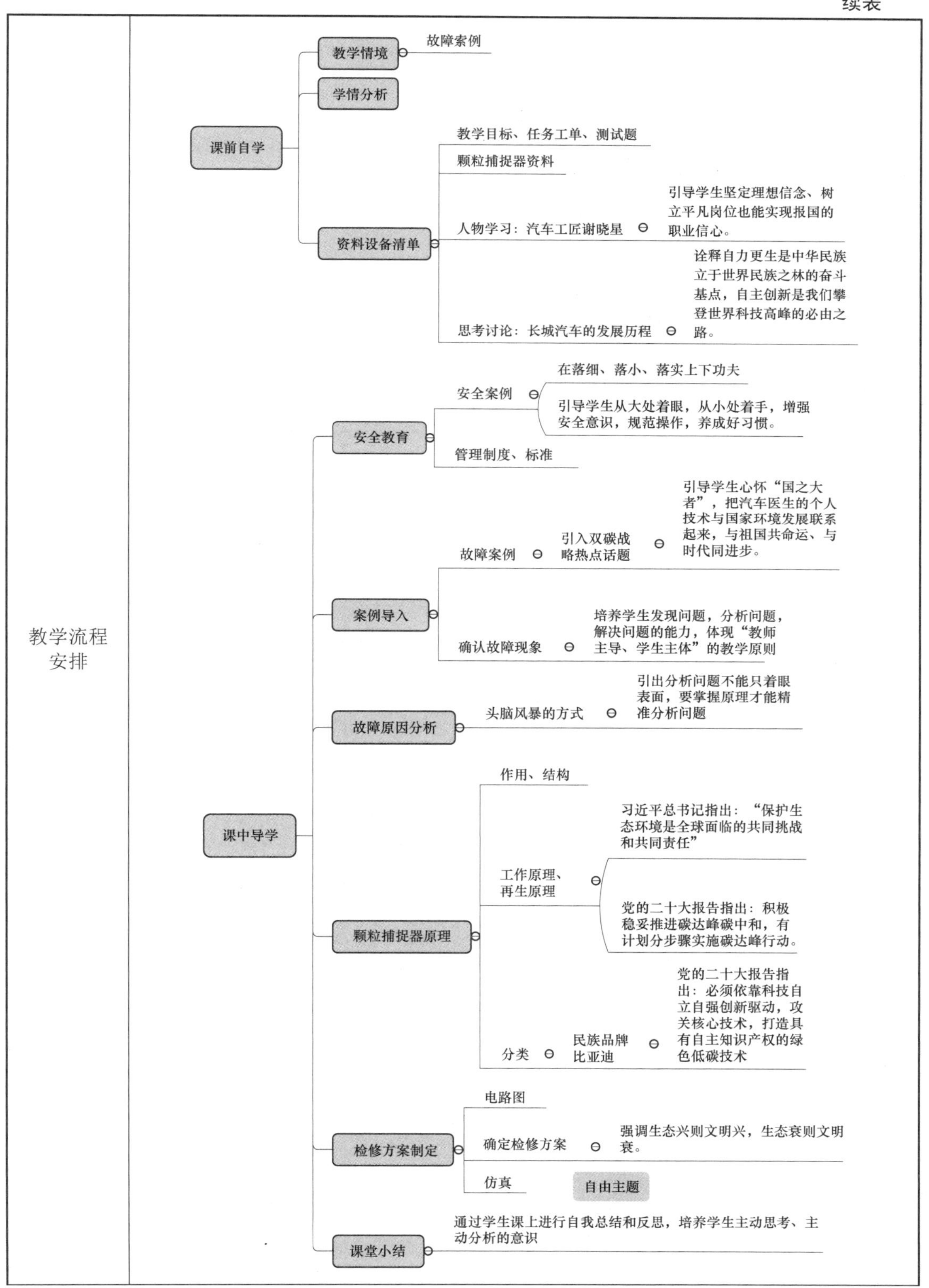

</td>
</tr>
</table>

续表

教学流程安排	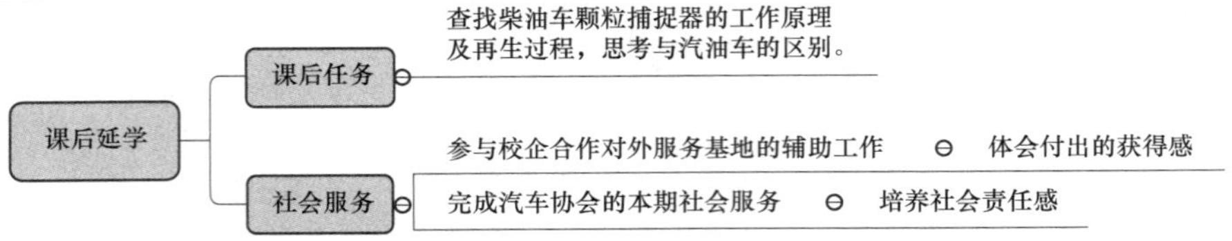 课后延学 课后任务：查找柴油车颗粒捕捉器的工作原理及再生过程，思考与汽油车的区别。 社会服务：参与校企合作对外服务基地的辅助工作——体会付出的获得感；完成汽车协会的本期社会服务——培养社会责任感
板书设计	颗粒捕捉器检修方案的制定 **（一）安全教育** **（二）案例导入** **（三）故障原因分析** 碳载量、传感器电路、连接管路、ECU 等 **（四）颗粒捕捉器原理（重点）** 工作原理、再生原理 **（五）检修方案制定（难点）**

五、教学过程

教学环节	教学过程	课程思政
课前自学	教学情境： 故障案例：汽车发动机故障灯常亮，颗粒捕捉器指示灯点亮，且怠速不稳，油耗偏高。 资料设备清单： （1）教学目标 PPT； （2）客户任务工单； （3）学习通视频及资料：颗粒捕捉器的作用与组成，颗粒捕捉器的工作原理； （4）颗粒捕捉器课前测试题； （5）汽车工匠谢晓星； （6）思考讨论：长城汽车的发展历程。 教师活动： **1. 教学准备及资料推送** （1）在学习通推送资料，并发布视频、作业、资料； （2）发布主题人物汽车工匠谢晓星，发布讨论问题：国产自主品牌长城的发展历程。 **2. 学情分析** （1）课前查看学生的视频、作业完成情况。对未完成课前任务的学生，及时进行督促； （2）回答学生提出的颗粒过滤器的相关问题； （3）根据学生的答题情况及问题，整理颗粒过滤器的难点问题。 学生活动： （1）查看任务并完成； （2）对不了解的地方进行提问	聚焦国产品牌“长城汽车”的发展，诠释自力更生是中华民族立于世界民族之林的奋斗基点，自主创新是我们攀登世界科技高峰的必由之路。引导学生树立民族自信心和自豪感。民族品牌的发展无不凝结着“汽车工匠”谢晓星；汽车“啄木鸟”品控零瑕疵的奋斗历程，以及无数汽车工匠敬业、精益、自主、创新的精神，教育引导学生坚定职业理想信念、树立平凡岗位也能实现报国的职业信心
安全教育（3 min）	教学内容： （1）穿戴整洁标准； （2）6S 管理制度； （3）评价内容：穿戴标准、仪容仪表； （4）介绍实训室的用电安全、个人安全、工具使用安全等安全注意事项。	通过安全教育，引导学生从大处着眼，从小处着手，增强安全意识，养成规范操作习惯，具备培养良好的行为习惯，在落细、落小、落实上下功夫

续表

<table>
<tr>
<td>安全教育
（3 min）</td>
<td>教师活动：
（1）发布签到；
（2）强调安全问题。
学生活动：
（1）完成签到；
（2）听取安全注意事项，记录要点，强化职业素养。</td>
<td></td>
</tr>
<tr>
<td>案例导入
（5 min）</td>
<td>教学内容：
1. 故障案例
一辆 2020 款哈弗 H9,用户反应发动机故障灯常亮，颗粒捕捉器指示灯点亮，且怠速不稳，油耗偏高。
2. 确认故障现象
读取故障码，故障码显示为：“U060141，颗粒捕集器压差传感器数据检查不合理；P24A400，颗粒物捕捉器 Soot 过多。”
清除故障码，故障码可以清除，再次读取故障码，故障码再次出现。
教师活动：
1. 发布任务
观察学生是否已经掌握了故障码的读取方法，是否可以正确读取故障码，并分析其含义。
2. 巡回指导
对学生在确认故障现象过程中仪器的使用及其步骤存在的问题及时进行纠错和指导，判断学生是否已经掌握仪器的使用方法。
3. 示范操作
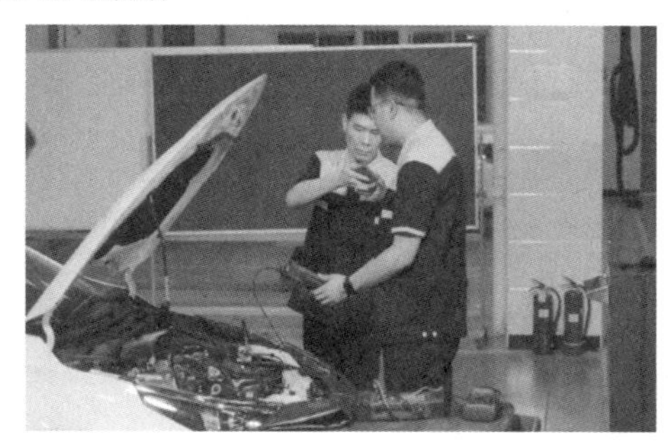
</td>
<td>采用案例驱动的方式，利用启发探究式和主动参与式教学策略，培养学生发现问题、分析问题、解决问题的能力，体现“教师主导，学生主体”的教学原则

关注社会热点，充分考虑专业契合度，引入双碳战略等社会热点，教育要引导学生要心怀“国之大者”，把汽车医生的个人技术与国家环境发展联系起来，与祖国共命运、与时代同进步</td>
</tr>
</table>

续表

<table>
<tr><td>案例导入
（5 min）</td><td>学生活动：
1. 环车检查
2. 故障现象确认
启动车辆，观察并验证存在的故障现象，进行记录。读取车辆故障码，并对故障码进行分析、判断，小组讨论后，填写工单。根据故障码和数据流初判故障
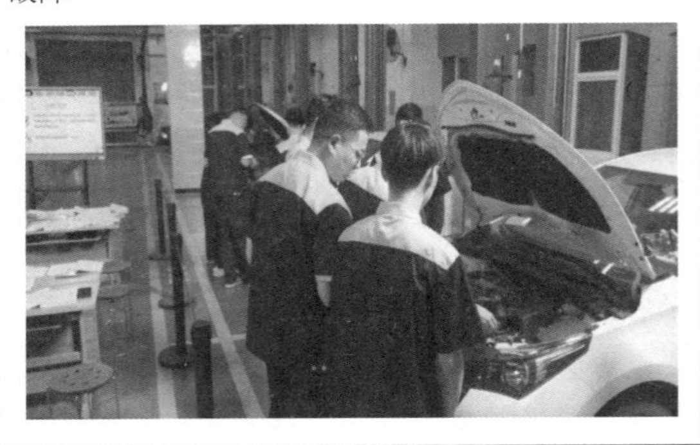</td><td></td></tr>
<tr><td>原因分析
（5 min）</td><td>教学内容：
根据故障码的含义，分析可能存在以下故障：
（1）颗粒捕捉器的载碳量过多；
（2）压差传感器电路线束及自身存在故障；
（3）ECU 故障；
（4）颗粒捕捉连接管路故障。
教师活动：
1. 观察引导
教师提供维修信息、文本资料，指导学生独立分析故障原因，引导组内采用头脑风暴的方式来查找原因。
2. 教师评价
对各组结果进行分析判读，并说明原因。
学生活动：
1. 独立查找原因
学生根据课前预习，及教师提供的参考资料，找出故障原因并进行分析，形成结果。
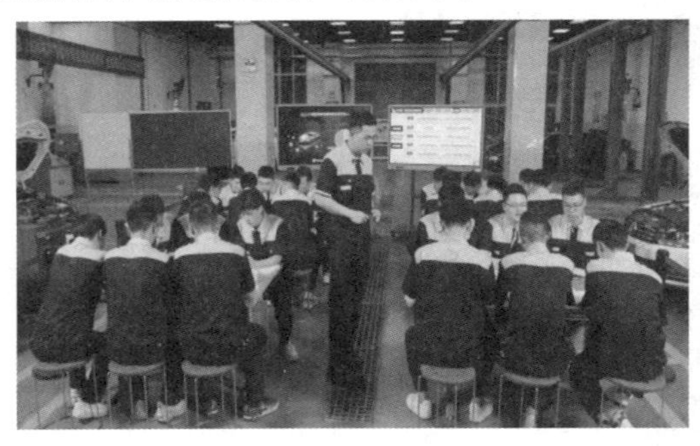
2. 组内头脑风暴
小组合作讨论故障原因并达成共识，将讨论后的原因写在卡片上，并贴在白板上</td><td>由颗粒捕捉器故障代码分析故障原因不只有颗粒捕捉器本身，还有其相关的压差传感器、连接管路及 ECU 等，引出分析问题不能只着眼于表面，要掌握其原理才能精准分析问题，提高学生学习知识原理的积极性及逻辑分析能力</td></tr>
</table>

续表

<table>
<tr>
<td>颗粒捕捉器
原理
（15 min）</td>
<td>教学内容：
1. 颗粒捕捉器的作用
2. 颗粒捕捉器的结构
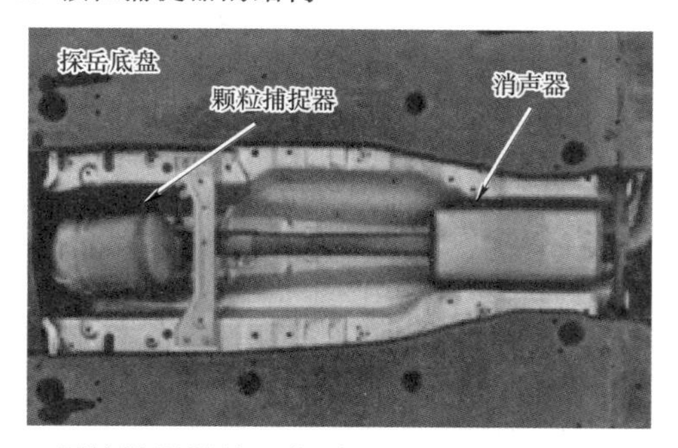

3. 颗粒捕捉器的工作原理
4. 颗粒捕捉器的再生
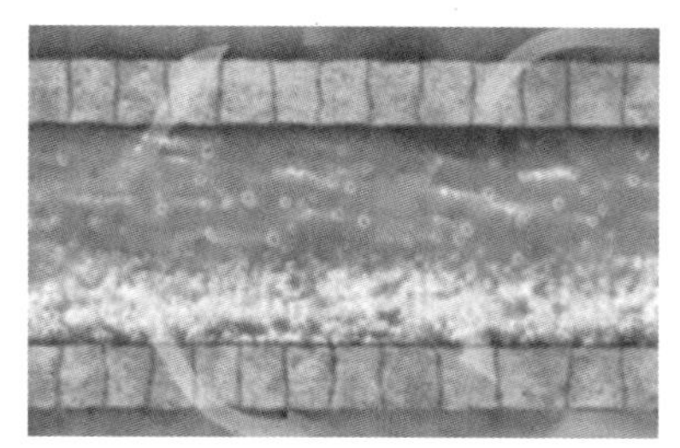
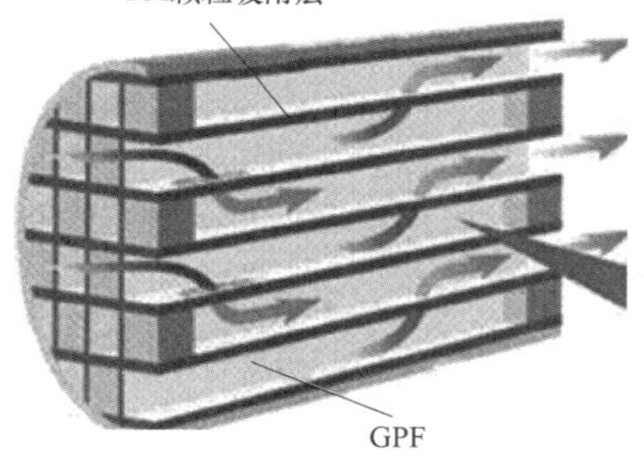

5. 颗粒捕捉器各类型特点
四元催化剂、耦合式和后置式三种。
教师活动：
1. 知识检查
教师以问题的方式，考查学生知识预习的情况，并对学生提出的疑问逐一进行讲解。
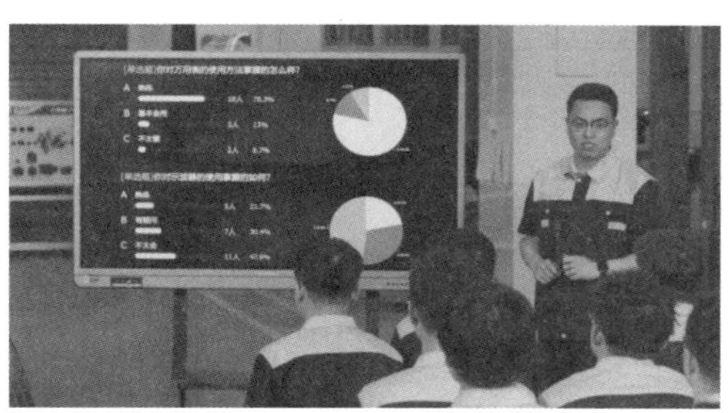</td>
<td>针对我国自主制定的排放高标准提出问题，响应习近平总书记提出的：“保护生态环境是全球面临的共同挑战和共同责任。”以及党的二十大报告中提出的“积极稳妥推进碳中和，有计划分步骤实施碳达峰。”从而激发学生爱护环境的意识。
将颗粒捕捉器结构对比蜂巢，引出以自然为师的科学，是大自然给人类的馈赠，我们作为受益者要像保护眼睛一样保护自然和生态环境。

由比亚迪 DMI 技术未使用颗粒捕捉器进行讨论分析，引出比亚迪科技创新为我国双碳事业做出的贡献。一个以科技创新、技术进步为主体的企业，就是民族振兴的动力源泉，也是国家财富增加的源泉所在。让学生明白科技是国家强盛之基，创新是民族进步之魂。同时，增强学生的民族自信心和自豪感，激发学生科技报国的家国情怀和使命担当。</td>
</tr>
</table>

续表

颗粒捕捉器原理 （15 min） 颗粒捕捉器原理 （15 min）	**2. 集中讲授** 教师结合颗粒捕捉器模型、动画等强调其结构、组成、工作原理、再生等理论知识。针对课前学生提出较多的问题，调整教学重点，进行集中讲解。 **3. 发布任务** 线上发布思考任务：颗粒捕捉器亮不同颜色的灯，应该如何进行再生？组织学生进行展示，并完成自评及互评，针对个别问题进行总结反馈。 【学生活动】 **1. 回答问题** 学生通过课前自学回答教师提出的：颗粒捕捉器的作用、组成、工作原理、再生方式等问题，提出小组遇到的问题。 **2. 完成任务** 各小组自行查找使用手册，回答颗粒捕捉器不同颜色灯的再生方式。各小组展示查询的结果，并讲解类型特点。完成成员自评及互评，自查问题，总结内容	
检修方案制定 （20 min）	教学内容： **1. 电路图** 哈弗 H9 2.0T 压差传感器，相关电路如下图所示： 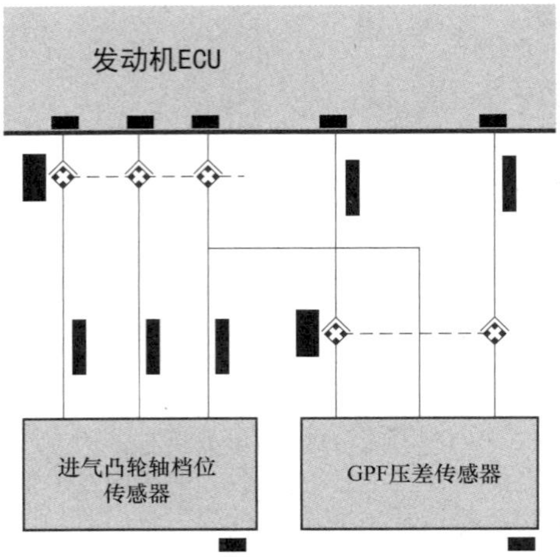 发动机ECU 进气凸轮轴档位传感器 GPF压差传感器 **2. 确定诊断步骤** （1）颗粒捕捉器诊断流程图； 压差传感器工作不良的诊断流程如下图所示： （2）仿真验证； （3）组内分工。 操作员、记录员、安全员、拍摄员。	通过压差传感器与进气凸轮轴相位传感器共用负极搭铁，而不是单独接线至发动机 ECU 端口，减少线束重量，节约燃油消耗，引出“节能减排”的理念，引导学生树立环保意识及助力国家“双碳”战略的爱国情怀。强调生态兴则文明兴，生态衰则文明衰。

续表

<table>
<tr>
<td>检修方案制定
（20 min）</td>
<td>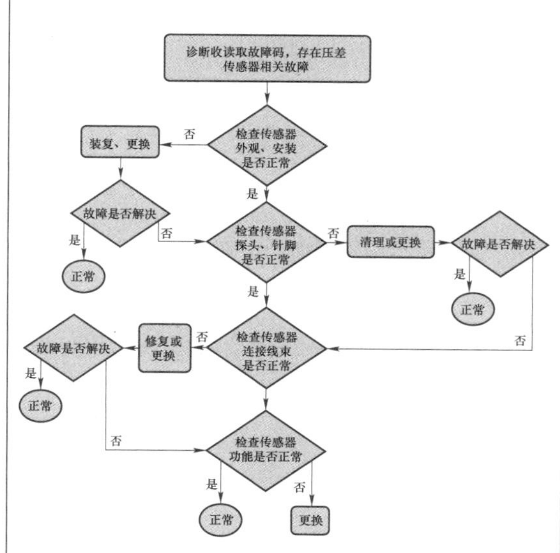

教师活动：
（1）发放图册，巡回指导，对电路易错点进行集中讲解；
（2）组织引导，提出汇报注意事项，对各组方案进行点评。
学生活动：
（1）制订计划，完成仿真优化；
（2）汇报本组压差传感器检测方案，进行组间互评并提出改进建议；

（3）组内进行分工</td>
<td>通过教学活动，引导学生学会在交流中分工，在分工中合作，在合作中创新，培养学生开拓创新、团结协作的精神。
加强学生的虚拟仿真练习，实现课程的多元化及丰富性</td>
</tr>
<tr>
<td>课堂小结
（2 min）</td>
<td>教师活动：
（1）教师对本节课的知识点进行梳理总结；
（2）教师对整个教学过程进行点评。
学生活动：
（1）总结本节课的重难点及个人掌握情况；
（2）反思并总结本组检测遇到的问题及解决方法</td>
<td>通过让学生在课上进行自我总结和反思，培养学生主动思考、主动分析的意识</td>
</tr>
</table>

续表

<table>
<tr><td>课后延学</td><td>1. 课后任务
查找柴油车颗粒捕捉器的工作原理及再生过程，思考与汽油车的区别。
2. 社会服务
根据排班表参与校企合作对外服务基地的辅助工作并完成汽车协会的本期社会服务</td><td>培养学生的社会责任感。增强学生的获得感</td></tr>
<tr><td colspan="3">六、教学评价</td></tr>
<tr><td colspan="3">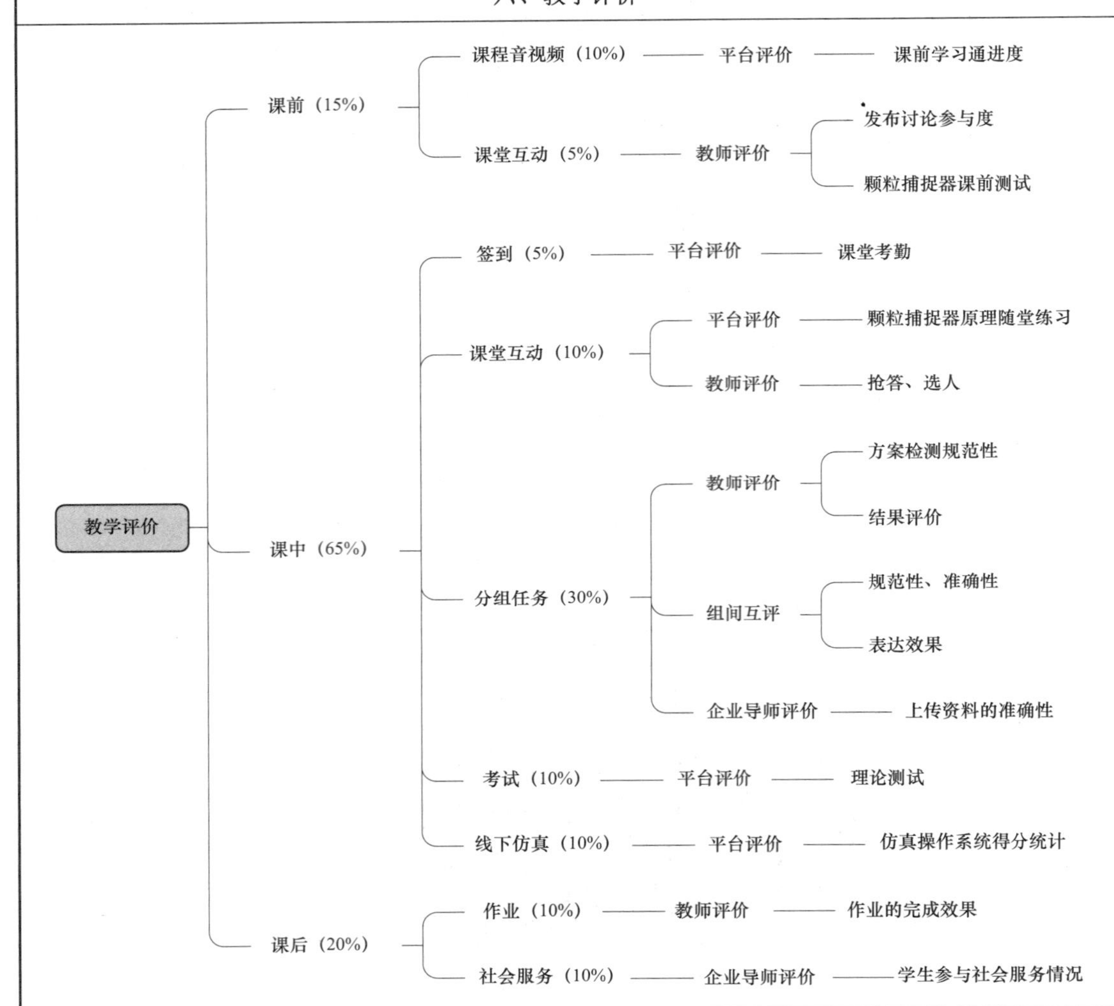</td></tr>
<tr><td colspan="3">七、教学反思</td></tr>
<tr><td colspan="3">1. 教学效果
（1）平台发布的签到、讨论、随堂测试等活动数据显示：学生课上参与度达 100%，整体课前预习和课后拓展作业提交率达 100%。通过数据统计可以看出学生的学习兴趣、积极性有了提高。
（2）通过真实故障案例，学生在练习过程中真实体验岗位工作过程，故障确认，原因查找、故障分析等速度明显加快，同时学生树立了严谨细致的职业素养，增强了作为汽车医生的使命感。
（3）通过小组讨论、动手实践、总结归纳等方式，形成以学生为中心的课堂。学生利用故障树，组内研讨制作故障检修方案，培养了沟通交流能力和团队协作意识。</td></tr>
</table>

续表

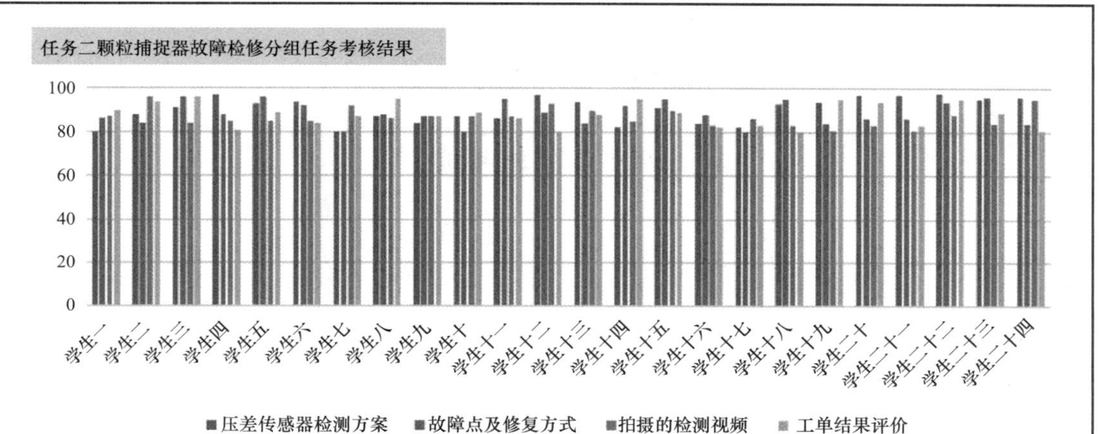

2. 教学诊改

（1）颗粒捕捉器属于新技术，在不同类型方面资源较少，这对课堂教学活动的丰富性有一定的影响。因此，在后续的课程中应收集不同形式的颗粒捕捉器，根据工作原理与故障，结合仿真环节模拟排故教学，进一步增强学生的学习兴趣和学习效果。

（2）在思政融入过程中要适度，过犹不及。可以多结合身边的实际问题、专业未来设计的行业问题，并且给学生独立思考和判断分析的机会，引导学生静下心来思考原理、领悟道理、明白事理。毕竟通过一门课就让学生大彻大悟很难，但如果每门课都起到相应的作用，即通过专业思政，各门课相互呼应、相互影响、交叉耦合，就能起到更好的育人效果。

需要注意的是要尊重人才培养规律，十年树木百年树人，我们努力去做，但不能急于求成，有些教育效果需要若干年以后才能显现

商业险的理算

（汽车保险与理赔）

团队成员

鲁玺、朱荣、刘洋洋

课程基本情况

汽车检测与维修技术专业（汽车定损与评估方向）主要培养面向保险公司、汽车 4S 店、汽车保险公估机构、汽车维修厂等汽车保险相关领域，在事故车查勘定损、汽车保险承保与理赔、二手车鉴定与交易、事故车鉴定与评估、汽车保险公估等岗位的一线工作人员。“汽车保险与理赔”课程为专业的核心必修课程。通过课程学习，学生应掌握基本的汽车保险承保及理赔、事故车查勘定损等基本职业技能，同时养成良好的职业习惯，具备良好的服务意识，树立正确的价值观、人生观，且具有职业认同感和良好的劳动素养。

本课程理论性和实践性都很强。教师在授课过程中，在理论部分，要注重培养学生精益求精、刻苦钻研的精神；在实践部分，要培养学生艰苦奋斗、规范严谨、认真负责、服务他人的职业素养。

此外，汽车保险与汽车产业息息相关，国家“汽车强国”战略发展目标离不开汽车保险的保障。同时，汽车保险与每位车主紧密相关，汽车保险的承保及理赔关系着每位公民。所以，在教学过程中要注意培养学生的爱国情怀和社会责任感，对学生做好服务国家、服务人民的精神教育。

教学设计

一、课程概况			
部门名称	汽车工程学院	课程性质	●必修 ○选修
课程类型	○公共基础课程 ●专业教育课程 ○实践类课程		
面向专业	汽车检测与维修技术、汽车技术服务与营销		
授课对象	大二学生	授课时数	48 学时
参赛章节	项目六任务四	使用教材	《汽车保险与理赔》
授课题目	商业险的理算		

续表

<table>
<tr><td colspan="2">二、教学分析</td></tr>
<tr><td>教学内容</td><td>内容分析：
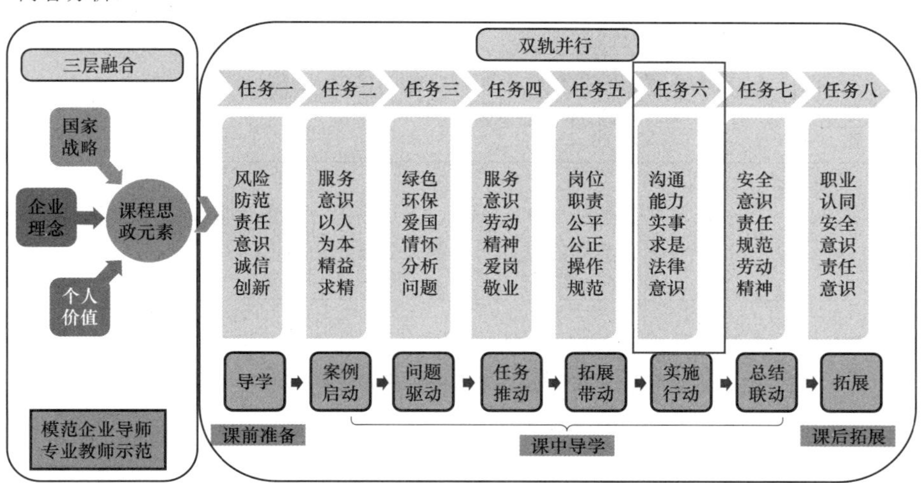

本节课学习机动车商业险保险（特别是第三者责任险、车辆损失险）的赔偿理算。学生通过学习，能针对事故车损失情况进行保险赔偿计算。在之前的课程中，学生已完成了险种知识、保险条款、理赔流程等内容的学习。本次课程是对前期课程内容的综合应用，对学生所掌握的基础知识要求比较高。同时，结合校企共建案例资源库，在综合运用训练的基础上，可以更好地进行课程思政浸润。教师所选择的课程教学案例，要能反映商业险理赔的相关内容，进而训练学生的车险理赔技能；同时，要能满足本次课程培养学生的沟通能力、实事求是精神、法律意识的思政目标。
教材分析：本课程所采用的教材为教师团队自编教材《汽车保险与理赔》。本教材为“十三五”职业教育国家规划教材，内容较为详细，但是编写时间较早，2021、2022 年最新的保险条款内容有所欠缺。因此，学生在使用教材过程中，可配合“汽车保险与理赔”在线课程平台的学习资源进行深入学习。教师在进行课程教学设计过程中，也应以教材为基础，以“汽车保险与理赔”在线课程平台为信息化手段和工具组织教学</td></tr>
<tr><td>学情分析</td><td>1. 知识基础
（1）掌握汽车基本结构，有一定的保险基础知识；
（2）已经学习了交强险；
（3）掌握发生事故后，交强险如何对受害人进行赔偿。
2. 技能基础
（1）清楚汽车保险理赔流程及内容；
（2）能够简单为客户介绍第三者责任险的内容；
（3）已掌握通过互联网查阅资料的方法；
（4）能利用 H5 平台制作简单的 H5 页面；
（5）熟练掌握学习通、抖音、微信等 APP 的使用与操作。
3. 学生特点
（1）不喜欢枯燥的理论学习；
（2）对现实生活案例感兴趣；
（3）喜欢看视频、玩游戏；
（4）喜欢玩手机，热衷于社交 APP</td></tr>
</table>

续表

<table>
<tr><th colspan="3">三、教学目标</th></tr>
<tr><td rowspan="3">教学目标</td><td>知识目标</td><td>（1）掌握车辆损失险、第三者责任险的保险责任、责任免除、理赔；
（2）掌握车损险在全部损失、部分损失、施救费用三种情况下的理赔计算公式；
（3）掌握第三者责任险应赔偿金额的确定及理赔计算公式；
（4）掌握各个附加险的理算公式</td></tr>
<tr><td>能力目标</td><td>（1）能向客户介绍车辆损失险、第三者责任险的保险责任、责任免除；
（2）在实际生活中能进行车辆损失赔偿的判断</td></tr>
<tr><td>思政目标</td><td>（1）培养学生的观察能力、动手能力，培养学生的创新、探索精神；
（2）培育学生未来从事汽车保险与理赔工作的职业素养；
（3）培养学生的沟通能力、实事求是精神、法律意识</td></tr>
<tr><td colspan="2">教学重点及解决办法</td><td>教学重点：车损险、第三者责任险的理算公式。
解决办法：案例分析法、小组任务</td></tr>
<tr><td colspan="2">教学难点及解决办法</td><td>教学难点：学生熟练应用车辆损失险、第三者责任险的保险条款进行实际理赔案例的判断与分析。
解决办法：教师引导示范，对实际案例进行分析。利用案例进行任务驱动，完成案例的赔偿分析。借助社交平台，组织学生进行知识的展示应用</td></tr>
<tr><th colspan="3">四、教学策略</th></tr>
<tr><td colspan="2">设计思路</td><td>本次课程在实施过程中采用“线上+线下”混合式教学模式。
课前，根据学生学情向学生推送思政案例，进行启发引导，并通过在线测试，了解学生学习情况。课中，按照“案例启动、问题驱动、任务推动、拓展带动、实施行动、总结联动”六个环节组织线下教学。
每个教学环节中可通过案例讲解、视频播放、讲解示范等形式，潜移默化地浸润课程思政。
课程思政元素中融入个人价值观、汽车保险企业服务理念、国家汽车强国发展战略，即“个人—企业—国家”三个层次的思想体系，确定本次课程的三层培养目标。在课程教学实施过程中，通过“课课有主题”“环环有侧重”，双轨并行，完成课程思政教育目标，达成汽车保险理赔服务人才的培养目标</td></tr>
<tr><td colspan="2">教学流程安排</td><td>案例启动（3 min）→问题驱动（3 min）→任务推动（14 min）→拓展带动（15 min）→实施行动（10 min）→总结联动（5 min）</td></tr>
</table>

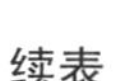

续表

教学流程安排

阶段	教师活动	环节	学生活动
课前	• 课程学情分析 • 布置误课前测验 • 上传资料，发布任务		• 获取课前学习任务 • 观看课程平台教师指定的学习视频 • 完成教师发布的误前测验
课中	• 案例展示，回顾上节课内容 • 垂启动学生的学习状态	案例启动 (3 min)	• 了解并熟悉案例内容，快速了解客户需求，进入车验服务人员的角色状态
	• 梳理案例中待解快的问题 • 明确本次课程教学目标	问题驱动 (3 min)	• 了解本次课程解决的问题。带着问题进入学习
	• 微信文章《商业车险示范产品理赔实务要点》 • 活动一：讨诊（计时群） • 手机投屏微信文章并进行重点讲解 • 活动二：讨论 • 活动三：发帖	任务推动 (14 min)	• 观看文章，总结车损险、三者险的赔偿计算公式 • 手机观看微信文章并根据教师讲解参与活动 解决重点
	• 拓展主题：皮衣的故事 • 企业连线 • 案例赔偿分析 • 讨论 • 提升：腾讯视频《发生事故以后怎么处理》	拓展带动 (15 min)	• 观看视频 • 整理本环节的内套逻辑：皮衣的案子介绍——第三者责任的赔偿分析——课程思政讨论与融入——视频提升 • 参与讨论
	• 布置分组任务 • 教师示范 • 对学生的汇报进行点评	实施行动 (10 min)	• 小组合作完成课程任务并汇报 • 小组内互评、组间互评 解决难点
	• 归纳总结本次课程内容 • 对案例进行归纳总结 • 布置课后作业	总结联动 (5 min)	• 课程内容总结 • 做自我评价
课后	• 发布课后项目任务 • 发布课后习题		• 完成课后项目任务 • 完成线上习题 • 预习下节内容

续表

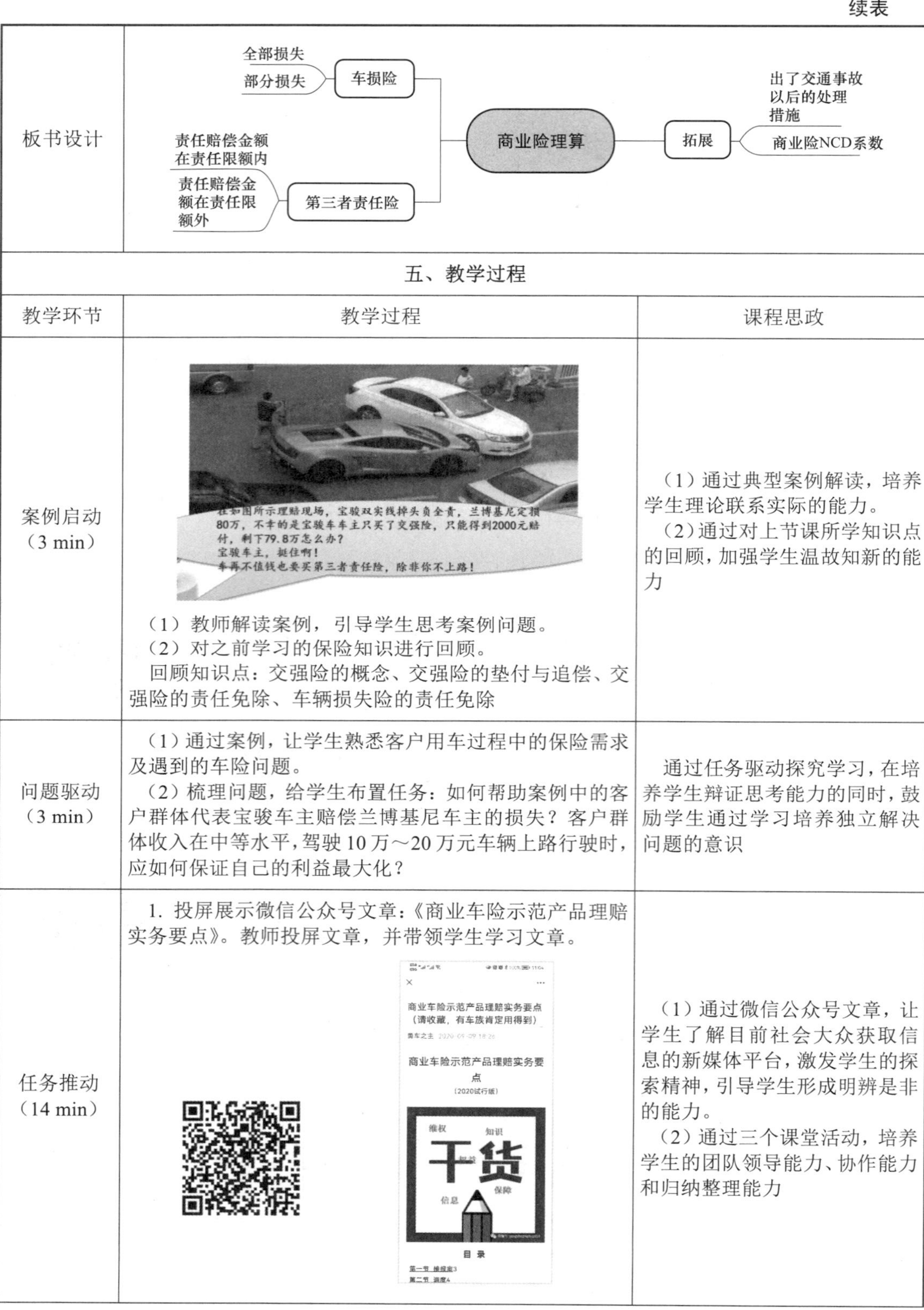

板书设计	全部损失 / 部分损失 — 车损险；责任赔偿金额在责任限额内 / 责任赔偿金额在责任限额外 — 第三者责任险；商业险理算；拓展 — 出了交通事故以后的处理措施 / 商业险NCD系数	
五、教学过程		
教学环节	教学过程	课程思政
案例启动 （3 min）	 （1）教师解读案例，引导学生思考案例问题。 （2）对之前学习的保险知识进行回顾。 回顾知识点：交强险的概念、交强险的垫付与追偿、交强险的责任免除、车辆损失险的责任免除	（1）通过典型案例解读，培养学生理论联系实际的能力。 （2）通过对上节课所学知识点的回顾，加强学生温故知新的能力
问题驱动 （3 min）	（1）通过案例，让学生熟悉客户用车过程中的保险需求及遇到的车险问题。 （2）梳理问题，给学生布置任务：如何帮助案例中的客户群体代表宝骏车主赔偿兰博基尼车主的损失？客户群体收入在中等水平，驾驶10万～20万元车辆上路行驶时，应如何保证自己的利益最大化？	通过任务驱动探究学习，在培养学生辩证思考能力的同时，鼓励学生通过学习培养独立解决问题的意识
任务推动 （14 min）	1. 投屏展示微信公众号文章：《商业车险示范产品理赔实务要点》。教师投屏文章，并带领学生学习文章。 	（1）通过微信公众号文章，让学生了解目前社会大众获取信息的新媒体平台，激发学生的探索精神，引导学生形成明辨是非的能力。 （2）通过三个课堂活动，培养学生的团队领导能力、协作能力和归纳整理能力

续表

任务推动 （14 min）	（2）要求学生归纳总结车损险和第三者责任险的理算公式。 （3）展示二维码，学生可以手机扫码观看。 （4）在学习通 APP 中，设置课堂活动。 活动 1：教师选择学生回答——为什么文章中提到三者险是交强险的补充？ 回答正确的学生予以加分。 活动 2：教师设置讨论——车损险和第三者责任险在赔偿过程中有什么不同之处？ 活动 3：学生在讨论区发帖并评价其他同学的帖子：作为专业汽车保险服务人员，给客户介绍第三者责任险，除了文章中的内容，还应该补充些什么？ 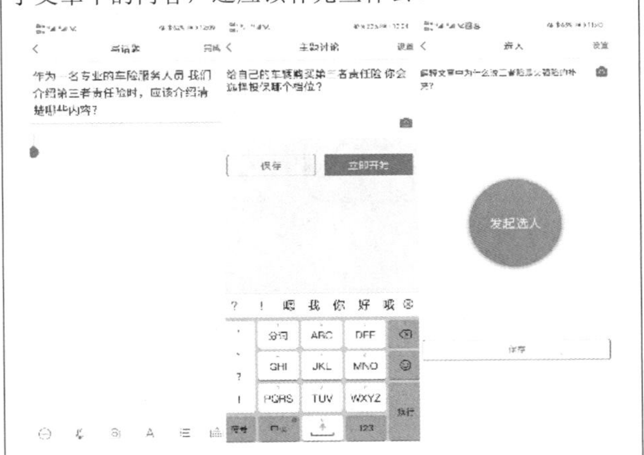	
拓展带动 （15 min）	（1）知识拓展主题——皮衣。企业实时连线——查勘员介绍真实查勘定损案例（查勘员：贾师傅，就职于中国人保有限公司咸阳分公司查勘定损部，2015 年本校本专业毕业生）。 （2）查勘员实时连线介绍案例情景：皮衣的故事（实时连线如果实现不了，由教师介绍案例情况）。 （3）教师在企业连线前给学生介绍查勘员基本情况。 （4）企业连线过程中提醒学生关注案例的保险关键点并记录。 拓展 1：对皮衣是否进行赔偿； 拓展 2：保险赔偿方式：以修为主、能修不换。 拓展 3：在此案例中，车主是否可以直接开车离开？发生类似事故以后，车主的正确做法是什么？ 	（1）第三者责任险的赔偿范围不仅仅包括车辆，还会涉及社会生活的各个方面。学生在学习过程中，必须多了解时事、关心社会发展，拓展充实自己的社会经验和社会知识。 （2）保险公司查勘理赔人员在处理理赔过程中，一定要做到事事亲力亲为，实实在在做工作。这是该工作岗位赋予其工作人员的职业操守，也是劳动工作者最基本的职业道德。 （3）给学生灌输一条理念："学以致用"，学到的任何知识都要进行应用，服务于车险用户

续表

实施行动 （10 min）	（1）教师进行示范。教师示范如何给客户介绍第三种责任险。对于车辆损失险不赔偿的内容，给客户提出解决方案（示范展示要点：第三者责任险是赔偿对方车辆损失的，但一些特殊情况下，购买了第三者责任险，保险公司也不能全部赔偿对方的损失，可能要车主自己承担。为客户介绍相关险种的过程中，要有职业道德的约束，险种介绍要全面）。 方式：通过抖音视频、H5 页面或微信公众号进行介绍。 （2）将学生分成若干小组，各组完成小组任务。进行第三者责任险知识介绍（介绍过程中建议使用视频、图片、案例）。 （3）引导学生介绍最新商业险 NCD 系数。 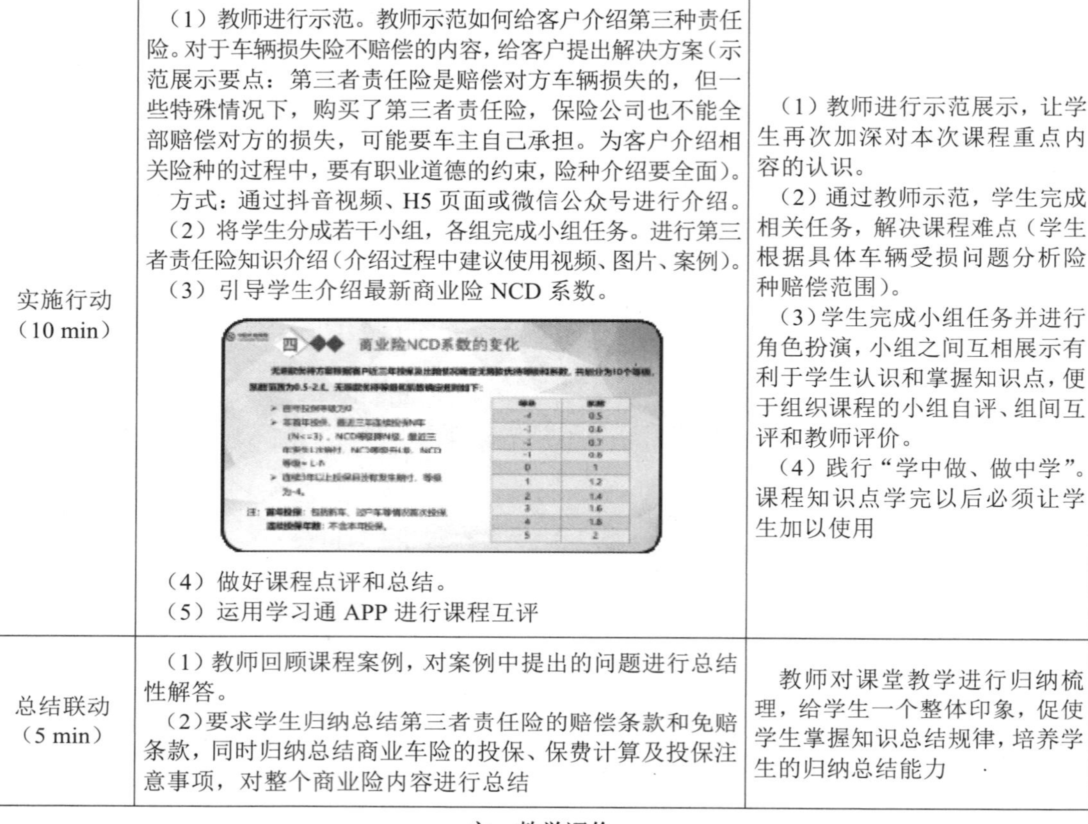 （4）做好课程点评和总结。 （5）运用学习通 APP 进行课程互评	（1）教师进行示范展示，让学生再次加深对本次课程重点内容的认识。 （2）通过教师示范，学生完成相关任务，解决课程难点（学生根据具体车辆受损问题分析险种赔偿范围）。 （3）学生完成小组任务并进行角色扮演，小组之间互相展示有利于学生认识和掌握知识点，便于组织课程的小组自评、组间互评和教师评价。 （4）践行“学中做、做中学”。课程知识点学完以后必须让学生加以使用
总结联动 （5 min）	（1）教师回顾课程案例，对案例中提出的问题进行总结性解答。 （2）要求学生归纳总结第三者责任险的赔偿条款和免赔条款，同时归纳总结商业车险的投保、保费计算及投保注意事项，对整个商业险内容进行总结	教师对课堂教学进行归纳梳理，给学生一个整体印象，促使学生掌握知识总结规律，培养学生的归纳总结能力

六、教学评价

1. 学生学习效果提升

通过教学环节的设计，学生熟练掌握知识点。课前学生自行观看在线微课视频，课中学生参与课堂活动，课后学生对知识进行实际运用，本次课程的重点和难点都得到了很好突破。同时，借助学习通 APP 课前、课中、课后的应用，以及社交视频抖音平台的应用，学生对枯燥的保险条款学习兴趣有所增加，学习参与度达到了 100%。

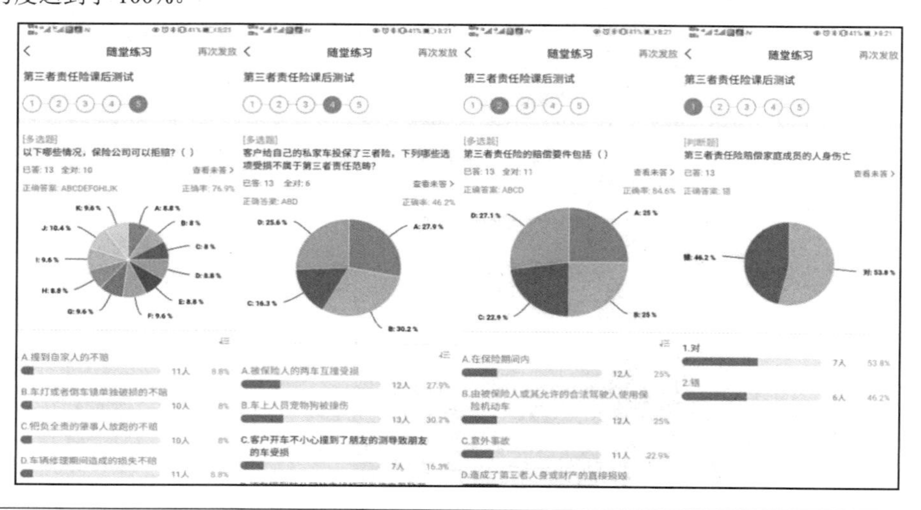

续表

基于平台数据分析可得：学生完成 5 道课后测验题，答题准确度都有所提升，最高正确率达到了 84.6%。

2. H5 作品精彩纷呈。

本次课程在整个课程体系中属于理论知识基础部分。通过“案例启动、问题驱动、任务推动、拓展带动、实施行动、总结联动”六动环节设计，学生理论知识和技能得到同步提升，为后期进行车险理赔打好专业知识基础和技术能力基础。

部分 H5 优秀作品展示

3. 绘制车险查勘流程思维导图

引导学生利用思维导图绘制车险查勘流程图，这提升了学生利用思维导图进行归纳总结的能力，同时内化了学生对车险查勘流程内容的融会贯通能力

七、教学反思

1. 存在不足

（1）本节课的内容没有配套的仿真软件。

（2）教学内容设计了实时连线企业工作人员介绍理赔案例的环节，但由于企业工作人员时间难以保证，课堂上没有实施。

2. 改进措施

（1）课程可以植入保险公司新媒体销售岗位。

（2）可以和车险公司共同开发对应的实训项目和实训标准。

（3）教学案例的介绍由教师自己完成，企业导师的课堂参与方式需改进

数据认识与收集

——数据化运营与管理

团队成员

孙菲、李婷、刘宇哲

课程基本情况

"数据化运营与管理"课程主要从网店运营的角度出发，讲述互联网背景下企业数据化运营的内容，以及查看和分析数据的各种思路与方法。主要内容包括数据化运营基础、市场与行业数据分析、竞争对手分析、商品规划与定价、库存管理、销售数据管理、DSR与客服数据化管理、客户画像与标签管理、会员数据管理，以及京东商城与微店数据化运营等。本课程旨在使学生了解通过数据分析优化企业网络运营与管理的方法。

本课程以数据化思维为导向，运用各种实战案例进行讲解，让学生学会收集和获取与网店相关的各种数据、分析和处理这些数据、利用这些数据更好地进行网店运营。

教学设计

一、课程概况			
部门名称	商贸与流通学院	课程性质	●必修　○选修
课程类型	○公共基础课程　●专业教育课程　○实践类课程		
面向专业	商务数据分析与应用		
授课对象	商数 2201、2202 班学生，房产 2201 班学生	授课时数	2 学时
参赛章节	第二章　第一节	使用教材	《数据化运营与管理》
授课题目	数据认识与收集		
二、教学分析			
教学内容	内容分析：本次课教学节选自《数据化运营与管理》课程中"数据分析基础知识"模块，第二章"数据认识与收集"，主要任务是使学生掌握实验数据、调查数据以及从各种途径收集到的其他数据，同时使学生理解数据，培养学生独立自主、善于钻研的精神		

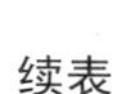

续表

<table>
<tr><td>教学内容</td><td colspan="2">本课程主要包括以下环节：
（1）明确任务与任务分析；
（2）各小组资料共享及头脑风暴，洞察项目知识需求；
（3）关于理解数据和数据来源的知识讲解；
（4）各小组分享数据采集的思路。
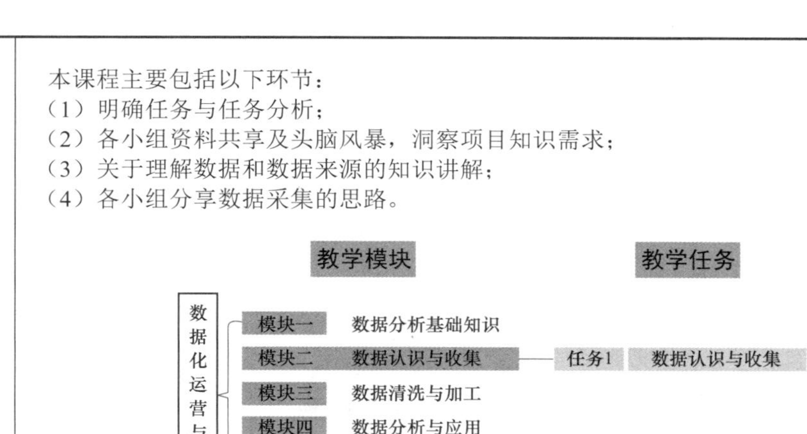

教材分析：本课程选用张茹主编，由人民邮电出版社出版的《数据化运营与管理》。本教材系统介绍了数据的收集、数据的处理、数据的分析、数据的展现、分析报告的撰写，其中数据的处理与数据的分析为本教材的重点内容。
在数据处理方面，主要介绍了数据的一致性处理、缺失数据的处理、重复数据的处理、数据的转置、字段的分列、字段的匹配、数据的抽取、数据的计算等内容。在数据分析方面，主要介绍了市场与行业数据分析、竞争对手分析、商品规划与定价、库存管理、销售数据管理、DSR 与客服数据化管理、客户画像与标签管理、会员数据管理，以及京东商城与微店数据化运营等内容。
本教材根据高职高专学生的特点，采用案例教学，将理论融入案例，案例的设计由浅入深、循序渐进，案例的讲解清晰、图文并茂。为了让学生能够及时地检查学习效果、强化记忆和技能，每章后面都安排了丰富的练习题</td></tr>
<tr><td rowspan="2">
学情分析</td><td>知识基础</td><td>1. 掌握数据分析的过程和数据工具；
2. 具备统计学的基本能力；
3. 掌握统计指标的分类</td></tr>
<tr><td>认知能力</td><td>课前对班级学生的市场数据采集相关知识预习情况进行了摸底测试，得分在 80 分以上的学生只占 25%，这说明学生完成课前发布任务情况并不理想
一、选择题
1.二手数据的采集方式有哪些？
A 观察法
B 采访法
C 报告法
D 爬虫软件下载
2.数据类型包括哪些？
A 数值
B 货币
C 日期

D 时间
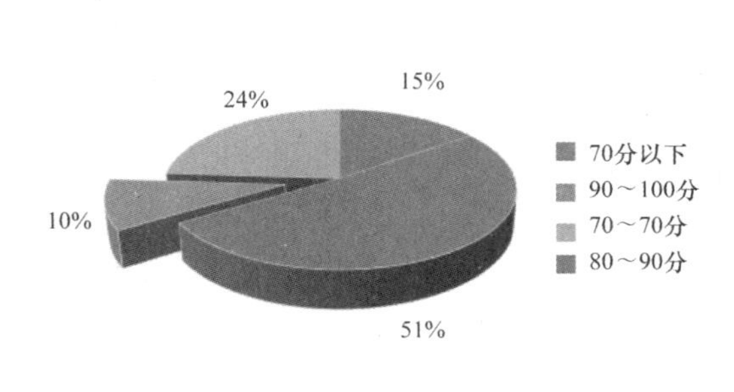
</td></tr>
</table>

续表

<table>
<tr><td>学情分析</td><td>学习特点</td><td>学生思维活跃，获取知识的渠道广泛，具有很强的自主意识，熟练且善于使用互联网获取信息，在数据的采集、获取方法和手段上具有一定的优势。但学生对数学和数字的畏难情绪仍然存在，对数据分析课程也有一定的抵触情绪 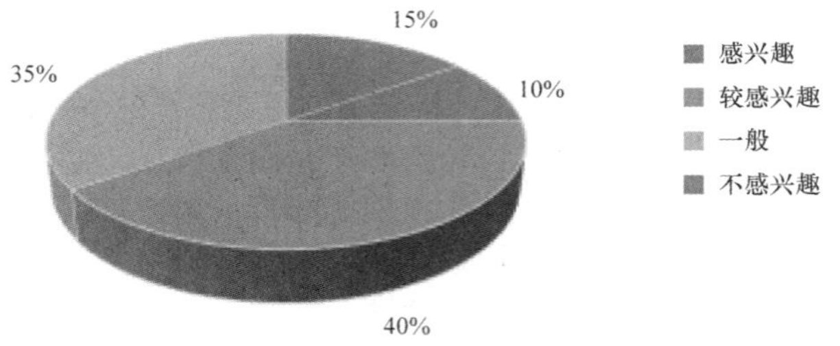
</td></tr>
<tr><td colspan="3">三、教学目标</td></tr>
<tr><td rowspan="3">教学目标</td><td>知识目标</td><td>（1）掌握数据的类型和呈现形式；
（2）熟悉如何利用一手数据和二手数据的采集方法获取市场数据</td></tr>
<tr><td>能力目标</td><td>（1）能够对不同的数据进行识别；
（2）能够根据实际情况采用合理的数据收集方法</td></tr>
<tr><td>思政目标</td><td>（1）培养学生自主学习、独立思考、提出问题、解决问题的能力；
（2）培养学生的创新思维、团队协作精神；
（3）培养学生的辩证思维和善于钻研的精神；
（4）增强学生的动手操作能力、表达能力、交流能力</td></tr>
<tr><td>教学重点及解决办法</td><td colspan="2">教学重点：对数据的正确理解。
解决办法：讲授+案例分析+学生小组学习，以多种课堂形式，引导学生主动思考，加强学生的团队协作能力，解决教学重点</td></tr>
<tr><td>教学难点及解决办法</td><td colspan="2">教学难点：不同数据收集方法的选择。
解决办法：设计“操作练习”环节，提出操作过程中易犯的错误和注意事项，解决教学难点</td></tr>
<tr><td colspan="3">四、教学策略</td></tr>
<tr><td>设计思路</td><td colspan="2">根据学情分析，形成“教师引导思路、学生主动学习”的教学理念，在实施过程中采用线上+线下的混合教学模式。通过课前发布任务、问卷调查等引入课程概念，引起学生好奇，激发学生学习兴趣。
教学过程设计以实际操作为主，遵循“导任务、析原理、建算法、算结果、化应用”原则进行教学环节设计。通过讲授、示范引导、小组讨论、任务驱动、头脑风暴等形式进行知识讲解并解决重难点。
课后通过测验和练习，巩固学生所学知识。教学全过程采取立体化、多元化评价体系</td></tr>
</table>

续表

教学流程安排	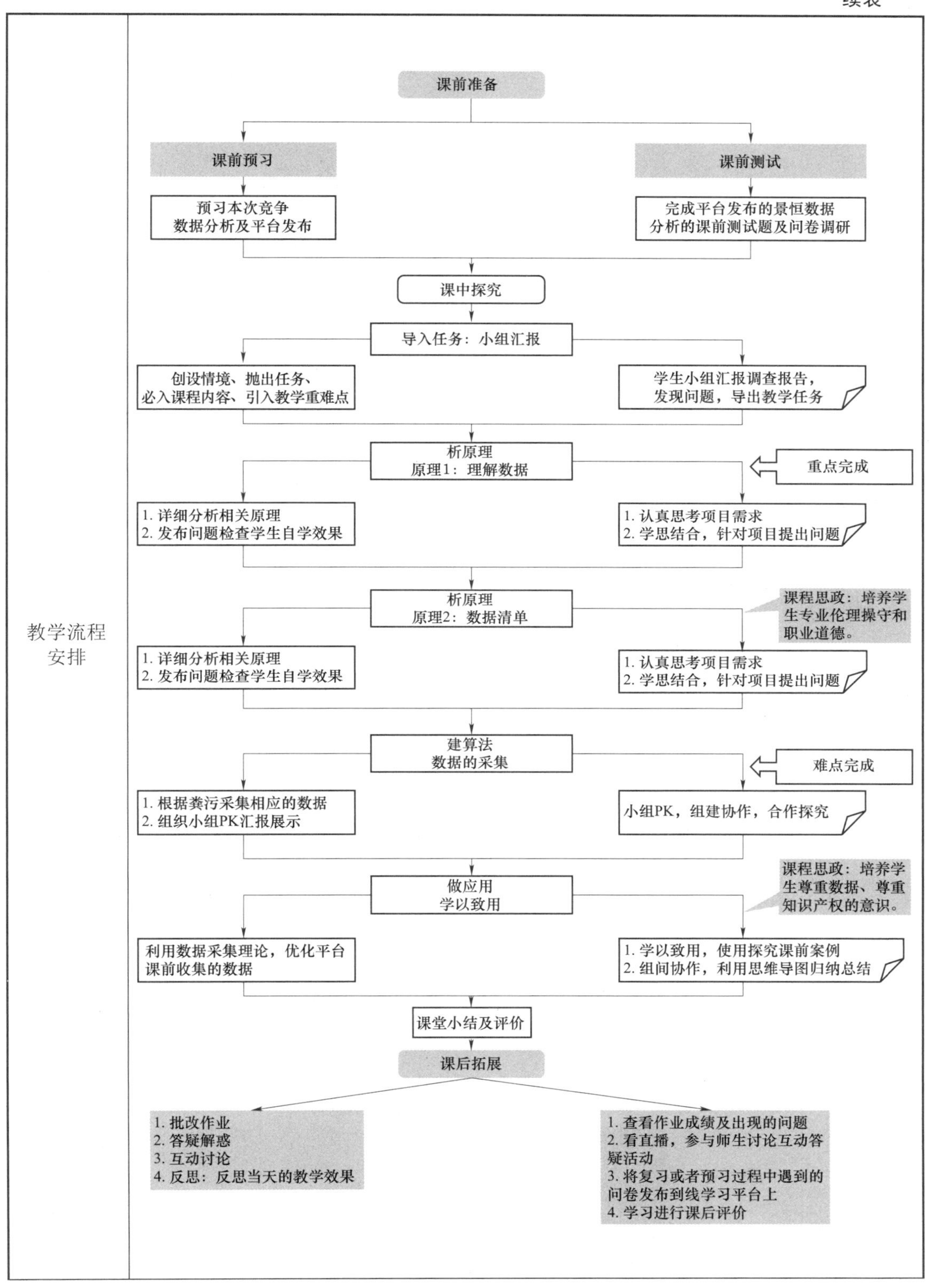

课前准备
课前预习
预习本次竞争数据分析及平台发布
课前测试
完成平台发布的景恒数据分析的课前测试题及问卷调研
课中探究
导入任务：小组汇报
创设情境、抛出任务、必入课程内容、引入教学重难点
学生小组汇报调查报告，发现问题，导出教学任务
析原理
原理1：理解数据
重点完成
1. 详细分析相关原理
2. 发布问题检查学生自学效果
1. 认真思考项目需求
2. 学思结合，针对项目提出问题
析原理
原理2：数据清单
课程思政：培养学生专业伦理操守和职业道德。
1. 详细分析相关原理
2. 发布问题检查学生自学效果
1. 认真思考项目需求
2. 学思结合，针对项目提出问题
建算法
数据的采集
难点完成
1. 根据粪污采集相应的数据
2. 组织小组PK汇报展示
小组PK，组建协作，合作探究
做应用
学以致用
课程思政：培养学生尊重数据、尊重知识产权的意识。
利用数据采集理论，优化平台课前收集的数据
1. 学以致用，使用探究课前案例
2. 组间协作，利用思维导图归纳总结
课堂小结及评价
课后拓展
1. 批改作业
2. 答疑解惑
3. 互动讨论
4. 反思：反思当天的教学效果
1. 查看作业成绩及出现的问题
2. 看直播，参与师生讨论互动答疑活动
3. 将复习或者预习过程中遇到的问卷发布到线学习平台上
4. 学习进行课后评价

续表

板书设计	数据认识与收集 任务一　理解数据 理解数据：数据的类型（数值型、文本型）；数据的呈现形式（数据类型细分、数据清单） 任务二　数据的收集 数据的收集：一手数据（观察法、采访法、问卷调查法、抽样调查法、实验法、报告法、自动生成）；二手数据（导入Access数据、导入网站表格数据）；调查问卷设计（问卷设计的原则、问卷的构成）	
五、教学过程		
课前活动		
教学环节	教学过程	课程思政
课前预习	【发布新知】 （1）教师将课前学习资料上传到平台（不同类型数据范例），让学生通过预习内容进行简单的区分和识别，并提前查找关于数据采集方法的资料等，根据预习内容提出问题。 （2）查看学生线上课前测评的答题情况，对测评结果进行分析，调整授课重点。 【发布测试题并统计】 发布并统计学情调查问卷结果，并据此确定学习目标，明确教学内容，调整教学策略	（1）通过网络平台上传学习资料和相关视频，提高学生的学习兴趣，解决学生学习时间和空间不足的问题。 （2）通过小组讨论，教师掌握学生课前预习的情况。 （3）培养学生自主学习的能力以及独立思考、提出问题、解决问题的能力。 （4）了解学生任务完成的情况，为教学目标设定、教学内容选择和教学策略安排提供依据
课中活动		
教学环节	教学过程	课程思政
导任务：小组汇报（10 min）	（1）带领学生对课前发布的数据案例进行分析； （2）组织学生互相提问并交流收集到的数据采集方法； （3）引入视频“用网络爬虫技术爬取电子书，违法吗？”	利用信息化手段，结合学生的自主探索、自主学习，导出本节课教学任务，帮助学生建立独立思考、相互学习的思维模式。 通过视频引导学生养成遵守规则的法律意识和行为习惯

续表

教学环节	教学过程	课程思政
析原理： 理解数据 理论知识 （20 min）	任务一：理解数据 1. 数据类型细分 2. 数据呈现形式 3. 数据清单和数据库 （1）数据清单； （2）数据库。 ① 详细讲解数据类型、Excel 中的数据分类（数值、货币、日期与时间）；数据总体的呈现形式，利用一手数据（观察法、采访法、抽样调查发等）和二手数据（导入、下载）收集方法挖掘市场数据。 ② 举例说明数据清单和数据库，并对比二者的异同	根据学生对数据类型的疑问，引出基础理论知识，提高学生的自主探索和自主学习能力；通过实际数据列举，解决学生的疑惑，加强学生的自信心和成就感、获得感
在线测试 （5 min）	组织学生完成在线测试，分析点评，并针对共性问题进行讲解	通过在线测试，引导学生及时查漏补缺，了解自己的知识掌握情况
建算法： 数据采集 实践操作 （25 min）	任务二：数据的收集 1. 利用一手数据收集方法 2. 利用二手数据收集方法 （1）引入案例 1——《通过非法手段植入木马，盗取用户数据，实施电信诈骗》； （2）引入案例 2——《因自身数据被非法抓取，抖音 APP 起诉刷宝 APP》，引发学生思考，在收集数据时应该注意哪些事项？ （3）引入视频《人大部分学生信息被非法获取，嫌疑人被刑拘》，同时学习《中华人民共和国电子商务法》。 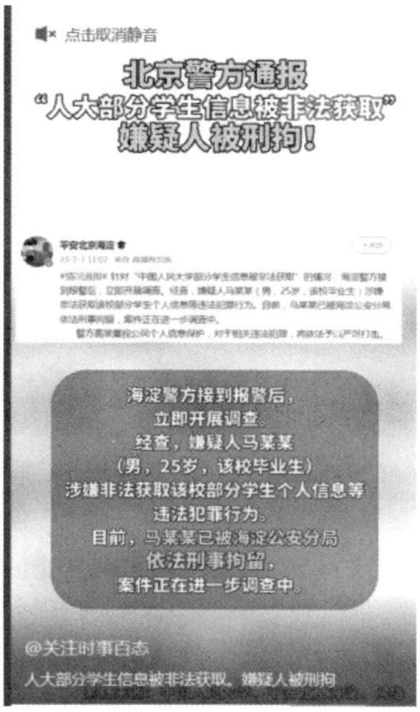 【调研问卷设计】 1. 问卷设计的原则 2. 问卷的构成	通过小组讨论、师生交流的形式，让学生在探究实验中真正“动”起来，“活”起来。 通过案例及视频培养学生专业伦理操守和职业道德；提高学生尊重数据、尊重知识产权的意识

续表

教学环节	教学过程	课程思政
做应用： 学以致用 总结评价 （30 min）	（1）利用已学知识，设计一份调研问卷。 （2）引导学生归纳方法，体会数学思想。 （3）依据权重设置，完成对每个学生的多元评价	通过解决专业中的问题，让学生体会到数据采集技能的广博和有用，激发学生的学习兴趣。从而提高学生尊重数据、尊重知识产权的意识。 在反复修改调研问卷的过程中，培养学生精益求精、追求卓越的工匠精神
课堂总结 （10 min）	（1）数值型数据和文本型数据的异同和识别。 （2）通过观察法、自动生成、导入 Access 等方法发掘数据。 （3）利用 Excel 软件对数据进行导入和识别。 （4）调研问卷的设计	巩固今日课堂所学成果，为下节课做好铺垫，认真完成课后作业，使其具有承上启下的作用

课后活动

教学环节	教学过程	课程思政
课后拓展	（1）批改作业：批改学生的作业，统计学生作业中出现的问题，将问题发布在讨论板块中。 （2）答疑解惑：统计好问题，并在直播过程中辅导学生。 （3）组织互动讨论：在讨论板块回答学生的问题。 （4）反思：反思当天的教学效果，第二天对教学过程中的不足之处加以改进	课后环节的设计可以培养学生善始善终的做事态度，不忘初心、始终如一的科学研究态度

六、教学评价

（1）课前：在智慧职教推送测验内容，检验课前预习效果。

一、选择题

1.二手数据的采集方式有哪些？

A 观察法

B 采访法

C 报告法

D 爬虫软件下载

2.数据类型包括哪些？

A 数值

B 货币

C 日期

D 时间

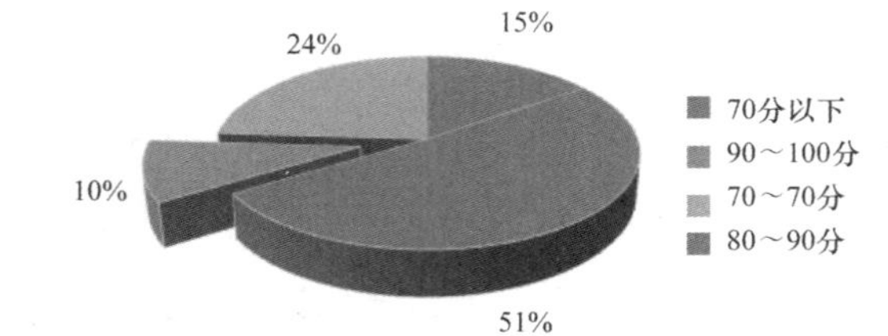

（2）课中：教师评价与生生互评。

（3）课后：课后测验，学生对教师评价、学生自我总结。

（4）按照客观与主观相结合、线上与线下相结合（线上采用智慧职教实现全过程数据采集）的形式进行过程性评价，评价贯穿于课前、课中、课后整个教学过程。

续表

阶段	考核项目	评价主题	评价标准/分				评价结果/人
			A（90～100）	B（80～89）	C（60～79）	D（<60）	
课前	课件学习50%	智慧职教	智慧职教系统评价				A： B： C： D：
	测验 50%	智慧职教	智慧职教系统评价				
课中	考勤 10%	智慧职教	智慧职教系统评价				
	参与 30%	教师/学生	积极参与，回答准确	较积极参与，回答不是很准确	需催促参与，应付作答，态度不认真	未出勤或不参与	
	测验 20%	智慧职教	智慧职教系统评价				
	操作演示40%	学生/教师	仪态大方，声音洪亮，时间把控好，演示操作流畅	仪态较好，声音洪亮，时间控制不准确，操作过程待改进	仪态不佳，操作演示过程需要提示才能完成	不会演示操作过程	
课后	测验 40%	智慧职教	智慧职教系统评价				
	作业 60%	学生/教师	思路明确，操作过程完整，结果准确	条理清晰，过程完整，结果不完全准确	过程不完整，结果不完全准确	未提交 0 分，未按时提交视情况给分	

七、教学反思

通过本节课的学习，学生了解了数据的来源，掌握了一手数据和二手数据的获取方式，以及调研问卷的设计方法，学生变得更勤奋。但仍然存在一些问题：① 课堂讨论时间较少，学生讨论不充分；② 课堂演示环节时间有限，不能做到让每位学生都进行现场展示，所以不能完全了解每位学生的掌握情况。

针对以上问题，做出整改：① 应适当延长讨论时间，还可把讨论时间移到课下继续进行；② 可以让每位学生将课堂上操作的过程录屏提交，教师课后查看，再针对性地指导复习

精益生产方式

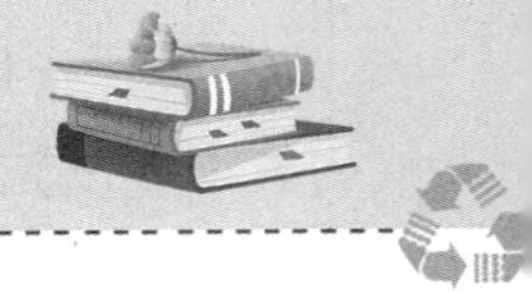

——生产调度实务管理

团队成员

杨和、刘佳敏、刘亚

课程基本情况

“生产调度实务管理”课程是机械工程学院机电设备与维修专业的一门专业技术考试课程。本课程按照工作过程设计教学环节，为生产管理中各岗位需求提供职业能力。课程的主要任务是让学生学习生产与运作中的基础理论和基本方法，使其认识生产的一般流程，熟练掌握和运用各种生产调度管理的基本方法。

课程引入思政元素以来不断强化“教书与育人结合”的目标，鼓励学生全面发展，主动承担社会责任，在实践中为现代化建设做贡献。

教学设计

一、课程概况			
部门名称	机械工程学院	课程性质	●必修　○选修
课程类型	○公共基础课程　●专业教育课程　○实践类课程		
面向专业	机电设备维修与管理		
授课对象	机修 2001、2002 班学生	授课时数	32 学时
参赛章节	项目十一	使用教材	《生产与运作管理实务（第 5 版）》
授课题目	精益生产方式		
二、教学分析			
教学内容	内容分析：在讲解先进生产方式中精益生产的起源、含义、特征和精益生产的构成体系时，将消除浪费、工匠精神、精益求精以及党的二十大守正创新等“思政元素”融入进去		

续表

<table>
<tr><td>教学内容</td><td>

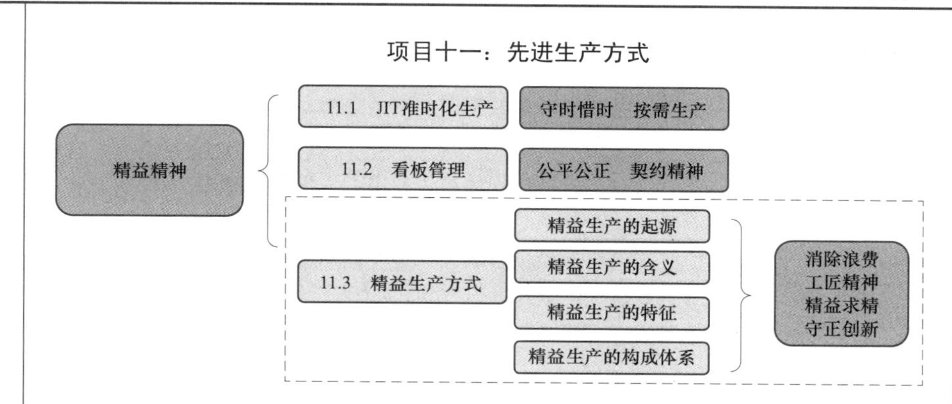

教材分析："精益生产方式"是阮喜珍主编的《生产与运作管理实务（第 5 版）》项目十一先进生产方式第三小节的内容。11.1 小节的 JIT 准时化生产和 11.2 小节的看板管理都涉及精益生产，从原理上来看，精益生产是对 JIT 准时化生产的进一步提炼和发展。精益生产注重生产系统或服务系统的改善以提高系统的效率，本小节精益生产的思想和特征，对生产所涉及的工作进行精益管理，是项目十一先进生产方式知识体系中重要的组成部分</td></tr>
<tr><td>学情分析</td><td>

1. 知识储备
（1）已掌握拉动式生产的概念和特点，并学习和了解了先进生产方式中的 JIT 生产方式和看板管理的特点及其使用原则与规则；
（2）对于精益的"精"指更少的投入，"益"指更多的产出已有初步的认识。

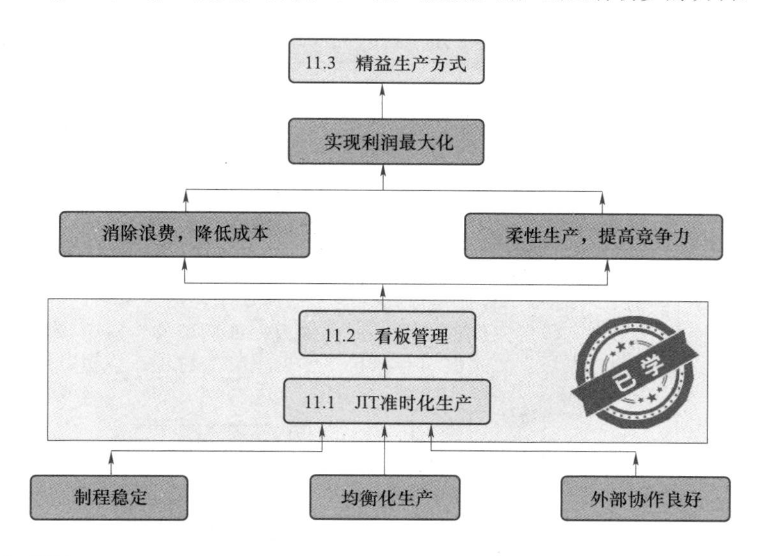

2. 认知情况
（1）学生绝大多数来自农村，缺乏对外部世界先进生产方式的认知；
（2）与先进生产企业接触较少，缺乏实际生产经验；
（3）对精益生产方式概念的理解相对比较抽象。
3. 思想现状
（1）具有爱国主义情怀，遵纪守法，有学习先进生产知识技能的愿望和动力；
（2）践行劳动光荣、技能宝贵的意识不够强烈；
（3）了解精益精神、工匠精神，但对精益精神、工匠精神的内涵理解不够深入</td></tr>
</table>

续表

<table>
<tr><th colspan="3">三、教学目标</th></tr>
<tr><td rowspan="3">教学目标</td><td>知识目标</td><td>（1）了解精益生产的起源及含义；
（2）掌握精益生产的基本思想、原则及特征；
（3）明确精益生产的构成体系</td></tr>
<tr><td>能力目标</td><td>（1）具备识别精益生产中七大浪费的能力；
（2）能够将精益思想运用到实际生产中</td></tr>
<tr><td>思政目标</td><td>（1）在知识讲解和学生互动环节，带领学生学习党的二十大精神：党的二十大“中心任务”、党的二十大“高质量发展”、由“守正创新”引出党的二十大“六个必须”；
（2）培养学生自主学习、善于思考的学习习惯以及多角度深入分析问题、解决问题的能力；
（3）引导学生养成“吾日三省吾身”、勤归纳、勤总结的好习惯；
（4）在生产过程中帮助学生树立节约意识、消除浪费，养成精益求精的良好品质；
（5）引导学生正确认识和感悟精益精神、工匠精神，树立科技报国的信念；
（6）引导学生树立“中国制造”“制造强国”的时代使命感；
（7）引导学生专注细节，认识到量变终将会带来质变，要踏实走好每一步；
（8）培养学生的爱国情怀，培养学生科技报国、守正创新的意识，引导学生勇敢承担社会责任</td></tr>
<tr><td>教学重点及解决办法</td><td colspan="2">教学重点：
（1）掌握精益生产的基本思想；
（2）掌握精益生产的原则及特征。
解决办法：政策研读、案例引入、分组讨论、教师点评、交流评价</td></tr>
<tr><td>教学难点及解决办法</td><td colspan="2">教学难点：
（1）精益生产构成体系的理解；
（2）运用精益生产的基本思想和理论解决生产中的实际问题。
解决办法：案例分析、示范讲解、分组讨论、交流评价</td></tr>
<tr><th colspan="3">四、教学策略</th></tr>
<tr><td>设计思路</td><td colspan="2">1. 采用“两线三段五环”法
（1）“两线”：教师主体与学生主体两条主线；
（2）“三段”：“课前准备—课内探究—课后延伸”三个步骤；
（3）“五环”：“案例引导—自主学习—交流讨论—点拨归纳—有效训练”五个环节 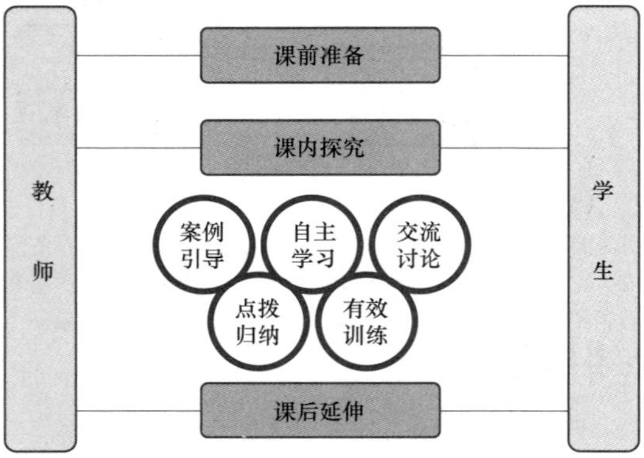

教师
课前准备
课内探究
案例引导　自主学习　交流讨论
点拨归纳　有效训练
课后延伸
学生</td></tr>
</table>

续表

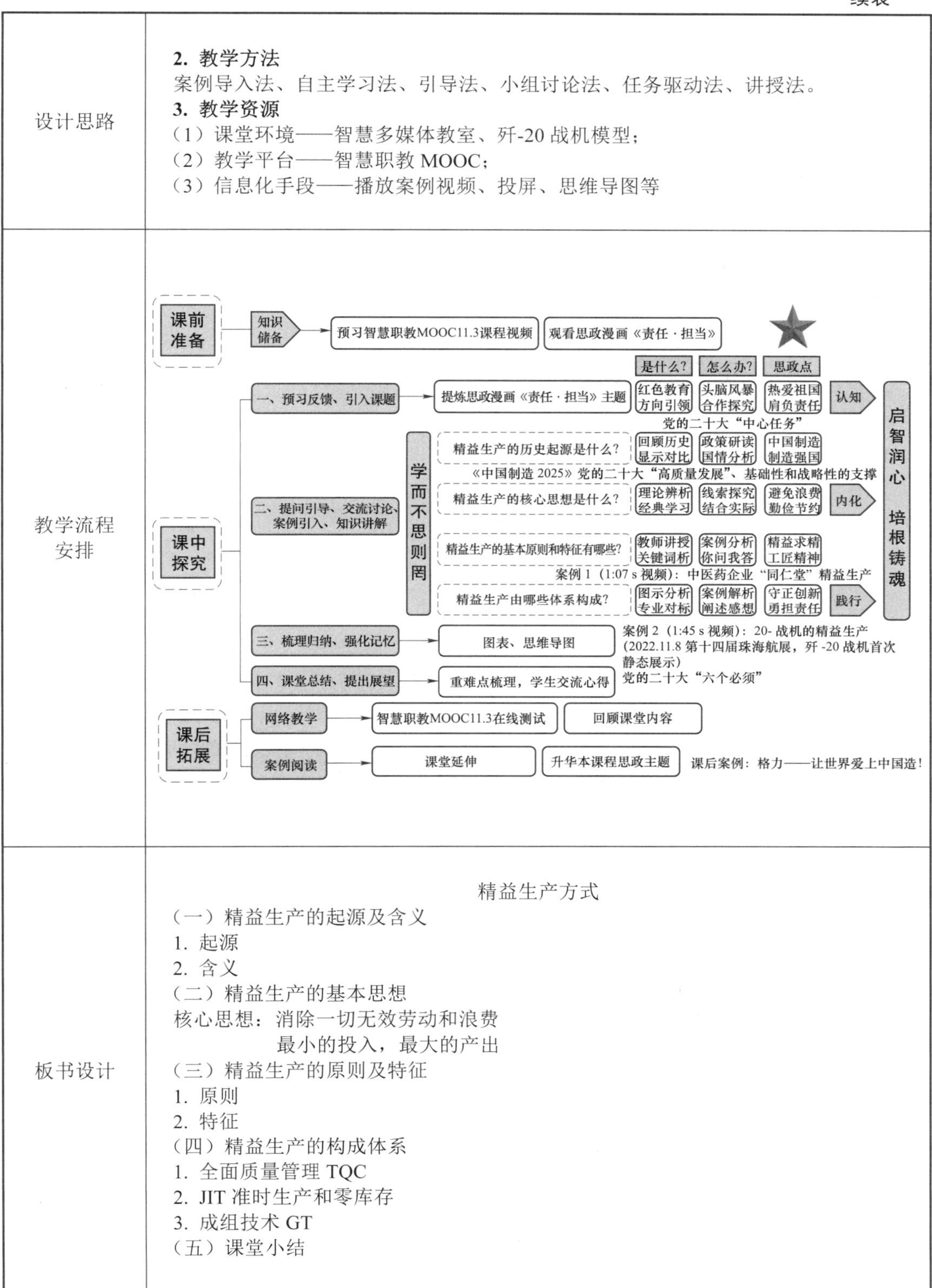

设计思路	**2. 教学方法** 案例导入法、自主学习法、引导法、小组讨论法、任务驱动法、讲授法。 **3. 教学资源** （1）课堂环境——智慧多媒体教室、歼-20 战机模型； （2）教学平台——智慧职教 MOOC； （3）信息化手段——播放案例视频、投屏、思维导图等
教学流程安排	（流程图见下）
板书设计	精益生产方式 （一）精益生产的起源及含义 1. 起源 2. 含义 （二）精益生产的基本思想 核心思想：消除一切无效劳动和浪费 最小的投入，最大的产出 （三）精益生产的原则及特征 1. 原则 2. 特征 （四）精益生产的构成体系 1. 全面质量管理 TQC 2. JIT 准时生产和零库存 3. 成组技术 GT （五）课堂小结

续表

<table>
<tr><th colspan="4">五、教学过程</th></tr>
<tr><th rowspan="2">教学环节</th><th colspan="2">教学过程</th><th rowspan="2">课程思政</th></tr>
<tr><th>教师活动</th><th>学生活动</th></tr>
<tr><td rowspan="2">课前准备</td><td>（1）观看智慧职教MOOC上关于本课程第11章第3小节的内容；并通过班级微信群等通知学生提前预习本课程。
（2）思政漫画：《责任·担当》
（为课堂中的2个案例做铺垫）

</td><td>（1）学生登录智慧职教MOOC平台，观看课程视频，完成课前预习。
（2）学生提炼思政漫画主题</td><td>“凡事预则立，不预则废。”
强调做事要有充分的准备，并培养学生自主学习，自主探究的学习习惯。</td></tr>
<tr><td colspan="3">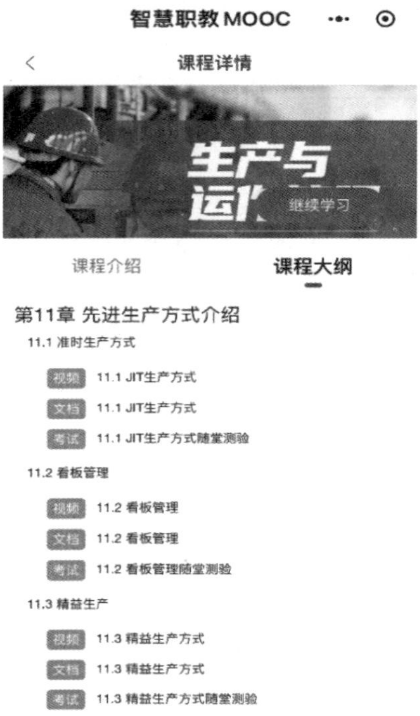

</td></tr>
</table>

续表

教学环节		教学过程		课程思政
		教师活动	学生活动	
课中探究	第一部分：预习反馈引入课题	（1）对课前作业“思政漫画”《责任·担当》的主题进行提炼时，将党的二十大的中心任务融入进去； 看到图片中间的数字 100 我们知道，十年来，我们经历了对党和人民事业具有重大现实意义和深远历史意义的三件大事： 一是迎来中国共产党成立 100 周年； 二是中国特色社会主义进入新时代； 三是完成脱贫攻坚、全面建成小康社会的历史任务，实现第一个百年奋斗目标。  引出课题中新的问题：精益（Lean）是什么意思？  （2）得出结论：“精”就是精细，“益”就是效益，“精益”就是要投入少，产生多；由此引出精益生产方式的定义，即没有任何浪费，创造价值的生产活动	**1. 探讨交流** “思政漫画”《责任·担当》主题提炼，并讨论 Lean 的中文意思. **2. 认真记录** 教师总结归纳后得出的结论，对不解之处主动进行提问	“启智润心、培根铸魂。” 这幅漫画体现了当代大学生对“爱国”“自信”“责任”“担当”的深刻感悟和价值认同，弘扬真善美。 党的二十大中心任务是团结带领全国各族人民全面建成社会主义现代化强国、实现第二个百年奋斗目标，以中国式现代化全面推进中华民族伟大复兴。 “天下大事，必作于细。” 源自《道德经》，意思是天下的大事都是从细枝末节处完成的。 从小事做起，在日常生活工作中长期不懈地坚持，才能提高自己

续表

<table>
<tr>
<td rowspan="2">课中探究</td>
<td rowspan="2">第二部分：提问引导交流讨论案例引入知识讲解</td>
<td>（1）教师对学生进行分组，针对重点内容梳理学习知识点，凝练成问题引导学生自主探究；
（2）在课中建立讨论模块，要求学生分小组对本课题知识进行总结：
① 精益生产的起源；
② 精益生产的核心与思想；
③ 精益生产的基本原则和特征；
④ 精益生产的体系构成。
（3）每个小组总结完知识点进入下一环节案例引入，做案例解析时凸显党的二十大精神和案例的“思政元素”。
（4）针对小组回答情况及互评结果为小组打分</td>
<td>（1）学生针对教师提出的问题开展自主学习。
（2）分工合作，完成小组讨论。
（3）小组讨论融入“思政元素”的案例。
（4）进行小组互评</td>
<td>“人心齐，泰山移。”
分组讨论有助于培养学生合理协调、安排时间的能力以及通过团队协作，共同完成一个目标的意识；
同时，帮助学生树立公平、公正的意识；提醒学生要摆正位置，合理做出自我评估</td>
</tr>
<tr>
<td colspan="3">
知识点提问凝练如下：

<table>
<tr><th>教学任务</th><th>知识点</th><th>提问引导</th><th>案例引入</th></tr>
<tr><td>一、精益生产的起源</td><td>起源于丰田生产方式，由美国麻省理工学院组织的专家花费5年时间总结而成</td><td>研究对象是什么？由谁研究？为什么要推行精益生产方式？</td><td>政策研读</td></tr>
<tr><td>二、精益生产的核心与思想</td><td>消除一切无效劳动；消除浪费的思想</td><td>什么是精益生产方式？精益生产方式的核心是什么？</td><td></td></tr>
<tr><td>三、精益生产的基本原则和特征</td><td>五大基本原则；六大特征</td><td>精益生产的基本原则有哪些？精益生产方式的特征是什么？</td><td>案例1
视频时长1′07″</td></tr>
<tr><td>四、精益生产的体系构成</td><td>TQC全面质量管理；JIT准时化生产方式；GT成组技术</td><td>精益生产的构成体系有哪些？精益生产属于拉动式生产吗？</td><td>案例2
视频时长1′49″</td></tr>
</table>
学生分组讨论完，进行课程知识讲解，将《中国制造2025》政策研读、党的二十大精神和凸显思政元素的两个视频案例依次插入本课程知识讲解中，看完案例视频，学生分享观后感
<table>
<tr><th colspan="2">一、精益生产的起源</th></tr>
<tr><td>美国麻省理工学院学者对日本丰田准时化生产 JIT（Just In Time）在理论上加以概括和总结，命名为 Lean Production，中文译为精益生产。精，即少而精，不投入多余的生产要素，只是在适当的时间生产必要数量的产品；益，即所有经营活动都要有益有效，具有经济效益。
概念解释完后引出《中国制造2025》战略文件，党的二十大对“高质量发展”“全面建设社会主义现代化国家的基础性、战略性支撑”的解读。</td><td></td></tr>
</table>
</td>
</tr>
</table>

续表

续表

<table>
<tr>
<td rowspan="6">课中探究</td>
<td rowspan="6">第二部分：提问引导交流讨论案例引入知识讲解</td>
<td>政策研读：《中国制造 2025》
由时任国务院总理李克强签批，是国务院于 2015 年 5 月印发的部署全面推进实施制造强国的战略文件，以创新驱动发展为主题、以提质增效为中心、以智能制造为主攻方向，是中国制造业未来 10 年设计顶层规划和路线图，通过努力实现“中国制造向中国创造”“中国速度向中国质量”“中国产品向中国品牌”三大转变。
党的二十大报告指出，高质量发展是全面建设社会主义现代化国家的首要任务。发展是党执政兴国的第一要务。
“教育、科技、人才是全面建设社会主义现代化国家的基础性、战略性支撑。必须坚持科技是第一生产力、人才是第一资源、创新是第一动力，深入实施科教兴国战略、人才强国战略、创新驱动发展战略，开辟发展新领域新赛道，不断塑造发展新动能新优势。这与青年学子息息相关。”</td>
<td>培养学生“中国制造”“制造强国”“创新驱动发展”“高质量发展”的时代使命意识。
解读了《中国制造 2025》的内涵和党的二十大对“高质量发展”“全面建设社会主义现代化国家的基础性、战略性支撑”，让学生们中国制造未来发展方向有了清楚的认识，并意识到自己所肩负的时代使命</td>
</tr>
<tr>
<td colspan="2">二、精益生产的核心与思想</td>
</tr>
<tr>
<td>精益生产的核心思想：消除一切无效劳动和浪费，将目标定格在完美上，通过不断地降低成本、增强生产灵活性、提高质量、实现无废品和零库存等手段，确保企业在市场竞争中保持优势。
精益生产把责任下放至企业的各个层次，采用小班工作法，充分调动每位员工的积极性和创造性，将缺陷和浪费及时地消灭在每个岗位上</td>
<td>1. 避免浪费
培养学生节约的良好品质。大力弘扬中华民族勤俭节约的优秀传统，大力宣传节约光荣、浪费可耻的思想观念。
2. 精益思想贯穿在生活与工作的每一个角落
精益求精，是指已经做得很好，还要求做得更好，“即使做一颗螺丝钉也要做到最好”</td>
</tr>
<tr>
<td colspan="2">三、精益生产的基本原则和特征</td>
</tr>
<tr>
<td>精益生产方式依存于五大基本原则：
（1）价值：企业产品（服务）的价值只能由最终用户来确定；
（2）价值流：从原材料到成品赋予价值的全部活动；
（3）价值流动：创造价值的各个活动流动起来，强调“动”；
（4）需求拉动：让企业按用户需要“拉动”生产，而不是把用户不想要的产品强行“推给”用户；
（5）尽善尽美：用尽善尽美的价值创造过程为用户提供尽善尽美的价值。三个含义：用户满意、无差错生产、企业自身持续改进。</td>
<td></td>
</tr>
</table>

续表

续表

课中探究	第二部分： 提问引导 交流讨论 案例引入 知识讲解	精益生产的特征： （1）以“人”为中心； （2）在组织机构上以“精简”为手段； （3）在工作方法上采用“Team Work”和“并行设计”； （4）在供应链上采用“JIT”方式； （5）在最终目标方面“零缺陷”。 观看 1′07″视频  引入案例 1：中医药企业“同仁堂”精益生产，传承品质。 地处中关村大兴生物医药产业基地的北京同仁堂健康药业智能制造基地，2017 年投入使用，承接国家工信部《智能制造 2025》项目，智能制造基地布局全自动化生产线实现精益生产，不断追求精益品质。 每个产品、每道工序、每个流程都经过严格的质量检验和全面管控。透明工厂、智能监控、无缝隙地看到产品制造的全过程，真正为消费者提供高品质的产品。 教师：看完视频，同学们是不是为我国传统医药企业“同仁堂”实行精益生产、推动中医药传承创新而惊叹？ 学生：……	通过精益求精的严细精神由此引出“工匠精神”。 在 300 多年的风雨历程中，历代同仁堂人在制药过程中始终恪守“炮制虽繁必不敢省人工，品味虽贵必不敢减物力”的古训，不忘初心，专注细节，精益求精，传承品质。 “工匠精神”的内涵：敬业、精益、专注、创新，是指工匠对自己的产品精雕细琢、精益求精、追求完美的精神理念。 引导学生养成耐心雕琢、精益求精的工作态度。学生毕业后也许从事的就是普普通通的工作，但对产品和工艺应有着极致的追求
		四、精益生产的体系构成	
		如果把精益生产体系看作一幢大厦，那么大厦的基础就是“三根支柱”： （1）全面质量管理（TQC）：保证产品质量、树立企业形象、达到无缺陷目标； （2）准时化生产（JIT）：缩短生产周期，加快资金周转和降低成本，实现零库存； （3）成组技术（GT）：实现多品种、小批量、低成本、高柔性，按顾客订单组织生产的技术手段。	

续表

<table>
<tr>
<td rowspan="3">课中探究</td>
<td>第二部分：
提问引导
交流讨论
案例引入
知识讲解</td>
<td colspan="3">
续表
<table>
<tr>
<td>观看 1′49″视频

引入案例 2：歼-20 战机的精益生产
2022 年 11 月 8 日，第十四届珠海航展，人工智能战机歼-20 落地首次静态展示。
歼-20 是成都飞机工业集团为中国人民解放军研制的最新一代双发重型隐形战斗机，是具备高隐身性、高态势感知、高机动性等能力的隐形第五代制空战斗机。
航空工业是现代工业和科学技术发展的结晶。在航空和军工的多品种小批量生产中，使用精益生产的装配方式成为新的趋势。
问：看完视频，同学们是不是为我国自主研发的叱咤蓝天的歼-20 战机而自豪？
学生回答：……</td>
<td>党的二十大中提出“必须坚持守正创新”。因为“事物之精妙、细微、伟岸、并不是一蹴而就的”。
“精益生产”中许许多多小的改善终将带来“质”的变化，要踏实走好每一步。精益求精的理念，是对卓越品质的不懈追求和矢志不渝的努力。
每一款大国重器的铸就，都有伟大的力量在支撑，那就是对完美的追求、对梦想的坚守。
党的二十大中提出六个“必须坚持”：
必须坚持人民至上、必须坚持自信自立、必须坚持守正创新、必须坚持问题导向、必须坚持系统观念、必须坚持胸怀天下。
培养学生的爱国情怀，增强学生科技报国的意识，激励学生勇担社会责任。习近平总书记明确指出：“青年兴则国家兴，青年强则国家强。青年一代有理想、有本领、有担当，国家就有前途，民族就有希望。”</td>
</tr>
</table>
</td>
</tr>
<tr>
<td rowspan="2">第三部分：
梳理归纳
强化记忆</td>
<td>（1）教师针对学生自主探究、交流讨论的结果，利用图表、思维导图等方式进行梳理、归纳、总结；
（2）对课题要点进行补充</td>
<td>（1）学生认真记录结果；
（2）针对不解之处提出疑问</td>
<td>“不积跬步，无以至千里；不积小流，无以成江海”。
培养学生不断归纳总结的能力；让学生学习需要持之以恒，不能浅尝辄止</td>
</tr>
<tr>
<td colspan="3">知识点归纳总结如下：
➢ 精益生产的含义与思想

● 通过系统结构、人员组织、运行方式和市场供求等方面的变革；
● 使生产系统能很快适应用户需求的不断变化；
● 精简生产过程中一切无用、多余的东西；
● 使生产各方面（供销在内）达到最好的结果
精益生产的核心：消除一切无效劳动和浪费。
基本思想：最小的产出，最大的投入。
➢ 精益生产的基本原则
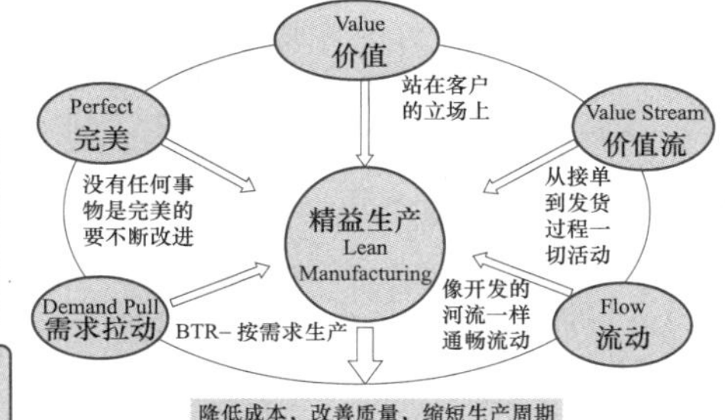
</td>
</tr>
</table>

续表

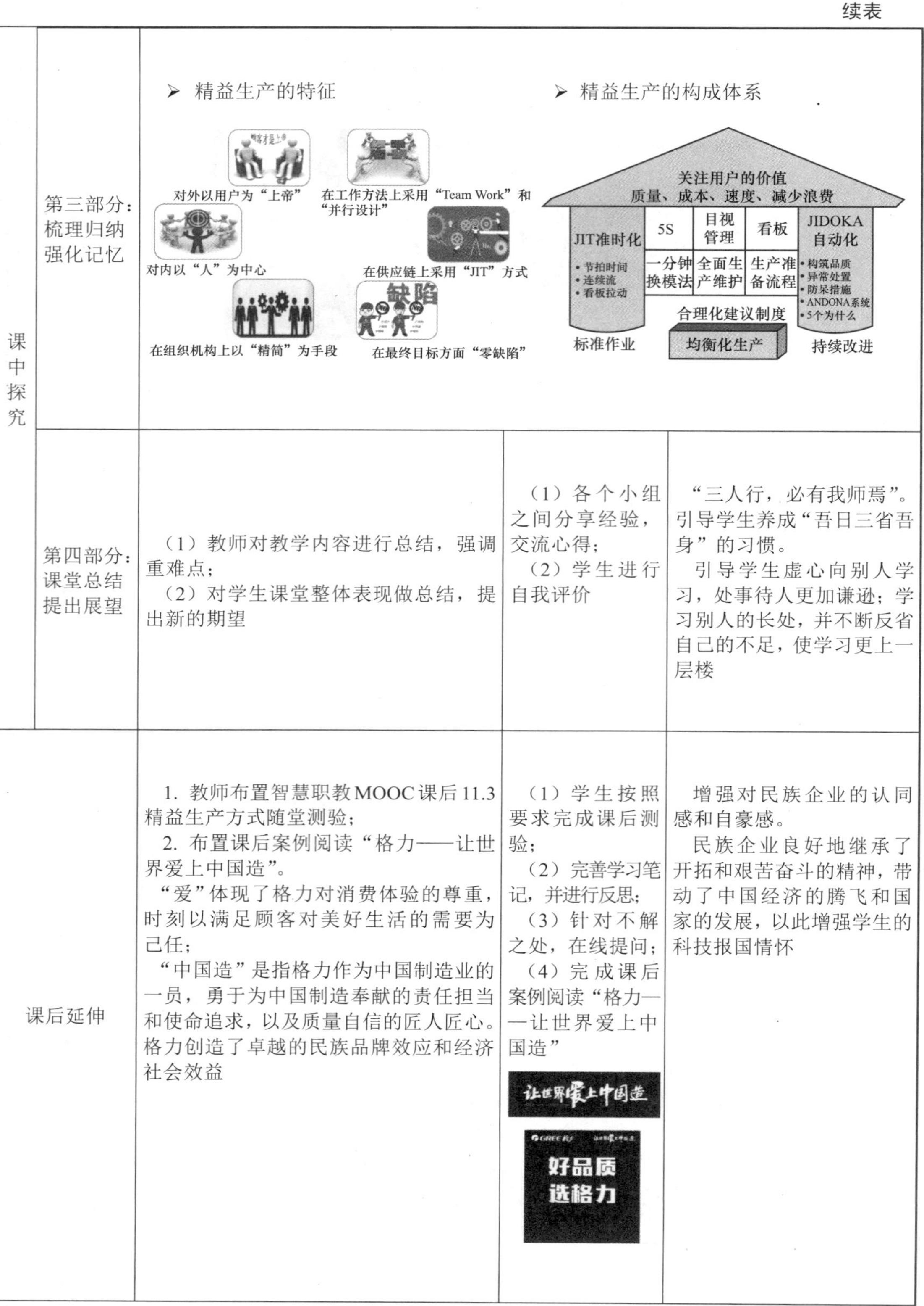

课中探究	第三部分：梳理归纳强化记忆	➢ 精益生产的特征 对外以用户为“上帝” 在工作方法上采用“Team Work”和“并行设计” 对内以“人”为中心 在供应链上采用“JIT”方式 在组织机构上以“精简”为手段 在最终目标方面“零缺陷” ➢ 精益生产的构成体系 关注用户的价值 质量、成本、速度、减少浪费 JIT准时化 • 节拍时间 • 连续流 • 看板拉动 5S 目视管理 看板 JIDOKA 自动化 • 构筑品质 • 异常处置 • 防呆措施 • ANDONA系统 • 5个为什么 一分钟换模法 全面生产维护 生产准备流程 合理化建议制度 标准作业 均衡化生产 持续改进		
	第四部分：课堂总结提出展望	（1）教师对教学内容进行总结，强调重难点； （2）对学生课堂整体表现做总结，提出新的期望	（1）各个小组之间分享经验，交流心得； （2）学生进行自我评价	“三人行，必有我师焉”。引导学生养成“吾日三省吾身”的习惯。 引导学生虚心向别人学习，处事待人更加谦逊；学习别人的长处，并不断反省自己的不足，使学习更上一层楼
课后延伸		1. 教师布置智慧职教MOOC课后11.3精益生产方式随堂测验； 2. 布置课后案例阅读“格力——让世界爱上中国造”。 “爱”体现了格力对消费体验的尊重，时刻以满足顾客对美好生活的需要为己任； “中国造”是指格力作为中国制造业的一员，勇于为中国制造奉献的责任担当和使命追求，以及质量自信的匠人匠心。格力创造了卓越的民族品牌效应和经济社会效益	（1）学生按照要求完成课后测验； （2）完善学习笔记，并进行反思； （3）针对不解之处，在线提问； （4）完成课后案例阅读“格力——让世界爱上中国造” 让世界爱上中国造 好品质 选格力	增强对民族企业的认同感和自豪感。 民族企业良好地继承了开拓和艰苦奋斗的精神，带动了中国经济的腾飞和国家的发展，以此增强学生的科技报国情怀

续表

课后延伸	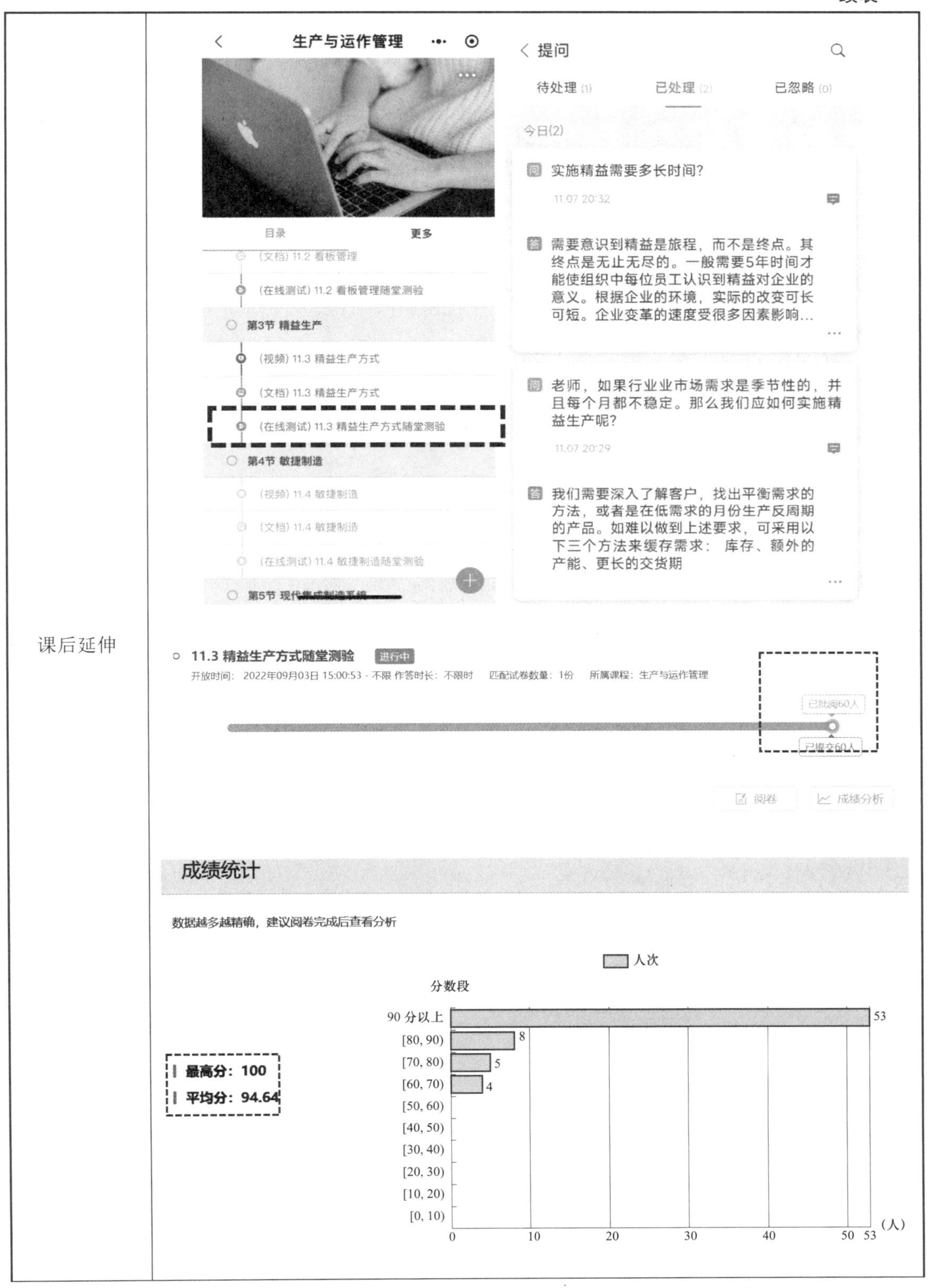

生产与运作管理
目录
更多
(文档) 11.2 看板管理
(在线测试) 11.2 看板管理随堂测验
第3节 精益生产
(视频) 11.3 精益生产方式
(文档) 11.3 精益生产方式
(在线测试) 11.3 精益生产方式随堂测验
第4节 敏捷制造
(视频) 11.4 敏捷制造
(文档) 11.4 敏捷制造
(在线测试) 11.4 敏捷制造随堂测验
提问
待处理 (1)
已处理 (2)
已忽略 (0)
今日(2)
问 实施精益需要多长时间?
11.07 20:32
答 需要意识到精益是旅程，而不是终点。其终点是无止无尽的。一般需要5年时间才能使组织中每位员工认识到精益对企业的意义。根据企业的环境，实际的改变可长可短。企业变革的速度受很多因素影响...
问 老师，如果行业业市场需求是季节性的，并且每个月都不稳定。那么我们应如何实施精益生产呢?
11.07 20:29
答 我们需要深入了解客户，找出平衡需求的方法，或者是在低需求的月份生产反周期的产品。如难以做到上述要求，可采用以下三个方法来缓存需求： 库存、额外的产能、更长的交货期
11.3 精益生产方式随堂测验
进行中
开放时间：2022年09月03日 15:00:53 - 不限 作答时长：不限时 匹配试卷数量：1份 所属课程：生产与运作管理
已批阅60人
已提交60人
阅卷
成绩分析
成绩统计
数据越多越精确，建议阅卷完成后查看分析
人次
分数段
90 分以上
[80, 90)
[70, 80)
[60, 70)
[50, 60)
[40, 50)
[30, 40)
[20, 30)
[10, 20)
[0, 10)
53
8
5
4
0
10
20
30
40
50
53
(人)
最高分：100
平均分：94.64

续表

六、教学评价
1. 评价构成 智慧职教 MOOC 后台统计成绩、课堂综合表现以及参与课后案例阅读实践活动情况。 **2. 评价要素** （1）线上：课前预习、考勤、课中表现、课后测试； （2）线下：课后案例阅读实践活动完成情况（格力——让世界爱上中国造）。 **3. 评价主体** 课中环节师生共同评价；课后实践由学生组成的评委小组评价
（1）结合学生智慧职教 MOOC 平台 11.3 小节随堂测验数据（60 人作答，最高分 100 分，平均分 94.64 分）可知，学生已经完全了解了精益生产的起源，掌握了精益生产的基本思想和特征，达成知识目标； （2）通过案例引导、自主学习、交流讨论、点拨归纳、有效训练这“五环”，学生拥有了在实际生产中理解精益生产的能力，达成能力目标； （3）通过学生课后自我总结、对教师评价的结果分析，学生对本节课课内探究这种案例引导、自主学习、交流讨论、点拨归纳、有效训练的教学模式认可度较高，整个过程学习态度良好、积极性高、接受度高。同时，结合学生课堂秩序的遵守情况、对教师的尊重情况、对学习任务的执行情况、对党的二十大精神的学习情况等分析，基本达成“消除浪费、专注细节、精益求精、从小的改变做起、踏实走好每一步”等思政目标
七、教学反思
特色创新： （1）依据知识点设立思政载体实现知识目标与思政目标“完美”融合； 明确了课程的思政目标，依托相应知识点设立思政载体，实现了知识目标与思政目标的融合，达到“立德树人”的效果，对于培养学生的历史使命感和社会责任感等有积极的促进作用； （2）实时案例和教学模型吸引学生注意力、激发学生对知识进行自主探究的热情； 实时案例主线明确，与专业融通，激发了学生对知识进行自主探究的热情；尤其是“歼 20-战机模型”吸引学生的注意力（机械工程学院绝大多数为男生，一般对汽车、飞机模型很感兴趣），课中建立讨论，并对讨论结果进行点评，这种启发式的教学方法使课堂互动感强，学生参与度高； （3）多维度灵活的课堂教学模式“两线三段五环”提升学生学习兴趣 尤其是课内探究的“五环”——案例引导—自主学习—合作探究—点拨归纳—有效训练，使知识传授、能力培养、思想塑造“三位一体”的教学目标得以实现。课程教学方法灵活，有助于提升学生学习兴趣
教学反思： （1）整个教学过程多为抽象的理论讲解，与生产实际联系不够紧密，学生不容易将理论知识与生产中的具体实践结合起来； （2）在整个教学实施的过程中，学生的学习能力差异明显，大多数学生具备自主学习的能力，能够完成课前预习、课后随堂测验和课后案例阅读，但个别学生对自主探究不够积极
诊断改进： （1）校企进行资源共建，推广产教融合，开发更多与实际生产紧密结合的优质教学资源，服务于教学； （2）教学过程中充分考虑学生个体的差异性，进行分层教学，注重进行学习追踪并加强课后辅导

仓储合同签订

——仓储业务操作

团队成员

张翠花、徐丽蕊、何英

课程基本情况

“仓储业务操作”为高职高专现代物流管理专业核心课程，共39学时，2.5学分，开课对象为大二学生。本课程2003年被纳入人才培养方案；2010年建设成为陕西省省级精品课程；2013年课程团队制作的课件获得全国多媒体课件大赛三等奖；2016年立项建设在线开放课；2018年课程团队获得国家教学成果二等奖；2019年被评为省级精品在线开放课程，同年团队获得陕西省教师教学能力大赛二等奖；2020年被评为国家精品在线开放课程，团队取得省级教学成果奖1项，获得全国物流教育教学成果奖一等奖；2021年接入国家职业教育智慧教学平台；2022年被评为学院课程思政示范课程，团队成员徐丽蕊被评为课程思政教学名师，教学团队评为课程思政教学团队。目前，诊改仍在不断进行中。

教学设计

一、课程概况			
部门名称	商贸与流通学院	课程性质	●必修　○选修
课程类型	○公共基础课程　●专业教育课程　○实践类课程		
面向专业	现代物流管理		
授课对象	高职二年级学生	授课时数	39学时
参赛章节	仓储商务管理	使用教材	《仓储与配送管理》
授课题目	仓储合同签订		

续表

<table>
<tr><th colspan="2">二、教学分析</th></tr>
<tr><td>教学内容</td><td>

内容分析：“仓储业务操作”是现代物流管理专业进行岗位能力培养的一门专业核心课程，依据专业教学标准、人才培养方案、融合“1+X”证书与技能大赛要求，提炼真实仓储活动，创新“四层进阶”课程内容体系，四层分别为认知、商务、操作、规划。本课程包括七大学习任务，引入了行业新技术、新规范，有机融入课程思政；认知—商务—操作—规划，由简单到复杂，逐层进阶；全面系统介绍了企业仓储作业方式和组织管理方法，能强有力地支撑现代物流管理技术技能型人才的培养目标。

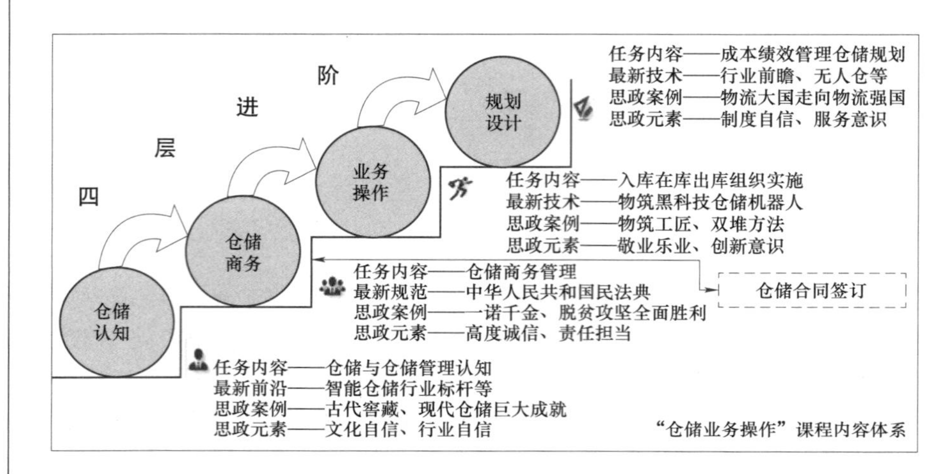

“仓储业务操作”课程内容体系

本节课教学内容“仓储合同签订”属于仓储商务层，主要培养学生进行仓储谈判、合同洽商、合同签订的能力与素质。仓储合同签订是一项重要的商务活动，能否恰当签订仓储合同既关系到企业的经济效益，也影响到与客户的合作关系，因此本节课教学内容对学生职业能力和思政素质的培养起着非常重要的作用。

教材分析：本课程选用徐丽蕊副教授主编的由高等教育出版社出版的《仓储与配送管理》。该教材为国家精品在线开放课程“仓储业务操作”的配套教材。该教材编写坚持产教融合，校企合作双元开发；坚持立德树人根本任务，课程思政特色鲜明；案例导引任务驱动，实现教学做一体化；推进书证融通，融合“1+X”证书标准。该教材入选“十四五”国家规划教材推荐名单

</td></tr>
<tr><td>学情分析</td><td>

学生在大一第二学期学习了“管理学基础”“现代物流基础”先修课程，对物流活动各个环节有了整体认识与了解，但对具体环节业务操作和流程比较陌生，所以一方面要加强专业术语、专业知识的教学，另一方面要加强仓储业务操作技能的训练。学生不喜欢说教式的课程思政灌输，但能够接受润物细无声的思政教育。

这些学生中大约有80%为单独招生录取，他们的特点是学习自控力不够强，思维较活跃，文化基础能满足仓储商务学习需要，对传统“满堂灌”教授方式缺乏兴趣，喜欢上网，有个性，对新事物感兴趣，积极性较高，人生观与价值观尚未完全形成

</td></tr>
</table>

续表

三、教学目标		
教学目标	知识目标	1. 了解仓储合同的法律特征； 2. 熟悉仓储合同的格式和条款
	能力目标	1. 能够通过洽谈完成仓储合同的签订； 2. 能够根据《民法典》正确处理仓储合同纠纷
	思政目标	1. 培养高度诚信的品德； 2. 提升法律意识与责任意识； 3. 培养爱党爱国品质
教学重点及解决办法	教学重点：仓储合同双方权利义务 解决办法：任务驱动+互查互评	
教学难点及解决办法	教学难点：仓储合同案例纠纷处理 解决办法：任务驱动+分组辩论	
四、教学策略		
设计思路	本课程以《高等院校课程思政建设纲要》为指导，以“怎样成为物流行业人，如何做精仓储分内事”为导向，从“以服务为根本的职业素养教育”和“以热爱为基础的工匠精神教育”两条思政培养主线，创设四种教学情境——思政融课堂、融实训、融课外、融评价，构筑四条育人路径——课程育人、实践育人、活动育人、文化育人，搭建——体验感受、感动践行、锤炼升华三级递进课政融通体系，着力培养学生“文化自信、行业自信”“服务意识、责任意识、创新意识”和“高度诚信、敬业乐业”的“两信三意两品格”道德与素养，使其成为四度卓越仓储人。 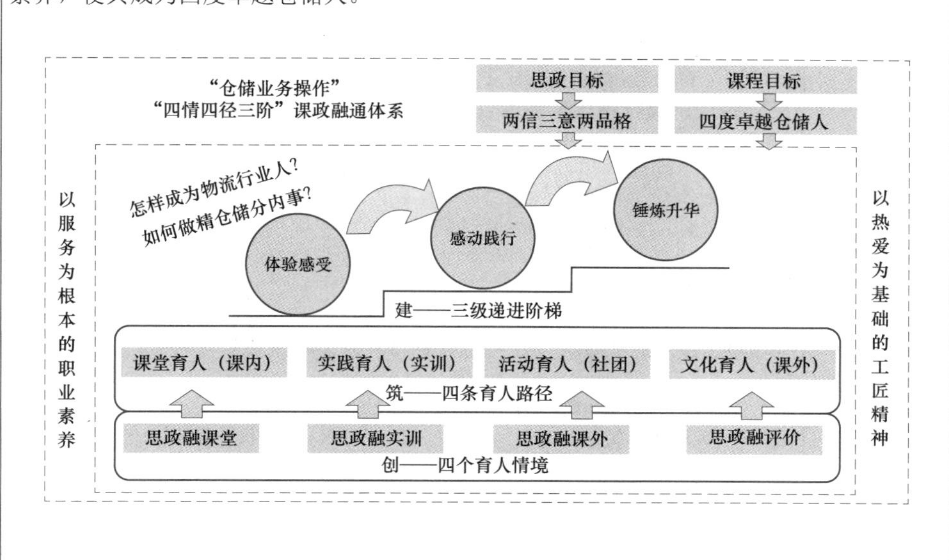	

续表

设计思路

借助一个国家精品在线开放课程平台，通过第一教学主课堂和第二“物流协会”活动课堂，按照三级递进阶梯，从四个方面，通过六个主题，开展线上线下混合模式为主，案例式、探究式为辅多种模式并用的线上线下、课前课中课后、课内课外三融合的“123463”全新课程思政教学实施模式。

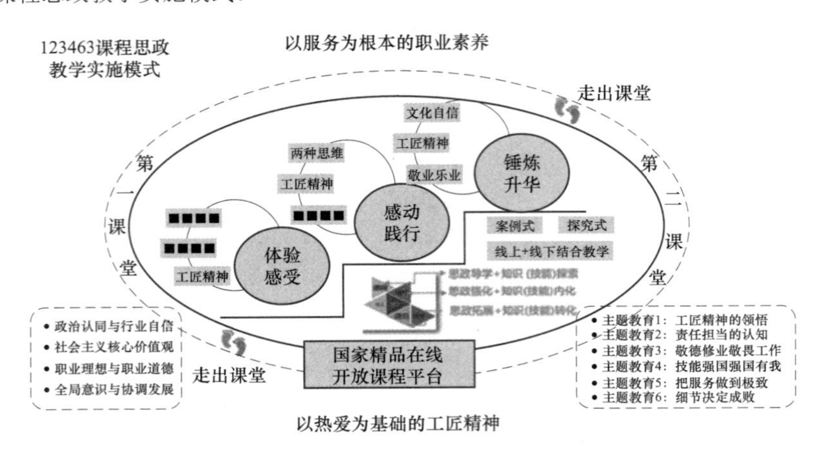

本次课借助课程平台，采用翻转课堂的形式，使学生通过洽谈，熟悉仓储合同的签订流程，能够根据《中华人民共和国民法典》规定，对常见仓储合同纠纷进行分析处理。

在教学过程中，教师给出仓储合同典型案例，让学生就案例问题认真分析，引导学生总结仓储合同的法律特征。通过任务驱动，学生分组洽谈，进行仓储合同条款的拟定，然后学生互查互评，教师点评完成教学任务。利用信息化教学手段，借助本课程平台，以“线上+线下”混合模式为主，将传统的课堂教学转变为“123463”教学实施模式。通过课前自学、课中导学、课后拓展三个环节，课前，学生通过教师发布的教学资源和任务进行思政导学和知识探索；课中，通过教师解答、研讨、操作、点评等环节进行思政强化和知识技能内化；课后，通过作业或练习以及在线讨论，实现教学知识与思政内涵的内化延伸。

1. 课前：激发学生学习兴趣，培养自主学习能力

课前学生登录网络教学平台，查看任务单，完成仓储合同在线学习与测试，并以小组为单位，分析合同范本，完成合同认知总结报告，明确本节学习目标、重难点，要求课堂展示通过平台与教师进行实时互动。

2. 课中：发挥学生主体地位，教师做引导者、组织者和协调者

（1）情境创设，引出内容。

小组展示仓储认知报告，比较分析，引发师生共同讨论，引出本次课学习内容。

（2）知识学习，解决问题。

通过视频、案例、任务等教学资源和教学手段的结合，提高学生学习主动性与参与度，及时评价学生表现，提高学生对仓储合同知识的掌握程度。

（3）总结评价，达成目标。

实现课前、课中、课后全过程考核，对学习主动性、知识掌握情况、课堂参与度、团队合作度、课程思政等方面进行综合评价。紧紧围绕教学重难点，循序渐进，逐步达成教学目标。

3. 课后：学习拓展，巩固知识

学生登录网络教学平台，拓展学习，进一步提升专业技能和综合素养。完成课后作业，巩固本节知识，学习拓展资源，与教师进行互动交流，为下节课做好准备

续表

教学流程安排	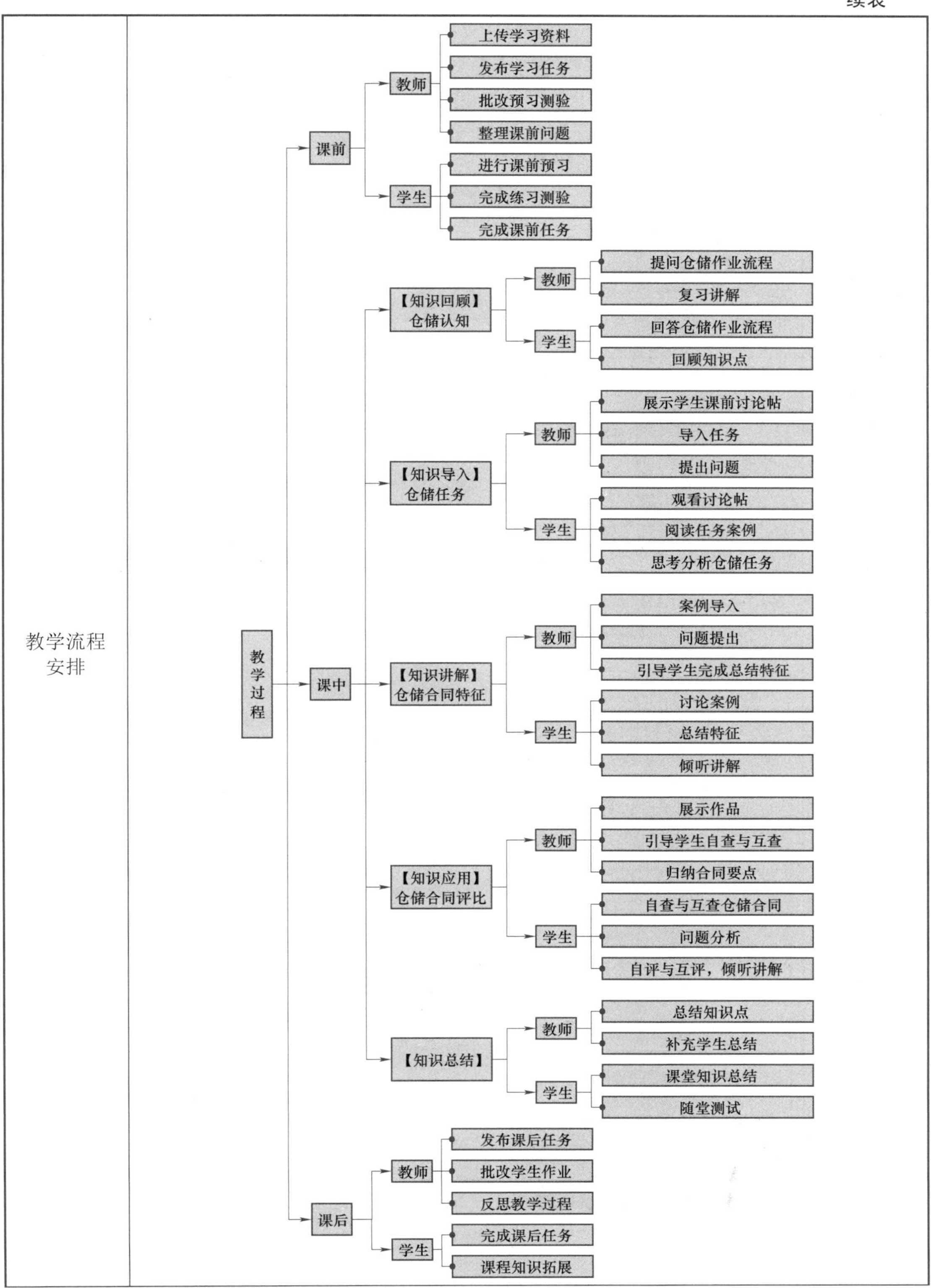

教学过程
课前
教师
上传学习资料
发布学习任务
批改预习测验
整理课前问题
学生
进行课前预习
完成练习测验
完成课前任务
课中
【知识回顾】仓储认知
教师
提问仓储作业流程
复习讲解
学生
回答仓储作业流程
回顾知识点
【知识导入】仓储任务
教师
展示学生课前讨论帖
导入任务
提出问题
学生
观看讨论帖
阅读任务案例
思考分析仓储任务
【知识讲解】仓储合同特征
教师
案例导入
问题提出
引导学生完成总结特征
学生
讨论案例
总结特征
倾听讲解
【知识应用】仓储合同评比
教师
展示作品
引导学生自查与互查
归纳合同要点
学生
自查与互查仓储合同
问题分析
自评与互评，倾听讲解
【知识总结】
教师
总结知识点
补充学生总结
学生
课堂知识总结
随堂测试
课后
教师
发布课后任务
批改学生作业
反思教学过程
学生
完成课后任务
课程知识拓展

续表

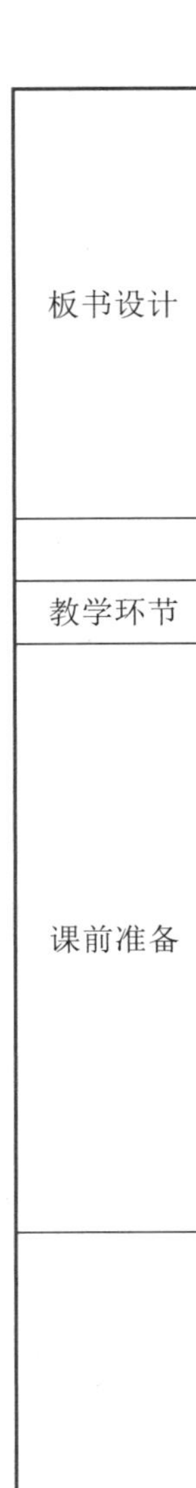

<table>
<tr><td>板书设计</td><td colspan="2">任务导入：人人乐商业集团大米仓储合同拟定
任务分析：（1）什么是仓储合同？
（2）仓储合同有哪些特征？
（3）查询《中华人民共和国民法典》中关于仓储合同的条款。
任务知识：（1）仓储合同的定义。
（2）仓储合同的法律特征。
（3）仓储合同的订立。
知识应用：仓储合同评比。</td></tr>
<tr><td colspan="3">五、教学过程</td></tr>
<tr><td>教学环节</td><td>教学过程</td><td>课程思政</td></tr>
<tr><td>课前准备</td><td>教师活动：
（1）制作任务单，并在教学平台发布任务单；
任务：课前预习：学习文本、视频资源，熟悉仓储合同相关知识，完成课前测验；
（2）查看学生测试统计分析，明确教学难点；
（3）与学生交流互动，了解小组准备情况，对学生提出的问题及时进行指导。
学生活动：
（1）登录网络教学平台，领取任务单，明确学习目标；
（2）完成课前预习；
（3）完成测试，检验自学效果；
（4）与教师进行交流互动</td><td>（1）让学生观看《中华人民共和国民法典》合同编内容的解读，引导学生树立法律意识。
（2）通过课前任务，讲解仓储合同有关知识，为签订仓储合同做准备</td></tr>
<tr><td>课前任务
（提前3天）</td><td>教师活动：
（1）发布仓储合同签订任务（示例）；
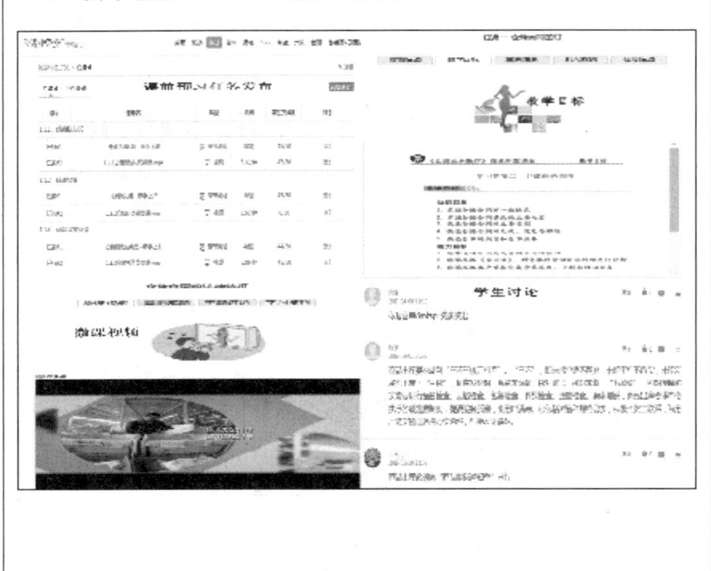
</td><td>（1）通过实施任务驱动法，激发学生自主学习热情，锻炼学生的实践能力，并通过小组讨论相互借鉴，共同提高。
（2）课堂案例选用陕西省柞水脱贫摘帽，走入小康的事例。在党的领导下，我们经过连续奋斗，实现了小康这个中华民族的千年梦想，打赢了人类历史上规模最大的脱贫攻坚战，历史性地解决了绝对贫困问题，为全球减贫事业做出了重大贡献（党的二十大报告）。</td></tr>
</table>

续表

教学环节	教学过程	课程思政
课前任务 （提前 3 天）	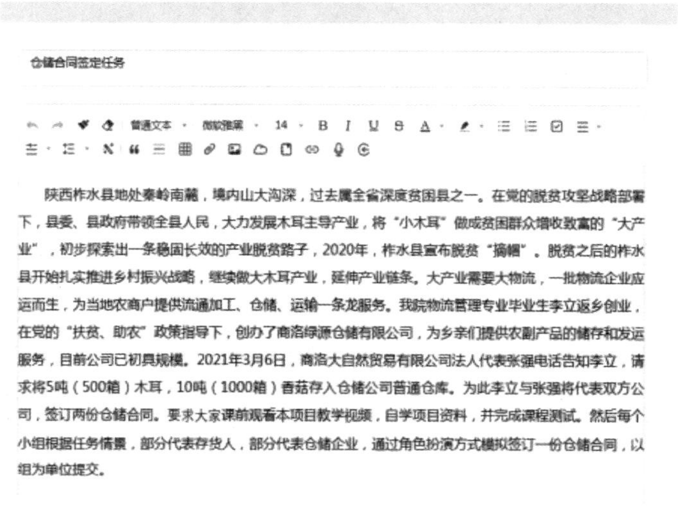 仓储合同签定任务 普通文本　微软雅黑　14 陕西柞水县地处秦岭南麓，境内山大沟深，过去属全省深度贫困县之一。在党的脱贫攻坚战略部署下，县委、县政府带领全县人民，大力发展木耳主导产业，将“小木耳”做成贫困群众增收致富的“大产业”，初步探索出一条稳固长效的产业脱贫路子，2020年，柞水县宣布脱贫“摘帽”。脱贫之后的柞水县开始扎实推进乡村振兴战略，继续做大木耳产业，延伸产业链条。大产业需要大物流，一批物流企业应运而生，为当地农商户提供流通加工、仓储、运输一条龙服务。我院物流管理专业毕业生李立返乡创业，在党的“扶贫、助农”政策指导下，创办了商洛绿源仓储有限公司，为乡亲们提供农副产品的储存和发运服务，目前公司已初具规模。2021年3月6日，商洛大自然贸易有限公司法人代表张强电话告知李立，请求将5吨（500箱）木耳，10吨（1000箱）香菇存入仓储公司普通仓库。为此李立与张强将代表双方公司，签订两份仓储合同。要求大家课前观看本项目教学视频，自学项目资料，并完成课程测试。然后每个小组根据任务情景，部分代表存货人，部分代表仓储企业，通过角色扮演方式模拟签订一份仓储合同，以组为单位提交。 （2）指导学生上网查询资料； （3）指导学生掌握合同签订要点； （4）检查学生任务完成情况。 学生活动： （1）组建学习小组，分析任务要求； （2）明确角色，分工协作上网查询资料； （3）小组洽商，草拟合同条款； （4）疑难问题听取教师指导； （5）反复洽商，签订仓储合同，提交到学习通平台； （6）各小组相互观摩合同，并进行预评价 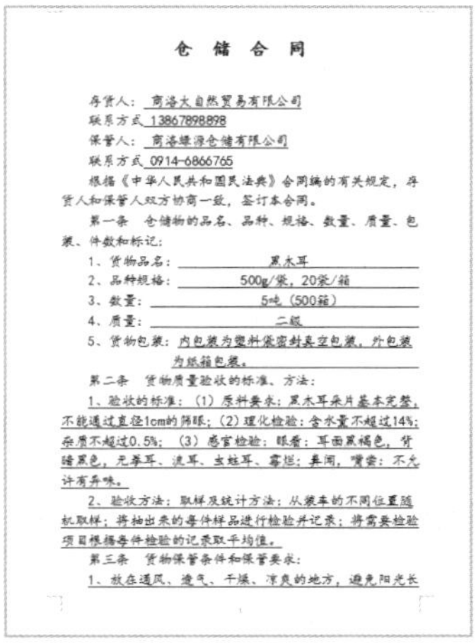 仓　储　合　同 存货人：商洛大自然贸易有限公司 联系方式 13867898898 保管人：商洛绿源仓储有限公司 联系方式 0914-6866765 根据《中华人民共和国民法典》合同编的有关规定，存货人和保管人双方协商一致，签订本合同。 第一条　仓储物的品名、品种、规格、数量、质量、包装、件数和标记： 1、货物品名：黑木耳 2、品种规格：500g/袋，20袋/箱 3、数量：5吨（500箱） 4、质量：二级 5、货物包装：内包装为塑料袋密封真空包装，外包装为纸箱包装。 第二条　货物质量验收的标准、方法： 1、验收的标准：（1）原料要求：黑木耳朵片基本完整，不能通过直径1cm的筛眼；（2）理化检验：含水量不超过14%；杂质不超过0.5%；（3）感官检验：眼看：耳面黑褐色，背暗黑色，无拳耳、流耳、虫蛀耳、霉烂；鼻闻，嘴尝：不允许有异味。 2、验收方法：取样及统计方法：从装车的不同位置随机取样；将抽出来的每件样品进行检验并记录；将需要检验项目根据每件检验的记录取平均值。 第三条　货物保管条件和保管要求： 1、放在通风、透气、干燥、凉爽的地方，避免阳光长 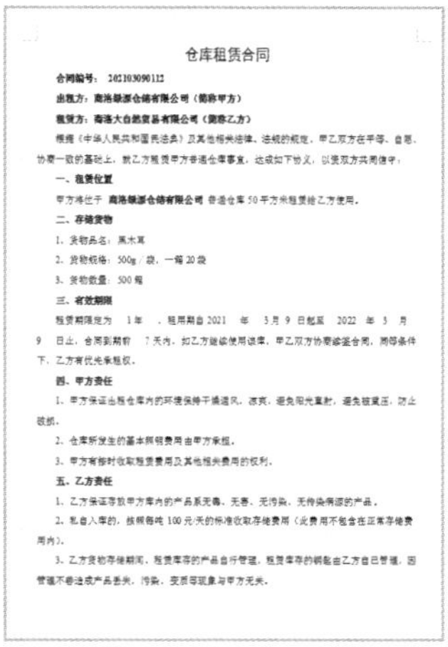 仓库租赁合同 合同编号：202103090112 出租方：商洛绿源仓储有限公司（简称甲方） 租赁方：商洛大自然贸易有限公司（简称乙方） 根据《中华人民共和国民法典》及其他相关法律、法规的规定，甲乙双方在平等、自愿、协商一致的基础上，就乙方租赁甲方普通仓库事宜，达成如下协议，以资双方共同信守： 一、租赁位置 甲方将位于 商洛绿源仓储有限公司 普通仓库 50 平方米租赁给乙方使用。 二、存储货物 1、货物品名：黑木耳 2、货物规格：500g / 袋，一箱 20 袋 3、货物数量：500 箱 三、有效期限 租赁期限定为　1 年　，租用期自 2021　年　3 月 9 日起至　2022　年 3　月 9　日止，合同到期前　7 天内，如乙方继续使用该库，甲乙双方协商续签合同，同等条件下，乙方有优先承租权。 四、甲方责任 1、甲方保证出租仓库内的环境保持干燥通风，凉爽，避免阳光直射，避免被重压，防止破损。 2、仓库所发生的基本照明费用由甲方承担。 3、甲方有按时收取租赁费用及其他相关费用的权利。 五、乙方责任 1、乙方保证存放甲方库内的产品系无毒、无害、无污染、无传染病源的产品。 2、私自入库的，按照每吨 100 元/天的标准收取存储费用（此费用不包含在正常存储费用内）。 3、乙方货物存储期间，租赁库存的产品自行管理，租赁库存的钥匙由乙方自己管理，因管理不善造成产品丢失、污染、变质等现象与甲方无关。	（3）培养学生勇于担当的责任意识。 （4）有利于培养和提高学生的自学能力

续表

教学环节	教学过程	课程思政
课程导入 （10 min）	教师活动： （1）展示学生课前讨论帖，并针对讨论中存在的问题进行解答。 （2）发布人人乐配送中心购买大米的案例，导入学习任务。 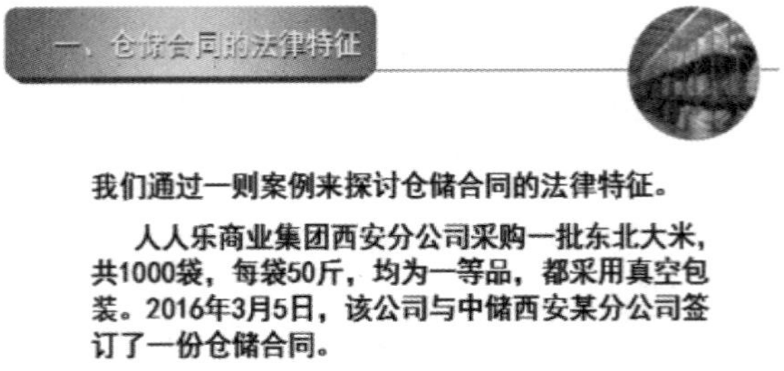 一、仓储合同的法律特征 **我们通过一则案例来探讨仓储合同的法律特征。** **人人乐商业集团西安分公司采购一批东北大米，共1000袋，每袋50斤，均为一等品，都采用真空包装。2016年3月5日，该公司与中储西安某分公司签订了一份仓储合同。** 学生活动： （1）观看课前讨论帖，发现问题、思考问题、解决问题。 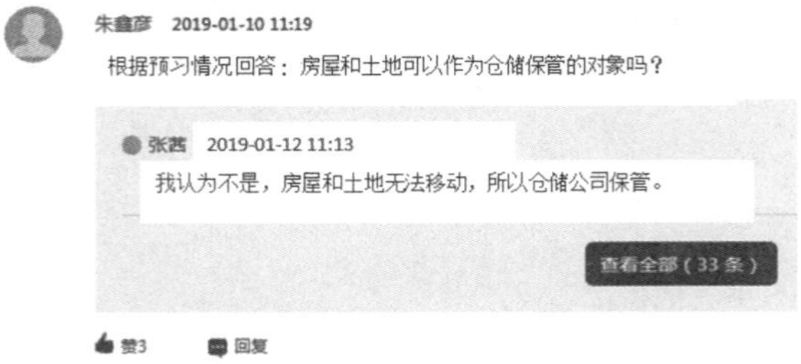 朱鑫彦 2019-01-10 11:19 根据预习情况回答：房屋和土地可以作为仓储保管的对象吗？ 张茜 2019-01-12 11:13 我认为不是，房屋和土地无法移动，所以仓储公司保管。 查看全部（33条） 赞3 回复 （2）认真阅读人人乐配送中心购买大米的案例。 （3）思考如何完成该案例任务	（1）学生明确存货人、保管人的权利与义务，提高学生的权利意识、责任意识。 （2）使用案例教学法，调动学生的积极性，进一步激发学生的学习兴趣
仓储合同 法律特征 （35 min）	（1）学生讨论：保管条件和保管人资质，保管对象，是否有偿，何时成立。 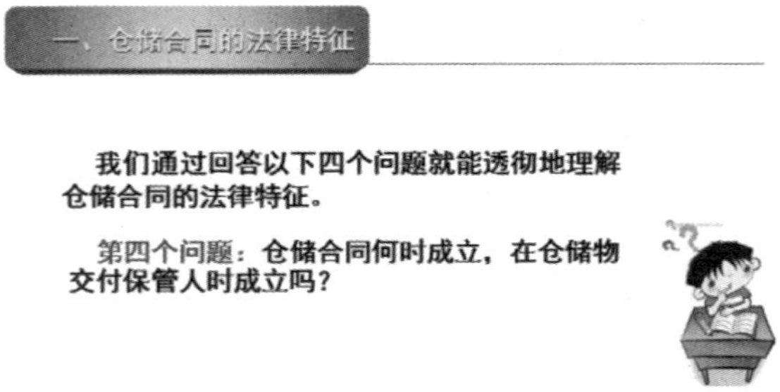 一、仓储合同的法律特征 **我们通过回答以下四个问题就能透彻地理解仓储合同的法律特征。** **第四个问题：仓储合同何时成立，在仓储物交付保管人时成立吗？** （2） 根据讨论的问题，总结仓储合同的特征。 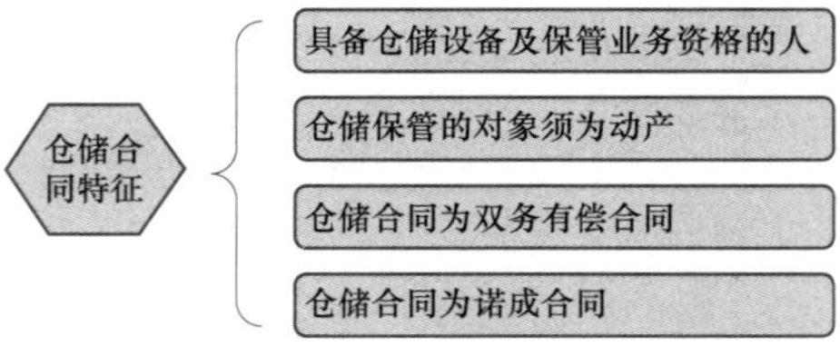 仓储合同特征： 具备仓储设备及保管业务资格的人 仓储保管的对象须为动产 仓储合同为双务有偿合同 仓储合同为诺成合同 （3）在教师引导下分析案例，认识仓储合同诺成性特征	（1）通过分析仓储合同特征，引入“季布一诺”典故，使学生熟悉仓储合同签订言而有信，培养学生高度诚信的品质。 （2）引导学生结合实际问题进行分析和总结，加强对知识的理解与应用。通过案例分析，使学生深刻理解仓储合同诺成性特征，养成严谨审慎的工作态度、诚实守信的品德

续表

教学环节	教学过程	课程思政
随堂测试（3 min）	教师活动：在手机上发布测试题。 学生活动：进行随堂测试。	认真完成测试任务
课堂小结（2 min）	教师活动： （1）通过思维导图，总结本节知识点，标出重难点； （2）分析学生成绩； （3）总结归纳。 学生活动： （1）回顾知识框架，明确本节知识点以及重难点； （2）登录平台查看成绩； （3）找到不足，自我改进	培养学生总结问题的能力
课后拓展（2 min）	（1）登录教学平台完成练习，并根据得分，进行自查； （2）学习知识拓展资源； （3）在交流讨论区与教师实时互动，解决疑难问题 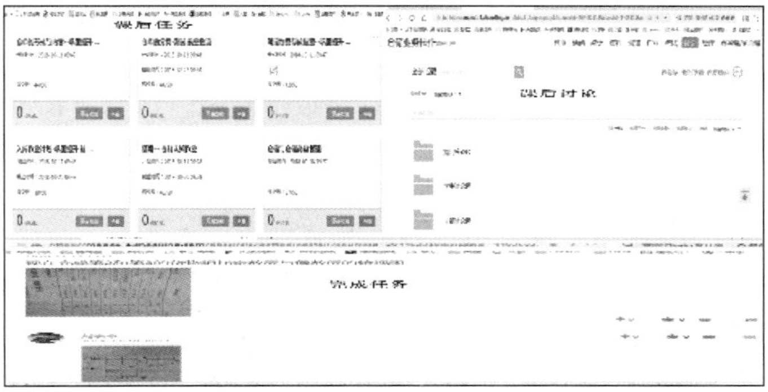	运用在线开放课程平台，自主学习、巩固知识，拓展视野，提升能力和素养

六、教学评价

1. 任务完成情况

通过完成任务、讨论与课中测验，学生已经掌握了仓储合同的特征，大多数学生已经熟悉了仓储合同的订立过程，对难点仓储合同条款掌握得也比较扎实，可以独立进行合同的拟定。本节课培养了学生独立思考的好习惯，也培养了学生工作认真仔细、踏实的职业素养。

2. 教学亮点

（1）采用线上+线下、课前+课中+课后、课内+课外三融合的“123463”课程思政教学模式，该模式在同类型教学内容的课题教学中有较强推广性。

（2）基于“仓储业务操作”国家级精品在线开放课程平台，全程记录课程“教与学”过程。

七、教学反思

（1）本次课围绕仓储合同认知、当事人权利与义务、主要条款等知识，采用小组讨论、任务驱动等多种教学方法，提高学生的学习主动性与参与度，利用视频信息化资源，直观生动，便于学生接受，大大提高了教学效率，注重过程性评价，借助教学平台，实时互动反馈，帮助教师与学生及时掌握教与学情况。特别通过任务驱动教学法，讨论仓储合同当事人权利与义务，使学生明确存货人、保管人的权利与义务，提高学生的权利意识、责任意识；

（2）通过分析仓储合同范本，学生熟悉了仓储合同拟定的主要内容，增强了法律意识。本次课实操环节还有待加强

旭日东升，英雄不朽

——地方导游基础知识

团队成员

康杨杨、石斌、蒙静

课程基本情况

“地方导游基础知识”是旅游管理专业进行岗位能力培养的一门专业技术课程。本课程针对人才需求组织教学内容，按照工作过程设计教学环节，为岗位需求提供职业能力，为培养技术技能人才提供保障。本课程的主要任务是让学生学习中国各省市的基本概况，如世界遗产、历史文化、民俗风情、饮食特点、风物特产、旅游资源等，使学生理解中国旅游发展的优势，掌握中国资源的分布及特点。通过本课程的学习，学生应具备从事初级导游员的基本素质，并能取得导游职业资格证书。本课程将 1+X 研学旅行策划与管理（初级/中级）考核内容和导游服务技能大赛考核内容融入其中，反映行业新技术、新规范、新要求，实现“岗课赛证”融合育人。

教学设计

一、课程概况			
部门名称	财经与旅游学院	课程性质	●必修　○选修
课程类型	○公共基础课程　●专业教育课程　○实践类课程		
面向专业	旅游管理、旅游英语		
授课对象	大一新生	授课时数	48 学时
参赛章节	第一章第一节	使用教材	《地方导游基础知识》
授课题目	1.1 旭日东升，英雄不朽		
二、教学分析			
教学内容	内容分析：本节课以高职高专精品教材为基础，结合人才培养方案和课程标准，融入行业岗位要求以及课程思政要点，重构教学内容，以北京天安门、人民英雄纪念碑为载体，进行建筑景观、红色故事、红色资源相融入的讲解练习。		

续表

<table>
<tr><td>教学内容</td><td colspan="2">人民英雄纪念碑是北京地标性建筑景观之一，同时也具有一定的讲解难度。学生在初次了解人民英雄纪念碑建筑结构后不知从何讲起、怎么讲。而讲好人民英雄纪念碑的首要任务就是了解建筑景观的讲解顺序，所以建筑景观的讲解要点和技巧就是本节课的重点。同时在讲解的时候学生往往容易忽略这个景观背后的故事和它所蕴含的精神内涵，不善于撰写导游词，因此将红色主题建筑景观的讲解方法和导游词撰写思路，作为本节难点。
为了有效突破本节课中的重难点内容，结合本部分内容较强实践性的特点，在教学过程中引入优秀导游讲解综合案例，依托导游实战演练系统、实景互动教学系统综合教学平台，充分提高学生实践能力，让学生在模拟演练的过程中理解建筑景观讲解要点，在案例学习的过程中掌握红色主题建筑景观的讲解方法和导游词撰写思路。
教材分析：本课程使用的教材是全国导游人员资格考试系列教材，由全国导游人员资格考试教材编写组主编，也是导游人员资格考试指定专用教材，直接对接导游职业资格证书，实现“课证融通”

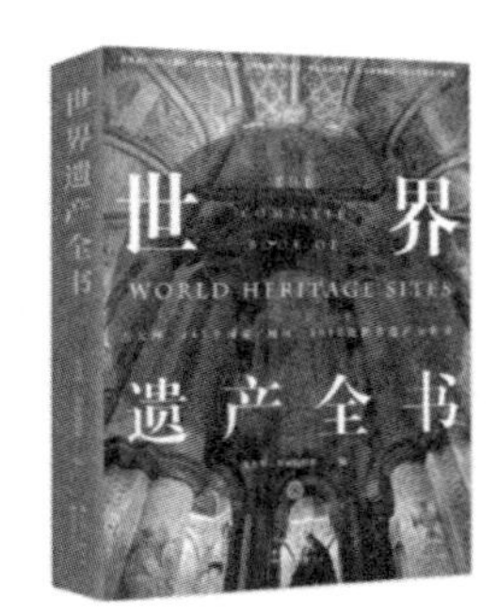
</td></tr>
<tr><td>学情分析</td><td colspan="2">1. 专业知识点
本课程开始于大一第一学期，学生没有学习过相关前置课程，不具备理论基础。
2. 实践能力线
学生学习方法不科学，大部分学生能熟练操作手机 APP，但对微信公众号和小程序中旅游资源的搜索功能不熟悉，团队合作意识和组织能力较差。
3. 学习特点面
思维活跃、参与性强、乐于探索。大部分学生厌倦传统教学模式，喜欢在教学中融入时政热点，喜欢多样的信息化教学模式，对实际演练兴趣高，喜欢在做中学</td></tr>
<tr><td colspan="3">三、教学目标</td></tr>
<tr><td rowspan="3">教学目标</td><td>知识目标</td><td>（1）了解天安门和人民英雄纪念碑概况；
（2）掌握建筑类景观讲解方法；
（3）熟悉天安门和人民英雄纪念碑的讲解内容；
（4）了解云旅游直播的讲解方法</td></tr>
<tr><td>能力目标</td><td>（1）提高建筑类景观讲解能力；
（2）能将所学知识运用到天安门和人民英雄纪念碑导游词创作和模拟讲解中；
（3）能将云旅游直播的方法应用到讲解中</td></tr>
<tr><td>思政目标</td><td>1. 国家层面
培养对中国特色社会主义文化先进性的自信；赓续红色血脉、传承奋斗精神。（党的二十大精神）
2. 职业层面
弘扬劳模精神、劳动精神、工匠精神；树立良好的职业素养、职业理想和职业道德。（党的二十大精神）
3. 个人层面
培养自信自强、守正创新，踔厉奋发、勇毅前行的奋斗精神；形成崇尚劳动、热爱劳动、辛勤劳动、诚实劳动的劳动精神；养成终身学习习惯。（党的二十大精神）</td></tr>
</table>

续表

<table>
<tr><td rowspan="3">教学重点及解决办法</td><td>教学重点</td><td>建筑景观讲解的要点、技巧</td></tr>
<tr><td>确定依据</td><td>人才培养方案、课程标准要求学生能够对建筑类景点完成讲解工作</td></tr>
<tr><td>解决方法</td><td>通过情景导入、视频播放和 VR 演示、任务导向、活动抢答、小组汇报、教师点评解决重点内容</td></tr>
<tr><td rowspan="3">教学难点及解决办法</td><td>教学难点</td><td>红色主题建筑景观的讲解方法和导游词撰写思路</td></tr>
<tr><td>确定依据</td><td>通过课前学情分析，了解到学生在建筑景观知识，特别是红色建筑景观知识内容方面存在短板</td></tr>
<tr><td>解决方法</td><td>通过多维度信息化教学，让学生对建筑类景观有更多的认识；通过模型对比、3D 动画、VR 演示等方式，让学生了解建筑材料、人物故事、讲解模式等，体会红色主题建筑景观讲解方法</td></tr>
<tr><td colspan="3">四、教学策略</td></tr>
<tr><td>设计思路</td><td colspan="2">1. 对接专业要求，以建党百年为背景，以红色旅游为核心，重构教学内容
“地方导游基础知识”是旅游管理专业必修课程。针对旅游行业人才需求组织教学内容，按照导游实际工作设计教学环节，根据导游岗位需求培养学生讲解词创作、素材整合、各类型景点导游词讲解等能力，为培养复合型人才提供保障。
课程内容重视理实结合，以建党百年和红色旅游为大背景，融合“地方导游基础知识”理论课程内容，将党的二十大精神和导游人员资格证书（科目五）考核要求，1+X 研学旅游策划证（初/中级）考核标准以及全国高职院校导游服务技能大赛考核内容，融入课堂教学当中，对课程内容重构划分，其中红色旅游资源讲解是本次参赛章节。
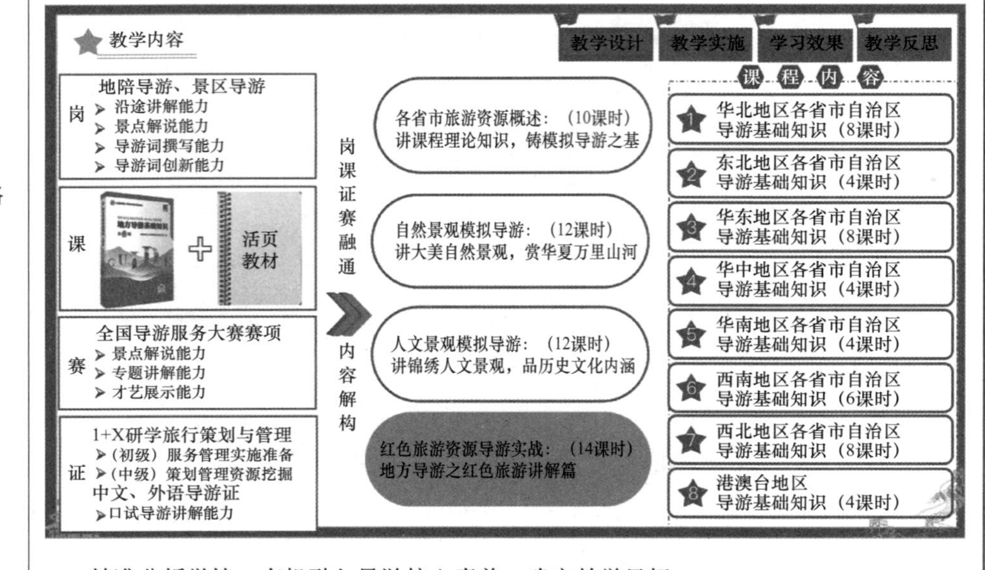

2. 精准分析学情，有机融入导游核心素养，确定教学目标
对旅游管理 2022 级学生开展问卷调查和焦点小组访谈，了解学生学习方法偏好、学习成果预期等问题，对调查结果进行分析，得到具体学情结果如下：</td></tr>
</table>

续表

设计思路

基于人才培养方案、课程标准、导游人员资格证书（科目五：导游服务能力）考试标准、“1+X”研学旅行策划与管理（初级/中级）、行业需求岗课赛证融通，结合学情分析，进行模块教学目标设定，凝练为知识、能力、素质目标。为实现知识目标，要求学生在学完课程后能识记红色旅游资源，理解其精神内涵。能力目标要求学生能根据不同景观采取相应的讲解方法，分析旅游资源特色，评估岗位核心能力。素质目标以“五心”为主题，包括新时代新导游的“创新”、导游职业素养的“同心”、对职业行业和国家的“信心”、融入红色精神的“初心”、传承红色基因的“决心”，增强学生爱岗敬业的职业精神，培养学生吃苦耐劳的劳动精神，培育学生精益求精的工匠精神。引导其树立“游客为本，服务至诚”的行业核心价值观。以红色精神牢固旅游之魂，实现育匠人目标

教学目标　　教学设计　教学实施　学习效果　教学反思

专业培养目标 ←指导 / 支撑→ 课程教学目标 ←指导 / 验证→ 预期学习成果

专业培养目标		课程教学目标		素质目标		预期学习成果
专业培养目标	具备旅游行业良好的职业道德和职业素质	能力目标	Evaluation【综合与评价】 >70%掌握导游及研学导游岗位中的核心能力，包括导游词撰写，带团技能，讲解技能，组织能力，协调沟通能力，随机应变能力，线路规划能力和产品设计能力等旅游服务实践技能。 难点	素质目标	创新：融合行业需求，市场趋势，时政热点，做具有创新能力的时代新导游	导游服务模拟和实战演练
	具备导游词撰写、（研学）线路设计、旅游经历设计的能力		Analysis（分析） >75%能够根据多种红色旅游景观情况，分析当地旅游资源特色，创新导游词讲解，设计旅游路线及开展研学旅游活动		同心：赋予岗位所必需的团队协调与合作能力等职业素养	红色研学旅游活动设计方案 云导游直播视频
	完成导游讲解服务工作的能力		Application（应用） >85%能够运用相应的讲解方法，完成不同类型的红色旅游景观的讲解服务工作。		信心：对职业有热忱有信心，对行业有认可有信心，对祖国有憧憬有信心	导游词创作稿 导游讲解模拟视频
	掌握旅游管理专业从事导游工作必备的知识	知识目标	Comprehension（理解） >90%理解不同景观讲解要求，以及部分红色旅游资源所蕴含的精神内核。 重点 Knowledge（识记） >100%识记我国部分红色旅游资源基本概况，包括地理概况、历史事件．人物故事等。		初心：根植红色精神，不忘职业初心、 决心：用好红色资源，传承红色基因，讲好中国故事	随堂测试及期末考评

多考文献：Bloom’s Taxonomy布鲁姆教育目标分类

续表

<table>
<tr>
<td>设计思路</td>
<td>

3. 以学生为中心，以成果为导向进行教学设计

基于以上准备，根据 PBL 教学理念，以学生为中心，以成果为导向，重整思路推陈出新，重构教学设计。

（1）以“讲红色经典故事，育时代五心导游”思路设计教学主线。

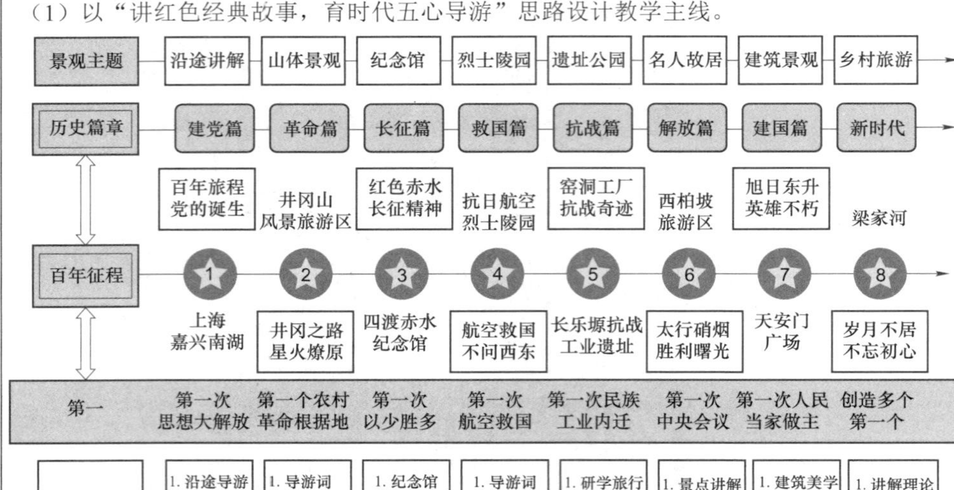

将课程知识点、技能点、任务点结合红色旅游资源整合，创新采用“讲红色经典故事，育时代五心导游”教学思路，将 16 学时教学内容重整。把党的百年征程中具有“第一”特色的红色景点，对应课中涉及的景观类型，呈现八大教学模块，以寻访红色旅游资源为契机，探索百年历史故事与精神内涵，巩固理论知识，锻炼实践讲解能力，强化课程思政。层层递进、分阶段学习，完成从“初步认知”到“实际掌握”再到“推陈出新”的转换，形成以“学做创”为导向的综合培养模式。

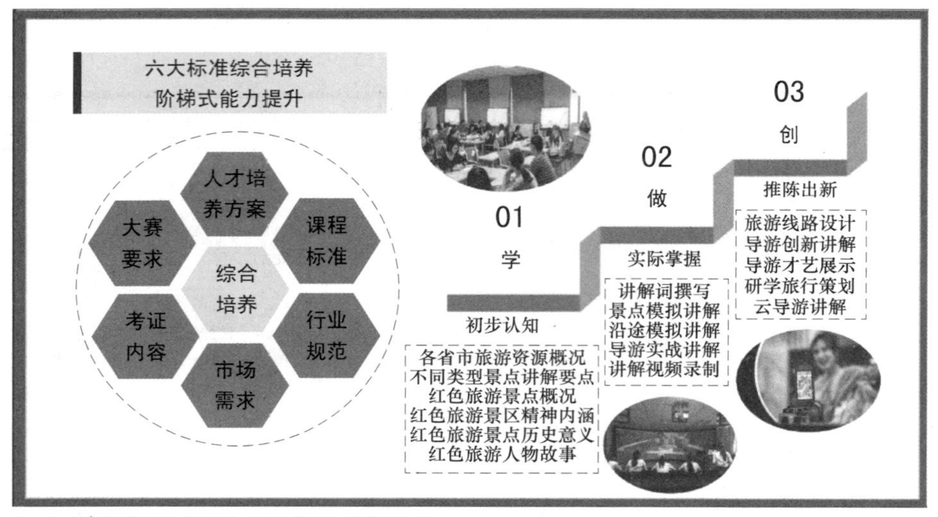

（2）根据课程目标选择科学的教学策略。

根据以上分析，三大任务板块层层递进，遵循学生认知记忆规律，采用情境陶冶、PBL 和范例式的教学模式，结合三位一体的教学策略，以理论、模拟、实践的教学链条为依托，采用探究式、任务驱动式、项目式、情景模拟式、参观式等多种教学方法，完成教学做验，全面实现课程目标

</td>
</tr>
</table>

续表

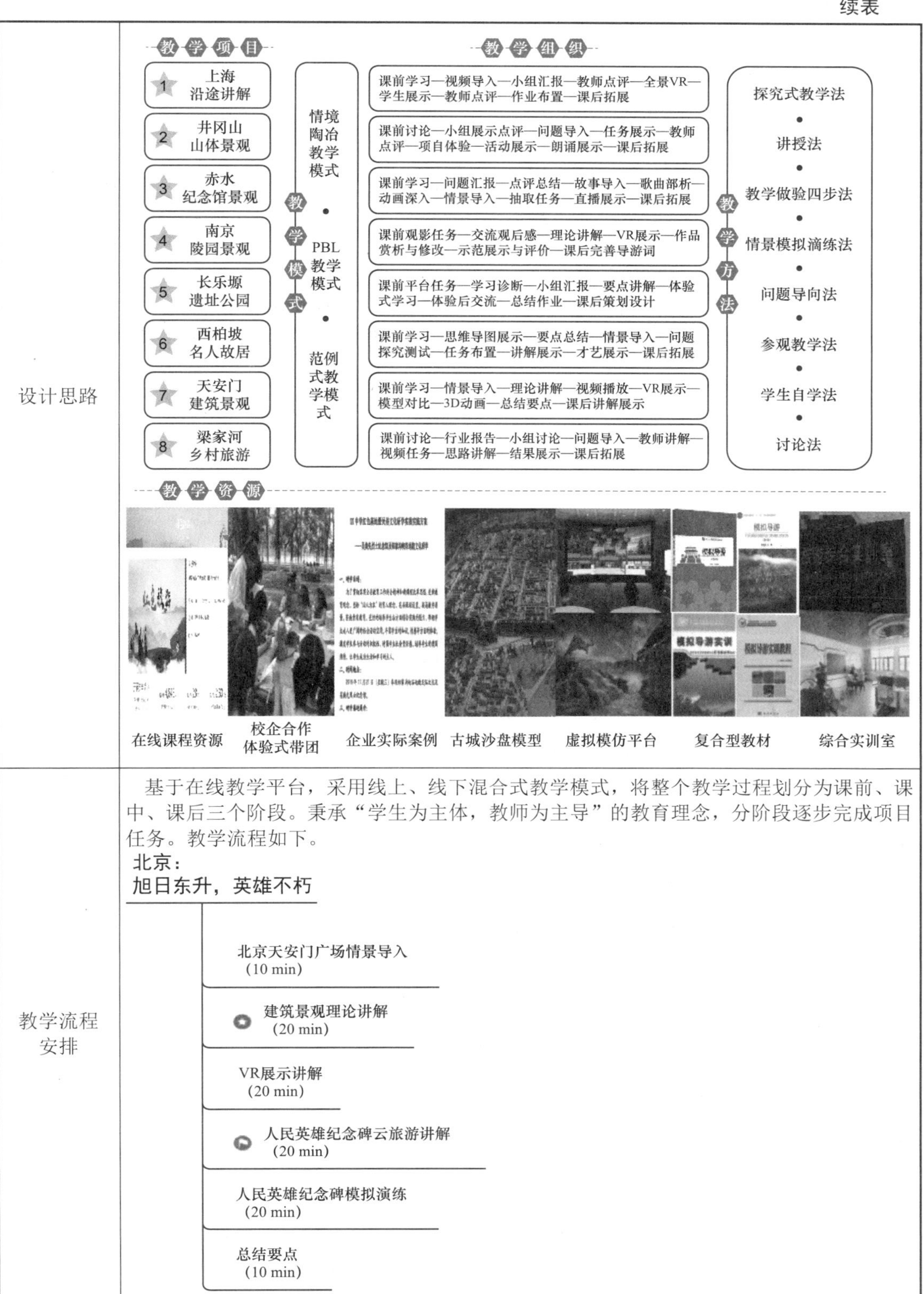

设计思路	教学项目 1 上海沿途讲解 2 井冈山山体景观 3 赤水纪念馆景观 4 南京陵园景观 5 长乐塬遗址公园 6 西柏坡名人故居 7 天安门建筑景观 8 梁家河乡村旅游 教学模式 情境陶冶教学模式 PBL教学模式 范例式教学模式 教学组织 课前学习—视频导入—小组汇报—教师点评—全景VR—学生展示—教师点评—作业布置—课后拓展 课前讨论—小组展示点评—问题导入—任务展示—教师点评—项自体验—活动展示—朗诵展示—课后拓展 课前学习—问题汇报—点评总结—故事导入—歌曲部析—动画深入—情景导入—抽取任务—直播展示—课后拓展 课前观影任务—交流观后感—理论讲解—VR展示—作品赏析与修改—示范展示与评价—课后完善导游词 课前平台任务—学习诊断—小组汇报—要点讲解—体验式学习—体验后交流—总结作业—课后策划设计 课前学习—思维导图展示—要点总结—情景导入—问题探究测试—任务布置—讲解展示—才艺展示—课后拓展 课前学习—情景导入—理论讲解—视频播放—VR展示—模型对比—3D动画—总结要点—课后讲解展示 课前讨论—行业报告—小组讨论—问题导入—教师讲解—视频任务—思路讲解—结果展示—课后拓展 教学方法 探究式教学法 讲授法 教学做验四步法 情景模拟演练法 问题导向法 参观教学法 学生自学法 讨论法 教学资源 在线课程资源　校企合作体验式带团　企业实际案例　古城沙盘模型　虚拟模仿平台　复合型教材　综合实训室
教学流程安排	基于在线教学平台，采用线上、线下混合式教学模式，将整个教学过程划分为课前、课中、课后三个阶段。秉承“学生为主体，教师为主导”的教育理念，分阶段逐步完成项目任务。教学流程如下。 北京： 旭日东升，英雄不朽 北京天安门广场情景导入（10 min） 建筑景观理论讲解（20 min） VR展示讲解（20 min） 人民英雄纪念碑云旅游讲解（20 min） 人民英雄纪念碑模拟演练（20 min） 总结要点（10 min）

续表

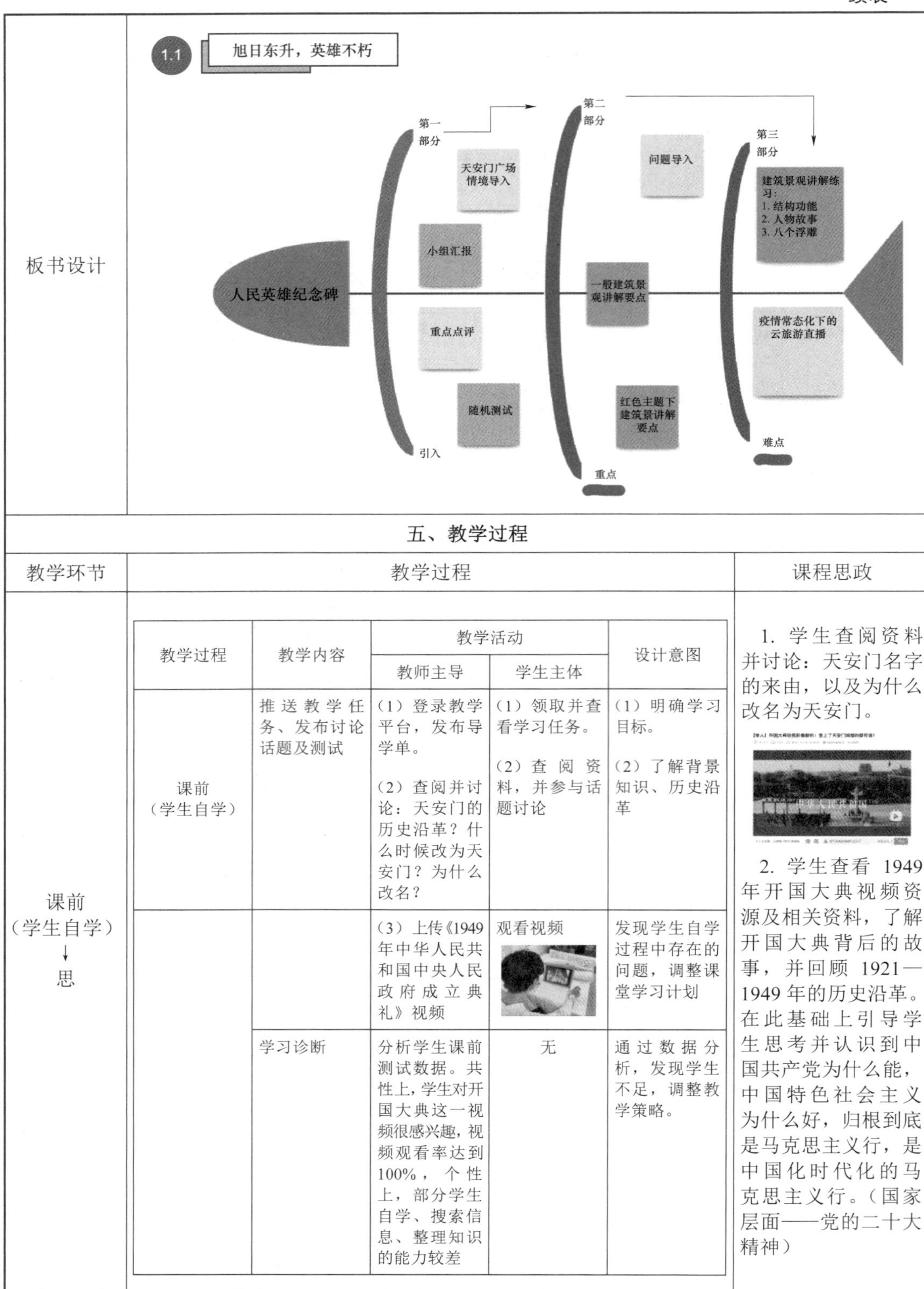

板书设计	（见上图）

五、教学过程

教学环节	教学过程	课程思政
课前（学生自学）↓思	见下表	1. 学生查阅资料并讨论：天安门名字的来由，以及为什么改名为天安门。 2. 学生查看1949年开国大典视频资源及相关资料，了解开国大典背后的故事，并回顾1921—1949年的历史沿革。在此基础上引导学生思考并认识到中国共产党为什么能，中国特色社会主义为什么好，归根到底是马克思主义行，是中国化时代化的马克思主义行。（国家层面——党的二十大精神）

教学过程	教学内容	教学活动		设计意图
		教师主导	学生主体	
课前（学生自学）	推送教学任务、发布讨论话题及测试	（1）登录教学平台，发布导学单。 （2）查阅并讨论：天安门的历史沿革？什么时候改为天安门？为什么改名？	（1）领取并查看学习任务。 （2）查阅资料，并参与话题讨论	（1）明确学习目标。 （2）了解背景知识、历史沿革
		（3）上传《1949年中华人民共和国中央人民政府成立典礼》视频	观看视频	发现学生自学过程中存在的问题，调整课堂学习计划
	学习诊断	分析学生课前测试数据。共性上，学生对开国大典这一视频很感兴趣，视频观看率达到100%，个性上，部分学生自学、搜索信息、整理知识的能力较差	无	通过数据分析，发现学生不足，调整教学策略。

续表

<table>
<tr><td rowspan="11">课中教学
↓
明
↓
析
↓
训
↓
评</td><td colspan="4">一、天安门广场情景导入（10 min）</td><td rowspan="4">（1）以学生为主导，使得学生通过收集资料整理信息，提升学生归纳总结的能力。培养学生发现问题，解决问题，终身学习的能力。这对学生之后的职业发展和职业素质的培养大有裨益。（职业层面、个人层面——党的二十大精神）</td></tr>
<tr><td>组织小组汇报课前学习情况（5 min）</td><td>组织学生以小组为单位汇报查的知识点</td><td>学生聆听并记录</td><td>通过收集、整理信息，提升学生归纳总结的能力</td></tr>
<tr><td>汇报点评（5 min）</td><td>总结点评：
教师对学生的回答进行点评与纠正，对天安门景区概况、历史沿革、现如今的重要地位进行阐述</td><td>学生认真听讲，记笔记</td><td>加深学生对天安门景区的了解</td></tr>
<tr><td></td><td>随堂测试：
用手机中的雨课堂 App 完成测试</td><td></td><td></td></tr>
<tr><td colspan="4">二、建筑景观理论讲解（50 min）</td><td rowspan="4">（2）通过问题导入，让学生思考怎么讲好建筑景观，讲解的重点是什么。培养学生归纳总结的能力和团队合作意识。
（3）然后根据学生的回答情况对课程当中的重难点进行归纳讲解，强调红色建筑景观的讲解要点，为学生夯实知识基础。引导学生树立良好的职业素养</td></tr>
<tr><td>提出问题并引发思考（10 min）</td><td>问题导入：你觉得应该如何讲好建筑类景观？讲解这类景观的重点是什么？</td><td>学生思考并讨论</td><td>激发学生学习兴趣</td></tr>
<tr><td>建筑类景点讲解要点：（20 min）</td><td>根据学生回答情况，总结建筑类景观景点讲解要点：
（1）突出建筑的功能性；
（2）突出建筑的风格特色；
（3）突出建筑的结构原理。</td><td rowspan="2">学生认真听讲，并整理归纳如何将其运用到导游词的讲解中</td><td rowspan="2">引导学生形成逻辑分析和归纳能力，并将理论和实践相结合</td></tr>
<tr><td>红色主题的建筑类景点讲解要点：（20 min）</td><td>在满足上述要求的基础上，红色主题的建筑类景观在讲解时还要注意以下几点：
（1）建筑的历史沿革；
（2）是否见证重大事件；
（3）体现的精神内涵；
（4）现在的保存意义</td></tr>
</table>

续表

<table>
<tr><td rowspan="5">课中教学
↓
明
↓
析
↓
训
↓
评</td><td colspan="4">三、建筑景观讲解练习（15 min）</td><td rowspan="3">（3）通过对中外“超级英雄”的对比讲解，引导学生思考：我国的英雄们是谁？他们从哪里来？他们要到哪里去？从而增强学生志气、骨气、底气，加强学生知难而进迎难而上的精神。（国家层面、个人层面——党的二十大精神）</td></tr>
<tr><td>内容导入
（2 min）</td><td>回顾上节课重点。组织学生以小组为单位对比分析人民英雄纪念碑和西安市碑林的石台孝经的异同（建筑结构、设计理念等）。

引导学生思考英雄的话题，提问：“中国有没有自己的超级英雄？”，“他们是谁？”“他们从哪里来？”“他们到哪里去？”。后播放视频，总结关于英雄的话题</td><td>学生进行小组讨论，并分享讨论结果，有哪些相似之处。

学生思考英雄的话题，并回答问题。之后观看有关英雄话题的视频，认真聆听讲解</td><td>培养学生发现问题、解决问题、归纳总结问题的能力。

利用提问和视频激发学生学习兴趣，学会多维度思考问题</td></tr>
<tr><td>结构功能
（3 min）</td><td>提问：碑身和碑座的石材是什么？之后对碑身花岗岩和碑座汉白玉的功能进行详细解释</td><td>学生抢答，给出答案并说明原因</td><td>了解石头背后的坚韧不拔和永垂不朽的象征意义</td></tr>
<tr><td>人物故事：
碑文解说
（3 min）</td><td>播放毛主席宣读人民英雄纪念碑碑文视频，并讲授周总理写碑文的人物故事</td><td>学生听讲并做笔记</td><td>了解人物故事背景，体会故事中的家国情怀</td><td rowspan="2">（4）通过讲解人民英雄纪念碑碑文的内容和八块浮雕的故事背景，让学生体会故事中的家国情怀，赓续红色血脉、传承奋斗精神。（国家层面——党的二十大精神）</td></tr>
<tr><td>文化内涵：
八个浮雕
（2 min）</td><td>教师分别从八个浮雕中推送一个给各小组，组织学生对浮雕进行观看学习，并对浮雕中的人物形象进行提问</td><td>学生对浮雕进行观看分析，并回答浮雕中的人物是否为著名的革命领袖或历史人物</td><td>理论和实践的深化融入，解决学习重难点</td></tr>
</table>

续表

续表

教学阶段	教学环节	教学内容	学生活动	设计意图	思政融入
课中教学 ↓ 明 ↓ 析 ↓ 训 ↓ 评	行业热点： 云旅游 （5 min）	教师讲解行业热点云旅游直播的行业报告、直播内容、用户画像，并以人民英雄纪念碑为例，解读如何对英雄进行讲解	学生认真听讲，并回答自己心中什么是英雄	行业需求和行业热点解读，并解决难点	（5）将云旅游直播融入课程实践中；结合行业热点，培育适应旅游行业发展新趋势、新业态、新模式的复合型人才。（个人层面）
	四、总结与任务练习（25 min）				（6）教师通过示范旅游云直播，以及让学生体验云直播活动，培养学生自信自强、守正创新，踔厉奋发、勇毅前行的奋斗精神。（个人层面——党的二十大精神）
	总结与任务练习 （25 min）	进行旅游直播的演示，解析讲解要点，并布置练习任务。 总结本次课程关于建筑景观讲解、红色景区建筑景观讲解的内容，布置课后任务。 学生完成任务并上传至平台，或选择直播练习展示。录制/直播人民英雄纪念碑石雕的讲解视频，要求视频时长不少于3 min  	学生认真听讲，记录要点以及作业内容，并进行练习	提高学生对建筑景观的讲解能力，特别是对天安门、人民英雄纪念碑的直播讲解能力	
课后拓展 ↓ 拓	观看《百炼成钢》系列微纪录片第二十六集——《新中国成立》	组织学生利用课后时间观看建党一百周年系列微纪录片《百炼成钢》  	学生观看视频，体会中华人民共和国成立，揭开了历史新篇章，开启了新纪元的壮志豪情	学生的素质教育内容除了职业技能教育、职业素养教育，还应包括爱国主义教育，这些内容不应该仅仅只在课堂上出现，在课后也应该继续培养	1. 课后通过让学生观看建党百年微纪录片《百炼成钢》，回顾党的百年历程，引导学生坚信党用伟大奋斗创造了百年伟业，也一定能用新的伟大奋斗创造新的伟业。（国家层面——党的二十大精神）

续表

六、教学评价

本节课教学评价以课堂活动参与度、知识掌握达标度、实战演练熟悉度、职业素养养成度作为一级质控点，参照评价标准，除对学生知识能力目标达成与否进行评价外，更注重思政目标是否达成、学生是否获得成长

知识模块	成绩比例
各省市旅游资源概述	10%
自然景观模拟讲解	10%
人文景观模拟讲解	10%
景观模拟导游实战	30%
期末考试	30%
课堂表现	5%
微课学习	5%
合计	100%

主题项目	学习任务	成绩比例
上海——沿途导游 百年旅程，党的诞生	沿途导游词创作文稿	12.5%
井冈山——山体景观 井冈之路，星火燎原	路线设计方案 及配套讲解稿	12.5%
赤水——纪念馆景观 红色赤水，长征精神	模拟讲解演练视频	12.5%
南京——陵园景观 航空救国，不问西东	讲解视频	12.5%
长乐——遗址公园 窑洞工厂，抗战奇迹	红色研学旅游 活动设计方案	12.5%
西柏坡——名人故居 太行硝烟，胜利曙光	创新讲解视频	12.5%
天安门——建筑景观 旭日东升，英雄不朽	云导游讲解直播	12.5%
梁家河——乡村旅游 岁月不居，不忘初心	导游服务讲解 演练视频	12.5%

七、教学反思

1. 特色创新

（1）双语教学，四项融通，文化育人，建有底蕴的课程。

在教学中融入中西文化对比与跨文化交际双语元素，提高学生英语导游水平，同时对标导游大赛的竞赛要求，以赛促学、以赛促教，为大赛培养后备力量，提升学生综合能力，提高导游服务人才素养。真正实现“岗课赛证”四项融通，实现教学内容、教学目标与教学考评的对接，提高考证通过率。

在课程设计和实施中，坚持将百年征程中的红色文化，守正创新的匠心文化，与时俱进的职业精神文化和博大厚重的历史文化相融合，有机融入课程思政，形成以红色为底色，以职业为灵魂，以匠心为特色，培育兼具“创新、同心、信心、初心、决心”的五心人才。

（2）五历实践，走进职业，紧跟行业，创多维度的教学。

课程以理论与实践结合育人，开展“红色研学经历+模拟讲解经历+云导游直播经历+景点实战讲解经历+景点线路设计经历”的“五历实践”活动，实现多角度多层次的教学，并将实践成果纳入学生过程性考核评价，遵循认知规律，融入实践经历，使学生走进职业，真正体验实际工作环节，将云旅游直播融入课程实践中；结合行业热点，培育适应旅游行业发展新趋势、新业态、新模式的复合型人才。

2. 不足及改进

课程具体实施中，还存在以下两个问题：

第一，立体化教学资源建设有待完善，创新式设计缺乏对应的新版教材、信息化资源支撑保障。

改进对策：教学团队建立在线系统课程，补充完善相对应的活页式教材，完善教学资源库，为后续开发立体化教材做准备。

第二，翻转课堂设计需学生认真完成课前任务，才能在课中通过讲解展示和研讨产生较好的课堂效果，对课前准备要求较高。部分学生学习自觉性较差，很难达到预期学习效果。

改进对策：在课程总评成绩中增加多样的过程性评价指标，通过完善课程评价体系，提高学生对课前任务的重视度。布置任务时，综合考虑学生兴趣和行业新发展、新需求，提高学生参与度

集装箱的认识与选择

——物流设备使用与维护

团队成员

张翠花、徐丽蕊、高贺云

课程基本情况

“物流设备使用与维护”为高职高专现代物流管理专业核心课程，共 39 学时，2.5 学分，开课对象为高职现代物流管理专业二年级学生。本课程 2003 年被纳入人才培养方案，作为专业核心课程实施传统教学；2010 年建设成为陕西省省级精品课程；2013 年课程团队制作的课件获得全国多媒体课件大赛三等奖；2018 年立项建设在线开放课，同年课程团队获得国家教学成果二等奖；2019 年被评为省级精品在线开放课程，同年团队获得陕西省教师教学能力大赛二等奖，取得省级教学成果奖 1 项，获得全国物流教育教学成果奖一等奖；2022 年被认定为陕西省职业教育精品在线课程；目前完成金课建设项目与课程思政案例建设项目，开发了虚拟仿真实验，梳理了课程知识点图谱，并持续建设数字资源。

教学设计

<table>
<tr><th colspan="4">一、课程概况</th></tr>
<tr><td>部门名称</td><td>商贸与流通学院</td><td>课程性质</td><td>●必修　○选修</td></tr>
<tr><td>课程类型</td><td colspan="3">○公共基础课程　●专业教育课程　○实践类课程</td></tr>
<tr><td>面向专业</td><td colspan="3">现代物流管理</td></tr>
<tr><td>授课对象</td><td>高职二年级学生</td><td>授课时数</td><td>39 学时</td></tr>
<tr><td>参赛章节</td><td>港口企业作业</td><td>使用教材</td><td>《物流设备使用与维护》</td></tr>
<tr><td>授课题目</td><td colspan="3">集装箱的认识与选择</td></tr>
<tr><th colspan="4">二、教学分析</th></tr>
<tr><td>教学内容</td><td colspan="3">内容分析：调研现代物流管理岗位职业能力需求，对接全国物流竞赛现场实操，融入物流“1+X”证书考核模块，紧跟“一带一路”倡议，充分反映智慧物流新技术，从配送中心、港口企业和运输企业三大场景，按规范操作到配置维保两个维度，同步物流行业发展，引领最新技术规范，构建 4 大项目、10 大任务、92 个知识技能点“同步+引领”递进式课程内容体系</td></tr>
</table>

续表

教学内容

项目/学时	任务	前沿	思政案例	思政元素
入库出库/12	接货入库	—	《大国重器》之物流设备	文化自信
	上架储存	无人仓	大叉车做“针线活”	守正创新
	分拣配货	自动分拣系统	京东智慧云仓	创新精神
	出库作业	AGV 机器人 无人配送车	校园仓配中心运营	安全与规范意识 劳动与职业精神
港口作业/10	装船卸船	中国无人自动化码头	世界一流集装箱码头	大国工匠 民族自信
	堆场作业	全自动化集装箱码头	世界第一大港上海港	
运输作业/10	公铁运输	中亚峰会	智能高铁 中欧班列/中亚班列	奋斗精神 国际视野
	空水运输	—	全球供应链	国际视野 民族自信
设备管理/7	选择配置 e	—	智慧仓设备配置	降本增效
	检查保养	智能设备维保新岗位	物流智能，安全先行	安全高效

将推动高质量发展、加快建设交通强国、建设高效顺畅的流通体系、构建优质高效的服务业新体系等党的二十大报告精神充分融入课程内容。本次课教学内容选自项目二“港口企业作业”中的任务一“装船卸船作业”中的模块一“集装箱的认识与选择“。主要教学内容包括：集装箱的概念、集装箱的结构与集装箱的类别。本课题教学内容对学生职业能力和思政素质培养起着非常重要的作用。

教材分析：本课程选用张翠花教授主编的由机械工业出版社出版的”物流设备使用与维护”，该教材为陕西省职业教育精品在线课”物流设备使用与维护”的配套教材。该教材编写坚持产教融合，校企合作双元开发；坚持立德树人，课程思政特色鲜明；案例导引任务驱动，实现教学做一体化；推进书证融通，融合“1+X”证书标准

学情分析

知识和技能基础：了解前面模块知识和技能掌握情况，进行线上课前知识小测验（8 道选择题，其中 4 题为已学知识，另外 4 题为未学知识）

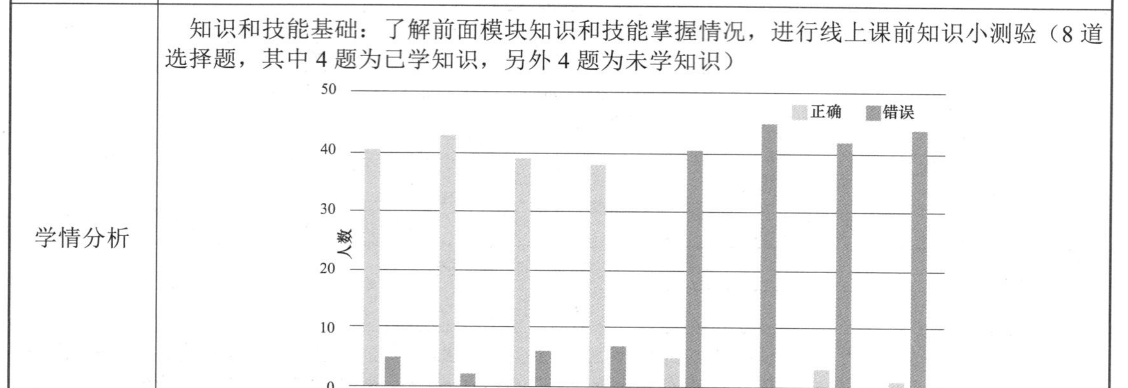

续表

<table>
<tr><td>学情分析</td><td colspan="2">结论：学生对已学内容掌握情况良好；但涉及未学内容的题目错误率较高。
认知和实践能力：了解学生自主学习情况，查看在线课程资源学习数据，问卷星学习反馈。
不及格4%　及格96%　■及格■不及格
其他22%　良好以上78%　■良好以上■其他
优秀36%　其他64%　■优秀■其他
不及格4%　及格18%　优秀36%　良好42%　■不及格■及格■良好■优秀
学生学习特点：学生职业自豪感弱，统筹规划和迁移能力较低；通过学生查看在线开放课程资源情况数据分析，学生较喜欢看视频类资源；期待新技术新工艺新规范及智慧物流的引入，喜爱新颖的工作任务和活跃的课堂气氛；希望通过自身实践掌握相应的知识和技能
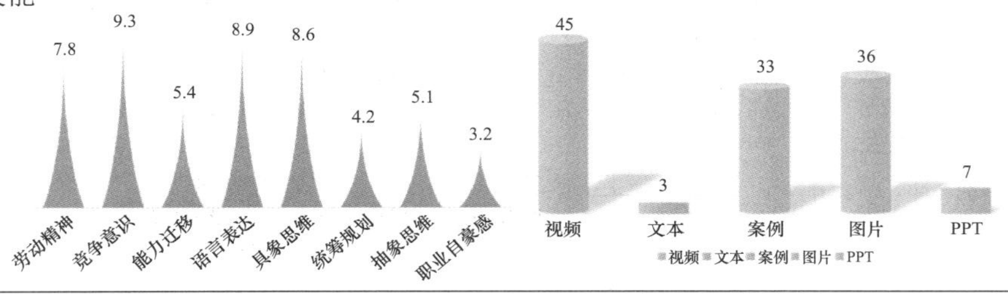
</td></tr>
<tr><td colspan="3">三、教学目标</td></tr>
<tr><td rowspan="3">教学目标</td><td>知识目标</td><td>（1）熟悉集装箱的含义；
（2）掌握集装箱的结构；
（3）掌握集装箱的分类</td></tr>
<tr><td>能力目标</td><td>（1）能够对比托盘和集装箱，分析集装箱的特点；
（2）能够分析集装箱的结构；
（3）能够根据货物特点选择集装箱类型</td></tr>
<tr><td>思政目标</td><td>（1）培养主动探究能力、团队协作能力；
（2）树立大国制造的文化自信与行业自信</td></tr>
<tr><td>教学重点及解决办法</td><td colspan="2">教学重点：集装箱的结构。
解决办法：任务驱动＋互查互评</td></tr>
<tr><td>教学难点及解决办法</td><td colspan="2">教学重点：集装箱的选择。
解决办法：课前预习＋任务驱动＋互查互评</td></tr>
<tr><td colspan="3">四、教学策略</td></tr>
<tr><td>设计思路</td><td colspan="2">本次课为港口企业作业第一个任务——装船卸船作业中集装箱的认识和选择（2学时）。教学过程以任务为驱动展开，借助“物流设备使用与维护”省级在线精品平台，贯穿思政育人一条主线，在教室与实训室两种环境，通过课前课中课后三个阶段、“测—导—析—练—评—拓”六步骤，实现线上线下、课前课中课后、课内课外三融合的“12363”全新教学模式。
课前：激发学生学习兴趣，培养学生自主学习能力。
通过平台推送任务资源，学生自主探究课前预练，数据分析检“测”明晰学情。
（1）学生通过电脑终端或者手机上的“学习通”APP查看课前任务，进行网络调研，完成预习测试题，参与话题讨论。</td></tr>
</table>

续表

设计思路	（2）教师设计任务情景，布置集装箱的识别和选择任务，要求学生分组课下完成，注重过程指导。 （3）教师根据课前测试分析学生对知识点的熟悉程度，适时调整教学安排。 课中：发挥学生主体地位，教师做引导者、组织者和协调者。 通过任务“导”入，教师引导、分组研讨解“析”，灵活采用小组探究、整理设计方案、分组汇报等多种方式训“练”，综合过程评价与结果评价，进行学生自评、小组互评和教师评价相结合的多元化“评”价。 教师给出一带一路中中欧班列货运组织过程中，为了更加安全高效地完成集装箱配载和装载作业，为所运输货物选择集装箱类型，引导学生查找、分析并总结常见的集装箱类型。通过任务驱动，学生分组讨论，根据货物特点选择集装箱类型；以小组竞赛、抢答的形式组织游戏化教学，让学生快速准确地说出集装箱各部分结构。组织学生互查互评，然后教师点评，完成教学任务。 课后：学习拓展，巩固知识。 通过在线测试、互动讨论和综合任务，加深学生对知识的掌握，提升学生的技能和素质，实现师生、生生深度互动。 （1）学生通过学银在线网络平台或者手机 APP，完成课后作业并预习下节课知识。 （2）教师通过学银在线网络平台或者手机 APP，督促学生完成课后作业，并进行检查
教学流程安排	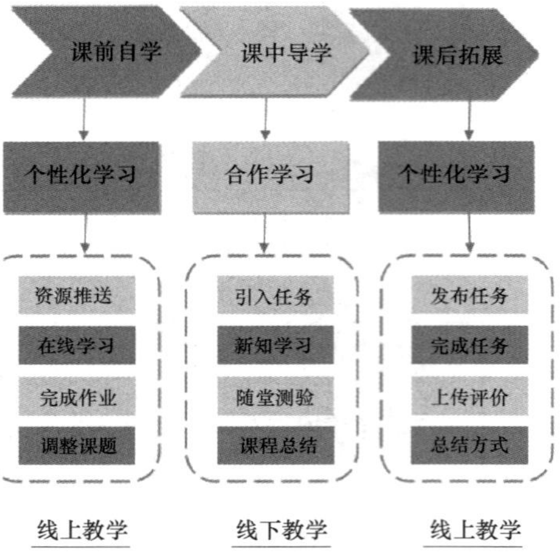 课前自学 → 个性化学习 → 资源推送、在线学习、完成作业、调整课题 → 线上教学 课中导学 → 合作学习 → 引入任务、新知学习、随堂测验、课程总结 → 线下教学 课后拓展 → 个性化学习 → 发布任务、完成任务、上传评价、总结方式 → 线上教学
板书设计	集装箱的认识与选择 **（一）集装箱的含义和结构** **（二）集装箱的类型与选择**

五、教学过程

教学环节	教学过程	课程思政
课前准备	教师活动： （1）在智慧树平台发布任务——观看微课视频 2.1.1～2.1.3； 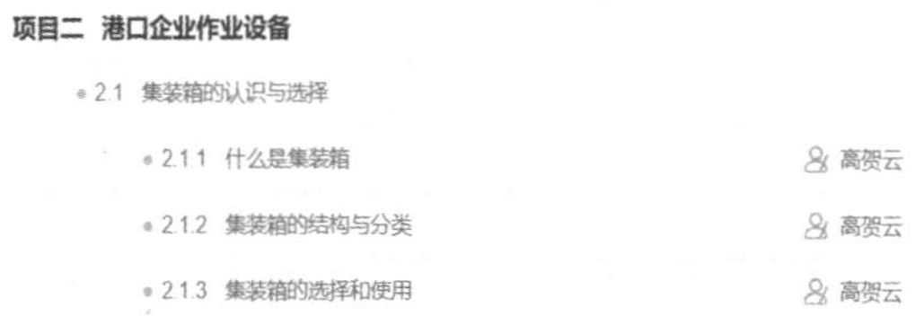 **项目二 港口企业作业设备** 2.1 集装箱的认识与选择 2.1.1 什么是集装箱 高贺云 2.1.2 集装箱的结构与分类 高贺云 2.1.3 集装箱的选择和使用 高贺云	（1）教导学生做到不刷课，诚实守信。 （2）引导学生完成课前任务，养成良好的学习习惯

续表

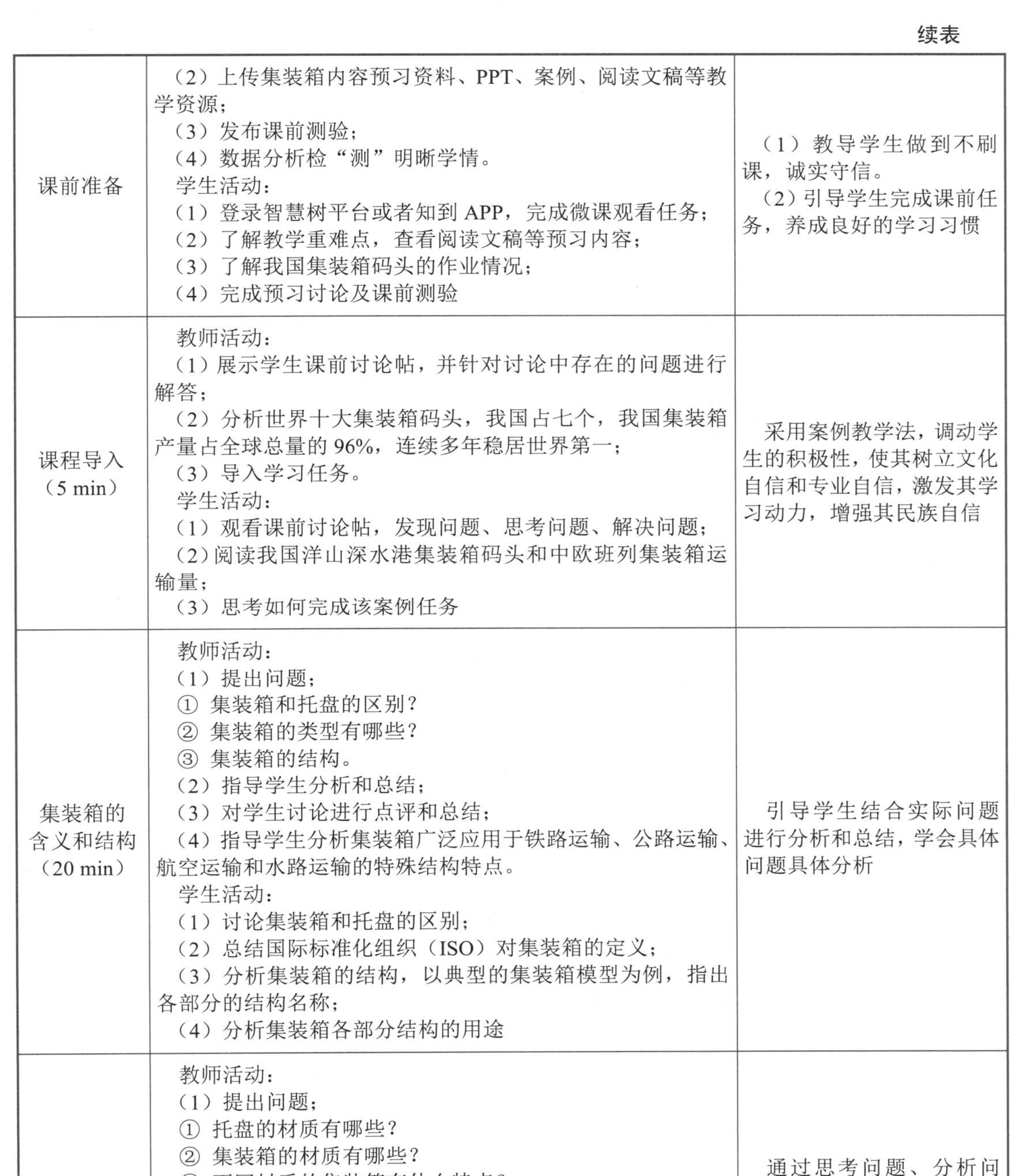

课前准备	（2）上传集装箱内容预习资料、PPT、案例、阅读文稿等教学资源； （3）发布课前测验； （4）数据分析检“测”明晰学情。 学生活动： （1）登录智慧树平台或者知到 APP，完成微课观看任务； （2）了解教学重难点，查看阅读文稿等预习内容； （3）了解我国集装箱码头的作业情况； （4）完成预习讨论及课前测验	（1）教导学生做到不刷课，诚实守信。 （2）引导学生完成课前任务，养成良好的学习习惯
课程导入 （5 min）	教师活动： （1）展示学生课前讨论帖，并针对讨论中存在的问题进行解答； （2）分析世界十大集装箱码头，我国占七个，我国集装箱产量占全球总量的 96%，连续多年稳居世界第一； （3）导入学习任务。 学生活动： （1）观看课前讨论帖，发现问题、思考问题、解决问题； （2）阅读我国洋山深水港集装箱码头和中欧班列集装箱运输量； （3）思考如何完成该案例任务	采用案例教学法，调动学生的积极性，使其树立文化自信和专业自信，激发其学习动力，增强其民族自信
集装箱的含义和结构 （20 min）	教师活动： （1）提出问题； ① 集装箱和托盘的区别？ ② 集装箱的类型有哪些？ ③ 集装箱的结构。 （2）指导学生分析和总结； （3）对学生讨论进行点评和总结； （4）指导学生分析集装箱广泛应用于铁路运输、公路运输、航空运输和水路运输的特殊结构特点。 学生活动： （1）讨论集装箱和托盘的区别； （2）总结国际标准化组织（ISO）对集装箱的定义； （3）分析集装箱的结构，以典型的集装箱模型为例，指出各部分的结构名称； （4）分析集装箱各部分结构的用途	引导学生结合实际问题进行分析和总结，学会具体问题具体分析
集装箱的分类 （20 min）	教师活动： （1）提出问题； ① 托盘的材质有哪些？ ② 集装箱的材质有哪些？ ③ 不同材质的集装箱有什么特点？ ④ 集装箱的结构都相同吗？ （2）对学生的讨论进行点评； （3）发布案例任务； （4）教师点评，总结案例； （5）发布抢答问题：对于运输货物应如何选择集装箱类型； （6）点评并总结集装箱按用途进行分类的常见类别。 学生活动： （1）讨论集装箱和托盘材质的区别	通过思考问题、分析问题、解决问题，得出最后分组讨论的结果，培养学生分析问题的能力，引导学生积极思考，树立对中国物流发展的信心

续表

<table>
<tr>
<td>集装箱的分类
（20 min）</td>
<td>二、集装箱的类型
第一单元 集装箱的类型
回顾
目标
任务
知识
实施
点评
小结
作业
1 钢制——强度高，价格低，自重大，防腐性能差
2 铝合金——自重小、不生锈，造价高，易损坏
3 玻璃钢——隔热好，易清扫，强度大，自重大，造价高
4 不锈钢——强度高，防腐性好，投资大
（2）聆听教师对集装箱材质特点的分析；
（3）讨论选用不同材质集装箱对于所运输货物有哪些影响；
（4）聆听教师对集装箱按用途分类的讲解；
（5）回答问题</td>
<td>通过思考问题、分析问题、解决问题，得出最后分组讨论的结果，培养学生分析问题的能力，引导学生积极思考，树立对中国物流发展的信心</td>
</tr>
<tr>
<td>任务训练
（40 min）</td>
<td>教师活动：
（1）发布任务：中欧班列接到以下货物的运输任务，请选择合适的集装箱类型；
（2）组织学生以小组为单位进行讨论，并分组汇报；
（3）引导其他小组观摩学习，并互动。
学生活动：
（1）小组讨论，修改方案；
（2）观摩学习、互动；
（3）通过其他小组的汇报，发现自己的问题。
回顾
目标
任务
知识
实施
点评
小结
作业
请同学们为这些货物选择合适的集装箱哦！
货物 | 数量 | 货物特性 | 适用集装箱
高档服装 | 1000套 | |
冷冻虾 | 20吨 | |
新鲜蔬果 | 15吨 | |
13米长钢构件 | 3件 | |
散装棕榈油 | 80吨 | |
比亚迪新车 | 300辆 | |
3米长4米宽建筑构件 | 2件 | |
活着的牛 | 10头 | |
化肥 | 1000袋 | |
散装大豆 | 100吨 | |
2.6米高机械设备 | 1台 | | </td>
<td>创设真实项目汇报情境，让学生感受到真实职业状态，锻炼学生的演讲能力及抗压能力</td>
</tr>
<tr>
<td>检查与评价
（5 min）</td>
<td>教师活动：对汇报内容从结构逻辑、内容全面、语言表达等方面进行综合评价。
学生活动：进行相互评价</td>
<td>培养学生主动探究能力</td>
</tr>
<tr>
<td>随堂测试
（5 min）</td>
<td>教师活动：在手机上发布测试题：集装箱的含义、结构和分类。
学生活动：进行随堂测试</td>
<td>检验学生的学习效果</td>
</tr>
<tr>
<td>课堂小结
（5 min）</td>
<td>教师活动：
（1）带领学生回顾本节课内容；
（2）组织学生答疑。
学生活动：
（1）自我总结本节课学习内容。
（2）提出疑问</td>
<td>培养学生总结问题的能力</td>
</tr>
</table>

续表

<table>
<tr><td>课后拓展
（2天）</td><td>教师活动：
（1）发布课后作业；
（2）布置预习任务，提示学生观看微课：2.1.4 视频《集装箱的标准》和 2.1.5 视频《集装箱的标记和识别》。
学生活动：
（1）完成课后作业；
（2）观看微课视频</td><td>引导学生运用在线开放课程平台，自主学习、巩固知识</td></tr>
<tr><td colspan="3">六、教学评价</td></tr>
<tr><td colspan="3">（1）课前学生能积极组建任务小组，紧密配合完成任务，锻炼了发现问题、分析问题、解决问题、团队合作的能力；课中学生积极参与讨论，课堂气氛活跃，在教师的引导下，能够深入透彻地分析与解决问题，锻炼了思维能力，提高了职业技能。
（2）小组协作完成任务，学生掌握了集装箱的含义，熟悉了集装箱的类别，能够根据货物情况正确选择集装箱。
（3）我国是集装箱生产大国，世界十大集装箱码头我国占七个，我国集装箱产量占全球总量的 95%，连续多年稳居世界第一，由此学生感受到了我国的物流实力，增强了民族自信。</td></tr>
<tr><td colspan="3">七、教学反思</td></tr>
<tr><td colspan="3">特色与创新：
（1）贯彻思政育人主线提升学生素养。
我国集装箱产量占全球总量的 95%，连续多年稳居世界第一，从我国集装箱的生产量和集装箱港口的吞吐量，学生可感受到中国的实力，从而树立文化自信、民族自豪感和热爱物流行业的情怀，增强民族自信。
（2）产教有机融合化解教学重难点。
将教学内容与企业真实需求相结合，帮助学生化解了教学重难点，实现了教学目标，达到了产教融合对职业技能提升的效果。
不足与改进：
（1）集装箱运输在水路和铁路运输中占据绝大比例，而我校地处内陆地区，对集装箱的认识和关注不多，因此课前有些学生对集装箱的结构比较陌生，以后课前任务中可增加关于集装箱公路、铁路和水路运输的相关视频，增加学生的感官认识。
（2）部分小组调研内容不够全面，导致对知识的理解不够深入，针对部分无法及时掌握授课内容的学生，要适时建立“跟踪”制度，及时跟进学生状态，适当建立帮扶机制，避免其掉队。</td></tr>
</table>

短视频认知与平台选择

——网络营销

团队成员

王冠宁、杨欣、王艳

课程基本情况

电子商务专业是我校国家级骨干专业，省双高专业群专业，一直致力于培养政治坚定、德技并修、全面发展，面向互联网＋领域的懂技术、精操作、能管理、善运营的高素质技能型人才。“网络营销”是电子商务专业的专业核心课，共56学时，3.5学分，开课学期为第二学期，授课对象是电子商务专业大一学生。本课程为陕西省职业教育在线开放课，院级建设金课。

本课程以《高等学校课程思政建设纲要》《陕西工业职业技术学院推进课程思政工作实施方案》为指导，依据专业教学标准、人才培养方案、岗课赛证要求，围绕如何实施网络营销这一核心问题，依据企业实施网络营销的过程，将工作过程对接教学过程，重构教学内容，将其划分为网络营销基础、网络市场分析、网络营销策略、网络营销推广、网络营销策划五部分，以“知方法、能应用、会创新”为教学目标，帮助学生实现职业素养与文化素养双提升。本课程以习近平新时代中国特色社会主义思想为指导，贯彻落实立德树人根本任务、本土实践和学生成长需求，充分挖掘课程思政元素。本课程在理论讲授和专业实践线上线下教学全过程中系统有机融入“五意识四观念三精神”的内容，以培育具有家国情怀和网络营销能力、具备良好职业道德素养的高素质人才为课程思政育人目标。

教学设计

一、课程概况			
部门名称	商贸与流通学院	课程性质	●必修　○选修
课程类型	○公共基础课程　●专业教育课程　○实践类课程		
面向专业	电子商务		
授课对象	大一学生	授课时数	2学时

续表

<table>
<tr><td>参赛章节</td><td>项目4　网络营销推广</td><td>使用教材</td><td>《网络营销实务》</td></tr>
<tr><td>授课题目</td><td colspan="3">短视频认知与平台选择</td></tr>
<tr><td colspan="4">二、教学分析</td></tr>
<tr><td>教学内容</td><td colspan="3">内容分析：作为“短视频营销”一节的重要内容，“短视频认知与平台选择”的理论知识较为简单，但难在实践应用。因此，本节内容以安康市汉滨区流水镇茶园的“秀美茶园，乡村振兴”实际任务为驱动，通过理论知识讲解与实践应用相结合，加强学生对知识的掌握，同时培养学生的社会担当、团队意识等。
教材分析：《网络营销实务》由北京邮电大学出版社出版，龚芳主编，属于电子商务新形态一体化教材</td></tr>
<tr><td>学情分析</td><td colspan="3">（1）知识与技能基础：通过学习通平台中的基础检测可以看出，学生对短视频的特点、优势等知识有一定的了解，但对短视频生产方式的理解存在困难。
（2）认知与实践能力基础：通过学习通平台中的课前调研可知，多数学生在前期均已注册过一个或多个短视频账号，对抖音、快手两个短视频平台的认知度较高。但多数学生并未尝试自己制作和上传短视频，发表过作品的学生也只是将制作短视频作为娱乐。
（3）学习特点：根据前期教学来看，多数学生在学习中轻理论重实践，所以在授课的过程中，需要结合实践任务激发学生的学习兴趣</td></tr>
<tr><td colspan="4">三、教学目标</td></tr>
<tr><td rowspan="3">教学目标</td><td>知识目标</td><td colspan="2">（1）掌握短视频的特点和优势；
（2）了解短视频的发展历程和发展前景；
（3）熟悉短视频的内容生产方式和内容分发平台；
（4）掌握各主流平台的特点</td></tr>
<tr><td>能力目标</td><td colspan="2">（1）能根据不同平台的要求，完成各平台短视频账号注册、基础设置等操作（“1+X”等级证书）；
（2）能够辨别不同短视频平台的特点与优势；
（3）掌握短视频平台全渠道运营策略，能够根据不同运营目的选择合适平台（“1+X”等级证书）；
（4）能够分析短视频岗位要求与岗位职责，并组建短视频团队</td></tr>
<tr><td>思政目标</td><td colspan="2">（1）培养学生的全局意识；
（2）引导学生认知岗位需求，提升职业岗位适应能力；
（3）培养学生利用短视频传递正能量的意识</td></tr>
<tr><td>教学重点及解决办法</td><td colspan="3">教学重点：掌握各主流平台的特点。
解决办法：学生通过课前自主探索，了解各短视频 APP 的特点，在课堂上聆听教师讲解来巩固知识</td></tr>
<tr><td>教学难点及解决办法</td><td colspan="3">教学难点：掌握短视频平台全渠道运营策略，并根据不同运营目的选择合适平台。
解决办法：学生通过真实的校企合作项目进行实践锻炼，思考、掌握该知识点</td></tr>
<tr><td colspan="4">四、教学策略</td></tr>
<tr><td>设计思路</td><td colspan="3">课前主动学习——课中探索学习（导任务—析意义—究方法—测技能—评作品—理结论）——课后拓展学习</td></tr>
</table>

续表

<table>
<tr><td>教学流程安排</td><td>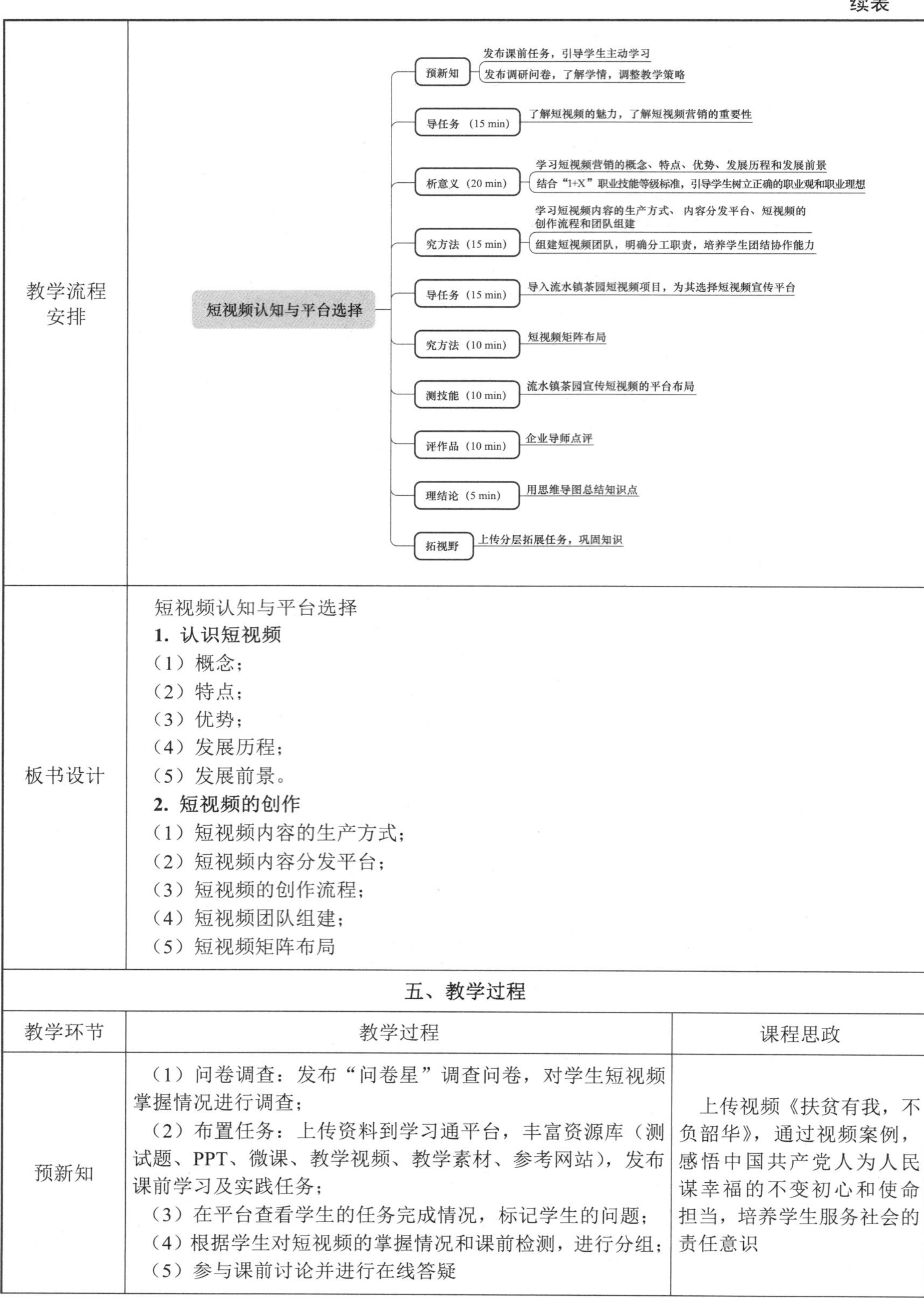
</td></tr>
<tr><td>板书设计</td><td>短视频认知与平台选择
1. 认识短视频
（1）概念；
（2）特点；
（3）优势；
（4）发展历程；
（5）发展前景。
2. 短视频的创作
（1）短视频内容的生产方式；
（2）短视频内容分发平台；
（3）短视频的创作流程；
（4）短视频团队组建；
（5）短视频矩阵布局</td></tr>
</table>

五、教学过程

教学环节	教学过程	课程思政
预新知	（1）问卷调查：发布“问卷星”调查问卷，对学生短视频掌握情况进行调查； （2）布置任务：上传资料到学习通平台，丰富资源库（测试题、PPT、微课、教学视频、教学素材、参考网站），发布课前学习及实践任务； （3）在平台查看学生的任务完成情况，标记学生的问题； （4）根据学生对短视频的掌握情况和课前检测，进行分组； （5）参与课前讨论并进行在线答疑	上传视频《扶贫有我，不负韶华》，通过视频案例，感悟中国共产党人为人民谋幸福的不变初心和使命担当，培养学生服务社会的责任意识

续表

导任务 （15 min）	教师活动： 播放短视频“跟着李子柒看水稻的一生”，展示李子柒视频在国内外的传播量和影响力，讲解短视频的魅力和学习短视频营销的重要性。 教学内容： 【案例导入】 感受中国传统文化，感悟短视频魅力 	中国传统文化源远流长，博大精深。李子柒的视频所呈现的内容包括刺绣、拉面、造纸、阿胶膏等，这些内容或是有文化底蕴的非物质文化遗产，或是地方文化色彩浓厚。 通过李子柒的短视频，感受中国传统文化，认识文化输出的重要性，引导学生通过短视频传播正能量
析意义 （20 min）	教师活动 （1）提出问题并互动：结合课前学习，谈谈你对短视频的认识； （2）选择学生回答并总结短视频的概念、特点和优点； （3）结合 CNNIC 发布的第 47 次《中国互联网络发展状况统计报告》，展示我国短视频用户规模和 2021 上半年媒介行业收入占比，讲述短视频的发展历程和发展前景； 2018—2020年短视频用户规模 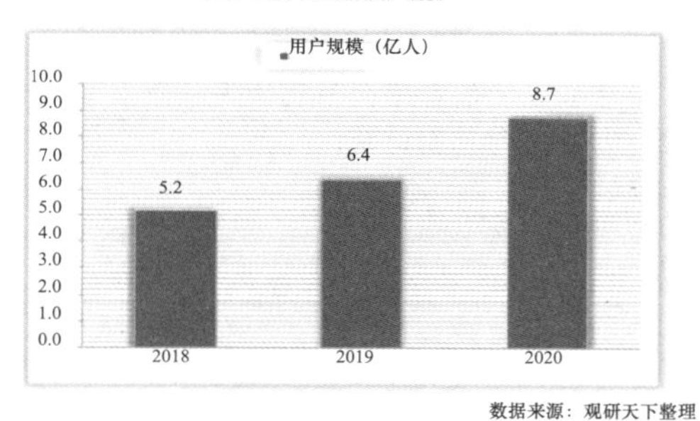 数据来源：观研天下整理 2021年上半年媒介行业收入占比 12.4% 11.2% 42.6% 13.3% 20.5% 短视频 综合资讯 在线视频 即时通讯 其他 （4）讲解短视频职业岗位和“1+X”短视频数字化运营职业技能等级证书考核要求 	对接职业岗位要求，促使学生明确学习目标，提高学习动力；引导学生树立正确的职业观和职业理想

续表

<table>
<tr><td>析意义
（20 min）</td><td>教学内容
1. 短视频概念
短视频是指在各种新媒体平台上播放的、适合在移动状态和短时休闲状态下观看的、高频推送的视频内容，几秒到几分钟不等。
2. 短视频的特点
（1）短；
（2）低；
（3）快；
（4）强。
3. 短视频的优势
（1）满足移动时代碎片化的信息需求；
（2）具备极强的互动性；
（3）具有强大的社交属性；
（4）具备极强的营销能力。
（5）竖屏模式对用户更友好。
4. 短视频的发展历程
（1）萌芽时期；
（2）探索时期；
（3）分水岭时期；
（4）发展时期；
（5）成熟时期。
5. 短视频的发展前景
（1）已从最初的娱乐平台变为新的信息平台与舆论阵地；
（2）账号走向更垂直化、专业化的发展道路；
（3）商业应用价值进一步提高；
（4）对传媒行业格局的影响是专业人才缺口。
6. 短视频相关岗位分析
（1）新媒体运营岗；
（2）短视频运营岗；
（3）直播电商运营岗；
（4）社群运营岗；
（5）活动策划岗</td><td>对接职业岗位要求，促使学生明确学习目标，提高学习动力；引导学生树立正确的职业观和职业理想</td></tr>
<tr><td>究方法
（15 min）</td><td>教师活动
（1）连线企业导师，企业导师介绍该企业所承接的各类短视频项目，并对短视频的内容生产方式与分发平台进行重点介绍；
（2）提出互动问题：组建一个短视频团队需要哪些人员和角色？在短视频各个环节的工作中，你认为自己更适合负责哪一环节的工作？为什么？
（3）结合学生回答，教师讲解短视频的创作流程和团队组建。
教学内容
1. 短视频内容生产方式
（1）UGC；
（2）PGC；
（3）PUGC。
2. 短视频内容分发平台
（1）独立短视频平台；
（2）综合的短视频平台。</td><td>通过短视频团队组建与分工，培养学生团结协作的能力</td></tr>
</table>

续表

<table>
<tr>
<td>究方法
（15 min）</td>
<td>

3. 短视频的创作流程
（1）两个核心：摄制、运营；
（2）摄制三阶段：前期创意阶段、中期拍摄阶段、后期制作阶段；
（3）运营：平台管理、数据管理、用户管理。
4. 短视频的团队组建
高度精简，团队成员往往身兼数职，一专多能。

<table>
<tr><th colspan="2">流程</th><th>具体工作</th><th>传统影视团队的工种</th><th>短视频团队的工种</th></tr>
<tr><td rowspan="3">短视频摄制</td><td>前期创意阶段</td><td>文案策划、拍摄准备</td><td>导演、制片人、编剧、摄像师、服装师、化妆师、道具师等</td><td>编导、摄像</td></tr>
<tr><td>中期拍摄阶段</td><td>拍摄</td><td>导演、制片人、演员、摄像师、场记、灯光师、录音师、化妆师、道具师等</td><td>编导、摄像、演员或主播</td></tr>
<tr><td>后期制作阶段</td><td>剪辑、精修</td><td>导演、剪辑、剪辑师、音效师等</td><td>编导、剪辑师</td></tr>
<tr><td>短视频运营</td><td>市场推广阶段</td><td>宣发、运营</td><td>发行人等</td><td>运营人员</td></tr>
</table>
</td>
<td>通过短视频团队组建与分工，培养学生团结协作的能力</td>
</tr>
<tr>
<td>导
任务
（15 min）</td>
<td>
教师活动
（1）播放驻村干部杜老师发布的短视频；

（2）引导学生思考从哪个方面入手为流水镇的茶叶做短视频推广，顺便为自己的小组起名；
（3）点评各小组的名字并引出电商的重要意义；
（4）从用户量排名角度切入，分析抖音短视频平台。
（5）组织学生分析其他平台是否可以作为此次流水镇茶园短视频项目宣传的平台。
教学内容
【任务引入】

学校乡村振兴的驻村干部杜老师邀请本班学生为当地的700亩茶园做短视频推广。
</td>
<td>渗透乡村振兴重大战略，引导学生了解时事，利用短视频传播正能量、反哺社会</td>
</tr>
</table>

续表

<table>
<tr><td>究方法
（10 min）</td><td>教师活动
（1）讲解“小米手机”“什么值得买”“补屋正业”三个账号的布局；
（2）组织学生讨论这三种账号布局方法的优劣势和使用条件；
（3）结合学生回答，总结短视频矩阵布局的方法。 
教学内容
【短视频矩阵布局】
（1）同一平台的多账号矩阵。
①“主打账号+多个辅助号”；
②“细分领域账号矩阵”。
（2）跨平台的多平台矩阵</td><td>培养学生提出问题、解决问题的能力</td></tr>
<tr><td>测技能
（10 min）</td><td>教师活动
（1）对小组成员在实践中的问题进行查看；
（2）对各小组学生提出的个性问题与疑问进行启发式解答，引导学生自主分析问题、解决问题，记录共性问题；
（3）总结学生在平台选择中存在的问题，在总结与评价环节进行讲解。
教学内容
1. 核心要点
（1）注意平台属性；
（2）了解平台规则；
（3）4个选择技巧（流量大、红利大、收益高、精深耕）。
2. 流水镇茶园宣传短视频的平台布局
以小组为单位，在各类短视频平台搜索茶园相关内容，了解流水镇当前短视频营销现状，并尝试为“流水镇茶园”网络营销进行短视频账号布局</td><td>以小组合作的方式实践练习，引导学生优带差实现共同进步，培养学生团队合作、互帮互助的精神</td></tr>
<tr><td>评作品
（10 min）</td><td>教师活动
（1）组织学生进行作品展示； 
（2）连线企业导师进行作业点评 </td><td>锻炼学生的语言表述能力，并培养学生总结问题的能力</td></tr>
</table>

续表

评作品 （10 min）	教学内容 【对比点评】 （1）学生分享实践作品； （2）企业导师点评	锻炼学生的语言表述能力，并培养学生总结问题的能力
理结论 （5 min）	教师活动 （1）结合校企合作项目进行总结概括，形成思维导图； （2）对本节课学生的学习情况进行总结评价。 教学内容 【课堂总结】 （1）短视频的概念、特点、优势、发展历程和发展前景； （2）短视频内容的生产方式、内容分发平台、短视频的创作流程和团队组建	
拓视野	（1）在学习平台发布“短视频认知与平台选择”测试题并督促学生尽快完成； （2）分析学生课前与课中评价结果，总结学生对知识点的掌握情况，将学生分为“掌握情况较好”“掌握情况中等”与“掌握情况一般”三种，分别安排课后拓展任务并提供制作参考； （3）以分层方式上传拓展任务至平台； （4）发布拓展任务，分享至学习平台	

六、教学评价

1. 教学成效

根据过程性评价、结果性评价、增值性评价结果综合分析，学生对短视频认知与平台选择有了较好的掌握，能够辨别不同短视频平台的特点与优势，并能根据不同运营目的选择合适平台，团队合作能力及岗位素养有了一定提升。

2. 特色亮点

（1）教学内容对接真实项目及“1+X”职业等级标准。在教学过程中，对接企业真实项目，并将本节课所对应的职业岗位——短视频数字化运营职业等级标准融入教学中，以此为要求继续分析讲解，在传授知识的同时提升学生的职业素质，助力其夯实职业基础。

（2）通过层次分组，引导学生“优带差”，实现共同进步。根据学生对短视频基础掌握情况，将其分级并分组，保证每组涵盖优生与差生，安排优生为组长，采用小组协作式教学方法，使小组成员共同进步

七、教学反思

问题：技能考核不够精确，学生能力不同，课堂分组实施技能训练有时会出现“滥竽充数”的现象，能力较弱的学生在优生的帮助下完成了技能训练，但这不能代表其自身已掌握了相关知识。

改进措施：施行小组组长负责考核制。安排对短视频掌握较好的学生担任组长，随时考核组员掌握情况并汇报，教师根据组长汇报结果及时调整策略，并进一步优化课堂教学评价考核标准，科学考核每一位学生，对班级学生做到全方位考察，减少“滥竽充数”情况的发生

增值税纳税申报（一般纳税人）

——智能财税

团队成员

李萍、赵玉静、陈杜昊

课程基本情况

“智能财税”课程是大数据与会计专业进行岗位能力培养的专业基础必修课。本课程针对税务岗位人才需求组织教学内容，按照税务真实工作过程设计教学环节，为会计岗位需求提供职业能力，为培养技术技能专门人才提供保障，在“经济法”“基础会计”选修课程基础上开设，又为“初级会计实务”“税务会计”等后续专业主干课程的学习奠定知识基础和能力基础。设置该课程的主要目的是使学生具备从事本专业相关职业岗位所必需的税务登记、税金计算、纳税申报、税款缴纳等相关税收知识和技能，并将《智能财税职业技能等级证书（初级）》考核内容和“智能财税”技能大赛考核内容融入其中，反映行业新技术、新规范、新要求，实现“岗课赛证”融合育人。本课程以中国税务精神“忠诚担当、崇法守纪、兴税强国”为课程思政主要元素，在不同税种教学过程中，引导学生树立正确的消费观、环境保护观、资源节约观等，实现德技双修的教学效果。

教学设计

一、课程概况			
部门名称	智能财税	课程性质	●必修　○选修
课程类型	○公共基础课程　●专业教育课程　○实践类课程		
面向专业	大数据与会计专业、大数据与财务管理专业		
授课对象	大数据与会计 2021 级 05 班学生	授课时数	1 学时
参赛章节	模块 2　增值税纳税实务 2.4　增值税纳税申报	使用教材	《税法基础》
授课题目	增值税纳税申报（一般纳税人）		

续表

<table>
<tr><td colspan="3">二、教学分析</td></tr>
<tr><td rowspan="5">教学内容</td><td colspan="2">教学内容分析</td></tr>
<tr><td colspan="2">基于认知结构：本节课对应的教学内容是模块二增值税纳税实务第四节增值税征收管理的纳税申报，是在上节课学生学习了增值税计算及增值税核算后，以一般纳税人综合案例为背景资料，通过分析纳税申报表、填写纳税申报表，使学生掌握一般纳税人增值税纳税申报表的填写，也是使学生从理论到实践，再上升到理论的一个认识结构的反复过程，同时是培养学生职业素养、职业习惯和职业理想非常重要的过程。
基于课程体系：纳税申报是税务岗位人员重点工作职责及内容，是增值税计算的最终目的，也是《智能财税职业技能等级证书（初级）》考核内容和“智能财税”技能大赛考核内容，同时是教学重难点。纳税申报与国家一定时期的税收政策密切联系，因此本节课是培养学生家国情怀，引导学生关心国家政策，建立正确的人生观、价值观和世界观及科学的学习习惯和方法论的好时机。而学生往往容易忽略政策，不善于解读政策，不明确新政策的财税处理，因此将 2022 年全社会关注度最高的留底退税政策财税处理作为本节的难点。
基于学情分析：调研发现，学生在初次填写申报表时都表现出了没头绪、看不懂、不会填的情形。面对如此学情，首要措施就是帮助学生理解增值税申报表表间关系及项目填列方法，因此将增值税申报表表间关系及项目填列方法作为本节课的重点，同时本节课是培养学生科学思维和科学学习习惯的时机。为了有效解决本节课中的重难点内容，结合本部分内容实践性较强的特点，在教学过程中引入一般纳税人综合案例，依托网中网纳税实务（全税种）综合教学平台，充分提高学生的实践能力，让学生在填表的过程中理解增值税申报表表间关系及项目填列方法，在案例分析的过程中掌握留底退税政策</td></tr>
<tr><td colspan="2">教材分析</td></tr>
<tr><td>
</td><td>本课程使用的教材是《税法基础》，由鲁学生、田小燕主编，电子科技大学出版社出版，属于“十三五”职业教育国家规划教材。该教材立足培养学生职业能力，全面介绍了各税种的征税范围、税率、计税依据、应纳税额计算、纳税申报专业知识，内容翔实全面，适合作为基础税法学习教材</td></tr>
<tr><td>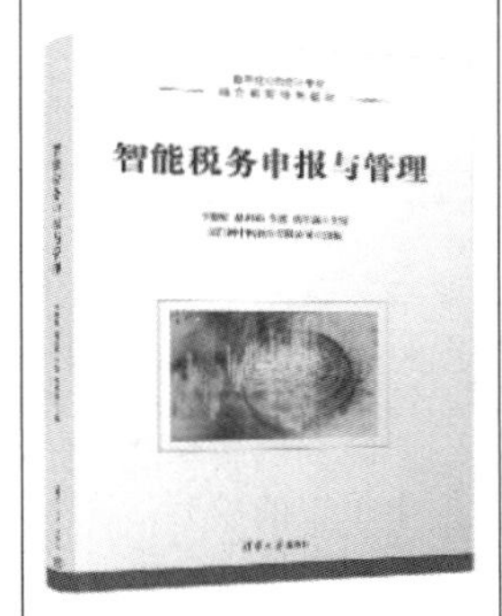
</td><td>为了满足学生需求，增强实操性，满足信息化教学需求，践行“任务驱动”理念，在教学过程中还引入了《智能税务申报与管理》证书教材。该教材实践性强，依托网中网纳税实务（全税种）综合教学平台，配备大量的高仿真实训操作资料，帮助学生在理实一体化的教学过程中掌握纳税申报技能，同时实现线上操作和线下学习的有机结合</td></tr>
</table>

续表

<table>
<tr><td>教学内容</td><td>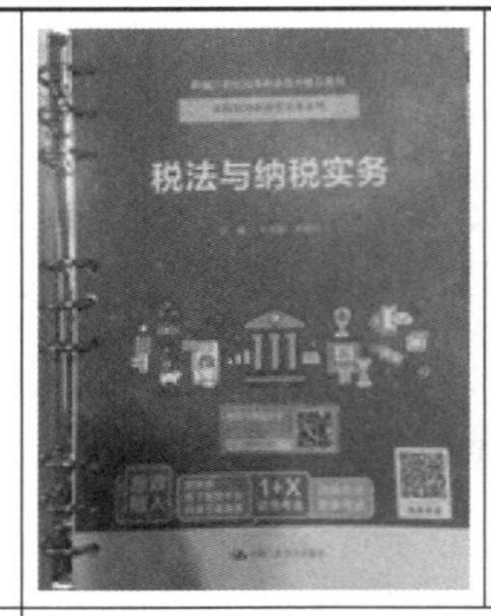</td><td>为了进一步培养学生的学习能力及综合职业素养，在教学中还引入了《税法与纳税实务》活页式教材。该教材基于典型案例，设置学习任务，方便学生在课前预习理论知识；同时，该教材根据不同的税种特点，融入不同的思政元素，可以从教材源头进行思政教育，实现人才核心价值观、职业道德、法律意识与专业素质的综合培养</td></tr>
<tr><td>学情分析</td><td colspan="2">授课对象：“智能财税”课程授课对象为大数据与会计专业一年级学生。
知识与能力基础：在学习本课程之前，学生已经学习了“基础会计”和“经济法”这两门专业基础课，具有一定的专业知识储备，在本节课之前，已经学习了增值税一般计税方法应纳税额的计算，为纳税申报奠定了理论基础。
认知与实践特征：通过学生实训课程和岗位认知学习数据反映发现，学生已经掌握了会计基本技能，熟悉了专业软件操作，但因未接触纳税实务，无法将理论转换为实践，未养成职业素养。
学习和行为特点：通过对学生的调研、访谈发现，学生对新鲜事物探索欲望强，对现代信息技术接受能力强，较排斥纯理论灌输的课堂教学方式，更偏向于实践操练</td></tr>
<tr><td colspan="3">三、教学目标</td></tr>
<tr><td rowspan="3">教学目标</td><td>知识目标</td><td>（1）熟悉增值税的征收管理；
（2）掌握增值税申报表表间关系及项目填列方法；
（3）掌握留抵退税政策及财税处理</td></tr>
<tr><td>能力目标</td><td>（1）能够准确计算企业应纳增值税额；
（2）能够正确进行一般纳税人增值税的纳税申报；
（3）能够对企业适用税收政策进行专业判断并进行财税处理</td></tr>
<tr><td>素质目标
（思政目标）</td><td>1. 国家层面
引导学生自信自立（制度自信）；弘扬社会主义法治精神（党的二十大报告）。
2. 职业层面
引导学生树立良好的职业素养、职业理想和职业道德；为企业发展营造良好的成长环境（党的二十大精神）。
3. 个人层面
引导学生形成崇尚劳动、热爱劳动、辛勤劳动、诚实劳动的劳动精神；养成终身学习习惯（党的二十大精神）</td></tr>
<tr><td rowspan="3">教学重点及解决办法</td><td colspan="2">教学重点：增值税申报表表间关系及项目填列方法</td></tr>
<tr><td colspan="2">确定依据：根据纳税岗位工作内容要求及课程标准中的要求，增值税申报表的填报是纳税人员必做的工作，也是“智能财税”课程模块二的重点要求。</td></tr>
<tr><td colspan="2">解决办法：
（1）遵循学习规律，循序渐进：注重并发挥课前、课中、课后三个环节对学生认知的不同作用。课前——初识：要求学生自行学习报表填写说明，在此基础上根据案例企业业务资料尝试填写申报表，在初步认识的基础上提出问题；课中——深识：根据课前学生存在的问题进行讲解并引导学生理解表间关系及报表项目，采用案例教学法，针对不同的报表进行案例讲解，实现各个击破，从而帮助学生整体掌握申报表的填写；课后——再识：在学生掌握基本报表填写的基础上，要求学生完成特殊业务的申报，不断加深学生对申报表的认识，提升学生职业技能。</td></tr>
</table>

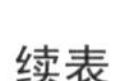

续表

教学重点及解决办法	（2）依托有效的教学方法和智能化的教学平台：采用案例教学法帮助学生更加有效地认识报表项目；依托网中网纳税实务（全税种）综合教学平台实现了教学管理的智能化，颗粒化的知识点，通过一案一知识点，帮助学生更好地把握申报表的结构、掌握申报项目的填写，将企业涉税业务和报表项目对应起来，案例题析及答案对比功能便于学生进行自主探究学习，成绩分析功能便于教师有效掌握学生存在的问题并及时予以解决
教学难点及解决办法	教学难点：留抵退税政策及财税处理
	确定依据：由于学生不善于搜索最新财税政策，同时对晦涩难懂的法条文件理解力欠佳，所以此处为教学难点
	解决办法： （1）政策解读：引导学生解读留抵退税政策，通过谁能享受、享受什么、怎样享受这三个问题帮助学生掌握留抵退税政策。 （2）实务解答：通过专业财税人员和国家税务总局的官网政策解读对留抵退税的实务处理进行解答，帮助学生掌握留抵退税的财税处理内容
四、教学策略	
整体设计思路	
基于纳税岗位能力要求，依据“十三五”职业教育国家规划教材《税法基础》的内容，并结合《智能财税职业技能等级证书（初级）》考核内容和“智能财税”技能大赛考核内容，教学设计秉承案例式教学模式，从企业实际业务——增值税的纳税填报实务出发，借助网中网纳税实务综合教学平台，实现全过程教与学数据全采集。根据课程特点和学生学情，课程思政设计以中国税务精神——忠诚担当、崇法守纪、兴税强国为主线贯穿，并根据课程内容和学情特点，按照“一主线三层次四质控”进行设计	

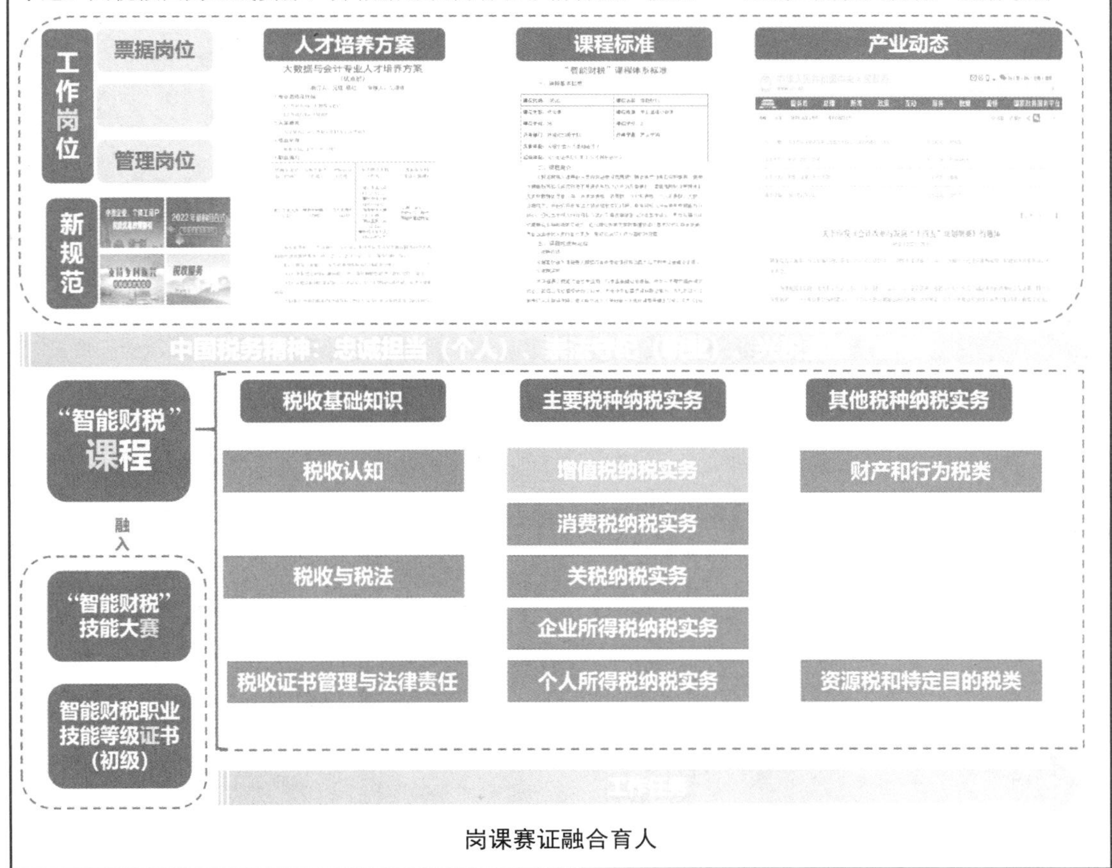

岗课赛证融合育人

续表

课程思政设计

课程思政的设计为“一主线三层次四质控”。

一主线是指根据税务岗位特点及税收特性，以中国税务精神“忠诚担当、崇法守纪、兴税强国”作为思政主线贯穿于整个课程中，并根据课程内容和学生练习情况进行浸润。

三层次是指课程思政元素的挖掘与整合遵循国家层面——职业层面——个人层面。首先是国家层面——兴税强国，培养学生制度自信、爱国爱家的家国情怀；其次是职业层面——崇法守纪，引导学生树立良好的职业素养、职业理想、职业道德和职业习惯；最后是个人层面——忠诚担当，引导学生形成崇尚劳动、热爱劳动、辛勤劳动、诚实劳动的劳动精神，敬业专注、精益创新的工匠精神。

四质控是指对课程思政设计与实施的情况进行质量管理与控制，依据课程思政目标与可观测到的学生表现，根据课程思政内隐性、体验性、价值性等特点，将课堂活动参与度、知识掌握达标度、实务操作正确度、职业素养养成度作为课程思政质量控制的一级质控点来评价和管理课程思政完成情况

“一主线三层次四质控”课程思政设计

教学流程安排

教学环节	活动安排		教学内容	课程思政
课前初识 质控点：课前测试	发布填表说明 发布最新政策解读	认真学习填写说明 学习政策文件	1.一般纳税人增值税申报表格式； 2. 一般纳税人增值税征收管理； 3. 最新税收优惠政策。	1.坚定社会主义制度自信（国家层面）； 2.发挥自身专业价值，不断进取（职业层面）； 3.终身学习（个人层面） 二十大精神

续表

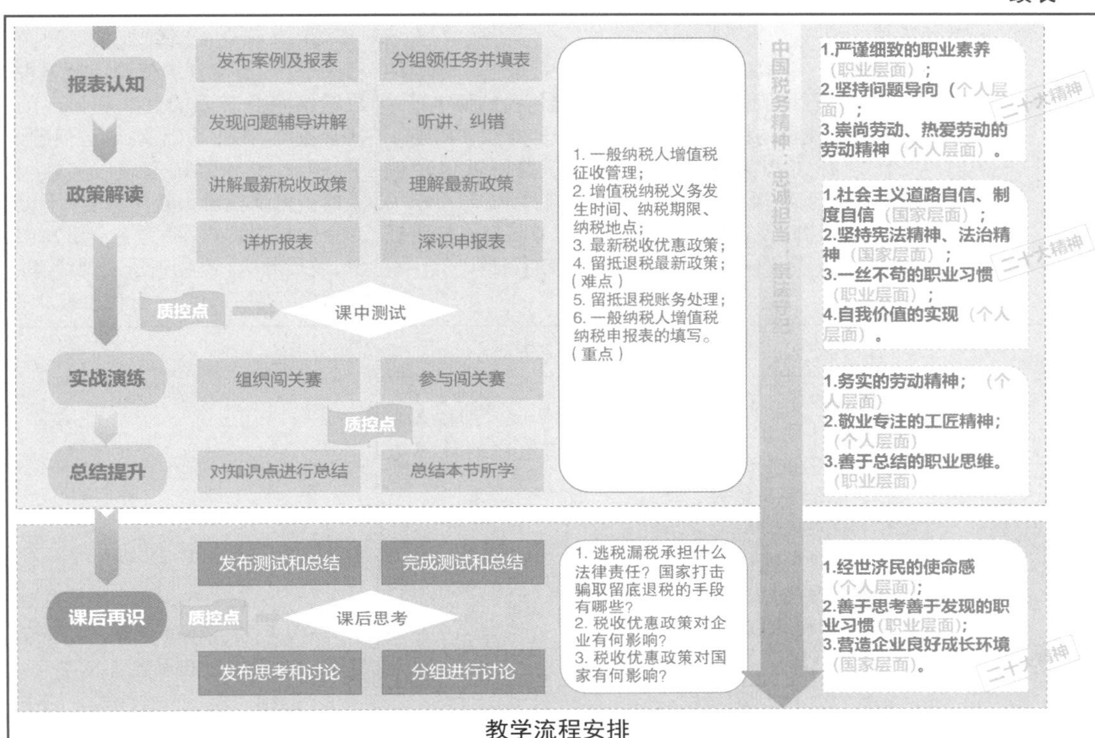

教学流程安排

板书设计

增值税纳税申报（一般纳税人）

一、申报表认知

1. 一主五辅一减免，先辅再主

附表一（销）：专票、普票、电子发票、未开发票、纳税调整

抄税清单，未开发票统计表

附表二（进）：凭票抵扣、计算抵扣、不得抵扣

增值税发票综合服务平台勾选

附表三、附表四、附表五：特定项目

主表：自动生成、补充填写

二、留抵退税财税处理

1. 政策背景

2. 政策解读：谁能享受？享受什么？怎么享受？

a. 制造业等行业、批发和零售业等行业，四项条件

b. 退还的增量留抵税额=增量留抵税额×进项构成比例×100%

退还的存量留抵税额=存量留抵税额×进项构成比例×100%

c.《退抵税申请表》，电子税务局，办税服务大厅

2. 财税处理：收到留抵退税：

借：银行存款

贷：应交税费——应交增值税（进项税额转出）

五、教学过程

教学环节	教师活动	学生活动	课程思政
课前——初识	发布学习资源包及任务书： 任务1：请阅读增值税各申报表填写说明；	阅读任务书，按要求做好课前准备工作： （1）阅读增值税申报表填写说明；	

续表

<table>
<tr><td>课前——初识</td><td>任务 2：请根据案例企业资料进行增值税一般纳税人的增值税纳税申报；
任务 3：请学习留抵退税政策并查看相关资料，思考国家施行该政策的目的</td><td>（2）进行增值税一般纳税人的增值税纳税申报并反馈申报的难点和问题；
（3）学习留抵退税政策，查看视频资源及相关资料，思考国家施行留抵退税政策的目的</td><td>学生查看央视新闻视频资源及相关资料，了解到增值税留抵退税政策给企业带来的红利和显现的社会效应。在此基础上，通过问题，引导学生认识到国家做出实施大规模留抵退税重大决策部署，不仅为企业纾困解难，助力企业研发创新、发展壮大，还稳定了宏观经济，从而培养学生的制度自信</td></tr>
<tr><td rowspan="3">课中——深识
报表认知
（8 min）</td><td>教师活动</td><td>学生活动</td><td rowspan="3">（1）从税与民生的关系，引导学生认识纳税申报的重要意义；
（2）提出问题：一般计税方法下计算当期应纳增值税与申报表是怎样对应起来的？引导学生联系增值税的计算来认知申报表，通过这一过程引导学生形成财税职业素养，教导学生坚持问题导向，发现问题及时分析和解决</td></tr>
<tr><td>（1）回顾上节已学内容：一般计税方法下当期应纳增值税的计算方法；
（2）评价预习情况，对应增值税计税方法，讲解、引导学生认识表间关系、报表填写顺序、各报表项目数据来源与填写方法</td><td>（1）回顾一般纳税人当期应纳增值税的计算方法；
（2）思考引导问题，积极进行互动，联系一般纳税人增值税计算方法加深对表间关系、各报表项目填写方法的认识</td></tr>
<tr><td colspan="2">内容：
一般纳税人当期应纳增值税的计算。
当期应纳税额＝销项税额（附表一）－进行税额（附表二）＋进行税额转出（附表二）－抵减税额（附表三）＋简易计税办法应纳税额（附表一） 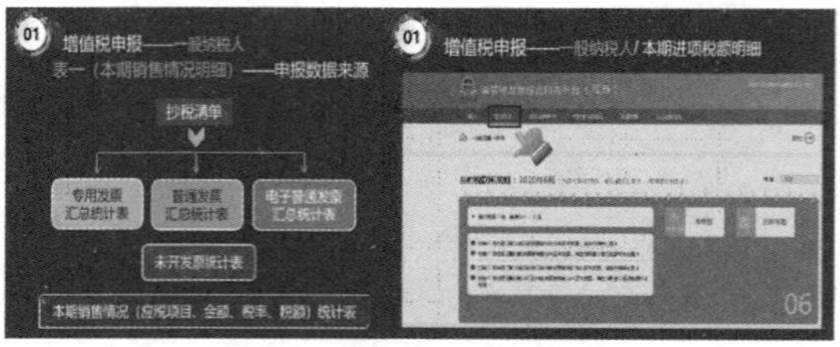

附表一、附表二数据来源</td></tr>
<tr><td rowspan="2">课中——深识
案例申报
（12 min）</td><td>教师活动</td><td>学生活动</td><td rowspan="2">（1）要求学生以小组形式对应报表项目完成案例企业资料整理，通过这一过程培养学生的实务处理能力和团队合作能力。
（2）要求学生完成申报表填写、进行自查、求助问题解答、申报更正，通过这一过程，培养学生严谨细致、求真务实、善于学习的良好工作态度和职业素养</td></tr>
<tr><td>（1）发布任务：以小组为单位对应报表项目，按照相应统计表，整理案例企业业务资料，个人进行纳税申报。
（2）观察学生存在的问题，分别进行指导并整体归纳</td><td>（1）根据任务，小组讨论分析案例业务、整理申报资料，填写纳税申报表并及时反馈问题。
（2）自查申报错误，结合教师讲解，申报更正</td></tr>
</table>

续表

<table>
<tr>
<td>课中——深识
案例申报
（12 min）</td>
<td colspan="2">内容：
（1）对应报表项目，按照统计表内容，分项整理涉税数据、计算案例企业销项税额、进行税额、进项税额转出额、减免税额。
（2）增值税纳税申报表：
一主五辅一减免，先辅再主。
附表一（销）：包含专票、普票、电子发票、未开发票、纳税调整销售额，来源于抄税清单和未开发票统计表，填写时应注意分项目分税率对应填写。
附表二（进）：凭票抵扣、计算抵扣、不得抵扣，来源于增值税发票综合服务平台勾选认证数据。
附表三：营改增有差额纳税的一般纳税人填写。
附表四：发生从应纳税额中按照规定可以抵减的情形时填写，包含 2 大类，5 种情况。举例：初次购买税控设备及发生的技术维护费。
附表五：附加税申报表，依据当期增值税税额填列。
减免税申报明细表：选择相应政策对应填写。
主表：自动生成、注意补充填写。
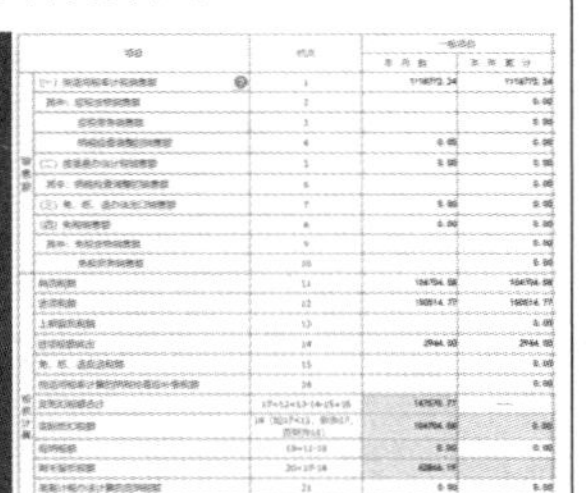

销售统计表及案例申报表</td>
<td>（1）要求学生以小组形式对应报表项目完成案例企业资料整理，通过这一过程培养学生的实务处理能力和团队合作能力。
（2）要求学生完成申报表填写、进行自查、求助问题解答、申报更正，通过这一过程，培养学生严谨细致、求真务实、善于学习的良好工作态度和职业素养</td>
</tr>
<tr>
<td rowspan="2">课中——深识
政策解读
（15 min）</td>
<td>教师活动</td>
<td>学生活动</td>
<td rowspan="2">（1）组织学生讨论：国家施行免抵退税支持政策对社会、企业及个人都有哪些利好？通过该话题的讨论让学生认识到该政策对保市场主体、保就业和保民生中的关键作用，加深学生对国家的认同感，强化学生的制度自信。
（2）观看专业财税人员的专业解答，树立专业榜样；讨论财税人员在政策落实中的作用，激发学生的职业自豪感，通过以上安排引导学生向榜样看齐，树立又专又精的职业理想。</td>
</tr>
<tr>
<td>（1）针对案例企业申报结果提出问题，引出留抵退税政策。
（2）通过谁能享受、享受什么、怎样享受这三个问题，引导学生正确认识该政策。
（3）引导学生思考企业收到留抵退税政策如何进行账务处理和纳税申报，并联系实务听取专业财税人员的解答。
（4）发起讨论：国家施行免抵退税支持政策对企业都有哪些利好？作为专业财税人员，在保障政策实施的过程中起到哪些作用？引起共鸣</td>
<td>（1）针对问题进行思考。
（2）结合课前认知，借助课堂讲解，从谁能享受、享受什么、怎样享受这三个方面整理留抵退税政策。
（3）把握政策本质，结合专业财税人员的解答理解企业收到留抵退税政策的账务处理和报表填写，为案例企业是否享受留抵退税政策做出正确解答。
（4）积极讨论，对留抵退税政策对社会、企业及个人的直接、间接影响及自身作为财税人员在政策落实中的作用表达观点</td>
</tr>
</table>

续表

<table>
<tr>
<td>课中——深识
政策解读
（15 min）</td>
<td colspan="2">内容：
1. 政策解读
（1）谁能享受？符合条件的小微企业、六大行业，并且符合 4 项条件。
（2）享受什么？允许退还的增量留底税额＝增量留底税额×进项构成比例×100%，允许退还的存量留抵税额＝存量留底税额×进行构成比例×100%。
（3）如何享受？填写并向主管税务局提交《退抵税申请表》。
2. 收到留抵退税的财税处理
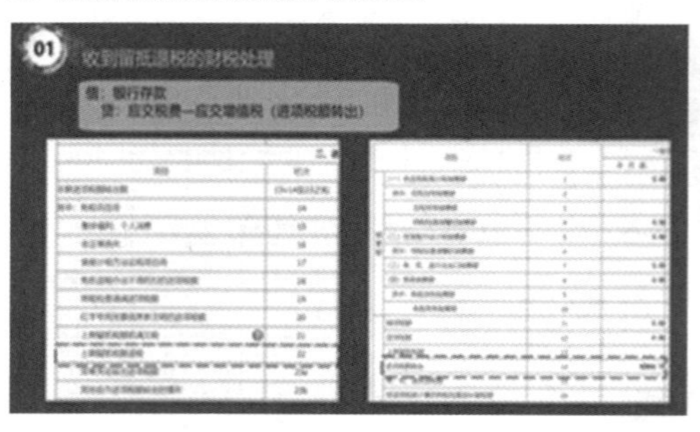

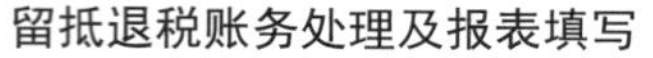
留抵退税账务处理及报表填写</td>
<td>
</td>
</tr>
<tr>
<td rowspan="3">课中——深识
实战演练
（10 min）</td>
<td>教师活动</td>
<td>学生活动</td>
<td rowspan="3">在评价学生课堂行为的基础上，引导学生学习习近平总书记与青年谈心时所引用的名言，明代哲学家王阳明之语“知者行之始，行者知之成”。通过与学生交流对这句话的看法，强调学习中勤奋练习对专业技能的作用、工作中积极实践对职业能力的作用，引导学生形成“知行合一”的求知求学态度，引导学生形成崇尚劳动、热爱劳动、辛勤劳动、诚实劳动的劳动精神</td>
</tr>
<tr>
<td>（1）发布演练任务，让学生申报闯关个人赛；
（2）观察学生在演练过程中存在的问题；
（3）针对问题进行解答，交流助学，查看比赛结果，进行评价</td>
<td>（1）进入 BIF 教学平台税费申报与智能计算模块，填写闯关申报表；
（2）总结存在的问题并进行反馈；
（3）根据讲解，加深认识，申报更正</td>
</tr>
<tr>
<td colspan="2">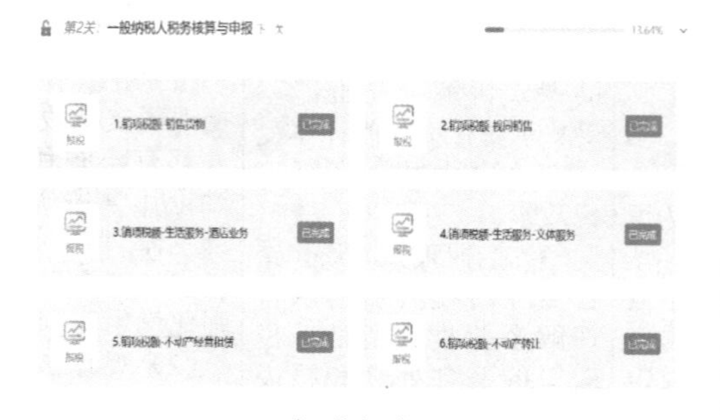

闯关任务</td>
</tr>
<tr>
<td rowspan="2">课堂小结
（5 min）</td>
<td>教师活动</td>
<td>学生活动</td>
<td rowspan="2">通过观看二十大习近平总书记对青年的寄语，引导学生感受到党对青年的关心与重视和寄予的希望，认识到青年是实现民族伟大复兴的实践者和创造者，从而培养学</td>
</tr>
<tr>
<td>（1）随机点名，要求学生总结课堂内容；
（2）总结补充，让学生进行自我评价；</td>
<td>（1）梳理本节课的内容，对比完善知识体系；
（2）根据个人学习效果，进行自主评价；</td>
</tr>
</table>

续表

<table>
<tr>
<td></td>
<td>（3）播放二十大习近平总书记寄语青年片段，勉励学生做有理想、敢担当、能吃苦、肯奋斗的新时代好青年</td>
<td>（3）观看二十大视频，聆听习近平主席对青年的寄语，感受当代青年大学生的责任与使命，树立远大理想目标，报效祖国、服务人民</td>
<td>生有理想、敢担当、能吃苦、肯奋斗的工匠精神</td>
</tr>
<tr>
<td>课堂小结
（5 min）</td>
<td colspan="2">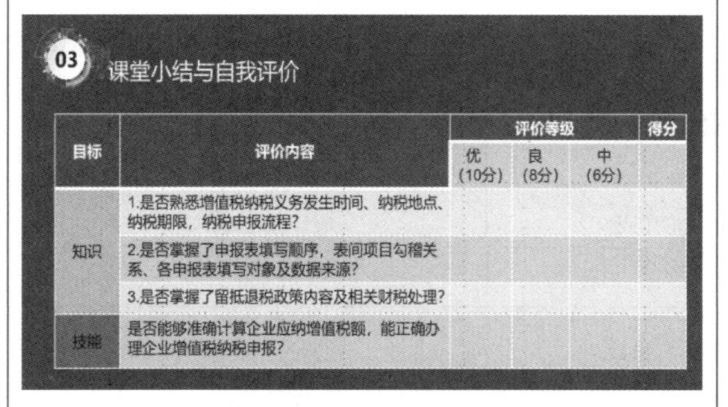

课堂小结与课堂自评</td>
<td></td>
</tr>
<tr>
<td rowspan="3">课后——再识</td>
<td>教师活动</td>
<td>学生活动</td>
<td rowspan="3">

（1）让学生阅读骗取留抵退税案件，了解纳税人在留抵退税实际操作中的不规范行为可能产生的法律责任，学习留抵退税风险防范方法，可以提高学生对纳税违规行为的认识和对纳税风险的防范意识，在潜移默化中培养学生崇法守纪的职业道德。
（2）发起讨论话题，引导学生将自我认知输出，通过这一过程，强化学生依法纳税的职业道德和诚实守信的社会主义核心价值观</td>
</tr>
<tr>
<td>（1）发布课后任务。
任务1：完成BIF教学平台一般纳税人税务申报所有报税业务。
任务2：查看骗取留抵退税等资料，讨论：骗取留底退税会承担怎样的法律责任？国家打击骗取留底退税的手段有哪些？应如何防范留抵退税风险？
（2）管理跟踪学生练习情况，及时答疑解惑</td>
<td>（1）查看并及时完成课后任务。
① 登录BIF教学平台，完成一般纳税人税务申报，完善报表认知，提升职业能力；
② 查看资料，跟帖留言，对讨论话题发表自己观点。
（2）总结纳税申报存在问题，交流探讨，反馈难点，查看解答，申报更正</td>
</tr>
<tr>
<td colspan="2">

课后任务</td>
</tr>
</table>

续表

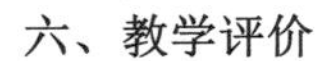

六、教学评价

本课时教学评价以课堂活动参与度、知识掌握达标度、实务操作正确度、职业素养养成度作为一级质控点，参照评价标准，除对学生知识能力目标达成与否进行评价外，更注重思政目标是否达成、学生是否获得成长

评价项目 （一级质控点）	评价内容 （二级质控点）	评价标准 （质量标准）	评价主体 （评价工具）
课堂活动参与度 （15%）	课堂考勤 课堂活动 随堂测验 问题反馈	课堂参与度 活动参与率 讨论热情度 问题解决情况	学习通平台
知识掌握达标度 （40%）	课前测试 课中测验 课后作业	测试完成率 测试正确率 作业正确率	学习通平台 网中网平台
实务操作正确度 （30%）	平台实务 案例任务 总结提升 闯关演练	实务完成度 任务正确率 报告认真程度 闯关成功率	学习通平台 网中网平台
职业素养养成度 （15%）	职业素质 职业习惯 提升情况 个性化成长情况	任务参与度 任务完成度 任务正确率 课前、课中、课后数据对比 个人总结	学习通平台 学生自评 学生互评 教师评价

注：学生本课时总分采用权重计算法。

总分 = 课堂活动参与度 × 15% + 知识掌握达标度 × 40% + 实务操作正确度 × 30% + 职业素养养成度 × 15%

七、教学反思

根据课后情况反馈，本次课程达到了教学目标，95.83%的学生突破了重难点，一位学生通过课后辅导和加强训练也已突破，并且学生很好地树立了法治意识，也为国家不断推出减税降费政策而感动。

创新：使用了网中网纳税实务（全税种）综合教学平台对接新技术，仿真模拟实务操作，实现线上操作和线下学习的有机结合，并使用了闯关演练仿真模拟；使用纳税实务真实案例正反对比解读法条，帮助学生树立诚实守信的社会主义核心价值观及坚持准则、诚实守信的职业道德，传承崇法守纪的税务精神和法治精神，很好领会党的二十大精神。

不足：缺乏企业导师从实务角度对学生的实务操作进行点评的环节

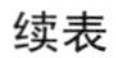

续表

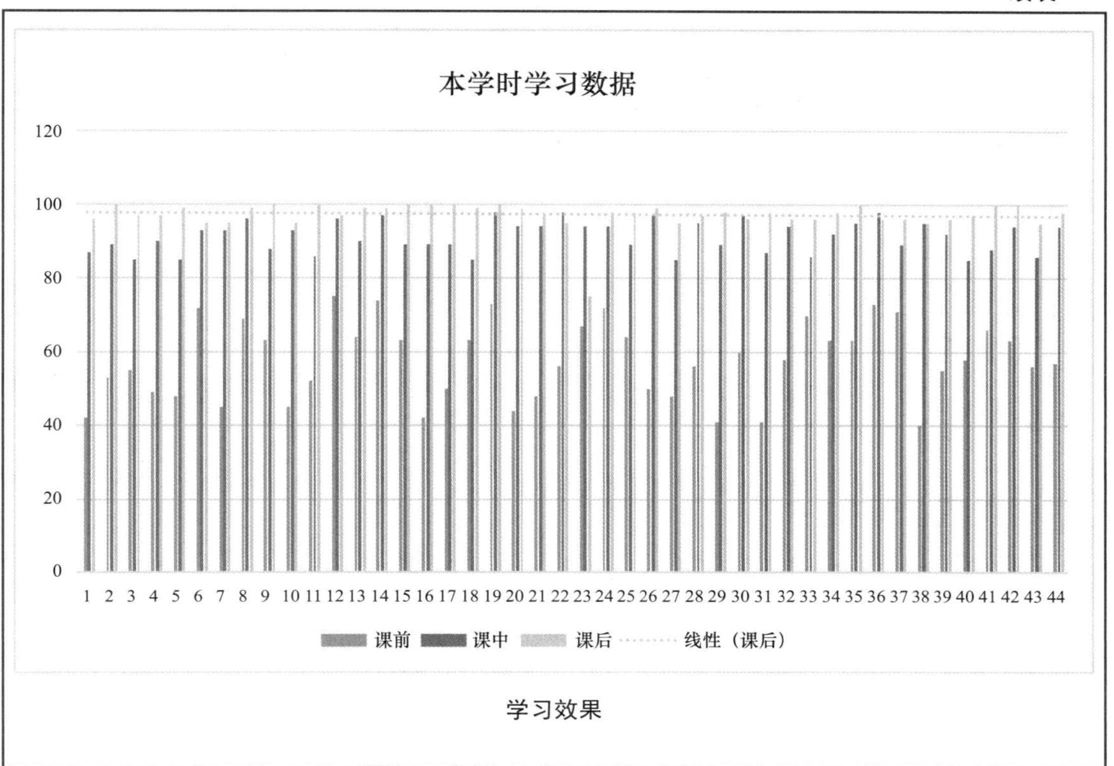
本学时学习数据
120
100
80
60
40
20
0
1 2 3 4 5 6 7 8 9 10 11 12 13 14 15 16 17 18 19 20 21 22 23 24 25 26 27 28 29 30 31 32 33 34 35 36 37 38 39 40 41 42 43 44
课前
课中
课后
线性（课后）

学习效果

融合多民族特色的汉服图案创新设计

——服装设计

团队成员

杨华、王晶、曹淼

课程基本情况

在服装与服饰设计专业课程教学体系中，“服装设计”课程属于专业核心理实一体化课程，一般安排在第一学年的下学期进行，主要以课堂理论讲解、学生设计实践操作为主，并辅以大量的案例设计图片和视频影像剖析，是较为重要的一门专业必修课程。

本次课程思政教学设计紧紧围绕服装行业特色，结合主讲教师所主持的服装设计专业国家资源库子项目“服装设计基础”课程资源，深度挖掘提炼专业知识体系中所蕴含的思想价值和精神内涵，在“服装设计”课程项目3（主题服装设计创新与实践）任务2（汉服创新设计与实践）的教学内容中以继承优良传统、弘扬中国传统文化精神为主线，以“融合与创新设计元素”为课程思政切入点，引导学生在汉服创新设计中传承非物质文化遗产，将爱国主义、民族情怀、工匠精神贯穿渗透到课程教学中，培养学生的民族自豪感，引导学生树立文化自信，激发学生的爱国情怀和技术报国的热情，培养合格的“新时代”社会主义接班人。

教学设计

一、课程概况			
部门名称	化工与纺织服装学院	课程性质	●必修　○选修
课程类型	○公共基础课程　●专业教育课程　○实践类课程		
面向专业	服装与服饰设计专业		
授课对象	服设2101班学生	授课时数	1小时
参赛章节	项目3：主题服装设计创新与实践 任务2：汉服创新设计与实践	使用教材	《服装设计基础》
授课题目	融合多民族特色的汉服图案创新设计		

续表

<table>
<tr><td colspan="2">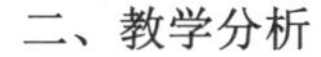二、教学分析</td></tr>
<tr><td>教学内容</td><td>内容分析：
以习近平总书记谈中华优秀传统文化——“中华优秀传统文化是中华民族的根和魂”“善于继承才能善于创新”为引领，导入企业研发项目——汉服创新设计与实践，将融合与创新设计元素浸润课程。本次课程节选自项目3任务2子任务3，融合多民族特色的汉服图案创新设计是汉服创新设计的重要教学内容，对汉服创新设计是否能够成功起到了至关重要的作用。
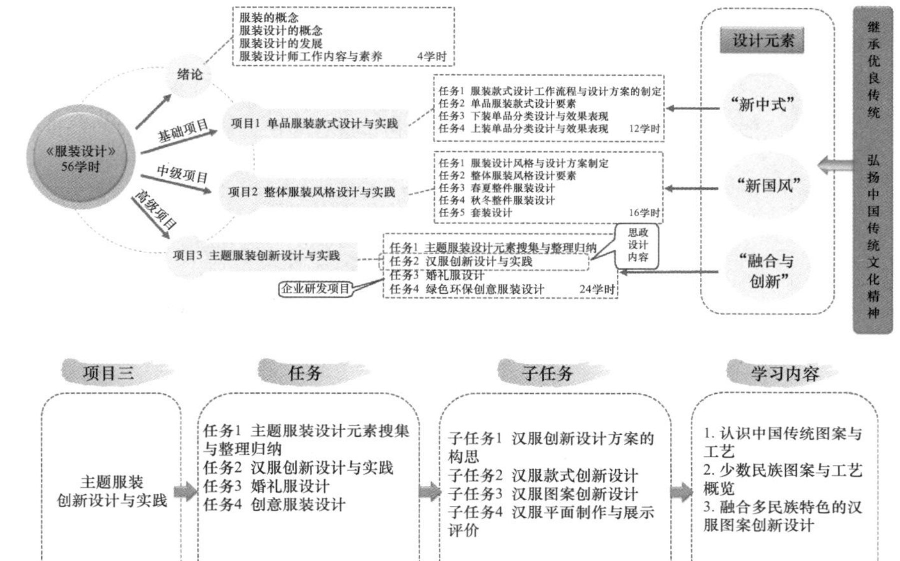

教材分析：
主要教材：“十三五”国家规划教材服装设计与工程专业特色课程建设书目《服装设计基础》；
辅助教材：职业技能培训鉴定教材《服装设计师（中级）》
校企活页教材：企业竞标项目任务指导书、学生工作册。

</td></tr>
<tr><td>学情分析</td><td>【知识基础】
国家级服装设计资源库平台数据统计显示，在本次课程前期学习中学生对服装廓形设计、细节设计、款式设计工作流程这3个知识点掌握较好，但对图案设计元素的创新方法掌握较弱，也不能很好地融合中国优秀传统文化元素进行创新设计。因此，教师及时调整教学措施，引入企业研发项目——汉服创新设计与实践，在课堂中使用“新融合与创新设计元素”，让学生明白在主题服装设计中将中国优秀传统文化元素结合现代服装设计进行构思的重要性，让学生将传承和发扬中国优秀传统文化作为设计的必要构思理念。
【认知情况】
通过问卷星问卷调查数据统计分析，86%的学生对汉服创新设计非常感兴趣，14%的学生对汉服图案创新设计很感兴趣；有22%的学生不太了解汉服的设计方法，46%的学生不太了解如何将民族元素运用于汉服设计中，32%的学生对汉服设计流程还不太了解。说明教师需要着重讲解融合多民族特色的汉服图案的创新设计方法和设计流程。</td></tr>
</table>

续表

<table>
<tr><td>学情分析</td><td colspan="2">【学习特点】
完成融合多民族特色的汉服图案的创新设计任务，需要学生有较强的沟通和团队协作能力、设计与表达能力。前期学生在国家级资源库平台已完成的课程检测统计信息显示，大多数学生具有参与本项目任务的学习能力</td></tr>
<tr><td colspan="3">三、教学目标</td></tr>
<tr><td rowspan="3">教学目标</td><td>知识目标</td><td>（1）了解多民族刺绣图形的构图特点；
（2）理解民族图形特征及寓意；
（3）熟悉多民族刺绣图形设计方案的构思方法；
（4）掌握图案创新设计的方法</td></tr>
<tr><td>能力目标</td><td>（1）能对多民族刺绣图形的工艺特点进行分析；
（2）能够在汉服中初步进行多民族刺绣图案的创新设计及实践应用；
（3）能运用设计方法进行多民族图案的创新设计</td></tr>
<tr><td>思政目标</td><td>（1）思政目标：文化传承、守正创新、工匠精神、职业素养
（2）德育目标：自信、自强、民族情怀、爱国主义 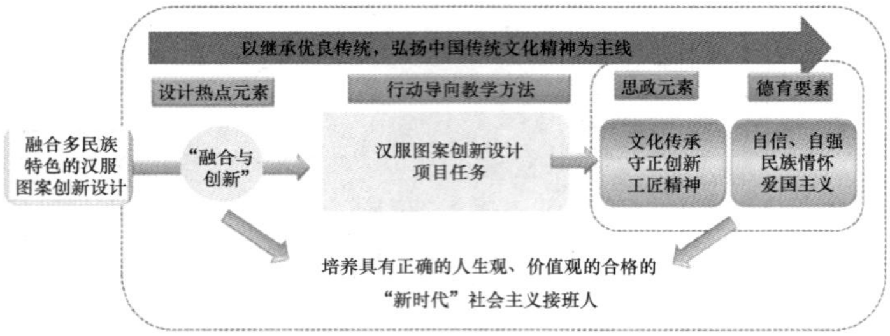
以继承优良传统，弘扬中国传统文化精神为主线
设计热点元素
行动导向教学方法
思政元素
德育要素
融合多民族特色的汉服图案创新设计
“融合与创新”
汉服图案创新设计项目任务
文化传承 守正创新 工匠精神
自信、自强 民族情怀 爱国主义
培养具有正确的人生观、价值观的合格的“新时代”社会主义接班人
以继承优良传统，弘扬中国传统文化精神为主线，以“融合与创新”设计热点元素为课程思政切入点，引导学生在汉服图案创新设计中传承非物质文化遗产，把文化传承、守正创新、工匠精神、自信、自强、民族情怀、爱国主义贯穿渗透到课程教学中，培养学生的民族自豪感，引导学生树立文化自信，激发学生的爱国情怀和技术报国的热情。
（3）培养具有正确人生观、价值观的合格的“新时代”社会主义接班人</td></tr>
<tr><td>教学重点及解决办法</td><td colspan="2">教学重点：传统刺绣图案与苗族挑花刺绣图案构图对比及工艺特点的分析。
解决办法：企业导师和教师全程引导</td></tr>
<tr><td>教学难点及解决办法</td><td colspan="2">教学难点：多民族刺绣图案的创新设计。
解决办法：邀请企业导师进行案例分析</td></tr>
<tr><td colspan="3">四、教学策略</td></tr>
<tr><td>设计思路</td><td colspan="2">本次课旨在以传承和弘扬中国传统文化为主线，引导学生认识和了解以四大名绣和民族图案纹样为代表的中国优秀文化遗产，从而激发学生的民族情怀、爱国主义和民族自豪感，引导学生树立文化自信。在此基础之上，要求学生进行多元化创新设计。
（1）密切结合本课程的专业特点和内容进行思政教学设计，杜绝教条主义，将思政元素、德育要素和专业元素融合在一起，引起学生情感共鸣。
（2）思政元素在课程中的合理运用能促使学生向主动体验和积极实践转变，促进学生对课程知识的理解、掌握、深化与拓展，从而达到培养学生工匠精神，激发学生的爱国情怀和技术报国热情的目的</td></tr>
</table>

续表

教学环节	教学内容	教师活动	学生活动	设计意图	课程思政
教学流程安排	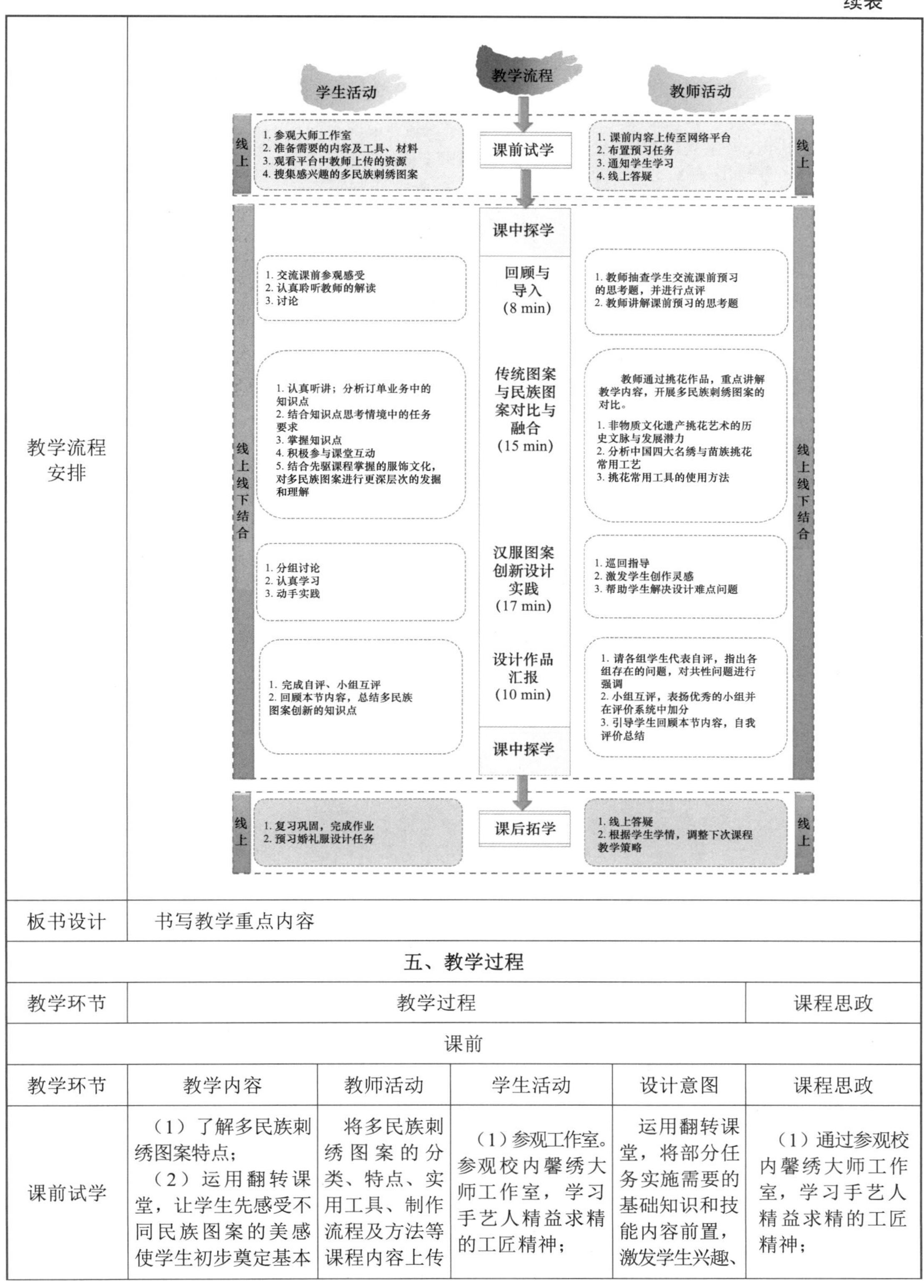				
板书设计	书写教学重点内容				
五、教学过程					
教学环节	教学过程				课程思政
课前					
教学环节	教学内容	教师活动	学生活动	设计意图	课程思政
课前试学	（1）了解多民族刺绣图案特点； （2）运用翻转课堂，让学生先感受不同民族图案的美感使学生初步奠定基本	将多民族刺绣图案的分类、特点、实用工具、制作流程及方法等课程内容上传	（1）参观工作室。参观校内馨绣大师工作室，学习手艺人精益求精的工匠精神；	运用翻转课堂，将部分任务实施需要的基础知识和技能内容前置，激发学生兴趣、	（1）通过参观校内馨绣大师工作室，学习手艺人精益求精的工匠精神；

续表

<table>
<tr><td colspan="2">课前试学</td><td>认识、产生兴趣和思考并提出疑问；
（3）准备本节课的内容及所需的工具材料</td><td>至网络平台，布置预习任务，通知学生学习，并进行线上答疑</td><td>（2）准备本节课程的内容及工具、材料；
（3）观看平台中教师上传的资源，了解多民族刺绣图案的特点；
（4）搜集感兴趣的多民族刺绣图案及图案在汉服中的应用，思考其制作方法</td><td>培养学生自主探究、归纳总结和信息处理的能力</td><td>（2）以习近平总书记谈中华优秀传统文化中的“中华优秀传统文化是中华民族的根和魂”为引领，激发学生进行文化传承的热情和积极性</td></tr>
<tr><td colspan="7">课中</td></tr>
<tr><td colspan="2">教学环节</td><td>教学内容</td><td>教师活动</td><td>学生活动</td><td>设计意图</td><td>课程思政</td></tr>
<tr><td rowspan="2">课中探学</td><td>回顾与导入（8 min）</td><td>（1）回顾课前教学内容，解答课前思考题；
（2）用图片引入挑花刺绣的发展史</td><td>（1）教师抽查学生交流课前预习的思考题，并进行点评；
（2）教师讲解课前预习的思考题</td><td>（1）交流课前参观感受；
（2）认真聆听教师的解读并讨论</td><td>通过情景创设，激发学生的探究心理，从而使其产生学习兴趣，引入新内容</td><td>以习近平总书记谈中华优秀传统文化中的“善于继承才能善于创新”为引领，通过教学内容，培养学生守正创新的设计思维</td></tr>
<tr><td>传统图案与民族图案对比与融合（15 min）</td><td>结合汉服图案任务，通过对传统图案与民族图案的对比分析，讲解图案构图不同、针法不同等知识</td><td>教师通过挑花作品，重点讲解：
（1）非物质文化遗产挑花艺术的历史文脉与发展潜力；
（2）分析中国四大名绣与苗族挑花常用工艺</td><td>（1）认真听讲；分析订单任务中的知识点；
（2）结合知识点思考情境中的任务要求；
（3）掌握知识点；
（4）积极参与课堂活动</td><td>通过知识讲解明确多民族刺绣的主要任务是图案的创新设计</td><td>通过讲解，呈现中国传统非物质文化遗产艺术作品，培养学生的民族情怀、爱国主义精神。
通过讲解中国四大名绣和苗族挑花的相关知识，引导学生体会传统技艺中的中国工匠精神和职业素养，引导学生树立正确的人生观和价值观。</td></tr>
</table>

续表

课中探学	回顾与导入（8 min）		（3）挑花常用工具的使用方法； 教师发布任务要求，让学生思考：汉服的图案应用是否适合挑花工艺（重点） 让学生分辨出不同挑花工艺做出来的效果及特点	（5）结合先驱课程掌握的服饰文化，对多民族图案进行更深层次的发掘和理解	通过知识讲解明确多民族刺绣的主要任务是图案的创新设计	通过回答问题，培养学生的自信
课中探学	汉服图案创新设计实践（17 min）	学生开展自主设计（难点）	通过对知识点的讲解，引导学生思考图案创新的设计方法和技巧。 （1）巡回指导； （2）激发学生创作灵感； （3）帮助学生解决设计难点问题	（1）分组讨论； （2）认真学习； （3）动手实践	学生通过实际操作和观看平台上教师上传的视频来进行学习	通过汉服图案创新设计项目的实施，培养学生自信、自强的思想意识，守正创新的设计思维，精益求精的服装专业职业素养
课中探学	设计作品汇报（10 min）	（1）总结多民族图案的创新特点； （2）各小组互评； （3）导师点评	（1）请各组学生代表自评汇报，教师点评各组存在的问题，对共性问题进行强调； （2）小组互评，表扬优秀的小组并在评价系统中加分； （3）引导学生回顾本节内容，自我评价总结	（1）完成自评汇报； （2）完成小组互评； （3）回顾本节内容，总结多民族图案创新的知识点	评价主体的多样化使学生更加全面地了解融合多民族特色图案的创新设计方法	通过学生自主完成设计作品讲解汇报，培养学生自信的表达方式，使其具备一定的职业素养。 通过教师点评，帮助学生树立正确的设计观

续表

课后					
教学环节	教学内容	教师活动	学生活动	设计意图	课程思政
课后拓学	（1）在雨课堂平台布置理论作业； （2）预习婚礼服设计任务	（1）线上答疑； （2）根据学生学情，调整下次课程的教学策略	（1）复习巩固，完成作业； （2）预习婚礼服设计任务	引导学生通过练习讨论，回顾本节教学内容，完成知识构建；预习下次课程内容，完成预习作业，熟悉新知识	通过线上答疑，教师及时发现问题、解决问题，培养学生自强、自立的思想意识

六、教学评价

本次课程的教学评价分为结果性评价和过程性评价两个部分。其中结果性评价包括理论测验、创新设计、项目实施和排错训练中的结果。而过程性评价是基于学生在拓展操作、课程分析、参与讨论中的具体表现。

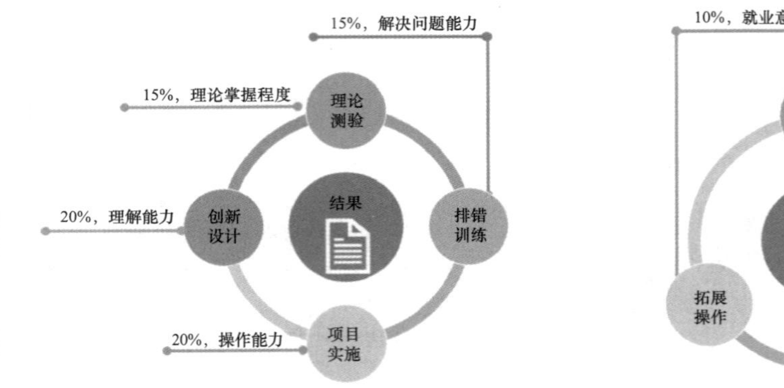

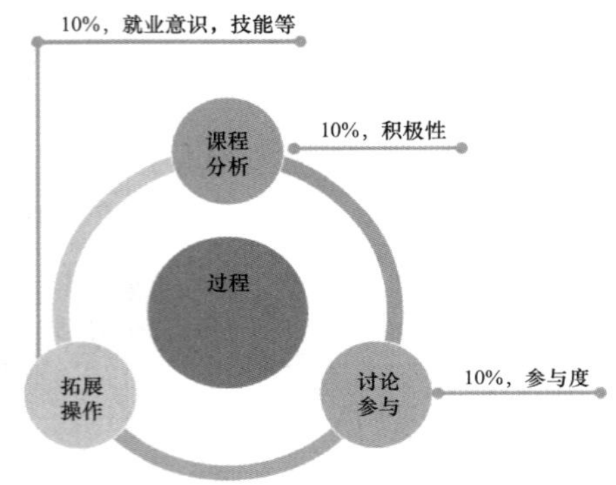

七、教学反思

（1）通过真实工作任务的导入，创设实际工作场景，提高学生学习兴趣。课前通过学习通、雨课堂平台发布任务，引导学生主动完成，培养学生自主学习的能力。

（2）课内通过理实一体化的教学方式，使学生明确继承中国传统优秀文化、弘扬时代精神，以及将立足本国又面向世界的当代中国文化创新成果传播出去的重要性。要求小组协作完成任务，使学生树立团队合作意识，建立探究学习的良好习惯。通过汇报评分环节，激发学生学习的积极性。学生基本完成了工作任务。

（3）学习过程中有个别学生设计构思比较局限，下次课堂上要重点关注这部分学生，着重拓宽学生的设计思路

导游词的学与用

——应用文写作

团队成员

韩畅、杨凌波、陈杜昊

课程基本情况

“应用文写作”是旅游管理专业的公共基础必修课，共16学时。本课程结合人才培养方案和课程标准，基于课程知识架构和实际工作流程，全程浸润以长征精神为引领的课程思政教育，将“把全国人民和中华民族的根本利益看得高于一切，坚定革命的理想和信念，坚信正义事业必然胜利的精神；为了救国救民，不怕任何艰难险阻，不惜付出一切牺牲的精神；坚持独立自主、实事求是，一切从实际出发的精神；顾全大局、严守纪律、紧密团结的精神；紧紧依靠人民群众，同人民群众生死相依、患难与共、艰苦奋斗的精神”贯穿始终。同时，依托案例导入、知识讲解、视频观摩、作品点评等丰富多样的教学活动，将创新精神、合作精神、劳动精神、职业荣誉感、劳模精神、工匠精神等丰富课程思政元素融汇于教学过程当中，坚持立德树人根本任务，培养德才兼备的高素质人才。

教学设计

一、课程概况			
部门名称	公共课教学部	课程性质	●必修　○选修
课程类型	●公共基础课程　○专业教育课程　○实践类课程		
面向专业	旅游管理专业		
授课对象	旅游管理2001班学生	授课时数	16学时
参赛章节	导游词	使用教材	《实用应用文写作》
授课题目	讲述红色故事，传承红色基因——导游词的学与用		

续表

<table>
<tr><td colspan="2">二、教学分析</td></tr>
<tr><td>教学内容</td><td>内容分析：导游词的教学内容主要包括导游词的概念、导游词的分类、导游词的写作结构和写作要求。本课程旨在通过内容的讲授，使学生写出一篇知识丰富、语言通俗易懂、富有感染力的导游词。要达成这一目的，教学应主要围绕导游词的写作结构和写作要求这两项内容来突破。写作结构是框架，学生通过合作探究，分析例文，总结出导游词的写作结构，并上传至智慧职教平台；教师通过平台及时了解学生的讨论情况，明确导游词的写作结构。写作要求是血肉，分析导游词在内容上和语言组织上的具体要求，引导学生在框架内丰富导游词的内容、优化导游词的语言。将结构和要求这两项内容相结合，引导学生写出一篇符合上述要求的导游词。
教材分析：《实用应用文写作》是我校大二和大三的学生使用的写作课教材，由西北大学出版社 2018 年 8 月出版。此教材是由长期工作在高职高专教学一线、具有丰富教学经验的教师编写而成，体现了“以就业为导向培养高职高专学生”的目标要求；在内容设计上注重理论与实践的结合，突出文种训练；从培养学生写作素质和写作技能的角度出发，以基于学习生活、工作过程的应用写作这一编写思路来安排内容。本教材共 8 个模块，涉及各类文种 50 余种。本次授课文种，属于项目四拟写礼仪文书中的任务七导游词。</td></tr>
<tr><td>学情分析</td><td>知识基础：
（1）导游文体知识测试分数集中在 70～80 分数段，学生对导游词的文体结构掌握尚可，仍需加强教学，完善学生的知识体系；
（2）学生对长征路上各个地区的红色旅游资源非常了解
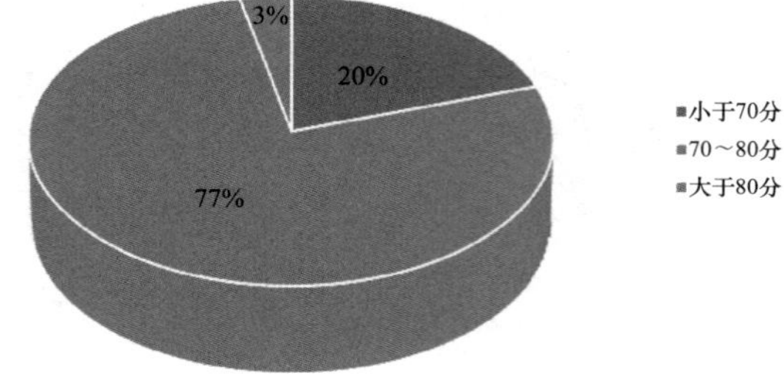
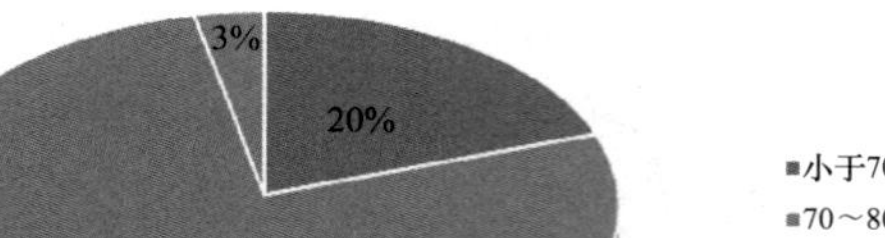

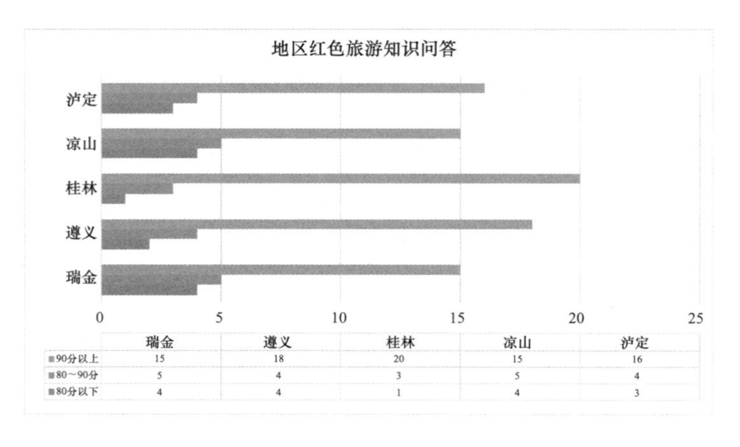

	瑞金	遵义	桂林	凉山	泸定
90分以上	15	18	20	15	16
80～90分	5	4	3	5	4
80分以下	4	4	1	4	3

</td></tr>
</table>

续表

<table>
<tr>
<td rowspan="2">学情分析</td>
<td>能力基础：
学生普遍认为撰写导游词较为困难，需要提升导游词的撰写能力

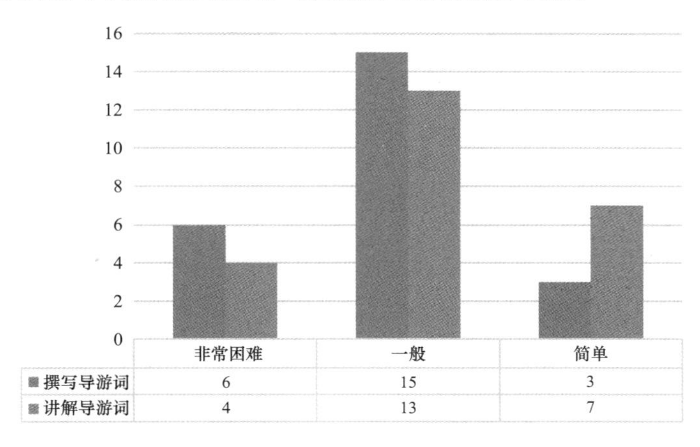
</td>
</tr>
<tr>
<td>认知与实践：
（1）学生对红色资源的了解程度高，而分析归纳和语言表达能力较弱，需要在授课过程中着重培养；

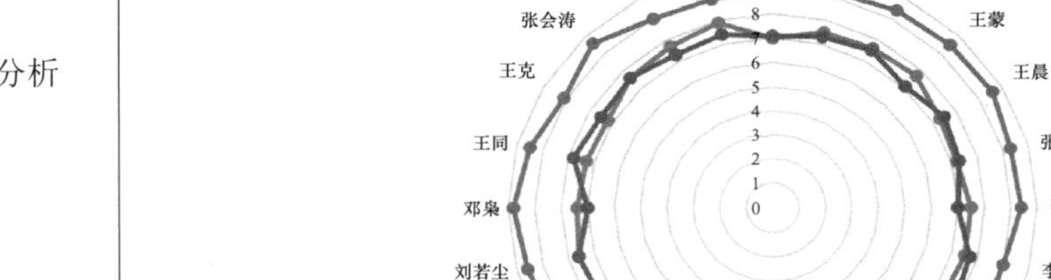

（2）学生对党的二十大精神理解不够全面，需要在授课中引导学生学习领会

党的二十大精神知识问答成绩

■ 大于90分 ■ 80～90分 ■ 70～80分

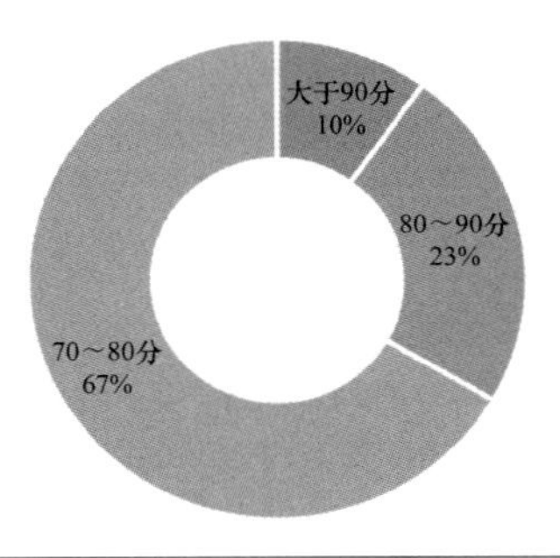
</td>
</tr>
</table>

续表

<table>
<tr><td colspan="3">三、教学目标</td></tr>
<tr><td rowspan="3">教学目标</td><td>知识目标</td><td>（1）理解导游词的概念；
（2）了解导游词的种类；
（3）掌握导游词的写作结构；
（4）掌握导游词的写作要求</td></tr>
<tr><td>能力目标</td><td>（1）导游词的写作实践；
（2）能够写出一份结构清晰、语言生动的导游词</td></tr>
<tr><td>思政目标</td><td>（1）引导学生领会党的二十大精神：弘扬以伟大建党精神为源头的中国共产党人精神谱系；用好红色资源，弘扬革命文化；深化爱国主义，弘扬奉献精神；巩固发展军政军民团结的精神；
（2）引导领会长征精神：为了救国救民，不惜付出一切牺牲的精神；坚定革命理想和信念，坚信正义事业必然胜利的精神；
（3）培养学生精益求精、一丝不苟的工匠精神</td></tr>
<tr><td>教学重点及解决办法</td><td colspan="2">教学重点：导游词的写作结构。
解决办法：利用智慧职教平台，上传多篇例文资源，运用讲授法和课堂讨论法，要求学生合作探究，分析例文，总结出导游词的写作结构，并上传至智慧职教平台，老师通过平台及时了解学生的讨论情况，明确导游词的写作结构</td></tr>
<tr><td>教学难点及解决办法</td><td colspan="2">教学难点：
（1）导游词的写作实践；
（2）写出一份具备知识的丰富性，语言通俗易懂、富有感染力的导游词。
解决办法：
（1）利用讯飞语记和希沃白板，当堂上传和修改学生的导游词，引导学生完成导游词的写作；
（2）教师运用讲授法和案例分析法，利用智慧职教平台和希沃白板，引导学生对导游词进行修改；学生以小组讨论的方式，在教师的引导下，修改完善导游词</td></tr>
<tr><td colspan="3">四、教学策略</td></tr>
<tr><td>设计思路</td><td colspan="2">课程采用“3 段 6 环 12 步”的设计思路：
1. 课前
通过智慧职教平台完成课前导入。在智慧职教平台上传导游词的文体知识、导游词例文等文体知识资料，让学生自主学习，完成知识检测，根据检测结果将学生分组，每组学生优势互补，在智慧职教平台发布分组名单。同时，布置课前小组任务，要求小组观看平台上传的关于长征的影视资料、学习习总书记《在纪念红军长征胜利 80 周年大会上的讲话》原文、收集长征经过的省、市、县的旅游资源并制成 PPT。通过课前任务，让学生初步了解导游词的写作知识、感悟长征精神的内涵，也为课堂正式写作导游词做好铺垫。
2. 课中
完成“读、析、拓、练”四个环节，结合讲授法、案例分析法和讨论法，引导学生理解导游词的概念、了解导游词的分类、掌握导游词的写作结构和写作要求。其中，写作结构是重点，利用智慧职教平台，上传多篇例文资源，运用讲授法和课堂讨论法，要求学生合作探究，分析例文，总结出导游词的写作结构，并上传至智慧职教平台，教师通过平台及时了解学生的讨论情况，明确导游词的写作结构，突破教学重点。
写作要求是难点，学生掌握了写作结构，但是还不能写出一份具备丰富知识、语言通俗易懂、富有感染力的导游词，通过讲解导游词的写作要求，利用智慧职教平台和希沃白板，对学生所写的导游词进行点评；学生以小组讨论的方式，在教师的引导下，修改完善导游词，突破教学难点。
3. 课后
采用“巩固＋延伸”的设计思路。第一，让学生登录智慧职教平台，查看一篇不完善的导游词，找到导游词中的文体知识错误，巩固重点知识。第二，让学生运用导游词的文体知识，写一篇关于延安吴起县的导游词，巩固教学难点</td></tr>
</table>

续表

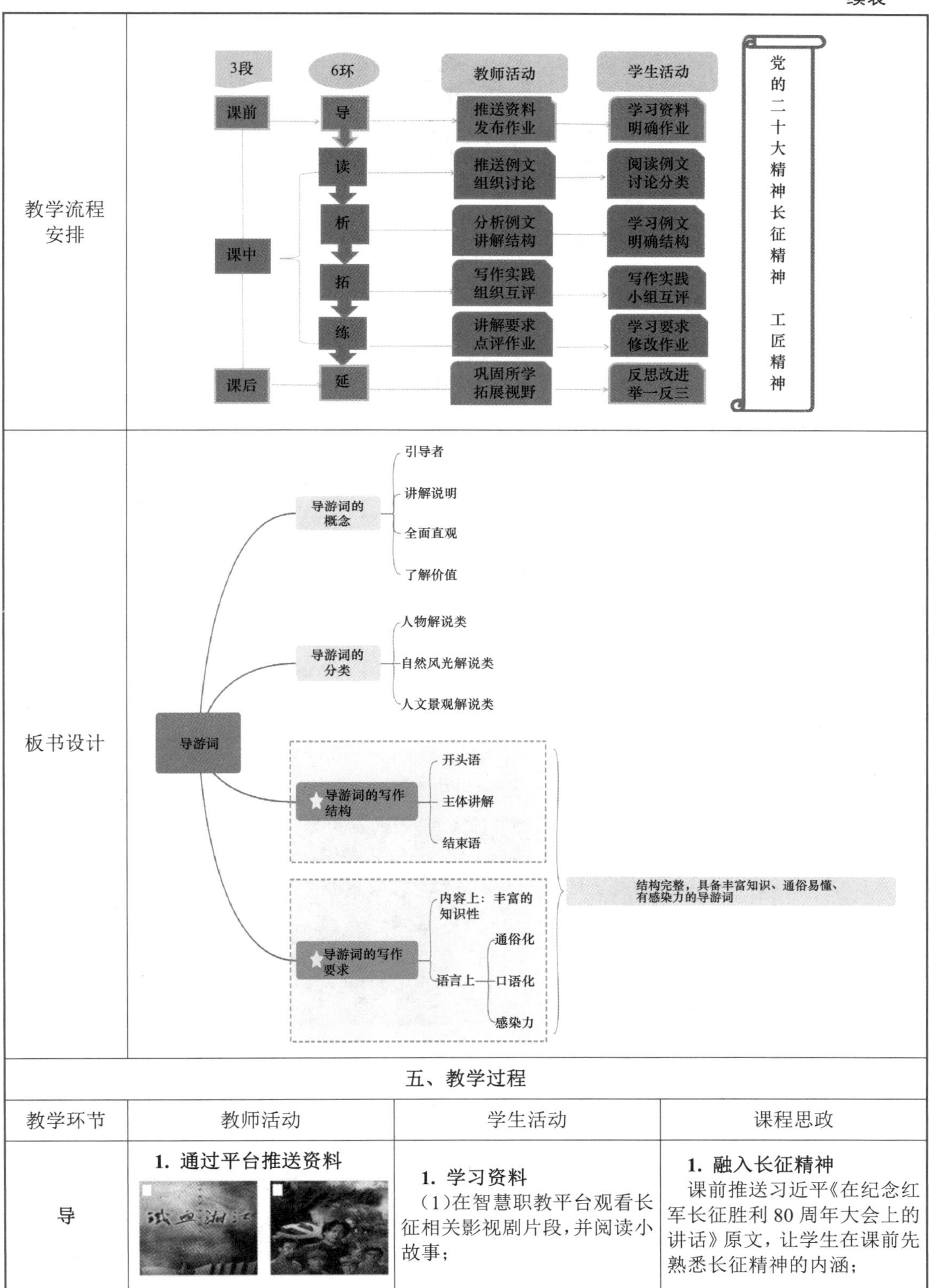

教学流程安排	（见流程图）		
板书设计	（见板书图）		

五、教学过程

教学环节	教师活动	学生活动	课程思政
导	**1. 通过平台推送资料**	**1. 学习资料** （1）在智慧职教平台观看长征相关影视剧片段，并阅读小故事；	**1. 融入长征精神** 课前推送习近平《在纪念红军长征胜利80周年大会上的讲话》原文，让学生在课前先熟悉长征精神的内涵；

续表

<table>
<tr>
<td>导</td>
<td>（1）在平台推送长征相关影视剧片段：《伟大的转折》《湘江战役》；
（2）在平台推送例文；
（3）在平台推送习近平《在纪念红军长征胜利 80 周年大会上的讲话》原文。
2. 通过平台分组
（1）发布测试“导游知识大PK”，要求每位学生完成；
新增考试 导入试卷
1 导游基础知识大PK - 题库考试
考试方式：网页、移动端(未开启验证) 开启考试验证：否
要求：---
（2）根据学生课前对导游知识的了解程度，将学生分为 3 组，每组学生优势互补，平台发布分组名单。
3. 通过平台发布任务
在平台发布任务，要求各小组分别收集不同地点的旅游资料，并制成 PPT</td>
<td>

（2）学习长征经过的省市县的旅游资源；
（3）阅读例文（示例）。
途中导游词——西昌

2. 明确分组
智慧职教平台完成测试，并在班级微信群中明确所在小组。
3. 完成任务
结合平台资料完成小组搜集旅游资料活动，并制成 PPT</td>
<td>在纪念红军长征胜利
80 周年大会上的讲话
（2016 年 10 月 21 日）
习近平
2. 培养合作意识
通过查询资料、小组自主学习，引导学生初步掌握文体的基本结构，培养学生自主学习能力和团队合作能力
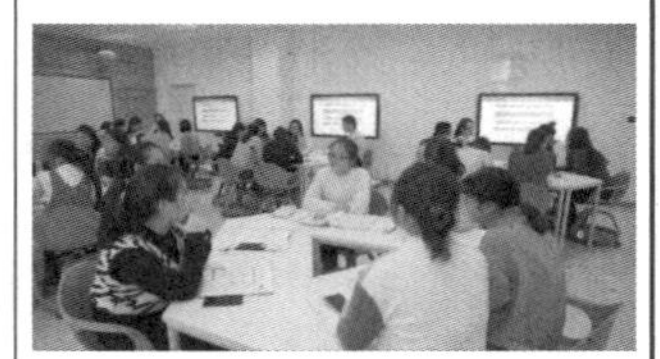</td>
</tr>
<tr>
<td>课中导入
（5 min）</td>
<td>1. 讲述湘江战役幸存者的故事
退役老红军朱万陵回忆湘江战役。
2. 提出问题
朱万陵的故事体现了什么样的长征精神？
明确：体现了坚定革命理想信念的长征精神

</td>
<td>1. 认真听讲
听教师讲述红军故事。

2. 思考并回答教师的问题
思考并感悟长征精神

</td>
<td>1. 融入党的二十大精神
（1）做好退役军人服务保障工作；
讲述湘江战役退伍红军故事，融入做好退役军人服务保障工作，巩固发展军政军民团结的精神

</td>
</tr>
</table>

续表

课中导入 （5 min）			（2）弘扬以伟大建党精神为源头的中国共产党人精神谱系 通过讲述红军故事，引导学生体会感悟中国共产党人精神谱系之长征精神 中国共产党人的精神谱系
读 （10 min）	**1. 读例文，解概念** 提取概念中的关键词，以关键词串联起概念的讲解。 （1）引导者； （2）讲解说明； （3）全面直观； （4）了解价值。 **2. 读例文，知分类** （1）组织学生阅读不同种类导游词并进行小组讨论，将例文进行归类并将结果上传到平台； （2）要求各小组派代表讲解各小组的分类结果； （3）结合例文，明确导游词的分类。 ① 人物解说导游词：《“断肠明志”：英雄师长陈树湘》； ② 自然风光解说导游词：《夹金山上埋忠骨：夹金山景区导游词》； ③ 人文景观解说导游词：《遵义会议纪念馆导游词》	**1. 结合例文，理解概念** 听教师讲解概念的关键词，理解导游词写作对象以及要达到的目的。  **2. 结合例文，了解分类** （1）登录智慧职教平台，阅读多篇导游词例文，小组讨论并进行导游词归类，将结果上传至智慧职教平台（示例）； 重走长征路——夹金山景区导游词 亲爱的各位游客朋友们：  你们好！或许您还未来得及卸下行程的劳顿，当您的双脚落在这片清新的土地上，您的疲惫定会被这片红色的革命圣地所感染，再跟随我深吸一口来自达维的赞拉河，夹金森林的天地灵气，您会不会已经迷失在这神圣之境的遐想之中?巍巍夹金铸忠魂，红军会师谱华章，达维历史悠久，物华天宝，人杰地灵，英才辈出！革命先贤、先烈为了崇高的理想，凭借坚定的共产主义信念和顽强的革命斗争精神，翻雪山 （2）小组选派代表，讲解本组的分类归纳思路以及分类结果； （3）认真听教师讲评各组分类结果，明确导游词的种类	**1. 融入党的二十大精神** 用好红色资源，弘扬革命文化。 收集有关红军长征景区景点的导游词例文，充分挖掘其中蕴含的长征精神，讲好党的故事、革命的故事、根据地的故事、英雄和烈士的故事，加强革命传统教育（示例） “断肠明志”：英雄师长陈树湘  陈树湘原名树春，字子风，长沙县清泰都福临铺枫树湾人。1921年，中共湖南支部在清水塘成立，陈树湘因为常去长沙清水塘挑水送菜，因而结识毛泽东、何叔衡等一批湖南早期革命活动家。1922年秋，加入中国社会主义青年团。1925年7月，加入中国共产党。1927年参加南昌起义，后参加秋收起义并参加了中央根据地历次反“围剿”战斗。 2014年在福建古田召开的全军政治工作会议上，习近平总书记深情讲述了陈树湘“断肠明志”的壮烈故事，强调“把先辈们用鲜血和生命铸就的优良传统一代代传下去”。2019年3月4日下午，习近平总书记在全国政协十三届二次会议的文艺界、社科界联组讨 遵义会议纪念馆导游词  各位游客朋友们，大家好。 欢迎大家来到遵义会议纪念馆，遵义会议纪念馆位于贵州省遵义市，占地1万多平方米，是新中国成立后最早建立的纪念场馆之一，纪念馆由遵义会议会址，遵义会议陈列馆等十一个纪念场馆组成，现在我们面前的是遵义会议会址了。在进去参观之前，请各位游客户友们先抬头看看，映入眼帘的是毛泽东同志于1961年亲手书写的“遵义会议会址”这六个金色大字，尽管历经岁月风霜的洗礼，可这六个大字闪烁着革命的光辉。
析 （10 min）	析例文，明结构 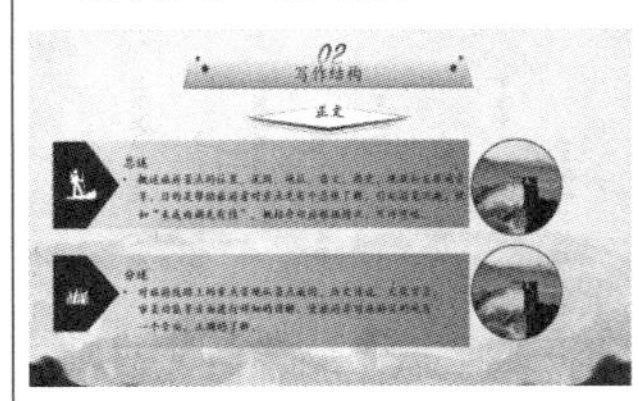 	结合例文，明确结构 （1）仔细阅读例文，小组讨论，分析导游词的写作结构（示例）  	**1. 融入长征精神** 红军飞夺泸定桥纪念馆导游词  各位游客： 大家好！欢迎大家来到泸定县游览观光，我们现在来到泸定桥参观。我是泸定桥导游员XX，在泸定桥游览的时间大约在1小时，请大家注意安全，请这边走，慢慢行。 好啦，各位游客，想必大家听说过泸定桥，现在我来给大家介绍一下泸定桥的故事，在公元1705年，清朝康熙皇帝为了国家统一大业，解决藏汉民族交流和贸易的阻碍，疏通茶马互市的通道，下令修建大渡河上的第一座桥梁。 泸定桥经过一年的修建，大桥于公元1706年建成。大桥建成之后，在桥名的取名上，一第一种说法是康熙皇帝特意取“泸水”(即大渡河的旧称)。另一种说法是：古时大渡河称若水，是康熙皇帝误以为是泸水。请问大家，有谁知道古

续表

<table>
<tr>
<td>析
（10 min）</td>
<td>（1）标题：景区＋导游词。
（2）开头语：导游员向大家表示问候、欢迎以及做自我介绍。
（3）主体讲解：先对游览景点进行总的介绍，再按游览顺序，对所选景观逐一解说。
（4）结束语：对游览内容做一个小结，并向游客表示感谢和告别</td>
<td>（2）听教师讲评各小组讨论结果，明确导游词的写作结构。
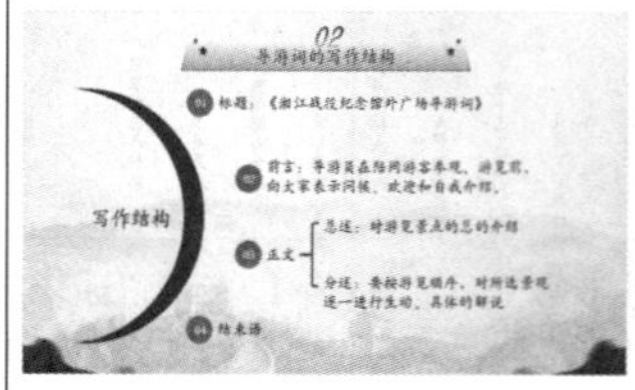
</td>
<td>发掘例文《红军飞夺泸定桥纪念馆导游词》中为了救国救民，不怕任何艰难险阻，不惜付出一切牺牲的长征精神
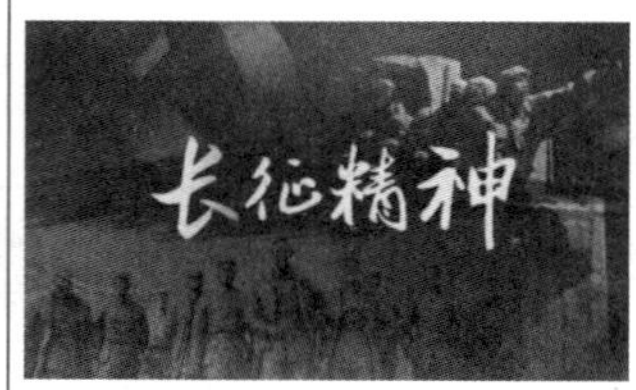
</td>
</tr>
<tr>
<td>拓
（10 min）</td>
<td>1. 组织红色旅游导游词仿写训练
延安枣园革命旧址导游词

各位游客，大家好，欢迎大家来枣园革命旧址参观，枣园位于延安城西北7.5公里处，因枣树多而得名，园内现有22孔窑洞、100余间瓦房和一座苏式小礼堂，占地面积80多亩，现在我们可以在这里看到毛泽东、刘少奇、周恩来、朱德、任弼时、张闻天等革命领导旧居，书记处小礼堂，幸福渠，以及为纪念张思德毛主席发表《为人民服务》讲话的地方。
首先请大家参观中央书记处小礼堂，书记处小礼堂坐落在绿树环绕之中，1941年建成的，砖木石结构，礼堂呈凸字形，当年中央书记处在这里举行过各种会议、舞会、宴会等活动，1945年，毛泽东等赴重庆谈判的重大决定就是在这里作出的，抗日战争胜利后，蒋介石曾三次电邀毛泽东赴重庆共商国事，蒋介石的用心明眼人一看就知道，但为了尽一切可能争取民主，揭露蒋介石假和谈，真内战的阴谋，党中央决定由毛泽
依据导游词结构和例文《延安枣园革命旧址导游词》，引导学生进行小组仿写。
2. 巡回指导小组写作
教师参与到小组写作的过程中，及时为学生答疑解惑，帮助学生仿写导游词。
3. 组织小组作业展示
利用讯飞语记 APP，将写作结果进行展示，并将小组完成的导游词上传至智慧职教平台</td>
<td>1. 进行红色旅游导游词仿写训练
小组按照导游词基本结构和例文《延安枣园革命旧址导游词》，进行仿写训练（示例）。

2. 组织小组作业展示
进行小组展示，利用讯飞语记 APP 将本组导游词转换为文字版，并将小组完成的导游词上传至智慧职教平台</td>
<td>1. 融入长征精神
发掘例文《延安枣园革命旧址导游词》，融入紧紧依靠人民群众，同人民群众生死相依、患难与共、艰苦奋斗的长征精神。
2. 融入工匠精神
通过写作和修改导游词，培养学生精益求精的工匠精神。
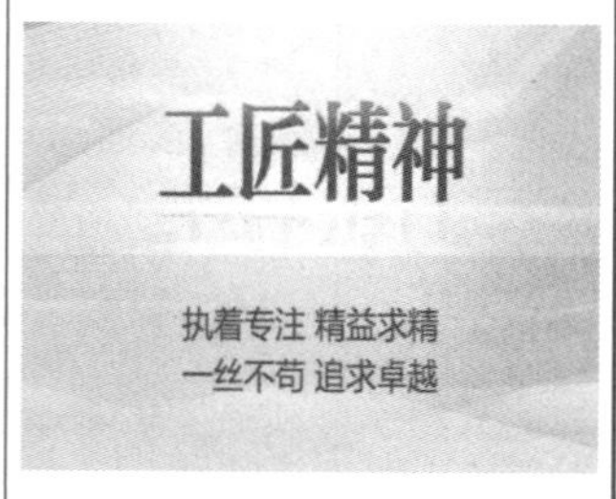

3. 培养合作精神
通过小组互评和作业修改，培养学生团结协作的能力和自主解决问题的能力
</td>
</tr>
</table>

续表

练 （15 min）	**1. 组织学生投票** 组织学生在智慧职教平台投票，选出结构最完整的一篇导游词。 **2. 讲解导游词的写作要求** （1）内容上：具备丰富的知识性。提出知识性体现在微观景点的讲解和宏观历史背景的讲解上。 （2）语言上：口语化、情感化。 结合学生作业和播放湘江战役、彝海结盟讲解视频，提出口语化和情感化的具体表现方式。 **3. 组织学生点评作业** 要求学生根据写作要求，对小组作业进行点评，完善小组导游词。 **4. 教师总结** 再次明确导游词的写作要求 	**1. 参与投票**  智慧职教平台投票，选出结构最完整的一篇导游词。 **投票选出最优导游词** 创建时间：2022-06-28 11:27 开始时间： 类型：单选 参与情况：0 /21 **2. 学习导游词的写作要求** 认真听取教师讲解导游词的写作要求。 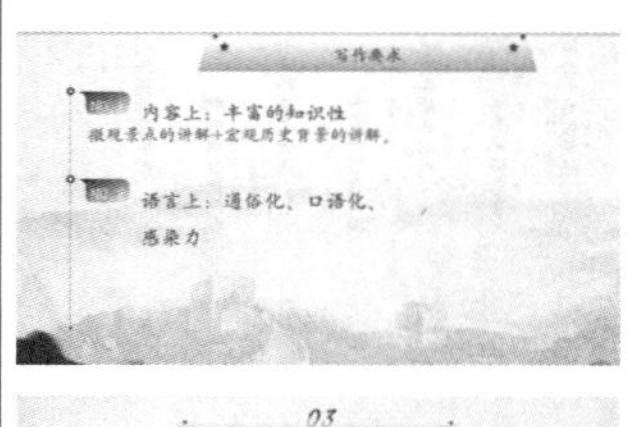 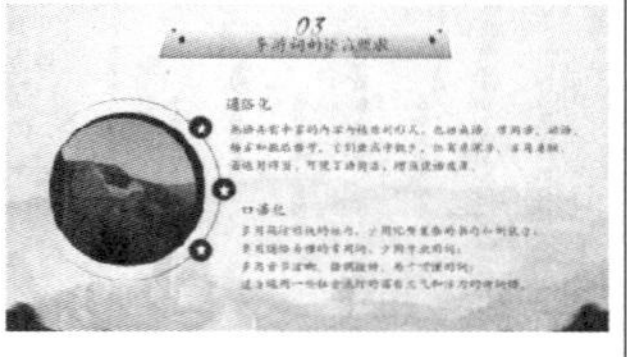 **3. 小组点评作业** 小组以导游词的写作要求作为评价标准，点评小组的导游词写作。 **4. 教师总结** 认真听取教师对导游词写作要求的总结	**1. 融入党的二十大精神** **（1）建党精神** 分析讲评学生的导游词作业时，引导学生领会坚定理想、不怕牺牲的建党精神。 **（2）军民团结** 播放彝海结盟故事讲解视频，讲述刘伯承和彝族首领小叶丹歃血为盟的故事，弘扬军民团结的精神。  **2. 融入长征精神** **坚定革命理想信念，坚信正义事业必然胜利的长征精神** 湘江战役是红军长征的壮烈一战，是决定中国革命生死存亡的重要历史事件。红军将士视死如归、向死而生、一往无前，靠的是理想信念。为什么中国革命能成功？奥秘就是革命理想高于天，在最困难的时候坚持下去，这样才能不断取得奇迹般的胜利。我们对实现下一个百年奋斗目标、实现中华民族伟大复兴就应该抱有这样的必胜信念。困难再大，想想红军长征，想想湘江血战。 ——习近平在广西考察时的讲话 2021年4月25日
延	（1）学生登录智慧职教平台，查看一篇不完善的导游词，找到导游词中的文体知识错误，巩固重点知识。 （2）学生运用导游词的文体知识，写一篇关于延安吴起县的导游词，巩固教学难点	**1. 完成导游词修改作业** 2 "火眼金睛"：找到导游词中的文体知识错误 - 附件 起止时间：--- 要求：请找出以下病文的6处文体错误 **2. 完成关于延安吴起县的导游词写作作业** 1 完成一份延安吴起县旅游的导游词 - 附件作业(个人作业) 起止时间：--- 要求：---	**1. 培养创新意识** 启发学生灵活运用课堂所学，培养举一反三、开拓创新的思维能力

续表

六、教学评价

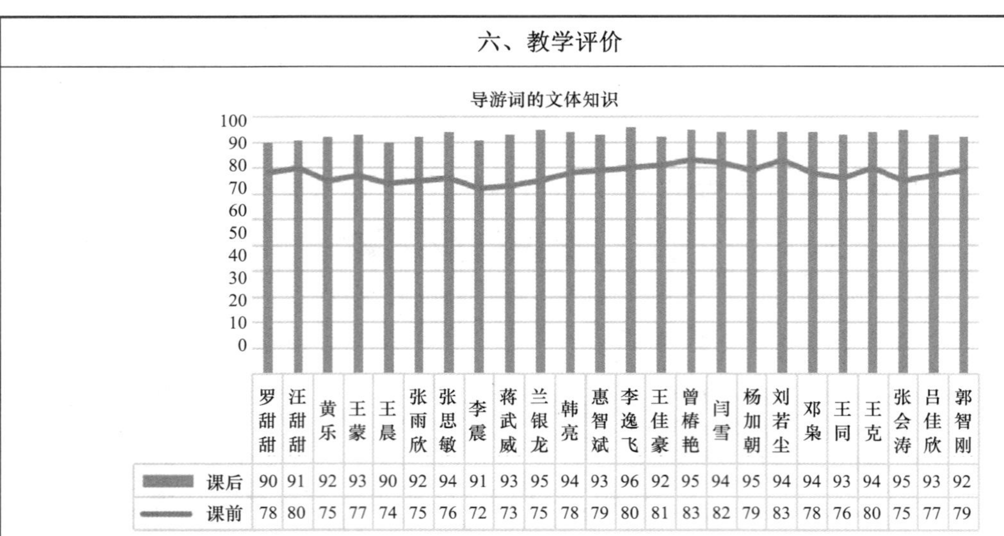

	罗甜甜	汪甜甜	黄乐	王蒙	王晨	张雨欣	张思敏	李震	蒋武威	兰银龙	韩亮	惠智斌	李逸飞	王佳豪	曾椿艳	闫雪	杨加朝	刘若尘	邓枭	王同	王克	张会涛	吕佳欣	郭智刚
课后	90	91	92	93	90	92	94	91	93	95	94	93	96	92	95	94	95	94	94	93	94	95	93	92
课前	78	80	75	77	74	75	76	72	73	75	78	79	80	81	83	82	79	83	78	76	80	75	77	79

（1）经过课堂教学，学生检测成绩普遍达到 80 分以上，导游词文体掌握程度大幅提升。

（2）学生学习兴趣有所提升，能够积极互动。在修改导游词环节中采用小组合作的学习方法，通过小组网上讨论的记录和成果显示学生的团队合作意识得到提升。

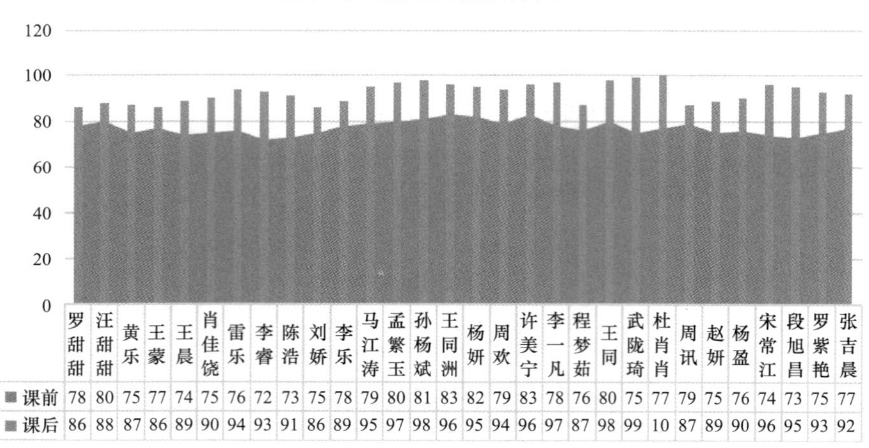

	罗甜甜	汪甜甜	黄乐	王蒙	王晨	肖佳饶	雷乐	李睿	陈浩	刘娇	李乐	马江涛	孟繁玉	孙杨斌	王同洲	杨妍	周欢	许美宁	李一凡	程梦茹	王同	武陇琦	杜肖肖	周讯	赵妍	杨盈	宋常江	段旭昌	罗紫艳	张吉晨
课前	78	80	75	77	74	75	76	72	73	75	78	79	80	81	83	82	79	83	78	76	80	75	77	79	75	76	74	73	75	77
课后	86	88	87	86	89	90	94	93	91	86	89	95	97	98	96	95	94	96	97	87	98	99	10	87	89	90	96	95	93	92

经过课堂教学，学生检测成绩普遍达到 80 分以上，对党的二十大精神掌握程度大幅提升，素质目标达成。

七、教学反思

不足之处：在教学实施过程中发现，部分学生接受新知识的能力较弱，不能及时消化课堂知识，也不能将其运用到导游词的修改中。

改进策略：一方面，进一步细化学情分析，了解每一位学生的学习特点和成绩总体分析，了解其学习过程中遇到的瓶颈，从而对学生进行针对性指导；另一方面，通过平台评价分析，划分学习小组，实现优势互补，构建合作学习、团结和谐的学习环境

极值与最值

——经济数学

团队成员

舒红、胡肖勤、刘芸

课程基本情况

“经济数学”是高职高专经济管理类专业的一门公共基础课。该课程不仅为后继课程提供必备的数学工具,而且是培养经济管理类大学生数学素养和理性思维能力的最重要途径。本课程在内容的选取上,既考虑人才培养的实用性,又兼顾人才的可持续发展性。教学内容主要有极限和连续、一元函数微分学、一元函数积分学和常微分方程。本课程的基本教学目标是使学生获得从事经济、管理研究所必需的数学知识;学会应用变量数学的方法分析和研究自然现象中的数量关系,进而学会解决实际问题;培养学生的抽象思维、逻辑思维能力、数学的思想、方法和技巧;帮助学生树立辩证唯物主义观点。本课程也是后继专业课的基础。

本课程旨在使学生会应用数学知识求解相应经济问题,并会对相应经济问题的计算结果,正确进行数量分析,使后续课程教学顺畅;会应用函数、极限、导数、积分、投入产出数学模型等求解相应经济应用问题,并会根据计算结果进行分析、推断、预测,同时能用所掌握的方法具体解决工程实践中所遇到的各种问题。

教学设计

一、课程概况			
部门名称	公共课教学部	课程性质	●必修 ○选修
课程类型	●公共基础课程 ○专业教育课程 ○实践类课程		
面向专业	大数据与会计专业		
授课对象	会计 2203 班学生	授课时数	72 学时
参赛章节	3.2 函数的单调性与极值	使用教材	《经济数学》 高汝林、郑春华主编, 大连理工大学出版社

续表

<table>
<tr><td>授课题目</td><td colspan="2">极值与最值</td></tr>
<tr><td colspan="3">二、教学分析</td></tr>
<tr><td>教学内容</td><td colspan="2">内容分析：函数的极值与最值为后续研究函数的计算和应用打下基础，它上承函数与导数的概念与性质，下启函数在经济与商务中的应用；函数的概念是对数学、物理和社会生活等问题高度抽象的结果，能定性分析函数走势，能广泛应用于自然科学、社会科学与其他众多领域中利用单调性的知识点本身的特征。
教材分析：函数的单调性与极值是函数的一个重要性质，在《经济数学》教材第三章第二节。在前面的课程中学生已经学习了函数的基本概念、四个特征、极限知识及导数与微分，掌握了函数的单调性等特征的概念、了解了极限的定义、理解了导数的概念及运算法则。函数的单调性与极值则是基于函数单调性概念、结合导数的知识对函数进行单调性判定、极值求解、最值探索，为后续函数在经济与商务中的应用起到承上启下的作用。
经济数学
函数的极限与连续
导数与微分
导数的应用
不定积分
定积分及其应用
微分中值定理与洛必达法则
函数的单调性与极值
函数图形的描绘
导数在经济中的应用
函数的单调性
极值与最值</td></tr>
<tr><td rowspan="3">学情分析</td><td>知识基础</td><td>已学邻域的概念，函数的概念、基本性质及函数定义域求解方法，导数的概念、运算法则及高阶导数</td></tr>
<tr><td>技能基础</td><td>经过前期的训练提升，学生已具备良好的计算能力和逻辑思维能力，且大多数学生都已掌握定义域计算方法、导数求解技巧及函数根的求解步骤</td></tr>
<tr><td>学习特征</td><td>学生从基本无预习习惯提升至41%以上的学生有预习习惯，自学意识逐步提高；50%以上的学生都认为数学公式太深奥、数学推导太复杂、数学定理难证明、数学定义难理解，更喜欢在教学中加入一些专业化案例
80
60
40
20
0
41.67%
58.33%
有
没有
80
60
40
20
0
70.83%
66.67%
50%
66.67%
数学公式太...
数学推导太...
数学定理难...
数学定义难...</td></tr>
</table>

续表

<table>
<tr><th colspan="3">三、教学目标</th></tr>
<tr><td>教学目标</td><td>知识目标</td><td>（1）理解函数极值、最值的概念；
（2）掌握利用导数求解函数极值与最值的方法。</td></tr>
<tr><td rowspan="2">教学目标</td><td>能力目标</td><td>（1）能利用导数求函数的单调性、极值、凹凸性以及最值等；
（2）会利用导数求经济学中的变量值；
（3）提升数形结合、抽象思维能力</td></tr>
<tr><td>思政目标</td><td>（1）引导学生弘扬中国优秀传统文化，建立民族自豪感；
（2）培养学生勇攀高峰、不畏困难的精神；
（3）培养学生精益求精、追求极致的职业品质；
（4）唯有矢志不渝、笃行不怠，方能不负时代、不负人民</td></tr>
<tr><td rowspan="2">教学重点及解决办法</td><td>教学重点</td><td>极值与最值的求解</td></tr>
<tr><td>解决办法</td><td>（1）教师通过简单例题讲解引导学生总结计算极值与最值的主要步骤；
（2）教师发布应用案例，组织学生讨论求解，通过“自主思考—小组讨论—师生互动”的方法完成过程梳理</td></tr>
<tr><td rowspan="2">教学难点及解决办法</td><td>教学难点</td><td>极值概念的理解</td></tr>
<tr><td>解决办法</td><td>（1）通过案例分析，组织学生探索曲线变化规律，教师引导学生体会遇到问题—调用知识储备—尝试—解决问题；
（2）教师汇总结论，给出极值概念，并通过数形结合方法，深化学生对概念的理解；
（3）教师发布练习，学生通过小组探究的方法掌握教学内容，形成自己的思维记忆，完成概念学习</td></tr>
<tr><th colspan="3">四、教学策略</th></tr>
<tr><td>设计思路</td><td colspan="2">本案例的具体设计遵循了“案例行动学习”的一般范式，以专业问题为背景，设计专业问题与数学知识相结合的案例，进一步深入挖掘案例及对应知识点及知识点背后的思政元素，对案例正文进行再组织。结合线上线下混合式教学，教学过程中设置相应的思考题引发学生思考与讨论，完成教学过程 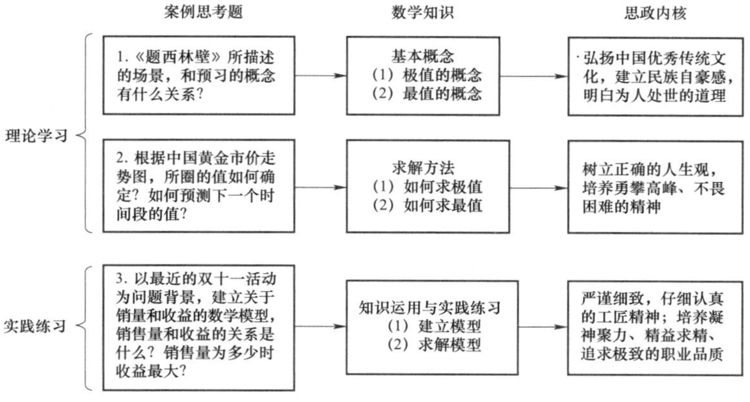

案例思考题 / 数学知识 / 思政内核
理论学习：
1.《题西林壁》所描述的场景，和预习的概念有什么关系？ → 基本概念 (1) 极值的概念 (2) 最值的概念 → 弘扬中国优秀传统文化，建立民族自豪感，明白为人处世的道理
2. 根据中国黄金市价走势图，所圈的值如何确定？如何预测下一个时间段的值？ → 求解方法 (1) 如何求极值 (2) 如何求最值 → 树立正确的人生观，培养勇攀高峰、不畏困难的精神
实践练习：
3. 以最近的双十一活动为问题背景，建立关于销量和收益的数学模型，销售量和收益的关系是什么？销售量为多少时收益最大？ → 知识运用与实践练习 (1) 建立模型 (2) 求解模型 → 严谨细致，仔细认真的工匠精神；培养凝神聚力、精益求精、追求极致的职业品质</td></tr>
</table>

续表

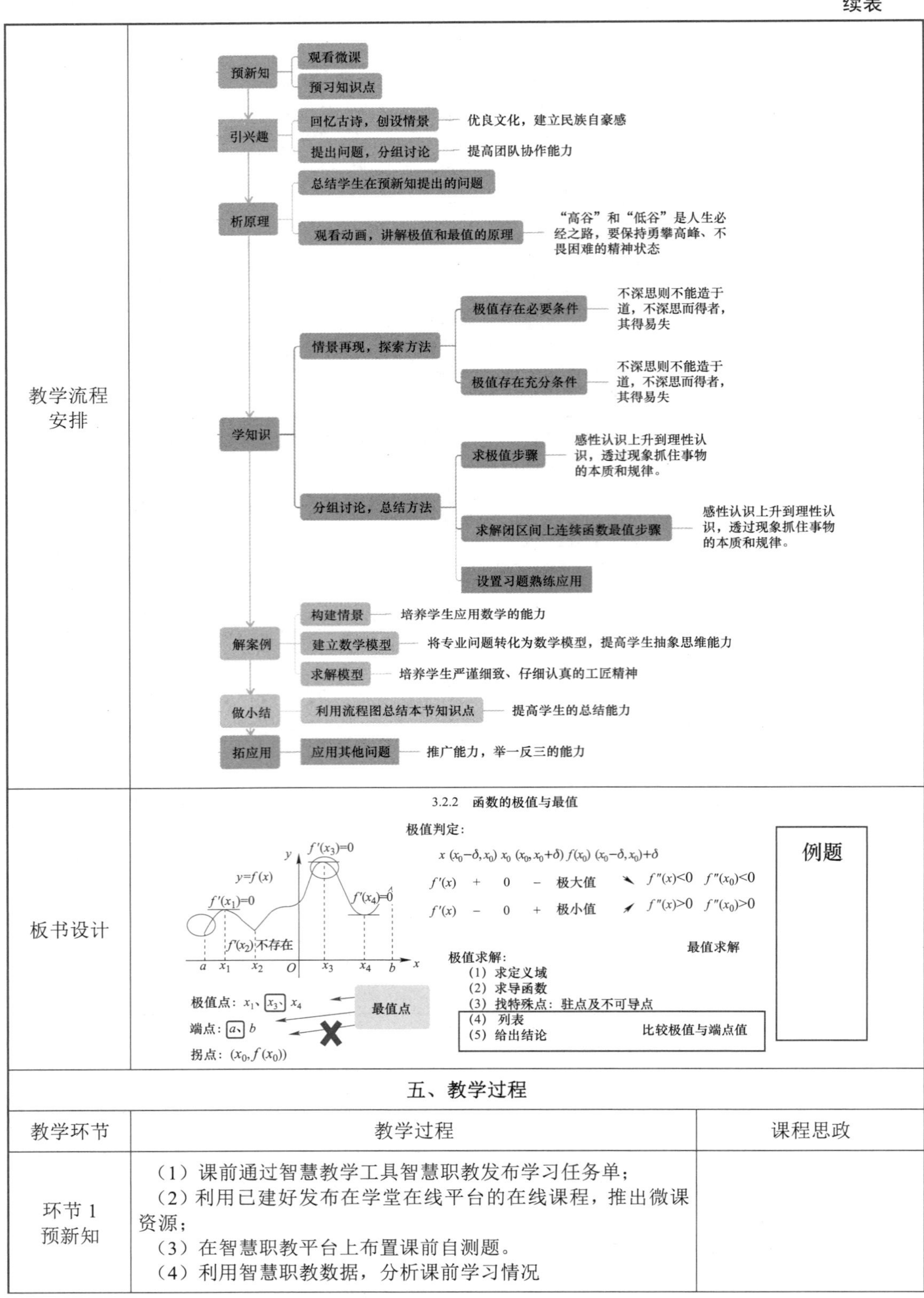

五、教学过程

教学环节	教学过程	课程思政
环节 1 预新知	（1）课前通过智慧教学工具智慧职教发布学习任务单； （2）利用已建好发布在学堂在线平台的在线课程，推出微课资源； （3）在智慧职教平台上布置课前自测题。 （4）利用智慧职教数据，分析课前学习情况	

续表

环节 2 引兴趣 （5 min）	**1. 回忆古诗，创设情境** 北宋文学家苏轼的《题西林壁》，“横看成岭侧成峰，远近高低各不同。不识庐山真面目，只缘身在此山中”。 题西林壁 ［宋］苏轼 横看成岭侧成峰，远近高低各不同。 不识庐山真面目，只缘身在此山中。   《题西林壁》不单单是诗人歌咏庐山的奇景伟观，也是苏轼以哲人的眼光从中得出的真理性认识。由于这种认识是深刻的，是符合客观规律的，所以诗中除了有谷峰的奇秀形象给人以美感外，又有深永的哲理启人心智。因此，这首小诗格外的含蓄蕴藉，思致渺远，使人百读不厌。 **2. 提出问题，分组讨论** 问题：古诗中描述的场景和预习的知识有什么关系？	（1）以《题西林壁》一首诗设置情景，让学生感受中国古诗词内容的丰富、语言的精练、句式的整齐以及韵律的和谐，从而陶冶他们的情操和审美情趣，承接传统文化，提高整体素质。**弘扬中国优秀传统文化，建立民族自豪感。** （2）进一步分析古诗词的意思，可启迪学生认识为人处世的一个哲理——**片面性和全面性**。由于人们所处的地位不同，看问题的出发点不同，对客观事物的认识难免有一定的片面性；要认识事物的真相与全貌，必须超越狭小的范围，摆脱主观成见
环节 3 析原理 （10 min）	**1. 总结学生预新知问题** 专业问题：这是中国黄金市价走势图，圈出来的值如何确定？如何预测下一个时间段的值？ 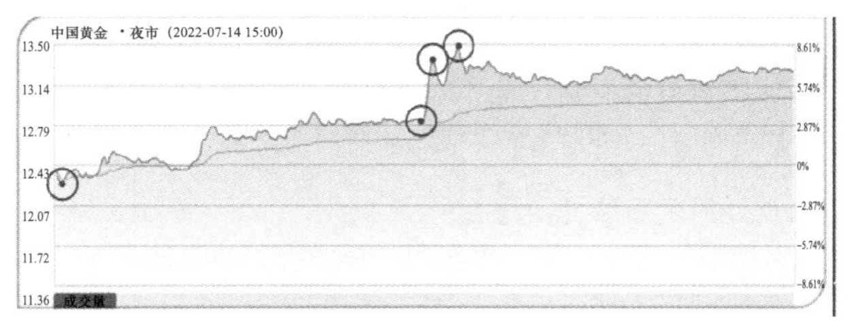 **2. 观看动画，讲解原理** 引导学生结合情景和专业问题学习极值定义 （1）极值的定义： 设函数 $y=f(x)$在 $U(x_0)$内有定义，对 $\forall x\in U(x_0)$，且 $x\neq x_0$，均有 （1）$f(x)<f(x_0)$，称 $f(x_0)$是函数 $f(x)$的一个极大值； （2）$f(x)>f(x_0)$，称 $f(x_0)$是函数 $f(x)$的一个极小值； 极大值和极小值统称为函数的极值，点 x_0 称为极值点。 在学习函数的极值和最值时，通过观察函数的曲线，可以明显看到极大值在曲线顶端，极小值在曲线底端，体现极值的局部性。 （2）最值的定义： 最小值指定义域中函数值的最小值，最大值指定义域中函数值的最大值。几何意义：函数图像的最高（低）点的纵坐标即为该函数的最大（小）值	（1）学习极值的概念，可反映在生活中的“高谷”和“低谷”，让学生明白所有的曲折都是暂时的，起起落落是人生必经之路，不要悲观、气馁，或许最美的风景就在前方，进而培养学生抵抗挫折的能力和宽阔的胸襟，正如党的二十大体现的精神“唯有矢志不渝、笃行不怠，方能不负时代、不负人民”。 （2）鼓励学生要学会用运动的观点看待问题，低谷与顶峰只是我们人生路上的一个转折点。而最值体现了要认识事物的真相与全貌，必须超越狭小的范围，摆脱主观成见。进一步引导学生树立正确的人生观，培养学生勇攀高峰、不畏困难的精神

续表

环节4 学知识 （20 min）	**1. 情景再现，探索方法** 重现情景和问题，转化为如何求解极值和最值问题。 极值存在的必要条件： 设函数 $f(x)$ 在 x_0 处导数存在，且在 x_0 处取得极值，则函数 $f(x)$ 在 x_0 处导数 $f'(x_0)=0$，即 x_0 是函数 $f(x)$ 的驻点。 极值存在的第一充分条件： 设函数 $f(x)$ 在 x_0 内连续，且在某 $\breve{U}(x_0)$ 内可导，当 x 由小到大通过 x_0： （1）$f'(x)$“左正右负”，则 $f(x)$ 在 x_0 取得极大值； （2）$f'(x)$“左负右正”，则 $f(x)$ 在 x_0 取得极小值； （3）$f'(x)$“同正同负”，则 $f(x)$ 在 x_0 没有极值。 极值存在的第二充分条件： 设函数 $f(x)$ 在 x_0 内具有二阶导数，且 $f'(x_0)=0$，$f''(x_0)\neq 0$。 （1）若 $f''(x_0)<0$，则 $f(x)$ 在 x_0 取得极大值； （2）若 $f''(x_0)>0$，则 $f(x)$ 在 x_0 取得极小值； 注：$f''(x_0)=0$，$f(x_0)$ 在点 x_0 处不一定取得极值，仍用第一充分条件。 **2. 分组讨论，总结方法** 探究 1：根据第一充分条件或第二充分条件总结求极值的步骤。 探究 2：最值点可能在哪些位置取得？ 总结求极值步骤： （1）求定义域； （2）求函数的导数 $f'(x)$，并解出驻点和不可导点； （3）根据驻点和不可导点把定义域分为若干区间，列表，然后根据第一充分条件或第二充分条件判断驻点和不可导点是否为极值点； （4）最后求出函数的极值。 求解闭区间上连续函数最值步骤： （1）求 $f'(x)$，找出 (a,b) 内所有的驻点和不可导点，并求出它们的函数值； （2）求出两个端点处的函数值 $f(a)$ 与 $f(b)$； （3）比较上面各函数值的大小，其中最大的就是函数 $f(x)$ 的最大值，最小的就是函数的最小值。 **3. 设置习题　熟练应用** 在智慧职教平台发布习题，便于学生精准了解自己的薄弱点，提出问题	（1）2016年5月17日，习近平在哲学社会科学工作座谈会上的讲话“不深思则不能造于道，不深思而得者，其得易失”，是清代曾国藩的一句名言。这句话浅显易懂，是说：不深思就不能掌握道理，不经过深思而得到的东西，即使得到了也容易失掉。这句话启示学生做事情要深思熟虑，深入思考。 （2）由现象到本质的升华。而事物的表象都是多变的、不稳定的、甚至有时是歪曲的、虚假的。只有事物的本质在一定条件下是相对稳定的，是可追寻其规律的。认识的根本任务就是经过感性认识上升到理性认识，透过现象抓住事物的本质和规律
环节5 解案例 （10 min）	**1. 构建情景** 以最近的双十一活动为问题背景，建立关于销量和收益的数学模型，根据本节所学知识解答数学模型，得到销售量和收益的关系，及销售量多少时收益最大。 例题：某公司销售一种灯具，设 x 表示每天销售量，这种灯具依据之前的数据统计，其价格需求函数为 $P=100-0.1x$，其中 P 为灯具价格（以元为单位），试求其达到最大收益时每天的销售量。 **2. 建立数学模型** 收益 = 价格 × 需求量 $R(x)=P\cdot x=(100-0.01x)x=100x-0.01x^2$ 定义域为 $0\leqslant x\leqslant 10\,000$	（1）提出专业问题，建立数学模型，解决问题这样的教学模式，将数学概念与生活息息相关的实例联系起来，从而大大激发学生的学习兴趣，调动学生探究问题的积极性，使学生领悟数学的应用价值，在潜移默化中培养学生应用数学的能力，培养学生的创新能力。

续表

环节 5 解案例 （10 min）	**3. 求解模型** 将专业问题转化数学问题：x 为多少时，收益最大。 $R'(x)=100-0.02x$ 令 $R'(x)=0$，得驻点 $x=5\ 000$。 将端点和驻点代入收益函数中，最大值是 $R(5\ 000)=250\ 000$。 得出 $R(x)$在 $x=5\ 000$ 时达到收益最大值 25 000	（2）在解题过程中注意每一步需正确无误，这样才能得到正确的结果。培养学生严谨细致、仔细认真的工匠精神，引导学生养成对每件产品、每道工序都凝神聚力、精益求精、追求极致的职业品质
环节 6 做小结 （5 min）	函数的极值与最值 极值问题 定义（局部性） 极值的必要条件 极值的充分条件 求极值的步骤 1. 定义域 2. 驻点和不可导点 3. 划分小区间，列表 4. 求极值 最值问题 定义（全局性） 求最值的步骤 1. 驻点和不可导点，求其函数值 2. 两个端点的函数值 3. 比较大小 思政点 弘扬中国古代优良文化，建立民族自豪感。 树立正确的人生观。 不深思则不能造于道，不深思而得者，其得易失。 透过现象抓住事物的本质和规律。 严谨细致、仔细认真的工匠精神。 提高总结能力。	引导学生总结本节课所学知识和注意要点，提高学生的总结能力
环节 7 拓应用	**1. 最大利润问题** 案例 1：某个工厂要生产档次不等的衬衫，按照质量分为 12 个标准，第一标准的衬衫（即衬衫最低标准）的利润是每件 10 元，如果提高一个标准，每件衬衫利润增加 5 元，但在相同的时间内产量减少 5 件，假设在相同的时间内，最低标准的衬衫可生产 100 件。问：在相同的时间内，生产第几标准的衬衫的总利润最大？利润是多少？ **2. 用料（费用）最省问题** 案例 2：某个饮料厂要生产一种圆柱形金属易拉罐，已经知道易拉罐的容积一定时，它的高与底与半径应怎样选取，才能使所用的材料最省？ **3. 物理应用问题** 案例 3：有关资料表明，某种型号的小型客车在匀速行驶中每小时耗油量 y（升）与行驶速度 x（千米/小时）的函数解析式可以表示为：$y=\dfrac{1}{12\ 800}x^2\cdot\dfrac{3}{80}x+800(0\leqslant 120)$。已知甲、乙两城市相距 100 千米。试问：当汽车以多大的速度匀速行驶时，从甲城市到乙城市耗油最少	提高学生的推广能力和举一反三能力

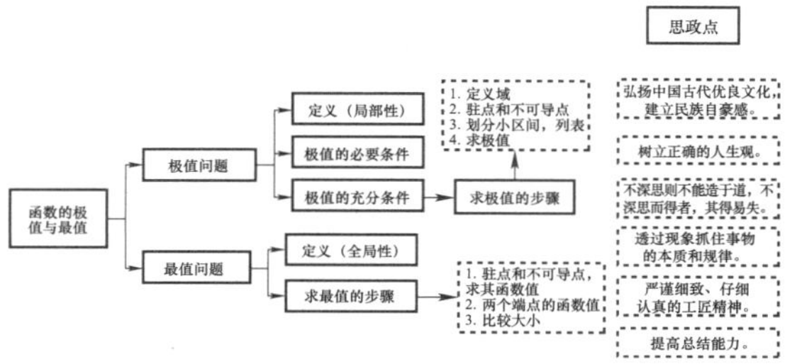

六、教学评价

1. 润物细无声，提升学生思想素质

引导学生充分融入教学过程中的“借助课件，讲授方法”“设置习题，熟练应用”等环节，体会其中的积累过程，慢慢感悟“唯有矢志不渝、笃行不怠，方能不负时代、不负人民”“抓住主要矛盾，忽略次要矛盾”等思政元素。同时，从课后的调查问卷中，收集学生在本节课除了数学知识收获的其他知识，这也体现了课程思政的融入效果。

2. 代入情境，设置探究环节，提升学生参与度

抓住学生好奇的特点，创设教学情境，设置“随机应变”“教变明确”“机变如神”“山重水复”“柳暗花明”“别有洞天”等探究环节，利用小组讨论、快问快答等多种教学形式，激发学生学习兴趣，贴合学生情感喜好，提高其学习自主性，使其成为课堂活动的主角

续表

七、教学反思
1. 分组教学应再充分了解每位学生特点，保证每位学生积极参与，学有所获 分组学习的初衷是让学生养成团队合作意识，营造相互督促、取长补短的学习氛围，但教师在分组过程中对学生了解不够充分，出现个别学生搭顺风车或参与少的现象，所以教师在设计分组前要充分了解学生特点，在小组展示时要尽可能捕捉到每一位学生的状态，多鼓励多表扬，以保证每一位学生全程积极参与，学有所获。 **2. 教师不断学习专业知识，更好地将数学融入专业知识，实现为专业服务** 由于课程融入大数据与会计专业的知识，作为数学教师，还应进一步做好和专业的对接，更加深入了解专业的特点和任务，将专业任务融入课堂中，凸显数学的时代性和应用性，这样既能让学生感受到数学课有用，也能更好地实现数学为专业服务。

劳动的概述、价值和特征

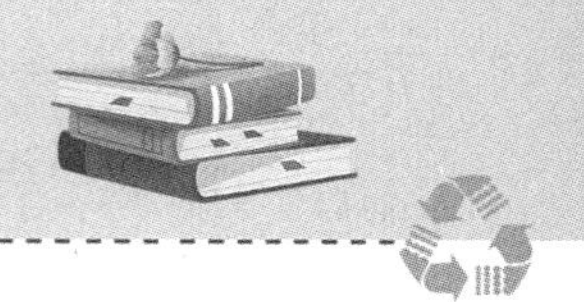

——劳动与卫生

团队成员

郝军、赵双军、陈东梅

课程基本情况

“劳动与卫生”是一门面向高职高专所有专业开设的公共必修课程，共16学时。本课程对增益学生的劳动观念、磨炼意志品质、树立艰苦创业的精神以及促进学生多方面的发展具有重要的作用。本课程综合性强、可操作性强，采用课堂讲授、小组讨论、校内校外劳动实践的教学方法。通过讲授基础理论知识和讨论，培养学生的独立思维能力；通过校内校外实践，结合家庭、学校、社会各方面的力量，注重教育实效，实现知行合一，帮助并促进学生形成正确的世界观、人生观、价值观。了解社区实际情况，引导学生将理论与实践相结合，培养学生发现问题、解决问题的能力。

本课程依据中国有关劳动教育的相关精神和《陕西工业职业技术学院劳动教育实施方案》(陕工院党字〔2022〕30号)文件精神，围绕劳动精神、劳模精神、工匠精神、劳动组织、劳动安全和劳动法规等构建“必修与选修配套、理论与实践贯通”的新时代劳动教育课程，通过一个理论课程体系、九个实践模块体系、一个综合评价体系，构建劳动教育“1+9+1”体系，将知识讲解、案例引入、示范操作、小组任务、作业点评等课堂活动融入教学过程，以期在培养学生德智体美的同时，提高学生的劳动素质和劳动意识，切实为工匠型人才的培育夯实基础，努力将学生培育为合格的社会主义建设者和接班人。

教学设计

一、课程概况			
部门名称	学生工作部	课程性质	●必修　○选修
课程类型	● 公共基础课程　○专业教育课程　○实践类课程		
面向专业	数字媒体技术		
授课对象	大一学生	授课时数	2学时

续表

<table>
<tr><td>参赛章节</td><td>劳动概述</td><td>使用教材</td><td>《劳动教育与实践》</td></tr>
<tr><td>授课题目</td><td colspan="3">劳动的概述、价值和特征</td></tr>
<tr><td colspan="4">二、教学分析</td></tr>
<tr><td>教学内容</td><td colspan="3">内容分析：构建“德智体美劳”全面培养的教育体系，是当前所有高校贯彻立德树人根本任务的重要参考依据，因此，劳动教育成为学生必须要学习和实践的教育内容之一。劳动教育是什么？如何让学生切实了解劳动教育，并将好的劳动习惯践行在实践中？这是必须掌握的知识点之一。因此，劳动教育作为培育学生必备素质之一的教育，让学生了解到其深刻内涵、价值意蕴和特色特点是高校思政工作者必须思考和探讨的内容之一。
教材分析：贺天柱、郝军主编，《劳动教育与实践》，北京理工大学出版社，2022 年</td></tr>
<tr><td>学情分析</td><td colspan="3">1. 知识储备
学生对劳动的内涵、特点有一定的了解，也进行了劳动的理论与实践课程学习，具有一定的劳动能力和劳动技巧。
2. 认知情况
（1）大部分学生对劳动有正确的认识，对劳动的概念、内涵、价值和分类有较深的理解，也能将劳动的理论知识与实践活动较好结合。
（2）个别学生对劳动的分类理解有待提高，劳动实践能力较弱。
3. 思想现状
（1）大多数学生在教学过程中，课堂纪律较好，也有较强的主观能动性，能够积极配合教师的讲解和完成课堂中的互动与实践，整体教学环节互动性和参与性较好。
（2）个别学生认为劳动教育与自己无关，自身家庭条件好，不需要参与劳动，后续要有的放矢、持续加强管理和引导</td></tr>
<tr><td colspan="4">三、教学目标</td></tr>
<tr><td rowspan="3">教学目标</td><td>知识目标</td><td colspan="2">（1）掌握劳动的概念、价值和特征；
（2）掌握劳动对于个人生存、实现价值、社会发展的重要意义；
（3）学习大学生劳动教育的主要内容</td></tr>
<tr><td>能力目标</td><td colspan="2">（1）深刻认识个人及众多劳动者的劳动对社会发展的价值；
（2）初步树立对劳动正确的认识态度；
（3）基本具备日常劳动的常识和操作技能</td></tr>
<tr><td>思政目标</td><td colspan="2">（1）通过劳动概念的阐述，引导学生树立劳动最光荣、劳动最伟大、劳动最美丽的精神；
（2）通过劳动价值的探究，在学校内形成尊重劳动、热爱劳动、崇尚劳动的浓厚氛围；
（3）通过劳动特征的学习，引导学生树立正确的劳动观念，培养积极的劳动品质，使学生具有必备的劳动能力，养成良好的劳动习惯</td></tr>
<tr><td>教学重点及解决办法</td><td colspan="3">教学重点：引导学生正确认识劳动的内涵，并能将劳动与实践相结合。
解决方法：通过案例、古诗词的讲解和分析，讲解劳动的由来以及内涵，引导学生对劳动以及劳动教育形成正确认识</td></tr>
<tr><td>教学难点及解决办法</td><td colspan="3">教学难点：掌握劳动的价值和特征，使学生认识到劳动教育的重要性和必要性。
解决方法：通过教师引导、图片启发、案例展示、学生探究、正反对比，学生能够明白劳动的现实价值和特征，认识到劳动教育对自身成长成才的重要性和必要性</td></tr>
</table>

续表

<table>
<tr><th colspan="3">四、教学策略</th></tr>
<tr><td>设计思路</td><td colspan="2">劳动教育是以学生获得积极的劳动体验、形成良好的技术素养为基本目标，以操作性学习为基本特征的必修课。
本节课主要讲述劳动的概念、价值和特征，旨在让学生了解到新时代劳动教育的可行性和必要性。一是要切实了解劳动教育的内涵。劳动教育的内涵不是一句话，也不是一个动作，而是中国五千年历史中沉淀出来的一种不怕吃苦、敢于奋斗的精神。可通过唐诗宋词和改革开放以来的成就，让学生了解劳动意义深远；通过优秀校友何小虎的事迹，让学生了解普通人也能通过劳动实现一番事业，从而更深刻地理解劳动的内涵。二是要深刻体会劳动的价值所在。劳动具有社会价值和个体价值，用优秀校友何菲的故事阐释劳动可以创造良好的社会价值，利用平时的校园活动说明劳动的个体价值。三是要全面认识劳动的特征。可通过实习实训、专业服务、社会实践、社区服务、勤工助学等案例，让学生了解劳动的特征，进而增强学生诚实劳动的意识，使学生积累职业经验，重视在技能训练中培养学生的实践能力，力求使学生实现技能掌握、态度养成、能力发展的有机统一</td></tr>
<tr><td>教学流程安排</td><td colspan="2">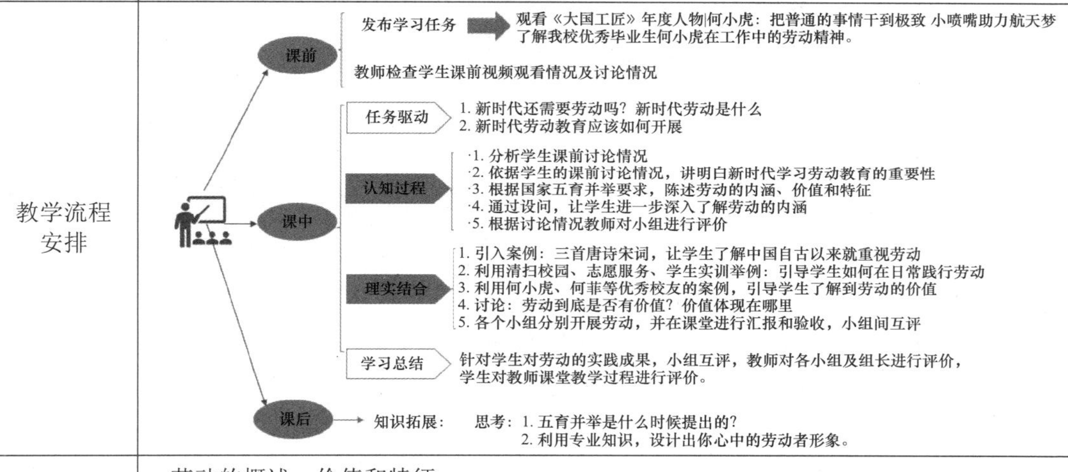
</td></tr>
<tr><td>板书设计</td><td colspan="2">劳动的概述、价值和特征
1. 劳动的概述（教学重点）
（1）劳动的概念
（2）劳动的分类
2. 劳动的价值（教学难点）
（1）劳动的社会价值
（2）劳动的个体价值
3. 劳动的特征
（1）劳动是有明确目的的改造自然的自觉性活动
（2）劳动必须创造并使用一定的物质手段，主要是劳动工具
（3）劳动的对象具有广泛性
（4）衡量人类劳动的尺度具有多维性</td></tr>
<tr><th colspan="3">五、教学过程</th></tr>
<tr><td>教学环节</td><td>教学过程</td><td>课程思政</td></tr>
<tr><td>环节 1
新知引入
（10 min）
望</td><td>引入新课。
（1）通过三首唐诗宋词让学生了解到中华民族自古以来就重视劳动；</td><td>强调劳动是中国自古以来就重视的一种素质与能力，通过古代、现代和生活中劳动的案例，培养学生自主劳动的意识，善于劳动的能力，并使学生认识到劳动最光荣、劳动最伟大，为正确运用劳动指导实践活动夯实基础</td></tr>
</table>

续表

<table>
<tr>
<td>环节 1
新知引入
（10 min）
望</td>
<td>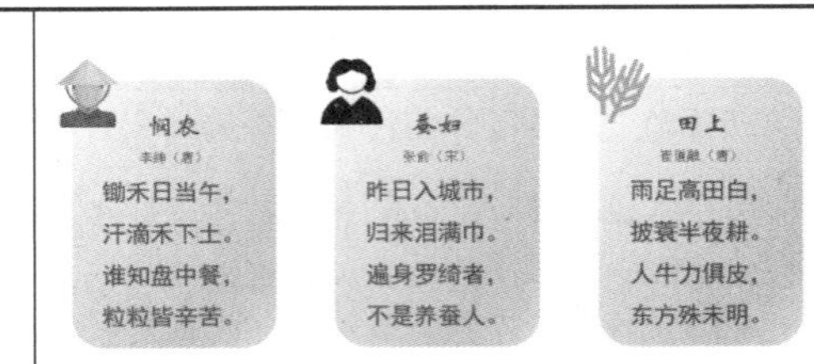

（2）通过建国以来，国家通过劳动取得的成就、克服的困难，让学生认识到劳动是可以为国家发展做出贡献的；

“烂泥湾”变成陕北好江南

改革开放40多年后，
我国成为世界第二大经济体
“三大改造”后，
建立社会主义基本制度
（3）举例：学生在日常学习和生活中，如何践行劳动？

清扫校园

志愿服务

学生实训
（4）榜样示范：优秀校友——大国工匠年度人物何小虎，如何通过劳动取得如今成就？

</td>
<td>强调劳动是中国自古以来就重视的一种素质与能力，通过古代、现代和生活中劳动的案例，培养学生自主劳动的意识，善于劳动的能力，并使学生认识到劳动最光荣、劳动最伟大，为正确运用劳动指导实践活动夯实基础</td>
</tr>
<tr>
<td>环节 2
学习新知
（40 min）
闻</td>
<td>1. 劳动概述
（1）劳动的概念
从哲学、经济学角度阐释劳动概念，认为劳动是人类实践活动的一种特殊形式，主要是指生产物质资料的过程，多指创造物质财富和精神财富的活动。创造物质财富和精神财富的活动有哪些，是教学中应着重应该分析的点，可采用视频、案例等教学资源着重讲解。由此引出劳动的重要性和必要性。</td>
<td>讲述劳动在哲学和经济学角度的具体内涵，让学生明白劳动对自身成长成才具有重要作用，引入我校优秀毕业生——何小虎，讲述他是如何通过劳动成为 2022 年“大国工匠年度人物”、中国青年五四奖章获得者、五一劳动奖章获得者、全国青年岗位能手、陕西青年五四奖章获得者的</td>
</tr>
</table>

续表

<table>
<tr>
<td>环节 2
学习新知
（40 min）
闻</td>
<td>
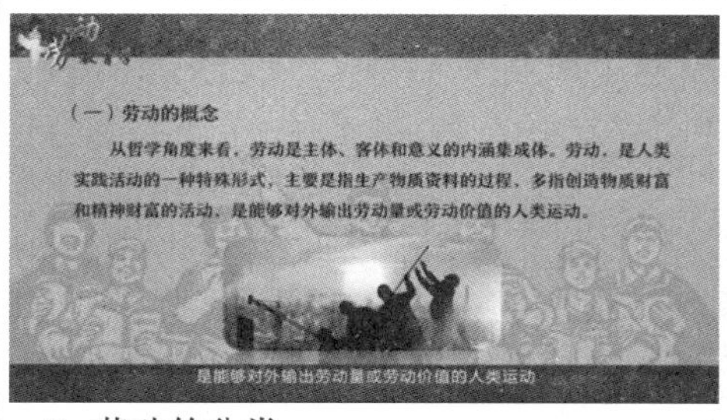

2. 劳动的分类
按照不同的劳动标准，劳动可以分为多种类型：
（1）根据劳动主体所耗费的劳动力形态，劳动可以分为体力劳动和脑力劳动；
（2）根据劳动对劳动主体的知识、经验和技能要求，劳动可以分为简单劳动和复杂劳动；
（3）根据劳动生产二重性，劳动可分为具体劳动和抽象劳动；
（4）根据劳动者付出劳动的必要程度，劳动可分为必要劳动和剩余劳动。

3. 劳动的特征
向学生讲述劳动的 4 个特征：
（1）劳动是有明确目的的改造自然的自觉性活动；
（2）劳动必须创造并使用一定的物质手段，主要是劳动工具；
（3）劳动的对象具有广泛性；
（4）衡量人类劳动的尺度具有多维性。
让学生了解到有了劳动，才有了一切人类历史和生活，引导学生正确认识劳动、理性对待劳动、合理安排劳动。

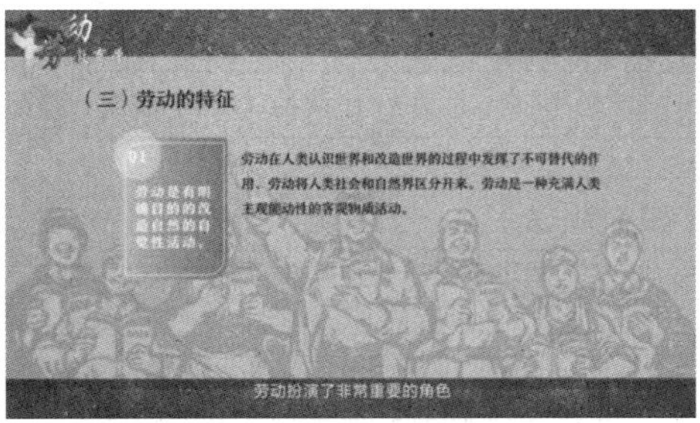

</td>
<td>

由此，指出一个“无背景”“无天赋”的普通学生，如何凭借自己的劳动，做出出色的业绩，拥有突出的能力。
启发学生，在平凡的岗位上刻苦学习、提升技能、追求卓越、执着专注、精益求精，为党和国家进步做出应有的努力。
启发学生学习如同一种劳动，在深刻掌握劳动的特征与价值的同时，也要把握住学习的特点与价值，劳动如同学习，要自觉、要创造、要广泛涉猎、要多维度衡量，只有这样，才能在劳动中学习，在学习中劳动。
由此，引出习近平总书记的寄语：劳动是人类的本质活动，劳动光荣、创造伟大是对人类文明进步规律的重要诠释。
引入我校优秀毕业生——何菲的事迹，让学生了解到身边的普通人如何通过自己的劳动，创造社会价值并实现个人价值，引导学生要正确认识劳动，做一名敢劳动、能劳动、会劳动、爱劳动的合格大学生。

何菲，咸阳纺织集团赵梦桃小组第 13 任组长，用追求卓越的炙热情怀，编织着自己无悔的纺织梦。她是党的二十大代表、全国劳动模范、梦桃精神传承人等。
</td>
</tr>
</table>

续表

<table>
<tr><td>环节 2
学习新知
（40 min）
闻</td><td>4. 劳动的价值
劳动具有社会价值和个体价值，
劳动的社会价值：劳动贯穿人类社会始终，生产劳动为人类社会创造了物质财富和精神财富。
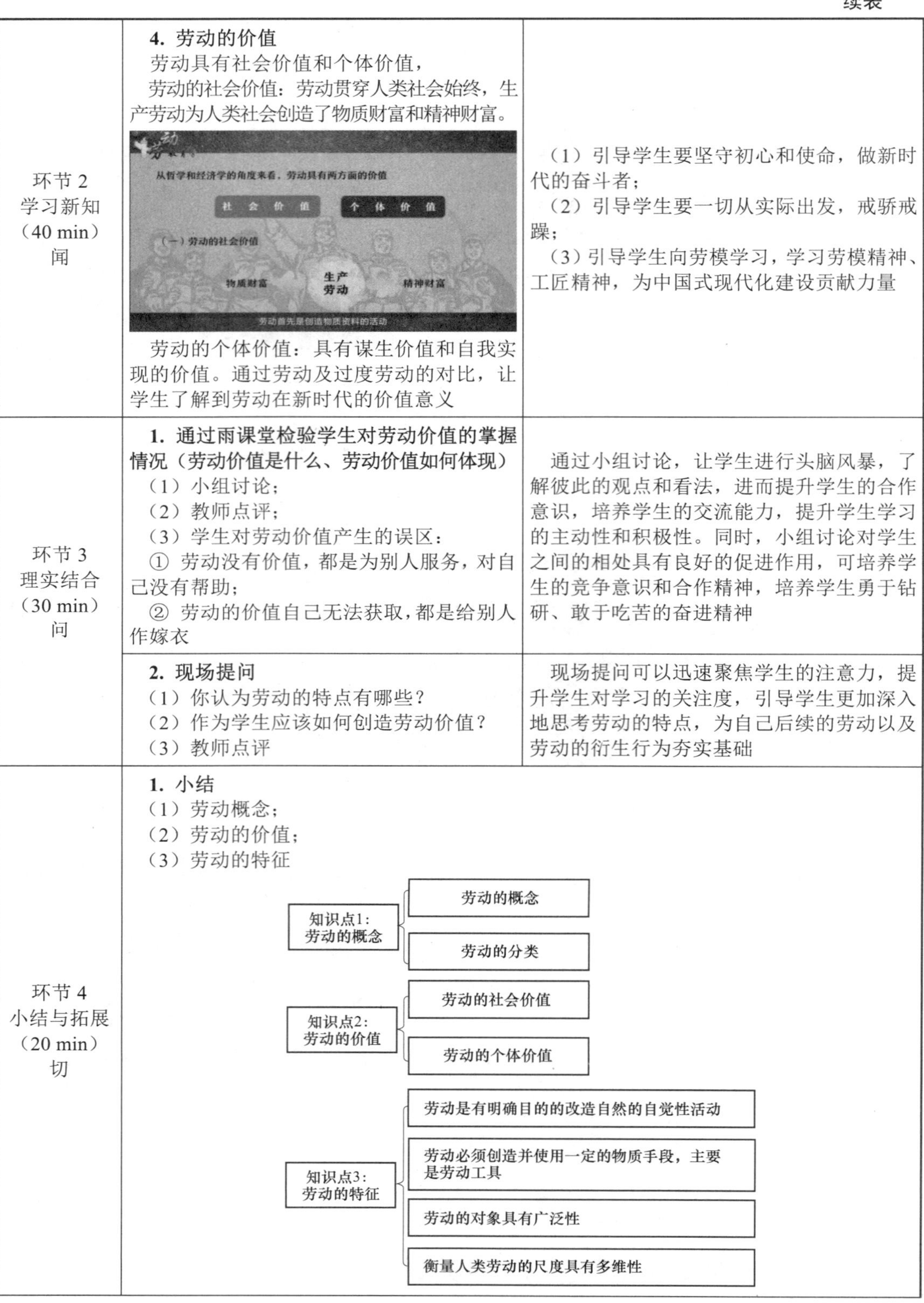

劳动的个体价值：具有谋生价值和自我实现的价值。通过劳动及过度劳动的对比，让学生了解到劳动在新时代的价值意义</td><td>（1）引导学生要坚守初心和使命，做新时代的奋斗者；
（2）引导学生要一切从实际出发，戒骄戒躁；
（3）引导学生向劳模学习，学习劳模精神、工匠精神，为中国式现代化建设贡献力量</td></tr>
<tr><td rowspan="2">环节 3
理实结合
（30 min）
问</td><td>1. 通过雨课堂检验学生对劳动价值的掌握情况（劳动价值是什么、劳动价值如何体现）
（1）小组讨论；
（2）教师点评；
（3）学生对劳动价值产生的误区：
① 劳动没有价值，都是为别人服务，对自己没有帮助；
② 劳动的价值自己无法获取，都是给别人作嫁衣</td><td>通过小组讨论，让学生进行头脑风暴，了解彼此的观点和看法，进而提升学生的合作意识，培养学生的交流能力，提升学生学习的主动性和积极性。同时，小组讨论对学生之间的相处具有良好的促进作用，可培养学生的竞争意识和合作精神，培养学生勇于钻研、敢于吃苦的奋进精神</td></tr>
<tr><td>2. 现场提问
（1）你认为劳动的特点有哪些？
（2）作为学生应该如何创造劳动价值？
（3）教师点评</td><td>现场提问可以迅速聚焦学生的注意力，提升学生对学习的关注度，引导学生更加深入地思考劳动的特点，为自己后续的劳动以及劳动的衍生行为夯实基础</td></tr>
<tr><td>环节 4
小结与拓展
（20 min）
切</td><td colspan="2">1. 小结
（1）劳动概念；
（2）劳动的价值；
（3）劳动的特征

知识点1：劳动的概念
- 劳动的概念
- 劳动的分类
知识点2：劳动的价值
- 劳动的社会价值
- 劳动的个体价值
知识点3：劳动的特征
- 劳动是有明确目的的改造自然的自觉性活动
- 劳动必须创造并使用一定的物质手段，主要是劳动工具
- 劳动的对象具有广泛性
- 衡量人类劳动的尺度具有多维性</td></tr>
</table>

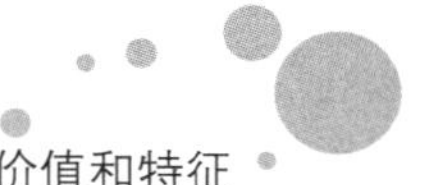

续表

<table>
<tr><td>环节 4
小结与拓展
（20 min）
切</td><td>2. 拓展
引导学生将专业知识与劳动相结合，比如，数媒专业学生可以通过设计海报进行劳动，物流专业学生可以通过在驿站实习进行劳动，旅游专业学生可以通过免费讲解进行劳动等。
进一步培养学生将理论与实践相结合的能力，以及将公共知识与专业课程相结合的能力，深入探索—实践—创新，实现技术与实践、技术与专业的完美结合。
3. 布置作业（线上、线下）
4. 学生整理学习用具、清理学习环境（擦黑板、整理桌椅及地面卫生等）</td></tr>
<tr><td colspan="2">六、教学评价</td></tr>
<tr><td colspan="2">为体现评价的多元性、客观性、准确性及全面性，在授课过程中，对学生采用过程性、结果性和增值性综合评价。
总分值 = 过程性评价 × 40% + 结果性评价 × 40% + 课程思政评价 × 20%
过程性评价：学生每节课课前线上答题分值、课上签到和讨论等分值、操作分值、相互评价分值等；
结果性评价：学员最终的考试分值；
课程思政评价：将课程思政评价穿插在三种评价的全过程中，课前、课后完成望闻问切四个环节的问题等</td></tr>
<tr><td colspan="2">七、教学反思</td></tr>
<tr><td colspan="2">作为一名教师，不仅应该将思政元素运用到教学过程中，更应该在学生日常的劳动过程中融入思政元素，在提高自身教学能力和水平的同时，也应在学生劳动习惯的塑造、劳动意识的养成、劳动能力的提升方面提供良好的指导。
改进措施：
（1）要进一步加强思想政治教育的学习，深入挖掘思政元素。本课程实践性非常强，教师应该在日常注重对自身劳动理论和实践的融合，在给学生授课时，能够采用更加实用、受用的方式，让学生更好接受。
（2）创新教育教学方法，加强资源整合。本节课需要将理论与实践深度融合，实现思政元素与理论知识无缝衔接，在课堂中就如何将理论与思政元素相结合，让学生真正意识到劳动伟大、劳动光荣，需要在教学内容设计上巧妙构思</td></tr>
</table>